臺灣歷史與文化 研究輯刊

十 五 編

第 13 冊

宜蘭頭城台語語音語彙之調查研究（下）

李 柏 桐 著

花木蘭文化事業有限公司

國家圖書館出版品預行編目資料

宜蘭頭城台語語音語彙之調查研究（下）／李柏桐 著 — 初版
— 新北市：花木蘭文化事業有限公司，2019〔民108〕
目 4+286 面；19×26 公分
（臺灣歷史與文化研究輯刊十五編；第 13 冊）
ISBN 978-986-485-615-2（精裝）
1. 臺語 2. 語音 3. 語彙
733.08   108000395

ISBN-978-986-485-615-2

臺灣歷史與文化研究輯刊
十五編　第十三冊　　　　　ISBN：978-986-485-615-2

宜蘭頭城台語語音語彙之調查研究（下）

作　　者　李柏桐
總 編 輯　杜潔祥
副總編輯　楊嘉樂
編　　輯　許郁翎、王筑　美術編輯　陳逸婷
出　　版　花木蘭文化事業有限公司
發 行 人　高小娟
聯絡地址　235 新北市中和區中安街七二號十三樓
　　　　　電話：02-2923-1455／傳眞：02-2923-1452
網　　址　http://www.huamulan.tw 信箱 hml 810518@gmail.com
印　　刷　普羅文化出版廣告事業
初　　版　2019 年 3 月
全書字數　342116 字
定　　價　十五編 25 冊（精裝）台幣 60,000 元　　版權所有·請勿翻印

宜蘭頭城台語語音語彙之調查研究（下）

李柏桐　著

古月依然今塵照　今風難得古音傳

目

次

附錄二 〈宜蘭頭城台語語彙集〉
兼與藍清漢《中國語宜蘭方言語彙集》和張屏生《宜蘭閩南話語彙稿》做對照

內容說明

一、本語彙集內容主要參考張屏生（2007）《宜蘭閩南話語彙稿》；在魚類部分並參考吳佳瑞、賴春福（2007）《菜市場魚圖鑑》，以方便田野調查。共收集約 4500 個以上的詞彙，分成 34 類，每類再依實際情形分成若干小類。每一詞條都附有華語詞彙對照或簡要解釋。若有特殊辨義之詞彙或相關民俗，有較為詳實的解釋和記錄。

二、若有較特殊的文讀音，以（文）表示，其相對的白話音，以（白）表示；若是以書面文字記錄者，一般並無此講法，以（書）表示，其相對的口語文字，以（口）表示。

三、無相對漢字的語彙，可能是平埔族的講法，以「□」表示，同時只記其音，並解釋其義。

四、由於本語彙集兼與藍清漢《中國語宜蘭方言語彙集》和張屏生《宜蘭閩南話語彙稿》做對照，只做有交集的部份，若任何一本沒有收集的語彙，以「x」做註記來表示。主要以頭城田調的語彙為主，藍清漢部份，以（藍）表示其礁溪音，張屏生部份，以（張）表示其羅東音。

五、《康典》意指《康熙字典》。

六、本語彙集在頭城田野調查的主要發音合作人有黃正來、黃松林、沈春生、
　　簡朝松、邱寅次、薛榮燦並參佐林朝輝、林翠巒、陳文琛、林振添、林茂
　　樹、林天送、江源茂等語音之記錄加以檢視核對，本語彙集因以上長者的
　　熱誠參與與誠心支持，始得完成頭城原來的語音和語彙記錄，令人刻骨銘
　　心，銘感五內。

附錄二 目 錄

一、天文地理

（一）天　文

【日頭】dzit$_{11}$ t^{h}au^{13}　太陽。
　也講「太陽」t^{h}ai$_{51}$ iaŋ^{13}
　〈張〉日頭 dzit$_{11}$ t^{h}au^{13}
　〈藍〉日頭 dzit$_{11}$ t^{h}au^{13}
　　　　日頭公 dzit$_{11}$ t^{h}au$_{33}$ kɔŋ^{55}

【月娘】gue$_{11}$ nĩu^{13}　月亮。
　〈張〉月娘 gue$_{11}$ nĩu^{13}
　〈藍〉月娘 gue$_{11}$ nĩu^{13}

【月眉】gue$_{11}$ bai^{13}　月眉、月牙。
　〈張〉月眉 gue$_{11}$ bai^{13}
　〈藍〉起月 k^{h}i$_{55}$ gue^{33}

【星】ts^{h}ẽ^{55}　星星。
　〈張〉星 ts^{h}ẽ^{55}
　〈藍〉星 ts^{h}ẽ^{55}

【牛郎】gu$_{33}$ nŋ̇^{13}　星名，牽牛星的俗稱。
　〈張〉牛郎 gu$_{33}$ nŋ̇^{13}
　〈藍〉牛郎 gu$_{33}$ nŋ̇^{13}

【織女】tsit$_{55}$ li^{51}　星名，織女星的俗稱。
　〈張〉織女 tsit$_{55}$ li^{51}
　〈藍〉織女 tsit$_{55}$ li^{51}

【落屎星】lau$_{51}$ sai$_{55}$ ts^{h}ẽ^{55}　慧星。
　〈張〉泄屎星 ts^{h}ua$_{51}$ sai$_{55}$ ts^{h}ẽ^{55}
　〈藍〉落屎星 lau$_{51}$ sai$_{55}$ ts^{h}ẽ^{55}（口）
　　　　慧星 hui$_{11}$ ts^{h}ẽ^{55}（書）

【銀河】gin$_{33}$ ho^{13}　銀河。
　〈張〉河溪 ho$_{33}$ k^{h}e^{55}
　〈藍〉銀河 gin$_{33}$ ho^{13}

【雲】hun^{13}　雲。
　〈張〉雲 hun^{13}
　〈藍〉雲 hun^{13}

【虹】k^{h}iŋ^{33}　彩虹。
　〈張〉虹 k^{h}iŋ^{33}
　〈藍〉虹 k^{h}iŋ^{33}

【霞】he^{13}　例「彩霞」ts^{h}ai$_{55}$ he^{13}
　〈張〉霞 he^{13}
　〈藍〉晚霞 am$_{51}$ ha^{13}、彩雲 ts^{h}ai$_{55}$ hun^{13}

【罩雺】ta$_{51}$ bɔŋ^{13}　起霧。
　〈張〉罩雺 ta$_{51}$ bɔŋ^{13}
　〈藍〉落雺 lo$_{11}$ bɔŋ^{13}

【露水】lɔ$_{51}$ tsui^{51}　露水。
　〈張〉露水 lɔ$_{51}$ tsui^{51}
　〈藍〉露水 lɔ$_{51}$ tsui^{51}

【霜】sŋ̇^{55}
　〈張〉霜 sŋ̇^{55}
　〈藍〉霜 sŋ̇^{55}

【雪】seʔ^{31}
　〈張〉雪 seʔ^{31}
　〈藍〉雪 seʔ^{31}

【風】hɔŋ^{55}
　〈張〉風 hɔŋ^{55}
　〈藍〉風 hɔŋ^{55}

【捲螺仔風】kuĩ$_{55}$ le$_{33}$ a$_{55}$ hɔŋ^{55}　龍捲風。
　〈張〉捲螺仔風 kuĩ$_{55}$ le$_{33}$ a$_{55}$ hɔŋ^{55}
　〈藍〉捲螺仔風 kuĩ$_{55}$ le$_{33}$ a$_{55}$ hɔŋ^{55}

【西風】sai$_{33}$ hɔŋ^{55}　蘭陽平原西邊是山，從四城到頭城有此山風，稱西風。即

當地的落山風。若起風，需約「一對時」才會停。

〈張〉落山風 lo$_{11}$ suã$_{33}$ hɔŋ^{55}

〈藍〉x

【搢風】tsĩ$_{51}$ hɔŋ^{55} 逆風。

〈張〉x

〈藍〉頂風 ts^{h}iŋ$_{51}$ hɔŋ^{55}

【風恬】hɔŋ^{55} tiam^{33} 風停。

〈張〉x

〈藍〉風停去矣 hɔŋ^{55} tiã^{33}·k^{h}i$_{11}$·a$_{11}$

【燒風】sio$_{33}$ hɔŋ^{55} 焚風。

〈張〉x

〈藍〉x

【落石頭】lo$_{11}$ tsio$_{11}$ t^{h}au^{13} 下冰雹。

〈張〉雹 p^{h}au^{33}

〈藍〉落雹 lo$_{11}$ p^{h}au^{33}

【報頭】po$_{51}$ t^{h}au^{13} 颱風來前的徵兆。暴風雨來前，一片寧靜，但見天烏雲越來越密佈，稱「起報頭」k^{h}i$_{55}$ po$_{51}$ t^{h}au^{13}

〈張〉報頭 po$_{51}$ t^{h}au^{13}

〈藍〉x

【風颱】hɔŋ$_{33}$ t^{h}ai^{55} 颱風。

〈張〉風颱 hɔŋ$_{33}$ t^{h}ai^{55}（口）

〈藍〉風颱 hɔŋ$_{33}$ t^{h}ai^{55}、
颱風 t^{h}ai$_{33}$ hɔŋ^{55}（書）

【回南】hue$_{33}$ lam^{13} 颱風離去前的風向。

〈張〉回南 hue$_{33}$ lam^{13}

〈藍〉x

【落雨】lo$_{11}$ hɔ^{33} 下雨。

〈張〉落雨 lo$_{11}$ hɔ^{33}

〈藍〉落雨 lo$_{11}$ hɔ^{33}

【放雨白】paŋ$_{51}$ hɔ$_{11}$ pe^{33} 晴天下雨，颱風要來的前兆。

〈張〉放雨白 paŋ$_{51}$ hɔ$_{11}$ peʔ^{55}

〈藍〉放雨白 paŋ$_{51}$ hɔ$_{11}$ peʔ^{55}

【毛毛仔雨】muĩ$_{33}$ muĩ$_{33}$ ã$_{55}$ hɔ^{33} 毛毛雨。

也講「霎雨仔」sap$_{55}$ hɔ^{33} a^{51}

〈張〉霎霎仔雨 sap$_{55}$ sap$_{55}$ ba$_{55}$ hɔ^{33}

〈藍〉雨霎仔 hɔ$_{11}$ sap$_{55}$ ba^{51}
雨毛仔 hɔ$_{11}$ muĩ$_{33}$ ã^{51}

【西北雨】sai$_{33}$ pak$_{55}$ hɔ^{33} 夏天雷陣雨。

〈張〉西北雨 sai$_{33}$ pak$_{55}$ hɔ^{33}

〈藍〉西北雨 sai$_{33}$ pak$_{55}$ hɔ^{33}

【爍爁】si$_{51}$ nãʔ^{31} 閃電。

〈張〉爍爁 si$_{51}$ nã^{11}、閃電 siam$_{55}$ tian^{33}

〈藍〉爍爁 si$_{51}$ nã^{11}

【霆雷公】tan$_{33}$ lui$_{33}$ kɔŋ^{55} 打雷。

〈張〉霆雷 tan$_{33}$ lui^{13}

〈藍〉霆雷 tan$_{33}$ lui^{13}
霆雷公 tan$_{33}$ lui$_{33}$ kɔŋ^{55}

【剎雷】ts^{h}e$_{51}$ lui^{13} 落雷，突然打下的雷。

〈張〉剎雷 ts^{h}e$_{51}$ lui^{13}

〈藍〉x

【天氣】t^{h}ĩ$_{33}$ k^{h}i^{11} 天氣。

〈張〉天氣 t^{h}ĩ$_{33}$ k^{h}i^{11}

〈藍〉天氣 t^{h}ĩ$_{33}$ k^{h}i^{11}

【好天】ho$_{55}$ t^{h}ĩ^{55} 晴天。

〈張〉好天 ho$_{55}$ t^{h}ĩ^{55}

〈藍〉好天 ho$_{55}$ t^{h}ĩ^{55}

【歹天】p^{h}ãi$_{55}$ t^{h}ĩ^{55} 風吹雨來的日子。

〈張〉歹天 p^{h}ãi$_{55}$ t^{h}ĩ^{55}

〈藍〉歹天 p^{h}ãi$_{55}$ t^{h}ĩ^{55}

【雨來天】hɔ$_{33}$ lai$_{33}$ t^{h}ĩ^{55}　下雨天。

　或講「落雨天」lo$_{11}$ hɔ$_{11}$ t^{h}ĩ^{55}

　〈張〉雨來天 hɔ$_{33}$ lai$_{33}$ t^{h}ĩ^{55}

　〈藍〉落雨天 lo$_{11}$ hɔ$_{11}$ t^{h}ĩ^{55}

　　　歹天 p^{h}ãi$_{55}$ tĩ^{55}

【沃雨】ak$_{55}$ hɔ^{33}　淋雨。

　〈張〉沃雨 ak$_{55}$ hɔ^{33}、淋雨 lam$_{33}$ hɔ^{33}

　〈藍〉沃雨 ak$_{55}$ hɔ^{33}、淋雨 lam$_{33}$ hɔ^{33}

【烏陰天】ɔ$_{33}$ im$_{33}$ t^{h}ĩ^{55}　陰天。

　〈張〉烏陰天 ɔ$_{33}$ im$_{33}$ t^{h}ĩ^{55}

　〈藍〉烏陰天 ɔ$_{33}$ im$_{33}$ t^{h}ĩ^{55}

【熱】dzua^{33}　天氣熱。

　〈張〉熱 dzua^{33}

　〈藍〉熱 dzua^{33}

【寒】kuã^{13}　天氣寒冷。

　〈張〉寒 kuã^{13}

　〈藍〉寒 kuã^{13}

【涼】liŋ^{13}　涼快。

　〈張〉涼 liaŋ^{13}

　〈藍〉涼 liŋ^{13}

【冷】liŋ^{51}　天氣冷。

　〈張〉冷 liŋ^{51}

　〈藍〉冷 liŋ^{51}

【秋清】ts^{h}iu$_{33}$ ts^{h}in^{11}　天氣涼爽。

　〈張〉秋清 ts^{h}iu$_{33}$ ts^{h}in^{11}

　〈藍〉x

【做大旱】tso$_{51}$ tua$_{11}$ uã^{33}　旱災。

　〈張〉亢旱 k^{h}o$_{51}$ uã^{33}

　〈藍〉做旱 tso$_{51}$ uã^{33}

【大水】tua$_{11}$ tsui^{51}　洪水

　或講「水災」tsui$_{55}$ tsai^{55}

　〈張〉大水 tua$_{11}$ tsui^{51}

　〈藍〉大水 tua$_{11}$ tsui^{51}

【做大水】tso$_{51}$ tua$_{11}$ tsui^{51}　洪水氾濫

　〈張〉淹大水 im$_{33}$ tua$_{11}$ tsui^{51}

　〈藍〉做大水 tso$_{51}$ tua$_{11}$ tsui^{51}

【火燒厝】hue$_{55}$ sio$_{33}$ ts^{h}u^{33}　火災。

　〈張〉火加落 hue$_{55}$ ka$_{33}$ lau^{33}

　〈藍〉火燒厝 hue$_{55}$ sio$_{33}$ ts^{h}u^{33}

　　　火災 hue$_{55}$ tsai^{55}

【蝕日】sit$_{55}$ dzit^{33}　日蝕。

　〈張〉蝕日 sit$_{55}$ dzit^{33}

　〈藍〉蝕日 sit$_{55}$ dzit^{55}

【蝕月】sit$_{55}$ gue^{33}　月蝕。

　〈張〉蝕月 sit$_{55}$ gue^{33}

　〈藍〉蝕月 sit$_{55}$ gue^{33}

【地動】te^{33} taŋ^{33}　地震。

　〈張〉地動 te^{33} taŋ^{33}

　〈藍〉地動 te^{33} taŋ^{33}

（二）自然地理

【海】hai^{51}　海。

　〈張〉海 hai^{51}

　〈藍〉海 hai^{51}

【海湧】hai$_{55}$ iŋ^{51}　海浪。

　〈張〉海湧 hai$_{55}$ iŋ^{51}

　〈藍〉水湧 tsui$_{55}$ iŋ^{51}

【海墘仔】hai$_{55}$ kĩ$_{33}$ ã^{51}　海邊。

　〈張〉海墘仔 hai$_{55}$ kĩ$_{33}$ ã^{51}（口）

　〈藍〉海邊 hai$_{55}$ pĩ^{55}（書）

【海邊】hai₅₅ pĩ⁵⁵ 海邊。
〈張〉海邊 hai₅₅ pĩ⁵⁵
〈藍〉海邊 hai₅₅ pĩ⁵⁵

【海口】hai₅₅ kʰau⁵¹ 海口。
〈張〉海口 hai₅₅ kʰau⁵¹
〈藍〉x

【海岸】hai₅₅ huã³³ 海岸。
〈張〉海岸 hai₅₅ huã³³
〈藍〉x

【海沙埔】hai₅₅ sua₃₃ pɔ⁵⁵ 沙灘。
〈張〉海沙埔 hai₅₅ sua₃₃ pɔ⁵⁵
〈藍〉沙灘 sua₃₃ tʰan⁵⁵

【疊駁】tʰiap₁₁ poʔ³¹ 做蛇籠壩。
〈張〉x
〈藍〉x

【駁岸】pɔ₅₁ huã³³ 河流的堤防。
〈張〉駁坎 pɔ₅₁ kʰam₁₁
〈藍〉駁岸 pɔ₅₁ huã³³、溪岸 kʰe₃₃ huã³³

【堤防】tʰe₃₃ hɔŋ¹³ 海港的堤防。
〈張〉x
〈藍〉駁岸 pɔ₅₁ huã³³

【澳】o¹¹ 天然小港灣。
〈張〉澳 o¹¹
〈藍〉海灣 hai₅₅ uan⁵⁵

【嶼】si³³ 小島嶼。
如：大嶼 tua₁₁si³³
〈張〉嶼 si³³
〈藍〉x

【洘流】kʰo₅₅ lau¹³ 退潮。
〈張〉洘流 kʰo₅₅ lau¹³
〈藍〉退潮 tʰe₅₁ tiau¹³、小潮 sio₅₅ tiau¹³

【濫流】lam₃₃ lau¹³ 漲潮。
也講 im₅₁ lau¹³
〈張〉x
〈藍〉漲潮 tĩu₅₁ tiau¹³ 滿潮 muã₅₅ tiau¹³

【石礁仔】tsio₁₁ ta₅₅ a⁵¹ 海中的礁石。
〈張〉礁仔 ta₅₅ a⁵¹
〈藍〉x

【暗礁仔】am₅₁ ta₅₅ a⁵¹ 暗礁。
〈張〉x
〈藍〉x

【捲螺仔旋】kuĩ₅₅ le₃₃ a₅₅ tsuĩ³³ 漩渦。
〈張〉捲螺仔旋 kuĩ₅₅ le₃₃ a₅₅ tsuĩ³³
〈藍〉x

【溪】kʰe⁵⁵ 溪。
〈張〉溪 kʰe⁵⁵
〈藍〉溪 kʰe⁵⁵

【水圳】tsui₅₅ tsun¹¹ 灌溉用人工水路。
〈張〉水圳仔 tsui₅₅ tsun₅₅ nã⁵¹
〈藍〉圳溝 tsun₅₁ kau⁵⁵

【水溝】tsui₅₅ kau⁵⁵ 溝渠。
〈張〉水溝 tsui₅₅ kau⁵⁵
〈藍〉x

【湖】ɔ¹³ 匯集大水的地方。
〈張〉湖 ɔ¹³
〈藍〉湖 ɔ¹³

【水池仔】tsui₅₅ ti₃₃ a⁵¹ 水池。
〈張〉水池 tsui₅₅ ti¹³
〈藍〉水池仔 tsui₅₅ ti₃₃ a⁵¹

【潭】tʰam¹³ 比湖小的聚水處。
〈張〉潭 tʰam¹³

〈藍〉x

【水堀仔】tsui$_{55}$ k^{h}ut$_{55}$ la^{51} 積水小窪處。
　〈張〉水堀仔 tsui$_{55}$ k^{h}ut$_{55}$ la^{51} 小水池
　〈藍〉水堀仔 tsui$_{55}$ k^{h}ut$_{55}$ la^{51}

【埤】pi^{55} 蓄水用於灌溉的小水潭
　〈張〉埤 pi^{55}
　〈藍〉x

【水庫】tsui$_{55}$ k^{h}ɔ^{11} 水庫。
　〈張〉水庫 tsui$_{55}$ k^{h}ɔ^{11}
　〈藍〉水壩 tsui$_{55}$ pa^{11}

【魚池仔】hi$_{33}$ ti$_{33}$ a^{51} 魚池。
　〈張〉魚池仔 hi$_{33}$ ti$_{33}$ a^{51}
　〈藍〉魚池仔 hi$_{33}$ ti$_{33}$ a^{51}

【庄骹】tsṅ$_{33}$ k^{h}a^{55} 鄉下。
　〈張〉庄骹 tsṅ$_{33}$ k^{h}a^{55}
　〈藍〉庄骹 tsṅ$_{33}$ k^{h}a^{55}、草地 ts^{h}au$_{55}$ te^{33}
　　　　鄉村 hiŋ$_{33}$ ts^{h}un^{55} （書）

【在地】tsai$_{11}$ te^{33} 本地。
　〈張〉在地 tsai$_{11}$ te^{33}
　〈藍〉在地 tsai$_{11}$ te^{33}、本地 pun$_{55}$ te^{33}

【塍】ts^{h}an^{13} 田。
　〈張〉塍 ts^{h}an^{13}
　〈藍〉塍 ts^{h}an^{13}

【菜園仔】ts^{h}ai$_{51}$ huĩ$_{33}$ ã^{51} 菜園。
　〈張〉菜園仔 ts^{h}ai$_{51}$ hṅ$_{33}$ ŋã^{51}
　〈藍〉菜園仔 ts^{h}ai$_{51}$ huĩ$_{33}$ ã^{51}

【壟】liŋ^{33} 土埂。
在菜園整出一行一行的土埂，用於種
植根莖類農作物，每一段時間，必須
培土以助長。
　如「蕃薯壟」han$_{33}$ tsi$_{33}$ liŋ^{33}

〈張〉壟 liŋ^{33}
〈藍〉x

【股】kɔ^{51} 股。如「菜股」ts^{h}ai$_{51}$ kɔ^{51}
　〈張〉股 kɔ^{51}
　〈藍〉x

【山】suã^{55} 山的總稱。
　〈張〉山 suã^{55}
　〈藍〉山 suã^{55}

【山頂】suã$_{33}$ tiŋ^{51} 山上。
　〈張〉山頂 suã$_{33}$ tiŋ^{51}、山尖 suã$_{33}$ tsiam^{55}
　〈藍〉山頂 suã$_{33}$ tiŋ^{51}

【山骹】suã$_{33}$ k^{h}a^{55} 山腳。
　〈張〉山骹 suã$_{33}$ k^{h}a^{55}
　〈藍〉山骹 suã$_{33}$ k^{h}a^{55}

【山坪】suã$_{33}$ p^{h}iã^{13} 山坡較平處。
　〈張〉山坪 suã$_{33}$ p^{h}iã^{13}
　〈藍〉山坪仔 suã$_{33}$ p^{h}iã$_{33}$ ã^{51}

【山洞】suã$_{33}$ tɔŋ^{33} 山洞。
　〈張〉山洞 suã$_{33}$ tɔŋ^{33}
　〈藍〉山洞 suã$_{33}$ tɔŋ^{33}

【塗】t^{h}ɔ^{13} 泥土。
　〈張〉塗 t^{h}ɔ^{13}
　〈藍〉塗 t^{h}ɔ^{13}

【紅仁塗】aŋ$_{33}$ dzin$_{33}$ t^{h}ɔ^{13} 紅塗。
　〈張〉黃塗 ṅ$_{33}$ t^{h}ɔ^{13}
　〈藍〉x

【沙】sua^{55} 沙。
　〈張〉沙 sua^{55}
　〈藍〉沙仔 sua$_{33}$ a^{51}

【赤潤塗】ts^{h}ia$_{51}$ lun$_{11}$ t^{h}ɔ^{13} 做磚用的。

〈張〉赤潤塗 $tsʰia_{51}$ lun_{11} $tʰɔ^{13}$

〈藍〉x

【塗粉】$tʰɔ_{33}$ hun^{51} 灰塵。

　〈張〉塗沙粉仔 $tʰɔ_{33}$ sa_{33} hun_{55} $nã^{51}$

　〈藍〉塗粉 $tʰɔ_{33}$ hun^{51}、塊埃 $iŋ_{33}$ ia^{55}

【路溝仔糜】$lɔ_{11}$ $kuai_{33}$ a_{55} $muãi^{13}$ 爛泥巴。

　〈張〉路溝仔糜 $lɔ_{11}$ kau_{33} a_{55} $muẽ^{13}$

　〈藍〉路糊仔糜 $lɔ_{11}$ $kɔ_{33}$ a_{55} $muẽ^{13}$

【水】$tsui^{51}$ 水。

　〈張〉水 $tsui^{51}$

　〈藍〉水 $tsui^{51}$

【井水】$tsẽ_{55}$ $tsui^{51}$

　〈張〉井水 $tsẽ_{55}$ $tsui^{51}$

　〈藍〉x

【海水】hai_{55} $tsui^{51}$ 海水。

　〈張〉海水 hai_{55} $tsui^{51}$

　〈藍〉海水 hai_{55} $tsui^{51}$

【泉水】$tsuã_{33}$ $tsui^{51}$ 泉水。

　〈張〉泉水 $tsuã_{33}$ $tsui^{51}$

　〈藍〉水泉 $tsui_{55}$ $tsuã^{13}$

【溪水】$kʰe_{33}$ $tsui^{51}$ 溪水。

　〈張〉溪水 $kʰe_{33}$ $tsui^{51}$

　〈藍〉溪水 $kʰe_{33}$ $tsui^{51}$

【自來水】tsu_{11} lai_{33} $tsui^{51}$

　〈張〉水道水 $tsui_{55}$ to_{11} $tsui^{51}$

　〈藍〉x

【溫泉】un_{33} $tsuã^{13}$ 溫泉。

　〈張〉溫泉 un_{33} $tsuã^{13}$

　〈藍〉x

【水沖】$tsui_{55}$ $tsʰiŋ^{13}$ 瀑布。

　〈張〉水沖 $tsui_{55}$ $tsʰiaŋ^{13}$（口）

　〈藍〉瀑布 $pʰɔ_{11}$ $pɔ^{11}$（書）

【坑崁】$kʰẽ_{33}$ $kʰam^{11}$ 山中懸崖。

　〈張〉坑崁 $kʰẽ_{33}$ $kʰam^{11}$、
　　　　斷崖 $tuan_{11}$ gai^{13}

　〈藍〉山崁 $suã_{33}$ $kʰam^{11}$、山巖 $suã_{33}$ gam^{13}

【磅空】$pɔŋ_{11}$ $kʰaŋ^{55}$ 隧道。

　〈張〉磅空 $pɔŋ_{11}$ $kʰaŋ^{55}$

　〈藍〉x

【鞏紅毛塗】$kʰɔŋ_{11}$ am_{33} $mɔ̃_{33}$ $tʰɔ^{13}$ 用水泥鞏固建物結構。

　〈張〉鞏拘力 $kʰɔŋ_{11}$ ku_{33} li^{51}

　〈藍〉鞏拘力 $kʰɔŋ_{11}$ ku_{33} li^{51}
　　　　日語詞彙，來自英語 concrete

【鞏】$kʰɔŋ^{33}$ 用水泥鞏固建物結構的動作。

　〈張〉鞏 $kʰɔŋ^{33}$

　〈藍〉鞏 $kʰɔŋ^{33}$

（三）頭城地名

【頭圍】$tʰau_{33}$ ui^{13} 頭城舊稱。
現稱「頭城」$tʰau_{33}$ $siã^{13}$

　〈張〉頭圍仔 $tʰau_{33}$ ui_{33} a^{51}

　〈藍〉頭城 $tʰau_{33}$ $siã^{13}$

【梗枋】$ŋẽ_{11}$ $paŋ^{55}$

　〈張〉梗枋 $ŋẽ_{11}$ $paŋ^{55}$

　〈藍〉x

【外澳仔】gua_{33} o_{55} a^{51} 外澳。

　〈張〉x

　〈藍〉x

【大溪】tua₁₁ kʰe⁵⁵

〈張〉大溪 tua₁₁ kʰe⁵⁵

〈藍〉x

【大澳】tua₁₁ o¹¹ 大溪，外澳火車站以南。

〈張〉x

〈藍〉x

【小澳】sio₅₅ o¹¹ 大溪，外澳火車站以北。

〈張〉x

〈藍〉x

【石城仔】tsio₁₁ siã₃₃ ã⁵¹ 石城。

〈張〉石頭城 tsio₁₁ tʰau₃₃ siã¹³

〈藍〉x

【大里簡】tai₁₁ li₅₅ kan⁵¹ 大里。

〈張〉x

〈藍〉x

【橋枋湖仔】kio₃₃ paŋ₃₃ ɔ₃₃ ã⁵¹ 在大溪與梗枋之間。

〈張〉x

〈藍〉x

【合興】hap₁₁ hin⁵⁵ 頭城合興里。

〈張〉x

〈藍〉x

【罟寮仔】kɔ₃₃ liau₃₃ a⁵¹ 合興里舊稱。

〈張〉x

〈藍〉x

【竹安】tik₅₅ an⁵⁵ 頭城竹安里。

〈張〉x

〈藍〉x

【金面】kim₃₃ bin₃₃ 頭城金面里。

〈張〉x

〈藍〉x

【大金面】tua₁₁ kim₃₃ bin₃₃ 屬金面里。

〈張〉x

〈藍〉x

【小金面】sio₅₅ kim₃₃ bin₃₃ 屬金面里。

〈張〉x

〈藍〉x

【武營】bu₅₅ iã¹³ 頭城武營里。

〈張〉x

〈藍〉x

【頂埔】tiŋ₅₅ pɔ⁵⁵ 頭城頂埔里。

〈張〉x

〈藍〉x

【下埔】e₁₁ pɔ⁵⁵ 頭城下埔里。

〈張〉x

〈藍〉x

【番仔路】huan₃₃ nã₅₅ lɔ³³ 頭城下埔里舊稱。

〈張〉x

〈藍〉番仔路 huan₃₃ nã₅₅ lɔ³³

【中崙仔】tiŋ₃₃ lun₃₃ ã⁵¹ 頭城中崙里。

〈張〉x

〈藍〉x

【福成】hɔk₅₅ siŋ¹³ 頭城與金面相鄰。

〈張〉x

〈藍〉x

【菝仔林】pat₃₃ la₅₅ nã¹³ 芭樂林。拔雅里。

〈張〉x

〈藍〉x

【大坑罟】tua₁₁ kʰẽ₃₃ kɔ⁵⁵ 現大坑里。

〈張〉x

〈藍〉x

【西寮】se_{33} $liau^{13}$　城北里車站附近。
　〈張〉x
　〈藍〉x

【十三行】$tsap_{11}$ $sã_{33}$ $haŋ^{13}$　城東里 13 巷。
13 巷[$haŋ^{33}$]來自 13 行[$haŋ^{13}$]的諧音。
　〈張〉x
　〈藍〉x

【頭圍第三堡】t^hau_{33} ui^{13} te_{11} $sã_{33}$ po^{51}　城南里舊稱。
　〈張〉x
　〈藍〉x

【大份塍仔底】tua_{11} hun_{33} ts^han_{33} $nã_{55}$ te^{51}　屬二城里。
　〈張〉x
　〈藍〉x

【二圍】dzi_{11} ui^{13}　二城里。
　〈張〉x
　〈藍〉x

【打馬煙】$tã_{55}$ $mã_{55}$ ian^{55}　殘留平埔族社名，有「打馬煙路」。
　〈張〉x
　〈藍〉x

附、宜蘭當地地名

【大平陽】tua_{11} $piŋ_{33}$ $ĩu^{13}$　大平原。
　〈張〉x
　〈藍〉x

【宜蘭】gi_{33} lan^{13}
　〈張〉宜蘭 gi_{33} lan^{13}
　〈藍〉宜蘭 gi_{33} lan^{13}、街仔 ke_{33} a^{51}

【四城】si_{51} $siã^{13}$　四城。
舊稱「四結」si_{51} $kiat^{31}$
　〈張〉四城 si_{51} $siã^{13}$
　〈藍〉x

【礁溪】$tã_{33}$ k^he^{55}　礁溪。
　〈張〉礁溪 ta_{33} k^he^{55}
　〈藍〉礁溪 $tã_{33}$ k^he^{55}

【湯仔城】$t^hŋ_{33}$ $ŋã_{55}$ $siã^{13}$　湯圍，礁溪舊稱。
礁溪火車站附近到白石腳附近的地名舊稱。
　〈張〉湯仔城 $t^hŋ_{33}$ $ŋã_{55}$ $siã^{13}$
　〈藍〉湯仔城 $t^hŋ_{33}$ $ŋã_{55}$ $siã^{13}$

【白石骹】pe_{11} $tsio_{11}$ k^ha^{55}　白石腳。
　〈張〉x
　〈藍〉白石骹 pe_{11} $tsio_{11}$ k^ha^{55}

【五結】$gɔ_{11}$ $kiat^{31}$　張東五結。
　〈張〉五結 $gɔ_{11}$ $kiat^{31}$
　〈藍〉五結 $gɔ_{11}$ $kiat^{31}$

【員山仔】$ĩ_{33}$ $suã_{33}$ $ã^{51}$　白石腳鄰近舊稱。
　〈張〉員山仔 $ĩ_{33}$ $suã_{33}$ $ã^{51}$（指宜蘭員山鄉）
　〈藍〉員山仔 $ĩ_{33}$ $suã_{33}$ $ã^{51}$（指宜蘭員山鄉）

【壯圍】$tsɔŋ_{51}$ ui^{13}　宜蘭壯圍。
　〈張〉壯圍 $tsɔŋ_{51}$ ui^{13}
　〈藍〉壯圍 $tsɔŋ_{51}$ ui^{13}

【清水溝】$ts^hiŋ_{33}$ $tsui_{55}$ kau^{55}　在冬山河清水公園一帶。
　〈張〉清水溝 $ts^hiŋ_{33}$ $tsui_{55}$ kau^{55}
　〈藍〉x

【羅東】lo$_{33}$ tɔŋ^{55} 羅東。
　〈張〉羅東 lo$_{33}$ tɔŋ^{55}
　〈藍〉羅東 lo$_{33}$ tɔŋ^{55}

【廣興】kɔŋ$_{55}$ hin^{55} 從三星再進去的村
落。
　〈張〉kɔŋ$_{55}$ hin^{55}
　〈藍〉x

【北城】pak$_{55}$ siŋ^{13} 在羅東運動公園一
帶。
　〈張〉pak$_{55}$ siã^{13}
　〈藍〉x

【大堀】tua$_{11}$ k^{h}ut^{31} 大福舊稱與竹安相
鄰,屬壯圍鄉
　〈張〉x
　〈藍〉x

【田心仔】ts^{h}an$_{33}$ sim$_{33}$ mã^{51} 田心里。
　〈張〉田心仔 ts^{h}an$_{33}$ sim$_{33}$ mã^{51}
　〈藍〉x

【阿里史】a$_{33}$ li$_{55}$ sai^{51} 鄰近利澤簡。
　〈張〉阿里史 a$_{33}$ li$_{55}$ sai^{51}
　〈藍〉x

【蘇澳】so$_{33}$ o^{11} 蘇澳。
　〈張〉蘇澳 so$_{33}$ o^{11}
　〈藍〉蘇澳 so$_{33}$ o^{11}

【番社】huan$_{33}$ sia^{33} 番社。
　〈張〉番社 huan$_{33}$ sia^{33}
　〈藍〉x

【香櫞地】hĩu$_{33}$ ĩ$_{33}$ te^{33} 香櫞地。
　〈張〉香櫞地 hĩu$_{33}$ ĩ$_{33}$ te^{33}
　〈藍〉x

【南方澳仔】lam$_{33}$ hɔŋ$_{33}$ o^{55} a^{51} 南方澳。
　〈張〉南方澳 lam$_{33}$ hɔŋ$_{33}$ o^{11}
　〈藍〉x

【八里沙】pat$_{55}$ li$_{55}$ sa^{55} 三星。
今名「三星」sam$_{33}$ siŋ^{55}
　〈張〉八里沙 pat$_{55}$ li$_{55}$ sa^{55}、
　　　三星 sam$_{33}$ siŋ^{55}
　〈藍〉x

【天送埤】t^{h}ian$_{33}$ saŋ$_{51}$ pi^{55} 天送埤。
　〈張〉天送埤 t^{h}ian$_{33}$ saŋ$_{51}$ pi^{55}
　〈藍〉x

【親水湖】ts^{h}in$_{33}$ tsui$_{55}$ ɔ^{13} 親水湖。
　〈張〉親水湖 ts^{h}in$_{33}$ tsui$_{55}$ ɔ^{13}
　〈藍〉x

【牛頭仔】gu$_{33}$ t^{h}au$_{33}$ a^{51} 在牛鬥附近。
　〈張〉牛頭仔 gu$_{33}$ t^{h}au$_{33}$ a^{51}
　〈藍〉x

【奇力簡】ki$_{33}$ lik$_{11}$ kan^{51} 利澤簡本地名。
　〈張〉利澤簡 li$_{11}$ tik$_{11}$ kan^{51}
　〈藍〉x

【獨立山】tɔk$_{11}$ lip$_{11}$ suã^{55} 在牛鬥附近。
　〈張〉獨立山 tɔk$_{11}$ lap$_{11}$ suã^{55}
　〈藍〉x

【九分仔】kau$_{55}$ hun$_{33}$ nã^{51} 九分仔。
　〈張〉九分仔 kau$_{55}$ hun$_{33}$ nã^{51}
　〈藍〉x

【山仔港】suã$_{33}$ ã$_{55}$ kaŋ^{51} 山仔港。
　〈張〉山仔港 suã$_{33}$ ã$_{55}$ kaŋ^{51}
　〈藍〉x

【冬瓜山】taŋ$_{33}$ kue$_{33}$ suã^{55} 冬山。

〈張〉夳山 taŋ$_{33}$ suã^{55}
〈藍〉夳山 taŋ$_{33}$ suã^{55}

二、時間節令

【時陣】si$_{33}$ tsun^{33} 時候。
　〈張〉時陣 si$_{33}$ tsun^{33}
　〈藍〉時陣 si$_{33}$ tsun^{33}

【一世儂】tsit$_{11}$ si$_{51}$ laŋ^{13} 一輩子。
　〈張〉一世儂 tsit$_{11}$ si$_{51}$ laŋ^{13}
　〈藍〉x

【較早】kʰa$_{51}$ tsa^{51} 以前。
　也講「以前」i$_{55}$ tsiŋ^{13}、「古早」kɔ$_{55}$ tsa^{51}
　「過去」kue$_{51}$ kʰi^{51}。
　〈張〉較早 kʰa$_{51}$ tsa^{51}、
　　　　「以前」i$_{55}$ tsiŋ^{13}
　　　　「古早」kɔ$_{55}$ tsa^{51}、
　　　　「往擺」iŋ$_{55}$ pai^{51}
　〈藍〉以前 i$_{55}$ tsiŋ^{13}、往過 iŋ$_{55}$ kue^{11}
　　　　舊底 ku$_{11}$ te^{51}

【本來】pun$_{55}$ lai^{13} 本來。
　〈張〉本來 pun$_{55}$ lai^{13}
　〈藍〉本來 pun$_{55}$ lai^{13}、自本 tsu$_{11}$ pun^{51}

【尾仔】bue^{55} a^{51} 後來。
　〈張〉尾仔 bue^{55} a^{51}
　〈藍〉x

【後擺】au$_{11}$ pai^{51} 下次。
　〈張〉後擺 au$_{11}$ pai^{51}
　〈藍〉x

【今仔】tsit$_{55}$ mã^{51} 現在。
　也講「今」tã^{55}

〈張〉今仔 tsit$_{55}$ mã^{51}、這陣 tsit$_{55}$ tsun^{33}
　　　今 tã^{55}
〈藍〉這陣 tsit$_{55}$ tsun^{33}、這久 tsit$_{55}$ ku^{51}
　　　現時 hian$_{11}$ si^{13}、現遮 hian$_{11}$ tsa^{33}

【盡久】tsin$_{51}$ ku^{51} 非常久。
　〈張〉盡久 tsin$_{51}$ ku^{51}
　〈藍〉x

【足久】tsik$_{55}$ ku^{51} 真的很久。
　〈張〉足久 tsiɔk$_{55}$ ku^{51}
　〈藍〉x

【真久】tsin$_{33}$ ku^{51} 真久。
　〈張〉真久 tsin$_{33}$ ku^{51}
　〈藍〉x

【誠久】tsiã$_{33}$ ku^{51} 真久。
　〈張〉誠久 tsiã$_{33}$ ku^{51}。
　〈藍〉x

【無外久】bo$_{33}$ gua$_{11}$ ku^{51} 沒多久。
　〈張〉無偌久 bo$_{33}$ lua$_{11}$ ku^{51}
　〈藍〉x

【幾工仔】kui$_{55}$ kaŋ$_{33}$ ŋã^{51} 幾天。
　也講「幾日」kui$_{55}$ dzit^{33}。
　〈張〉幾工 kui$_{55}$ kaŋ$_{33}$、幾日 kui$_{55}$
　　　　dzit^{33}。
　〈藍〉x

【幾落工】kui$_{55}$ lo$_{11}$ kaŋ^{55} 好幾天。
　〈張〉幾偌工 kui$_{55}$ a$_{11}$ kaŋ^{55}。
　〈藍〉x

【半晡】puã$_{51}$ pɔ^{55} 有數小時的長時間。
　〈張〉半晡 puã$_{51}$ pɔ^{55}。
　〈藍〉x

【頭拄仔】t^ha_{33} tu_{55} a^{51} 剛剛（過去式）。
「伊頭拄仔猶直遮」I_{33} t^ha_{33} tu_{55} a^{51}
iau_{55} tit_{55} $tsia^{55}$ 他剛剛還在這兒
〈張〉頭拄仔 t^ha_{33} tu_{55} a^{51}
〈藍〉頭拄仔 t^ha_{33} tu_{55} a^{51}

【拄拄仔】tu_{55} tu_{55} $a_{55}\sim$剛剛（現在式）。
「伊拄柱仔俗」I_{33} tu_{55} tu_{55} a_{55} kau^{11} 他
剛剛到
〈張〉拄拄仔 tu_{55} tu_{55} $a_{55}\sim$
〈藍〉拄拄仔 tu_{55} tu_{55} $a_{55}\sim$

【上頭仔】sin_{11} t^hau_{33} a^{51} 剛開始。
〈張〉上頭仔 $sian_{11}$ t^hau_{33} a^{51}
〈藍〉當初 ton_{33} ts^ho_{55}、自頭 tsu_{11} t^hau^{13}
起初 ki_{55} ts^ho_{55}

【抑未】ia_{55} bue^{33} 還沒有。
〈張〉抑未 ia_{55} bue^{33}。
〈藍〉x

【稍聽候一个】 sio_{55} t^hin_{51} hau_{33}
$tsit_{11}$ $\cdot le_{11}$ 等一會兒。也講「稍等一个」
$sio_{55}tan_{51}$ $tsit_{11}$ $\cdot le_{11}$。
〈張〉稍聽候一个 sio_{55} t^hin_{51} hau_{33}
$tsit_{11}$ $\cdot le_{11}$
稍等一个 sio_{55} tan^{51} $tsit_{11}$ $\cdot le_{11}$
〈藍〉x

【紲落去】sua^{11} $\cdot lue_{11}$ $\cdot k^hi_{11}$ 接下去。
〈張〉紲落去 sua^{11} $\cdot lo_{11}$ $\cdot k^hi_{11}$
〈藍〉x

【順紲】sun_{11} sua^{11} 順便。
〈張〉順紲 sun_{11} sua^{11}
〈藍〉順紲 sin_{11} sua^{11}

【得欲】tit_{55} $be?_{55}\sim$ 將要。
〈張〉得欲 tit_{55} $be?_{55}\sim$

〈藍〉得欲 tit_{55} $bue_{51}\sim$、隨 sui^{33}

【定定】tia_{11} tia^{33} 經常。也講「捷」$tsiap^{33}$。
〈張〉定定 tia_{11} tia^{33} 、「捷」$tsiap^{33}$
〈藍〉定定 tia_{11} tia^{33}、時常 su_{51} sin^{13}

【臨時】lim_{33} si^{13} 臨時。
〈張〉臨時 lim_{33} si^{13}。
〈藍〉x

【有當時仔】u_{11} tan_{33} si_{33} a^{51} 有時候。
也講「有時陣」u_{11} si_{33} $tsun^{33}$。
〈張〉有當時仔 u_{11} tan_{33} si_{33} a^{51}
有時陣 u_{11} si_{33} $tsun^{33}$
〈藍〉有當時仔 u_{11} tan_{33} si_{33} a^{51}
有時仔 u_{11} si_{33} a^{51}

【連鞭】$liam_{33}$ $m\tilde{i}^{55}$ 馬上。
〈張〉連鞭 $liam_{33}$ $m\tilde{i}^{55}$
〈藍〉連鞭 $liam_{33}$ $m\tilde{i}^{55}$

【閏月】lun_{11} gue^{33} 閏月。
〈張〉閏月 lun_{11} gue^{33}
〈藍〉閏月 lun_{11} gue^{33}

【月頭】gue_{11} t^hau^{13} 月初。
也講「月初」gue_{11} ts^he^{55}
〈張〉月頭 gue_{11} t^hau^{13}、月初 gue_{11} ts^he^{55}
〈藍〉月頭 gue_{11} t^hau^{13}、月初 gue_{11} ts^he^{55}

【月底】gue_{11} te^{51} 月底。
也講「月尾」gue_{11} bue^{51}
〈張〉月底 gue_{11} te^{51}、月尾 gue_{11} bue^{51}
〈藍〉月底 gue_{11} te^{51}、月尾 gue_{11} bue^{51}

【正月】$tsi\tilde{a}^{55}$ $\cdot gue_{11}$ 一月。
〈張〉正月 $tsi\tilde{a}^{55}$ $\cdot gue_{11}$
〈藍〉正月 $tsi\tilde{a}^{55}$ $\cdot gue_{11}$

【二月】dzi^{33} $\cdot gue_{11}$ 二月。

〈張〉二月 dzi^{33} ·gue_{11}

〈藍〉x

【三月】$sã^{55}$·gue_{11} 三月。

〈張〉三月 $sã^{55}$·gue_{11}

〈藍〉x

【四月】si^{11}·gue_{11} 四月。

〈張〉四月 si^{11}·gue_{11}

〈藍〉x

【五月】$gɔ^{33}$·gue_{11}。

〈張〉五月 $gɔ^{33}$·gue_{11}

〈藍〉x

【六月】lak^{33}·gue_{11} 六月。

〈張〉六月 lak^{33}·gue_{11}

〈藍〉x

【七月】$tsʰit^{31}$·gue_{11} 七月。

〈張〉七月 $tsʰit^{31}$·gue_{11}

〈藍〉x

【八月】pe^{33}·gue_{11} 八月。

〈張〉八月 pe^{33}·gue_{11}

〈藍〉x

【九月】kau^{51}·gue_{11} 九月。

〈張〉九月 kau^{51}·gue_{11}

〈藍〉x

【十月】$tsap^{33}$·gue_{11} 十月。

〈張〉十月 $tsap^{33}$·gue_{11}

〈藍〉x

【十一月】$tsap_{11}$ it^{31}·gue_{11} 十一月。

〈張〉十一月 $tsap_{11}$ it^{31}·gue_{11}

〈藍〉x

【十二月】$tsap_{11}$ dzi^{33}·gue_{11} 十二月。

〈張〉十二月 $tsap_{11}$ dzi^{33}·gue_{11}

〈藍〉x

【今年】kin_{33} $nĩ^{13}$ 今年。

〈張〉今年 kin_{33} $nĩ^{13}$

〈藍〉今年 kin_{33} $nĩ^{13}$

【明年】$mẽ_{33}$ $nĩ^{13}$ 明年。

〈張〉明年 $mẽ_{33}$ $nĩ^{13}$

〈藍〉明年 $mẽ_{33}$ $nĩ^{13}$

【後年】au_{11} $nĩ^{13}$ 後年。

〈張〉後年 au_{11} $nĩ^{13}$

〈藍〉後年 au_{11} $nĩ^{13}$

【大後年】tua_{11} au_{11} $nĩ^{13}$ 大後年。

〈張〉大後年 tua_{11} au_{11} $nĩ^{13}$

〈藍〉x

【舊年】ku_{11} $nĩ^{13}$ 去年。

〈張〉舊年 ku_{11} $nĩ^{13}$

〈藍〉舊年 ku_{11} $nĩ^{13}$

【自年】tsu_{11} $nĩ^{13}$ 前年。

〈張〉自年 tsu_{11} $nĩ^{13}$

〈藍〉自年 tsu_{11} $nĩ^{13}$

【大自年】tua_{11} tsu_{11} $nĩ^{13}$ 大前年。
也講「舊自年」ku_{11} tsu_{11} $nĩ^{13}$

〈張〉舊自年 ku_{11} tsu_{11} $nĩ^{13}$

〈藍〉x

【頂個月】$tiŋ_{55}$ ke_{51} gue^{33} 上個月。

〈張〉頂個月 $tiŋ_{55}$ ko_{51} gue^{33}

〈藍〉頂個月 $tiŋ_{55}$ ke_{51} gue^{33}
頂個月 $tiŋ_{55}$ ko_{51} gue^{33}

【後個月】au_{11} ke_{51} gue^{33} 下個月。

〈張〉後個月 au_{11} ko_{51} gue^{33}
　　　後月日 au_{11} gue_{11} $dzit^{33}$
〈藍〉後個月 au_{11} ko_{51} gue^{33}
　　　後個月 au_{11} ke_{51} gue^{33}

【禮拜】 le_{55} pai^{11} 星期日。
〈張〉禮拜 le_{55} pai^{11}
〈藍〉禮拜 le_{55} pai^{11}、星期 $siŋ_{33}$ ki^{13}
　　　（意指星期，非指星期日）

【禮拜日】 le_{55} pai_{51} $dzit^{33}$ 星期日。
〈張〉禮拜日 le_{55} pai_{51} $dzit^{33}$
〈藍〉禮拜日 le_{55} pai_{51} $dzit^{55}$

【拜一】 pai_{51} it^{31} 星期一。
〈張〉拜一 pai_{51} it^{31}
〈藍〉x

【拜二】 pai_{51} dzi^{33} 星期二。
〈張〉拜二 pai_{51} dzi^{33}
〈藍〉x

【拜三】 pai_{51} $sã^{55}$ 星期三。
〈張〉拜三 pai_{51} $sã^{55}$
〈藍〉x

【拜四】 pai_{51} si^{11} 星期四。
〈張〉拜四 pai_{51} si^{11}
〈藍〉x

【拜五】 pai_{51} $gɔ^{33}$ 星期五。
〈張〉拜五 pai_{51} $gɔ^{33}$
〈藍〉x

【拜六】 pai_{51} lak^{33} 星期六。
〈張〉拜六 pai_{51} lak^{33}
〈藍〉X

【一禮拜】 $tsit_{11}$ le_{55} pai^{11} 一個星期。
〈張〉一禮拜 $tsit_{11}$ le_{55} pai^{11}

〈藍〉x

【今仔日】 kin_{33} $nã_{55}$ $dzit^{33}$ 今天。
〈張〉今仔日 kin_{33} $nã_{55}$ $dzit^{33}$
〈藍〉今仔日 kin_{33} $nã_{55}$ $dzit^{55}$
　　　今天 kim_{33} $tian^{55}$ （書）
　　　今日 kin_{33} $dzit^{55}$ （書）

【明仔載】 bin_{33} $nã_{55}$ $tsai^{11}$ 明天。
〈張〉明仔載 bin_{33} $nã_{55}$ $tsai^{11}$
〈藍〉明天 $biŋ_{33}$ t^hian^{55} （書）
　　　明仔載 bin_{33} $nã_{55}$ $tsai^{11}$

【後日】 au^{33} ·$dzit_{11}$ 後天。
〈張〉後日 au^{33} ·$dzit_{11}$
〈藍〉後日 au^{33} $dzit^{55}$

【大後日】 tua_{11} au^{33} ·$dzit_{11}$ 大後天。
〈張〉大後日 tua_{11} au^{33} ·$dzit_{11}$
〈藍〉大後日 tua_{11} au^{33} $dzit^{55}$

【昨昏】 tsa_{33} $huĩ^{55}$ 昨天。
〈張〉昨昏 tsa_{33} $huĩ^{55}$
〈藍〉昨昏 tsa_{33} $huĩ^{55}$、tsa_{33} $dzit^{55}$

【昨日】 tso_{33} ·$dzit_{11}$ 前天。
〈張〉昨日 tso_{33} ·$dzit_{11}$
〈藍〉昨日 tso_{33} $dzit^{55}$

【日時仔】 $dzit^{33}$·si_{11}·a_{11} 白天。
〈張〉日時 $dzit^{33}$·si_{11}
〈藍〉日時仔 $dzit_{11}$ si_{33} a^{51}

【暗時仔】 am_{51} si_{33}·a_{33} 晚上。
〈張〉暗時 am_{51} si^{13}
〈藍〉暗時仔 am_{51} si_{33} a^{51}

【一日】 $tsit_{11}$ $dzit^{33}$ 一天。
也講「一工」 $tsit_{11}$ $kaŋ^{55}$

〈張〉一日 tsit₁₁ dzit³³

　　　一工 tsit₁₁ kaŋ⁵⁵

〈藍〉一工 tsit₁₁ kaŋ⁵⁵

【雞啼】ke⁵⁵ tʰi¹³ 雞叫。

〈張〉雞啼 ke⁵⁵ tʰi¹³

〈藍〉x

【天猶未光】tʰĩ⁵⁵ iaₛ₁ bue₁₁ kuĩ⁵⁵ 天還沒亮。

〈張〉天未光 tʰĩ⁵⁵ bue₁₁ kuĩ⁵⁵

〈藍〉x

【天欲光矣】tʰĩ⁵⁵ beʔ₅₅ kuĩ⁵⁵·a⁵⁵ 天快要亮了。

〈張〉天欲光矣 tʰĩ⁵⁵ be₅₅ kuĩ⁵⁵ ·a₅₅

〈藍〉x

【拍殕光】pʰaₛ₁ pʰuₛₛ kuĩ⁵⁵ 曙光出現

〈張〉拍殕光 pʰaₛ₁ pʰuₛₛ kuĩ⁵⁵

〈藍〉x

【天光】tʰĩ⁵⁵ kuĩ⁵⁵ 天亮。

〈張〉天光 tʰĩ⁵⁵ kuĩ⁵⁵

〈藍〉天光 tʰĩ⁵⁵ kuĩ⁵⁵

【日頭曝尻川】dzit₁₁ tʰau¹³ pʰak₁₁ kʰa₃₃ tsʰuĩ⁵⁵ 日上三竿。

〈張〉dzit₁₁ tʰau¹³ pʰak₁₁ kʰa₃₃ tsʰuĩ⁵⁵

〈藍〉x

【透早】tʰauₛ₁ tsaₛ₁ 清晨。

〈張〉透早 tʰauₛ₁ tsaₛ₁

〈藍〉天光 tʰĩ⁵⁵ kuĩ⁵⁵

【早時仔】tsai₅₅ si₃₃ aₛ₁ 早上。

〈張〉早時仔 tsa₅₅ si₃₃ aₛ₁

〈藍〉早起 tsa₅₅ kʰiₛ₁、tsai₅₅ kʰiₛ₁

　　　頂晡 tiŋ₅₅ pɔ⁵⁵

【得欲晝】tit₅₅ biat₅₅ tau₁₁ 近中午時。

〈張〉得欲晝 tit₅₅ bue₅₅ tau₁₁

〈藍〉X

【中晝】tiŋ₃₃ tau₁₁ 中午。

〈張〉中晝 tioŋ₃₃ tau₁₁

〈藍〉中晝 tiŋ₃₃ tau₁₁

【透中晝】tʰauₛ₁ tiŋ₃₃ tau₁₁ 日正當中。

〈張〉透中晝 tʰauₛ₁ tioŋ₃₃ tau₁₁

〈藍〉透中晝 tʰauₛ₁ tiŋ₃₃ tau₁₁

【過晝】kueₛ₁ tau₁₁ 中午過後。

〈張〉過晝 kueₛ₁ tau₁₁

〈藍〉x

【下晝】e₁₁tau₁₁ 下午。

〈張〉下晝 e₁₁ tau₁₁、下晡 e₁₁ pɔ⁵⁵

〈藍〉下晝 e₁₁ tau₁₁、下晡 e₁₁ pɔ⁵⁵

【欲暗矣】bue₅₅ am₅₅ mã⁵¹ 黃昏時候。

〈張〉欲暗矣 bue₅₅ am₅₅ mã⁵¹

〈藍〉欲暗矣 bue₅₅ am₅₅ mã⁵¹

【暗頭仔】amₛ₁ tʰau₃₃ aₛ₁ 天色剛暗。

〈張〉暗頭仔 amₛ₁ tʰau₃₃ aₛ₁

〈藍〉x

【暗時】amₛ₁ si¹³ 晚上。

〈張〉暗時 amₛ₁ si¹³

〈藍〉暗時仔 amₛ₁ si₃₃ aₛ₁、

　　　暗暝 amₛ₁ mẽ¹³

【下昏】ẽ₃₃ huĩ⁵⁵ 晚上。

　　也講下暗 ẽ₃₃ am₁₁、

　　暗時仔 amₛ₁ si₃₃ aₛ₁。

〈張〉下昏 ẽ₃₃ huĩ⁵⁵、下暗 ẽ₃₃ am₁₁

　　　暗時仔 amₛ₁ si₃₃ aₛ₁

〈藍〉暗時仔 amₛ₁ si₃₃ aₛ₁、

　　　暗暝 amₛ₁ mẽ¹³

【三更半暝】sã$_{33}$ kẽ$_{33}$ puã$_{51}$ mẽ^{13} 三更半
夜。
〈張〉三更半暝 sã$_{33}$ kẽ$_{33}$ puã$_{51}$ mẽ^{13}
〈藍〉半暝仔 puã$_{51}$ mẽ$_{33}$ ã^{51}

【隔暝】ke$_{51}$ mẽ^{13} 過夜
〈張〉隔暝 ke$_{51}$ mẽ^{13}
〈藍〉隔暝 ke$_{51}$ mẽ^{13}

【隔轉工】ke$_{51}$ tuĩ$_{55}$ kaŋ^{55} 隔一天。
〈張〉隔轉工 ke$_{51}$ tŋ̃$_{55}$ kaŋ^{55}
〈藍〉隔轉工 ke$_{51}$ tuĩ$_{55}$ kaŋ^{55}

【暝尾仔】mẽ$_{33}$ bue$_{55}$ a^{51} 近午夜 12 點。
〈張〉暝尾 mẽ$_{33}$ bue^{51}
〈藍〉x

【天光卯】tʰĩ$_{55}$ kuĩ$_{33}$ bau^{51} 早上 5~7 點。
〈張〉天光卯 tʰĩ$_{55}$ kuĩ$_{33}$ bau^{51}
〈藍〉x

【日出辰時】dzit$_{11}$ tsʰut$_{55}$ sin$_{33}$ si^{13} 早上
7~9 點。
〈張〉x
〈藍〉x

【日落申】dzit$_{11}$ lo$_{11}$ sin^{55} 黃昏 5~7 點。
〈張〉x
〈藍〉x

【點燈酉】tiam$_{55}$ tiŋ$_{33}$ iu^{51} 晚上 7~9 點。
〈張〉點燈酉 tiam$_{55}$ tiŋ$_{33}$ iu^{51}
〈藍〉x

【食早起】tsia$_{11}$ tsai$_{55}$ kʰi^{51} 吃早飯。
也講「食早頓」tsia$_{11}$ tsa$_{55}$ tuĩ^{11}
〈張〉食早頓 tsia$_{11}$ tsa$_{55}$ tuĩ^{11}
〈藍〉食早頓 tsia$_{11}$ tsa$_{55}$ tuĩ^{11}
食早起飯 tsia$_{11}$ tsai$_{55}$ kʰi$_{55}$ puĩ^{33}

【食中晝頓】tsia$_{11}$ tiŋ$_{33}$ tau$_{51}$ tuĩ^{11} 吃中
飯。
〈張〉食中晝 tsia$_{11}$ tioŋ$_{33}$ tau^{11}
〈藍〉食中晝頓 tsia$_{11}$ tiŋ$_{33}$ tau$_{51}$ tuĩ^{11}

【食暗頓】tsia$_{11}$ am$_{51}$ tuĩ^{11} 吃晚飯。
〈張〉食暗頓 tsia$_{11}$ am$_{51}$ tuĩ^{11}
〈藍〉食暗頓 tsia$_{11}$ am$_{51}$ tuĩ^{11}

【四季】su$_{51}$ kui^{11} 四季。
〈張〉四季 su$_{51}$ kui^{11}
〈藍〉四季 su$_{51}$ kui^{11}

【春天】tsʰun$_{33}$ tʰĩ^{55} 春天。
〈張〉春天 tsʰun$_{33}$ tʰĩ^{55}
〈藍〉春天 tsʰun$_{33}$ tʰĩ^{55}

【熱天】dzua$_{11}$ tʰĩ^{55} 夏天。
〈張〉夏天 ha$_{11}$ tʰĩ^{55}
熱天 dzua$_{11}$ tʰĩ^{55}
熱儂 dzua^{33} ·laŋ$_{11}$
〈藍〉夏天 ha$_{11}$ tʰĩ^{55}

【秋天】tsʰiu$_{33}$ tʰĩ^{55} 秋天。
〈張〉秋天 tsʰiu$_{33}$ tʰĩ^{55}
〈藍〉秋天 tsʰiu$_{33}$ tʰĩ^{55}

【冬天】taŋ$_{33}$ tʰĩ^{55} 冬天。
也講 冬尾時天 taŋ$_{33}$ bue$_{55}$ si$_{33}$ tʰĩ^{55}
寒天 kuã$_{33}$ tʰĩ^{55}
〈張〉冬天 taŋ$_{33}$ tʰĩ^{55}、寒天 kuã$_{33}$ tʰĩ^{55}
寒儂 kuã$_{13}$·laŋ$_{11}$
〈藍〉冬天 taŋ$_{33}$ tʰĩ^{55}

【節氣】tsiat$_{55}$ kʰi^{11} 節氣。
〈張〉節氣 tse$_{51}$ kʰui^{11}
〈藍〉x

【交春】kau$_{33}$ ts^{h}un^{55} 立春。

〈張〉立春 lip$_{11}$ ts^{h}un^{55}

〈藍〉x

【雨水】i$_{55}$ sui^{51} 節氣名。

〈張〉雨水 u$_{55}$ sui^{51}

〈藍〉x

【驚蟄】kẽ$_{33}$ tit^{33} 節氣名。

〈張〉驚蟄 kẽ$_{33}$ tit^{33}

〈藍〉驚蟄 kiã$_{33}$ tit^{55}

【春分】ts^{h}un$_{33}$ hun^{55} 節氣名。

〈張〉春分 ts^{h}un$_{33}$ hun^{55}

〈藍〉x

【清明】ts^{h}iŋ$_{33}$ biŋ^{13} 節氣名。

〈張〉清明 ts^{h}iŋ$_{33}$ biŋ^{13}

〈藍〉清明 ts^{h}iŋ$_{33}$ biŋ^{13}

【穀雨】kɔk$_{55}$ i^{51} 節氣名。

〈張〉穀雨 kɔk$_{55}$ u^{51}

〈藍〉x

【立夏】lip$_{11}$ he^{33} 節氣名。
俗諺：「立夏，較慘死老父」lip$_{11}$ he^{33}，k^{h}a$_{51}$ tsam$_{55}$ si$_{55}$ lau$_{11}$ pe^{33} 此際，多雨多颱風，種作困難，累死老父。

〈張〉立夏 lip$_{11}$ he^{33}

〈藍〉x

【小滿】sio$_{55}$ buan^{51} 節氣名。

〈張〉小滿 sio$_{55}$ buan^{51}。

〈藍〉x

【芒種】bɔŋ$_{33}$ tsiŋ^{51} 節氣名。

〈張〉芒種 bɔŋ$_{33}$ tsiŋ^{51}

〈藍〉x

【夏至】he$_{11}$ tsi^{11} 節氣名。

俗諺：「夏至，割起來試」he$_{11}$ tsi^{11}，kua$_{51}$ k^{h}it$_{55}$ lai$_{33}$ ts^{h}i^{11} 此時，可開始準備割稻收成。

〈張〉夏至 he$_{11}$ tsi^{11}

〈藍〉夏至 ha$_{11}$ tsi^{11}

【小暑】sio$_{55}$ si^{51} 節氣名。

〈張〉小暑 siau$_{55}$ si^{51}

〈藍〉x

【大暑】tai$_{11}$ si^{51} 節氣名。

〈張〉大暑 tai$_{11}$ si^{51}

〈藍〉x

【交秋】kau$_{33}$ ts^{h}iu^{55} 立秋，節氣名。

〈張〉立秋 lip$_{11}$ ts^{h}iu^{55}

〈藍〉x

【處暑】ts^{h}i$_{51}$ si^{51} 節氣名。

〈張〉處暑 ts^{h}i$_{51}$ si^{51}

〈藍〉x

【白露】pe$_{11}$ lɔ^{11} 節氣名。

〈張〉白露 pe$_{11}$ lɔ^{33}

〈藍〉x

【秋分】ts^{h}iu$_{33}$ hun^{55} 節氣名。

〈張〉秋分 ts^{h}iu$_{33}$ hun^{55}

〈藍〉x

【寒露】han$_{33}$ lɔ^{11} 節氣名。

〈張〉寒露 han$_{33}$ lɔ^{33}

〈藍〉x

【霜降】sŋ̍$_{33}$ kaŋ^{11} 節氣名。

〈張〉霜降 sŋ̍$_{33}$ kaŋ^{11}

〈藍〉x

【交冬】kau$_{33}$ taŋ^{55} 立冬、節氣名。

〈張〉立冬 lip$_{11}$ taŋ^{55}
〈藍〉x

【小雪】sio$_{55}$ suat^{31} 節氣名。
　〈張〉小雪 sio$_{55}$ suat^{31}
　〈藍〉x

【大雪】tai$_{11}$ suat^{31} 節氣名。
　〈張〉大雪 tai$_{11}$ suat^{31}
　〈藍〉x

【冬節】taŋ$_{33}$ tseʔ^{31} 冬至、節氣名。
　〈張〉冬節 taŋ$_{33}$ tseʔ^{31}
　〈藍〉冬節 taŋ$_{33}$ tseʔ^{31}、冬至 taŋ$_{33}$ tsi^{11}

【小寒】sio$_{55}$ han^{13} 節氣名。
　〈張〉小寒 siau$_{55}$ han^{13}
　〈藍〉x

【大寒】tai$_{11}$ han^{13} 節氣名。
　俗語:「大寒不寒,人馬不安」tai$_{11}$ han^{13} put$_{55}$ han^{13},dzin$_{33}$ ma^{51} put$_{55}$ an^{55} 大地未能充分休息,土質無法復健。
　〈張〉大寒 tai$_{11}$ han^{13}
　〈藍〉x

【圍爐】ui$_{33}$ lɔ^{13} 除夕夜。
　〈張〉二九暝 dzi$_{11}$ kau$_{55}$ mẽ^{13}
　〈藍〉圍爐 ui$_{33}$ lɔ^{13}、
　　　　三十下昏 sã$_{33}$ tsap$_{11}$ ẽ$_{33}$ hĩu^{55}

【䀏年錢】te$_{51}$ nĩ$_{33}$ tsĩ^{13} 壓歲錢。
　〈張〉x
　〈藍〉䀏年錢 te$_{51}$ nĩ$_{33}$ tsĩ^{13}

【正月初一】tsiã$_{33}$ gue$_{11}$ tsʰe$_{33}$ it^{31} 農曆一月一日。
　〈張〉正月初一 tsiã$_{33}$ gue$_{11}$ tsʰe$_{33}$ it^{31}
　〈藍〉x

【天公生】tʰĩ$_{33}$ kɔŋ$_{33}$ sẽ^{55} 天公的生日。農曆正月初九。在子時準備供品祭拜,供品必須置於挑高的桌上,祭拜後要燃放鞭炮。
　〈張〉天公生 tʰĩ$_{33}$ kɔŋ$_{33}$ sẽ^{55}
　〈藍〉x

【三界公生】sam$_{33}$ kai$_{51}$ kɔŋ$_{33}$ sẽ^{55} 三界公即堯,舜,禹。
　〈張〉x
　〈藍〉x

【上元】siŋ$_{11}$ guan^{13} 堯生日,農曆正月15。
　〈張〉x
　〈藍〉x

【中元】tiŋ$_{33}$ guan^{13} 舜生日,農曆七月15。
　〈張〉x
　〈藍〉x

【下元】ha$_{11}$ guan^{13} 禹生日,農曆十月15。
　〈張〉x
　〈藍〉x

【小過年仔】sio$_{55}$ kue$_{51}$ nĩ$_{33}$ ã^{51} 正月十五。
　〈張〉x
　〈藍〉x

【元宵】guan$_{33}$ siau^{55} 元宵節。國民政府來後才有稱「元宵」;農曆正月十五,當天晚上大廟都會有展覽花燈和猜燈謎的活動。
　〈張〉元宵 guan$_{33}$ siau^{55}
　〈藍〉元宵 guan$_{33}$ siau^{55}(書)
　　　　正月十五 tsĩã$_{33}$ gue$_{11}$ tsap$_{11}$ gɔ^{33}

【古清明】kɔ₅₅ tsʰiŋ₃₃ biŋ₁₃ 農曆三月初
三。
〈張〉三日節 sã₃₃ dzit₁₁ tseʔ₃₁
〈藍〉清明 tsʰiŋ₃₃ biŋ₁₃

【五日節】gɔ₁₁ dzit₁₁ tseʔ₃₁ 農曆五月五
日。
綁粽子拜祖先，無端午節之名詞。
頭城無「扒龍船」pe₃₃ liŋ₃₃ tsun₁₃
五日節只拜祖先，與屈原無關。
〈張〉五日節 gɔ₁₁ dzit₁₁ tseʔ₃₁
〈藍〉五日節 gɔ₁₁ dzit₁₁ tseʔ₃₁

【縛粽】pak₁₁ tsaŋ₁₁ 綁粽子。
〈張〉縛粽 pak₁₁ tsaŋ₁₁
〈藍〉縛粽 pak₁₁ tsaŋ₁₁

【扒龍船】pe₃₃ liŋ₃₃ tsun₁₃ 划龍船。
頭城無河，無此活動。
〈張〉扒龍船 pe₃₃ liŋ₃₃ tsun₁₃
〈藍〉扒龍船 pe₃₃ liŋ₃₃ tsun₁₃

【七夕】tsʰit₅₅ sik₃₁ 農曆七月七日。
頭城人，「翕米糕」hip₅₅ bi₅₅ ko₅₅，鹹
米糕。
拜神明拜公媽，無關牛郎織女。
〈張〉七夕 tsʰit₅₅ sik₃₁
〈藍〉七夕 tsʰit₅₅ sik₃₁

【七月半】tsʰit₅₅ gue₁₁ puã₁₁ 農曆七月十
五日。頭城人只是簡單拜一下。
〈張〉七月半 tsʰit₅₅ gue₁₁ puã₁₁
中元節 tioŋ₃₃ guan₃₃ tseʔ₃₁
〈藍〉x

【七月尾】tsʰit₅₅ gue₁₁ bue₅₁ 農曆七月三
十日。

若無搶孤活動，頭城各鄰里長於農曆
七月最後一晚，齊聚開漳聖王廟，做
普渡。若有搶孤，則將豬肉高掛於孤
棧上。
〈張〉x
〈藍〉x

【孤棧】kɔ₃₃ tsʰian₅₁ 搶孤搭在棚架上吊
獎品的竹棧。
〈張〉x
〈藍〉x

【中秋節】tiŋ₃₃ tsʰiu₃₃ tseʔ₃₁ 中秋節。
農曆八月十五。這一天要全家團圓，
拜祖先、賞月、吃應景的月餅和柚子。
廟廣場活動，蒙上眼睛「損鼓」，2~30
步遙開始行，損到鼓者有餅可贏。
「目珠掩起來，損鼓；損著有餅通阿
食」bak₁₁tsiu₅₅uĩ₅₅·kʰit₁₁·lai₁₁,kɔŋ₅₁kɔ₅₁;
kɔŋ₁₁tioʔ₁₁,u₁₁piã₅₁tʰaŋ₃₃ŋã₅₅tsia₃₃
〈張〉中秋節 tioŋ₃₃ tsʰiu₃₃ tseʔ₃₁
〈藍〉中秋節 tiŋ₃₃ tsʰiu₃₃ tseʔ₃₁

【重陽節】tiŋ₃₃ iŋ₃₃ tseʔ₃₁ 重陽節。
〈張〉重陽節 tioŋ₃₃ iaŋ₃₃ tseʔ₃₁
〈藍〉重陽節 tiŋ₃₃ iŋ₃₃ tseʔ₃₁

【尾牙】bue₅₅ ge₁₃ 農曆十二月十六日。
〈張〉尾牙 bue₅₅ ge₁₃
〈藍〉x

【神農生日】sin₃₃ lɔŋ₁₃ sẽ₃₃ dzit₃₃ 農曆四
月二十六日，五穀王廟神農氏生日。
〈張〉x
〈藍〉x

三、方 位

【東】$taŋ^{55}$ 東邊。
〈張〉東 $taŋ^{55}$
〈藍〉東 $taŋ^{55}$

【西】sai^{55} 西邊。
〈張〉西 sai^{55}
〈藍〉西 sai^{55}

【南】lam^{13} 南邊。
〈張〉南 lam^{13}
〈藍〉南 lam^{13}

【北】pak^{31} 北邊。
〈張〉北 pak^{31}
〈藍〉北 pak^{31}

【中央】$tiŋ_{33}$ $ŋ̇^{55}$ 中心地帶、中間。
〈張〉中央 $tiɔŋ_{33}$ $ŋ̇^{55}$
〈藍〉中央 $tiŋ_{33}$ $ŋ̇^{55}$

【中央政府】$tiŋ_{33}$ $iŋ_{33}$ $tsiŋ_{51}hu^{51}$ 中央政府。
〈張〉中央政府 $tiɔŋ_{33}$ $iɔŋ_{33}$ $tsiŋ_{51}$ hu^{51}
〈藍〉x

【頭前】t^hau_{33} $tsiŋ^{13}$ 前面。
〈張〉頭前 t^hau_{33} $tsiŋ^{13}$
〈藍〉頭前 t^hau_{33} $tsiŋ^{13}$、
前面 $tsiŋ_{33}$ bin^{33}

【後壁】au_{11} $piaʔ^{31}$ 後面。
〈張〉後壁 au_{11} $piaʔ^{31}$、後面 au_{11} bin^{33}
後仔 au^{33} $·a_{33}$、後尾仔 au_{11} bue_{55}
a^{51}
〈藍〉後壁 au_{11} $piaʔ^{31}$、後面 au_{11} bin^{33}
後爿 au_{11} $piŋ^{13}$

【頂懸】$tiŋ_{55}$ $kuan^{13}$ 上面。
〈張〉頂懸 $tiŋ_{55}$ $kuan^{13}$、頂面 $tiŋ_{55}$ bin^{33}
〈藍〉頂懸 $tiŋ_{55}$ $kuan^{13}$、頂頭 $tiŋ_{55}$ t^hau^{13}
頂面 $tiŋ_{55}$ bin^{33}

【下爿】e_{11} $piŋ^{13}$ 下面。
〈張〉下骹 e_{11} k^ha^{55}、下底 e_{11} te^{51}
〈藍〉下骹 e_{11} k^ha^{55}、下底 e_{11} te^{51}
下面 e_{11} bin^{33}

【邊仔】$pĩ^{55}$ $·ã_{55}$ 旁邊。
〈張〉邊仔 $pĩ^{55}$ $·ã_{55}$
〈藍〉邊仔 $pĩ^{55}$ $·ã_{55}$

【對面】tui_{51} bin^{33} 對面。
〈張〉對面 tui_{51} bin^{33}
〈藍〉對面 tui_{51} bin^{33}

【外口】gua_{11} k^hau^{51} 外面。
〈張〉外口 gua_{11} k^hau^{51}、口面 k^hau_{55}
bin^{33}
〈藍〉外口 gua_{11} k^hau^{51}、外面 gua_{11} bin^{33}

【內底】lai_{11} te^{51} 裏面。
或房屋的「後壁」au_{11} $piaʔ^{31}$
〈張〉內底 lai_{11} te^{51}、內面 lai_{11} bin^{33}
〈藍〉內底 lai_{11} te^{51}、內面 lai_{11} bin^{33}

【正爿】$tsiã_{51}$ $piŋ^{13}$ 右邊。
〈張〉正爿 $tsiã_{51}$ $piŋ^{13}$
〈藍〉正手爿 $tsiã_{51}$ ts^hiu_{55} $piŋ^{13}$
正爿 $tsiã_{51}$ $piŋ^{13}$

【倒爿】to_{51} $piŋ^{13}$ 左邊。
〈張〉倒爿 to_{51} $piŋ^{13}$
〈藍〉倒手爿 to_{51} ts^hiu_{55} $piŋ^{13}$
倒爿 to_{51} $piŋ^{13}$

【佗位】ta$_{55}$ ui^{33} 哪裏？
　也講「佗位仔」ta$_{55}$ ui^{33} a^{51}
　〈張〉佗位 to$_{55}$ ui^{33}、佗位仔 ta$_{55}$ ui^{33} a^{51}
　〈藍〉佗位 to$_{55}$ ui^{33}

【四界】si$_{51}$ ke^{11} 到處。
　〈張〉四界 si$_{51}$ ke^{11}
　〈藍〉四界 si$_{51}$ ke^{11}

【逐位】tak$_{11}$ ui^{33} 各處。
　〈張〉逐位 tak$_{11}$ ui^{33}
　〈藍〉x

【四箍籬仔】si$_{51}$ k^{h}ɔ$_{33}$ le$_{33}$ a^{51} 周圍區域。
　〈張〉四箍圍仔 si$_{51}$ k^{h}ɔ$_{33}$ ui$_{33}$ a^{51}
　〈藍〉四輦轉 si$_{51}$ lian$_{51}$ tuĩ^{51}

【隔壁】ke$_{51}$ piaʔ^{31} 隔一牆的屋子或房
間。
　〈張〉隔壁 ke$_{51}$ piaʔ^{31}
　〈藍〉隔壁 ke$_{51}$ piaʔ^{31}

【厝邊】ts^{h}u$_{51}$ pĩ^{55} 自己住處接近的鄰居。
　〈張〉厝邊 ts^{h}u$_{51}$ pĩ^{55}
　〈藍〉x

【所在】sɔ$_{55}$ tsai^{33} 地方。
　〈張〉所在 sɔ$_{55}$ tsai^{33}
　〈藍〉所在 sɔ$_{55}$ tsai^{33} （口）
　　　　地方 te$_{11}$ hɔŋ^{55} （書）

【相向】sio$_{33}$ ã^{11} 面對面。
　〈張〉相向 sio$_{33}$ hiaŋ^{11}
　〈藍〉x

【羅經】lo$_{33}$ kẽ^{55} 羅盤。
「地理先」看風水地理用的器具。
　〈張〉羅經 lo$_{33}$ kẽ^{55}
　〈藍〉x

四、日常用品

（一）一般用品

【物件】mĩ$_{11}$ kiã^{33} 東西。
　也講「物仔」mĩ$_{55}$ ã^{51}
　〈張〉物件 mĩ$_{11}$ kiã^{33}、物仔 mĩ$_{55}$ ã^{51}
　〈藍〉物件 mĩ$_{11}$ kiã^{33}

【家伙頭仔】ke$_{33}$ hue$_{55}$ t^{h}au$_{33}$ a^{51}
勞動器具；像犁、鋤頭……等。
　〈張〉家私頭仔 ke$_{33}$ si$_{33}$ t^{h}au$_{33}$ a^{51}
　〈藍〉x

【家伙】ke$_{33}$ hue^{51} 家產。
　〈張〉家伙 ke$_{33}$ hue^{51}
　〈藍〉家伙 ke$_{33}$ hue^{51}

【私奇】su$_{33}$ k^{h}ia^{55} 私房錢。
　〈張〉私奇 sai$_{33}$ k^{h}ia^{55}
　〈藍〉x

（二）家庭用品

【洗衫仔枋】se$_{55}$ sã$_{33}$ ã$_{55}$ paŋ^{55} 洗衣板。
　或稱「汰枋仔」t^{h}ua$_{51}$ paŋ$_{33}$ ŋã^{51}
　〈張〉洗衫枋 se$_{55}$ sã$_{33}$ paŋ^{55}
　〈藍〉洗衫仔枋 se$_{55}$ sã$_{33}$ ã$_{55}$ paŋ^{55}
　　　汰枋 t^{h}ua$_{51}$ paŋ^{55}

【雪文】sap$_{55}$ bun^{13} 肥皂。
　〈張〉雪文 sap$_{55}$ bun^{13}
　〈藍〉雪文 sap$_{55}$ bun^{13}

【茶子】te$_{33}$ tsi^{51} 直接採自野生茶樹，
弄碎後浸於水中，攪拌使其汁生泡沫
後洗頭。
　〈張〉x
　〈藍〉x

【雪文波】sap$_{55}$ bun$_{33}$ p^{h}o^{55} 肥皂泡沫。
　〈張〉雪文波 sap$_{55}$ bun$_{33}$ p^{h}o^{55}
　〈藍〉

【雪文粉】sap$_{55}$ bun$_{33}$ hun^{51} 肥皂粉。
　或稱「洗衫仔粉」se$_{55}$ sã$_{33}$ ã$_{55}$ hun^{51}。
　〈張〉雪文粉 sap$_{55}$ bun$_{33}$ hun^{51}
　〈藍〉x

【齒膏】k^{h}i$_{55}$ ko^{55} 牙膏。
　〈張〉齒膏 k^{h}i$_{55}$ ko^{55}
　〈藍〉x

【齒粉】k^{h}i$_{55}$ hun^{51} 刷牙粉。
　〈張〉齒粉 k^{h}i$_{55}$ hun^{51}
　〈藍〉x

【齒杯】k^{h}i$_{55}$ pue^{55} 漱口杯。
　〈張〉齒杯 k^{h}i$_{55}$ pue^{55}
　〈藍〉x

【齒抿仔】k^{h}i$_{55}$ bin$_{55}$ nã^{51} 牙刷。
　〈張〉齒抿仔 k^{h}i$_{55}$ bin$_{55}$ nã^{51}
　〈藍〉喙齒抿仔 ts^{h}ui$_{51}$ k^{h}i$_{55}$ bin$_{55}$ nã^{51}

【齒戳】k^{h}i$_{55}$ t^{h}ɔk^{31} 牙籤。
　〈張〉齒戳 k^{h}i$_{55}$ t^{h}ɔk^{31}
　〈藍〉喙齒戳仔 ts^{h}ui$_{51}$ k^{h}i$_{55}$ t^{h}u$_{55}$ a^{51}

【面桶】bin$_{11}$ t^{h}aŋ^{51} 臉盆。
　〈張〉面桶仔囝 bin$_{11}$ t^{h}aŋ$_{55}$ ŋã$_{55}$ kiã^{51}
　〈藍〉面桶仔 bin$_{11}$ t^{h}aŋ$_{55}$ ŋã^{51}

【面桶架】bin$_{11}$ t^{h}aŋ$_{55}$ ke^{11} 臉盆架。
　〈張〉面桶架 bin$_{11}$ t^{h}aŋ$_{55}$ ke^{11}
　〈藍〉x

【アルミ桶】a$_{33}$ lu$_{55}$ mi$_{51}$ t^{h}aŋ^{51} 鋁桶。
　〈張〉鉛桶 ian$_{33}$ t^{h}aŋ^{51}
　〈藍〉鉛桶 ian$_{33}$ t^{h}aŋ^{51}

【塑膠桶】sɔk$_{55}$ ka$_{33}$ t^{h}aŋ^{51} 塑膠桶。
　〈張〉塑膠桶 sɔk$_{55}$ ka$_{33}$ t^{h}aŋ^{51}
　〈藍〉x

【骹桶】k^{h}a$_{33}$ t^{h}aŋ^{51} 洗腳用的桶子。
　插秧時當作「秧船仔」ŋ$_{33}$ tsun$_{33}$ ã^{51}
　〈張〉骹桶 k^{h}a$_{33}$ t^{h}aŋ^{51}
　〈藍〉骹桶 k^{h}a$_{33}$ t^{h}aŋ^{51}

【面巾】bin$_{11}$ kin^{55} 洗臉用的毛巾；
　也稱「面布」bin$_{11}$ pɔ^{11}。
　〈張〉面巾 bin$_{11}$ kin^{55}、面布 bin$_{11}$ pɔ^{11}
　〈藍〉面巾 bin$_{11}$ kin^{55}

【手巾仔】ts^{h}iu$_{55}$ kin$_{33}$ nã^{51} 手帕。
　〈張〉手巾仔 ts^{h}iu$_{55}$ kin$_{33}$ nã^{51}
　〈藍〉手巾仔 ts^{h}iu$_{55}$ kin$_{33}$ nã^{51}

【雨傘】hɔ$_{11}$ suã^{11} 雨傘。
　〈張〉雨傘 hɔ$_{11}$ suã^{11}
　〈藍〉雨傘 hɔ$_{11}$ suã^{11}

【棕簑】tsaŋ$_{33}$ sui^{55} 蓑衣。
　〈張〉棕簑 tsaŋ$_{33}$ sui^{55}
　〈藍〉棕簑 tsaŋ$_{33}$ sui^{55}

【雨幔】hɔ$_{11}$ muã^{55} 雨衣。
　也稱「雨衫」hɔ$_{11}$ sã^{55}
　〈張〉雨幔 hɔ$_{11}$ muã^{55}
　〈藍〉x

【笠仔】le$_{33}$ a^{51} 斗笠。
　〈張〉笠仔 le$_{33}$ a^{51}
　〈藍〉笠仔 le$_{33}$ a^{51}

【靴管】hia$_{33}$ kɔŋ^{51} 橡膠雨靴。
　〈張〉鞋管 e$_{33}$ kɔŋ^{51}、雨鞋 hɔ$_{11}$ e^{13}
　〈藍〉靴管 hia$_{33}$ kɔŋ^{51}

【箱仔】sĩu$_{33}$ ã^{51} 箱子。
　〈張〉箱仔 sĩu$_{33}$ ã^{51}
　〈藍〉箱仔 sĩu$_{33}$ ã^{51}

【タンス】t^{h}aŋ$_{51}$ su^{11} 衣櫥。日語詞彙。
　〈張〉タンス t^{h}aŋ$_{51}$ su^{11}
　〈藍〉x

【桌櫃】to$_{51}$ kui^{33} 桌櫃。
　〈張〉桌櫃 to$_{51}$ kui^{33}
　〈藍〉桌櫃 to$_{51}$ kui^{33}

【酒櫥】tsiu$_{55}$ tu^{13} 酒櫃。
　〈張〉x
　〈藍〉x

【冊櫥】ts^{h}eʔ$_{55}$ tu^{13} 書櫃。
　〈張〉x
　〈藍〉x

【針】tsiam^{55} 針。
　〈張〉針 tsiam^{55}
　〈藍〉針 tsiam^{55}

【針繡】tsiam$_{33}$ siu^{11} 女紅。
　〈張〉針黹 tsiam$_{33}$ tsi^{51}
　〈藍〉x

【針織】tsiam$_{33}$ tsit^{31} 鉤毛線織品
　也講「鉤」kau^{55}
　〈張〉x
　〈藍〉鉤 kau^{55}、刺 ts^{h}iaʔ^{31}

【線】suã^{11} 縫製衣物的棉線等。
　〈張〉線 suã^{11}
　〈藍〉線 suã^{11}

【鉸刀】ka$_{33}$ to^{55} 剪刀。
　〈張〉鉸刀 ka$_{33}$ to^{55}
　〈藍〉鉸刀 ka$_{33}$ to^{55}

【鑽仔】tsuĩ$_{55}$ ã^{51} 鑽子。
　〈張〉鑽仔 tsuĩ$_{55}$ ã^{51}
　〈藍〉x

【尺】ts^{h}ioʔ^{31} 尺。
　〈張〉尺 ts^{h}ioʔ^{31}
　〈藍〉尺 ts^{h}ioʔ^{31}

【紙】tsua^{51} 紙。
　〈張〉紙 tsua^{51}
　〈藍〉紙 tsua^{51}

【熨斗】ut$_{55}$ tau^{51} 熨斗。
　〈張〉熨斗 ut$_{55}$ tau^{51}
　〈藍〉熨斗 ut$_{55}$ tau^{51}

【ミシン】mĩ$_{33}$ sin^{51} 裁縫機，日語詞彙。
　〈張〉ミシン mĩ$_{33}$ sin^{51}
　〈藍〉x

【耳鉤仔】hĩ$_{11}$ kau$_{33}$ a^{51} 鉤耳屎的用具。
　〈張〉耳鉤仔 hĩ$_{11}$ kau$_{33}$ a^{51}
　〈藍〉x

【手扒仔】ts^{h}iu$_{55}$ pe$_{33}$ a^{51} 抓背癢的器具。
　也稱「不求人」put$_{55}$ kiu$_{33}$ dzin^{13}
　〈張〉手扒仔 ts^{h}iu$_{55}$ pe$_{33}$ a^{51}
　〈藍〉x

【葵扇】k^{h}ue$_{33}$ sĩ^{11} 扇子。
　〈張〉葵扇 k^{h}ue$_{33}$ sĩ^{11}
　〈藍〉葵扇 k^{h}ue$_{33}$ sĩ^{11}

【紙葵扇】tsua$_{55}$ k^{h}ue$_{33}$ sĩ^{11} 紙扇子。
　〈張〉紙葵扇 tsua$_{55}$ k^{h}ue$_{33}$ sĩ^{11}
　〈藍〉x

【竹仔葵扇】tik$_{55}$ ga$_{55}$ k^{h}ue$_{33}$ sĩ^{11} 竹扇子。
　也稱「篾仔葵扇」bi$_{33}$ a$_{55}$ k^{h}ue$_{33}$ sĩ^{11}
　〈張〉竹仔葵扇 tik$_{55}$ ga$_{55}$ k^{h}ue$_{33}$ sĩ^{11}
　〈藍〉x

【時鐘】si$_{33}$ tsiŋ^{55} 鐘。
　〈張〉時鐘 si$_{33}$ tsiŋ^{55}
　〈藍〉時鐘 si$_{33}$ tsiŋ^{55}

【鬧鐘仔】nãu$_{11}$ tsiŋ$_{33}$ ŋã^{51} 鬧鐘。
　〈張〉鬧鐘仔 nãu$_{11}$ tsiŋ$_{33}$ ŋã^{51}
　〈藍〉鬧鐘仔 nãu$_{11}$ tsiŋ$_{33}$ ŋã^{51}

【手錶仔】ts^{h}iu$_{55}$ pio$_{55}$ a^{51} 手錶。
　〈張〉手錶仔 ts^{h}iu$_{55}$ pio$_{55}$ a^{51}
　〈藍〉手錶仔 ts^{h}iu$_{55}$ pio$_{55}$ a^{51}

【目鏡】bak$_{11}$ kiã^{11} 眼鏡。
　〈張〉目鏡 bak$_{11}$ kiã^{11}
　〈藍〉x

【目鏡仁】bak$_{11}$ kiã$_{51}$ dzin^{13} 眼鏡片。
　〈張〉目鏡仁 bak$_{11}$ kiã$_{51}$ dzin^{13}
　〈藍〉x

【鏡】kiã^{11} 鏡子。
　〈張〉鏡 kiã^{11}
　〈藍〉鏡 kiã^{11}

【桌布】to$_{51}$ pɔ^{11} 擦桌布。
　〈張〉桌布 to$_{51}$ pɔ^{11}
　〈藍〉桌布 to$_{51}$ pɔ^{11}、toʔ$_{55}$ pɔ^{11}

【風灌仔】hoŋ$_{33}$ kuan$_{55}$ nã^{51} 打氣筒。
　〈張〉風灌仔 hoŋ$_{33}$ kuan$_{55}$ nã^{51}
　〈藍〉x

【糞掃】pun$_{51}$ so^{11} 垃圾。
　〈張〉糞掃 pun$_{51}$ so^{11}
　〈藍〉糞掃 pun$_{51}$ so^{11}

【糞堆仔頭】pun$_{51}$ tui$_{33}$ a$_{55}$ t^{h}au^{13} 舊時農村製造有機堆肥的堆積處。
　〈張〉x
　〈藍〉x

【糞掃堆】pun$_{51}$ so$_{51}$ tui^{55} 垃圾堆。
　〈張〉糞掃堆 pun$_{51}$ so$_{51}$ tui^{55}
　〈藍〉x

【糞掃桶】pun$_{51}$ so$_{51}$ t^{h}aŋ^{51} 垃圾桶。
　〈張〉糞掃桶 pun$_{51}$ so$_{51}$ t^{h}aŋ^{51}
　〈藍〉x

【糞掃車】pun$_{51}$ so$_{51}$ ts^{h}ia^{55} 專門收集垃圾的車子。
　〈張〉糞掃車 pun$_{51}$ so$_{51}$ ts^{h}ia^{55}
　〈藍〉x

【糞斗】pun$_{51}$ tau^{51} 畚斗。
　〈張〉糞斗 pun$_{51}$ tau^{51}
　〈藍〉糞斗 pun$_{51}$ tau^{51}

【掃帚】sau$_{51}$ ts^{h}iu^{51} 掃帚。
　〈張〉掃帚 sau$_{51}$ ts^{h}iu^{51}
　〈藍〉掃帚 sau$_{51}$ ts^{h}iu^{51}

【掃梳】sau$_{51}$ se^{55} 竹掃帚。
　〈張〉掃梳 sau$_{51}$ se^{55}
　〈藍〉掃梳 sau$_{51}$ se^{55}

【掃梳芩】sau$_{51}$ se$_{33}$ gim^{51} 桂竹尾的細竹枝。
　〈張〉掃梳芩仔 sau$_{51}$ se$_{33}$ gim$_{55}$ mã^{51}
　〈藍〉x

【棕仔掃帚】tsaŋ$_{33}$ ŋã$_{55}$ sau$_{51}$ ts^{h}iu^{51} 棕梠樹的細鬚製成的小掃帚，清潔桌面。
　〈張〉x
　〈藍〉x

【菅芒掃】kuã$_{33}$ baŋ$_{33}$ sau^{11} 用菅芒做的掃帚。
　〈張〉x
　〈藍〉x

【秀梳仔】siu_{51} se_{33} a_{51} 單枝的「掃梳芩仔」，用來教訓小孩。
　〈張〉秀梳仔 siu_{51} se_{33} a^{51}
　〈藍〉x

【痰罐】t^ham_{33} kuan_{11} 痰盂。
　〈張〉痰盂 t^ham_{33} ɔ^{13}
　〈藍〉痰罐 t^ham_{33} kuan_{11}

【風呂桶】hu_{55} lo_{51} t^haŋ^{51} 木頭做的浴桶，日語詞彙。
　〈張〉風呂 hu_{55} loʔ^{31}
　〈藍〉x

【尿桶】dzio_{11} t^haŋ^{51} 尿桶。
　〈張〉尿桶 dzio_{11} t^haŋ^{51}
　〈藍〉尿桶 dzio_{11} t^haŋ^{51}

【尿壺】dzio_{11} ɔ^{13} 夜壺。
　〈張〉尿壺 dzio_{11} ɔ^{13}
　〈藍〉x

【屎桶】sai_{55} t^haŋ^{51} 舊時廁所離住屋較遠，半夜供人大便的桶子。
　〈張〉屎桶 sai_{55} t^haŋ^{51}
　〈藍〉x

【礐仔】hak_{33} ga^{51} 早期的廁所，離住家一段距離，在菜園或豬圈旁，利於施肥。
　也稱「大礐仔」tua_{11} hak_{33} ga^{51}
　〈張〉大礐仔 tua_{11} hak_{33} ga^{51}
　〈藍〉礐仔 hak_{33} ga^{51}
　　　屎礐仔 sai_{55} hak_{33} ga^{51}

【便所】pian_{11} sɔ^{51} 廁所；日語詞彙。
　〈張〉便所 pian_{11} sɔ^{51}
　〈藍〉便所 pian_{11} sɔ^{51}

【屎扒箆仔】sai_{55} pe_{33} bi_{33} a^{51} 在沒有衛生紙的時代，大便後，用來清潔屁股用的薄竹片。
　〈張〉竹箆仔 tik_{55} bi_{33} a^{51}
　〈藍〉竹箆仔 tik_{55} bi_{33} a^{51}

【粗紙】ts^hɔ_{33} tsua^{51} 砂紙。
　〈張〉粗紙 ts^hɔ_{33} tsua^{51} 指「粗衛生紙」。
　〈藍〉x

【衛生紙】ue_{11} siŋ_{33} tsua^{51} 衛生紙。
　〈張〉衛生紙 ue_{11} siŋ_{33} tsua^{51}
　　　棉仔紙 mĩ_{33} ã_{55} tsua^{51}
　〈藍〉衛生紙 ue_{11} siŋ_{33} tsua^{51}
　　　放屎紙 paŋ_{51} sai_{55} tsua^{51}

【月經布】gue_{11} kiŋ_{33} pɔ^{11} 早期無衛生棉，用一塊黑色的布。
　〈張〉褋布 tsa_{51} pɔ^{11}
　〈藍〉x

【鎖】so^{51} 鎖頭。
　〈張〉鎖頭 so_{55} t^hau^{13}
　〈藍〉鎖頭 so_{55} t^hau^{13}

【鎖匙】so_{55} si^{11} 鑰匙。
　〈張〉鎖匙 so_{55} si^{11}
　〈藍〉鎖匙 so_{55} si^{11}

【吸鐵】k^hip_{55} t^hiʔ^{31} 磁鐵。
　〈張〉吸鐵 k^hip_{55} t^hiʔ^{31}
　〈藍〉吸鋼 hip_{55} kŋ^{11}

【茶鈷】te_{33} kɔ^{51} 茶壺。
　〈張〉茶鈷 te_{33} kɔ^{51}
　〈藍〉茶鈷 te_{33} kɔ^{51}、茶罐 te_{33} kuan_{11}

【茶杯仔】te_{33} pue_{33} a^{51} 1949 年以後才開始講的名稱。

〈張〉茶杯仔 te$_{33}$ pue$_{33}$ a^{51} 指透明的
杯子。

〈藍〉茶杯仔 te$_{33}$ pue$_{33}$ a^{51}
杯仔 pue$_{33}$ a^{51}

【茶甌仔】te$_{33}$ au$_{33}$ a^{51} 茶杯的原名。
目前,神案上的小瓷杯仍稱「茶甌仔」
〈張〉茶甌仔 te$_{33}$ au$_{33}$ a^{51} 指有蓋子的
杯子。
〈藍〉x

【茶盤】te$_{33}$ puã^{13} 放茶壺和茶杯的盤
子。
〈張〉茶盤 te$_{33}$ puã^{13}
〈藍〉x

【滾水罐】kun$_{55}$ tsui$_{55}$ kuan^{11} 熱水瓶。
〈張〉滾水罐 kun$_{55}$ tsui$_{55}$ kuan^{11}
〈藍〉滾水罐 kun$_{55}$ tsui$_{55}$ kuan^{11}
燒罐 sio$_{33}$ kuan^{11}

【保溫罐】po$_{55}$ un$_{33}$ kuan^{11} 保溫瓶。
〈張〉保溫杯 po$_{55}$ un$_{33}$ pue^{55}
〈藍〉x

【花瓶】hue$_{33}$ pan^{13} 花瓶。
〈張〉花瓶 hue$_{33}$ pan^{13}、花矸 hue$_{33}$ kan^{55}
〈藍〉花矸 hue$_{33}$ kan^{55}

【花盆】hue$_{33}$ p^{h}un^{13} 花盆。
〈張〉花坩 hue$_{33}$ k^{h}ã^{55}
〈藍〉花盆 hue$_{33}$ p^{h}un^{13}

【酒栓仔】tsiu$_{55}$ suĩ$_{33}$ ã^{51} 瓶蓋。
〈張〉酒矸仔蓋 tsiu$_{55}$ kan$_{33}$ a$_{55}$ kua^{11}
〈藍〉栓仔 suĩ$_{33}$ ã^{51}

【酒窒仔】tsiu$_{55}$ t^{h}at$_{55}$ la^{51} 軟木塞瓶蓋。
〈張〉酒窒仔 tsiu$_{55}$ t^{h}at$_{55}$ la^{51}
〈藍〉x

【綿床】mĩ$_{33}$ ts^{h}ŋ^{13} 床舖。
〈張〉眠床 bin$_{33}$ ts^{h}ŋ^{13}
〈藍〉眠床 bin$_{33}$ ts^{h}ŋ^{13}、bun$_{33}$ ts^{h}ŋ^{13}

【曠床】k^{h}ɔŋ$_{51}$ ts^{h}ŋ^{13} 如日式有塌塌米
者。
〈張〉曠床 k^{h}ɔŋ$_{51}$ ts^{h}ŋ^{13}
〈藍〉x

【總舖】tsɔŋ$_{55}$ p^{h}ɔ^{55} 通舖。
〈張〉總舖 tsɔŋ$_{55}$ p^{h}ɔ^{55}
〈藍〉x

【膨床】p^{h}ɔŋ$_{51}$ ts^{h}ŋ^{13} 彈簧床。
〈張〉膨床 p^{h}ɔŋ$_{51}$ ts^{h}ŋ^{13}
〈藍〉x

【草蓆仔】ts^{h}au$_{55}$ ts^{h}io$_{33}$ a^{51} 草蓆。
〈張〉草蓆仔 ts^{h}au$_{55}$ ts^{h}io$_{33}$ a^{51}
〈藍〉草蓆仔 ts^{h}au$_{55}$ ts^{h}io$_{33}$ a^{51}

【たたみ】t^{h}a$_{33}$ t^{h}a$_{55}$ mĩʔ^{31} 榻榻米,日語
詞彙。
〈張〉たたみ t^{h}a$_{33}$ t^{h}a$_{55}$ mĩʔ^{31}
〈藍〉x

【椅轎仔】i$_{55}$ kio$_{33}$ a^{51} 讓嬰兒坐的竹椅。
〈張〉椅轎仔 i$_{55}$ kio$_{33}$ a^{51}
〈藍〉x

【幌帕仔】hãi$_{51}$ p^{h}e$_{55}$ a^{51} 搖籃。
〈張〉搖籃 io$_{33}$ nã^{13}
〈藍〉x

【算盤】suĩ$_{51}$ puã^{13} 算盤。
〈張〉算盤 suĩ$_{51}$ puã^{13}
〈藍〉算盤 suĩ$_{51}$ puã^{13}

【量仔】nĩu$_{33}$ ã^{51} 大秤;用來秤大的物
件。如秤豬、粟重量,有 250 與 300
斤。

〈張〉量仔 niũ$_{33}$ ã^{51}

〈藍〉量仔 niũ$_{33}$ ã^{51}

【量豬】niũ$_{11}$ ti^{55} 秤豬重量。

〈張〉x

〈藍〉x

【秤仔】ts^{h}in$_{55}$ nã^{51} 桿秤。

〈張〉秤仔 ts^{h}in$_{55}$ nã^{51}

〈藍〉秤仔 ts^{h}in$_{55}$ nã^{51}

【秤頭】ts^{h}in$_{51}$ t^{h}au^{13} 秤的分量。

〈張〉秤頭 ts^{h}in$_{51}$ t^{h}au^{13}

〈藍〉x

【秤錘】ts^{h}in$_{51}$ t^{h}ui^{13} 鑄標有重量的秤錘。

〈張〉秤錘 ts^{h}in$_{51}$ t^{h}ui^{13}

〈藍〉秤錘 ts^{h}in$_{51}$ t^{h}ui^{13}

【磅仔】pɔŋ^{33} ŋã^{51} 磅秤。

〈張〉磅仔 pɔŋ^{33} ŋã^{51}

〈藍〉磅仔 pɔŋ^{33} ŋã^{51}

【磅仔子】pɔŋ^{33} ŋã$_{55}$ tsi^{51} 磅秤的砝碼。

〈張〉磅子 pɔŋ$_{11}$ tsi^{51}

〈藍〉x

【戥仔】tiŋ$_{55}$ ŋã^{51} 秤金子或藥材的小秤或天平。

〈張〉戥仔 tiŋ$_{55}$ ŋã^{51}

〈藍〉厘秤 li$_{33}$ ts^{h}in^{11}

【薰吹】hun$_{33}$ ts^{h}ue^{55} 煙斗。

〈張〉薰吹 hun$_{33}$ ts^{h}ue^{55}
　　　薰喙仔 hun$_{33}$ ts^{h}ui$_{55}$ a^{51}

〈藍〉薰吹 hun$_{33}$ ts^{h}ue^{55}

【桌仔】to$_{55}$ a^{51} 桌子。

〈張〉桌仔 to$_{55}$ a^{51}

〈藍〉桌仔 to^{31}

【桌杆】to$_{51}$ kuãi^{55} 橫桌杆。

〈張〉桌杆 to$_{51}$ kuãi^{55}

〈藍〉x

【八仙桌】pat$_{55}$ sian$_{33}$ to^{31} 四方形的桌子，僅祭祀用者稱之。

〈張〉八仙桌 pat$_{55}$ sian$_{33}$ to^{31}

〈藍〉八仙桌 pat$_{55}$ sian$_{33}$ to^{31}

【食飯桌】tsia$_{11}$ puĩ$_{11}$ to^{31} 飯桌。

〈張〉x

〈藍〉食飯桌 tsia$_{11}$ puĩ$_{11}$ to^{31}

【尪架桌】aŋ$_{33}$ ke$_{51}$ to^{31} 供神桌。

〈張〉尪架桌 aŋ$_{33}$ ke$_{51}$ to^{31}

〈藍〉x

【屜仔】t^{h}ua$_{55}$ a^{51} 抽屜。

〈張〉屜仔 t^{h}ua$_{55}$ a^{51}

〈藍〉屜仔 t^{h}ua$_{55}$ a^{51}

【鏡台】kiã$_{51}$ tai^{13} 鏡台。

〈張〉鏡台 kiã$_{51}$ tai^{13}

〈藍〉鏡台 kiã$_{55}$ tai^{13}、
　　　梳妝台 se$_{33}$ tsŋ$_{33}$ tai^{13}

【椅頭仔】i$_{55}$ t^{h}au$_{33}$ a^{51} 小凳子。

〈張〉椅頭仔 i$_{55}$ t^{h}au$_{33}$ a^{51}

〈藍〉椅頭仔 i$_{55}$ t^{h}au$_{33}$ a^{51}

【膨椅】p^{h}ɔŋ$_{51}$ i^{51} 沙發椅。

〈張〉膨椅 p^{h}ɔŋ$_{51}$ i^{51}

〈藍〉x

【凭椅】p^{h}iŋ$_{11}$ i^{51} 躺椅。《教典》並椅

〈張〉躼椅 t^{h}e$_{33}$ i^{51}

〈藍〉x

【椅條】i$_{55}$ tiau^{13} 長椅子。

〈張〉椅條 i_{55} $liau^{13}$

〈藍〉椅條 i_{55} $liau^{13}$

【交椅】kau_{33} i^{51} 交椅。
一種有扶手有靠背的椅子。亦稱「狀元椅」$tsin_{11}$ $guan_{33}$ i^{51}

〈張〉交椅 kau_{33} i^{51}

〈藍〉交椅 kau_{33} i^{51}

【柴梳】ts^ha_{33} se^{55} 梳齒較寬疏的梳子，多用牛角做，可刮痧。

〈張〉柴梳 ts^ha_{33} se^{55}

〈藍〉x

【抨仔】lua^{33} a^{51} 比較小的梳子。

〈張〉抨仔 lua^{33} a^{51}

〈藍〉x

【虱母摒】sat_{55} bo_{55} pin^{11} 中間有樑，兩側梳齒比較窄密的梳子。

〈張〉虱摒 sat_{55} pin^{11}

〈藍〉x

【榭籃仔】sia_{11} $nã^{33}$ $ã^{51}$ 在喜慶時放置禮品的圓形籃子。

〈張〉櫼籃仔 $siã_{11}$ $nã^{33}$ $ã^{51}$

〈藍〉x

【櫼】$siã^{33}$ 婚嫁迎親時，放置禮品的方形箱子。或講「櫼殼」$siã_{11}$ k^hak^{31}

〈張〉禮櫼 le_{55} $siã^{33}$

〈藍〉x

【油寄仔燈】iu_{33} kia_{33} a_{55} tin^{55} 煤油燈。或稱「臭油燈」ts^hau^{51} iu_{33} tin^{55}。

〈張〉油寄仔 iu_{33} kia_{55} a^{51}、
礦火 hon_{33} hue^{51}

〈藍〉x

【礦火】hon_{33} hue^{51} 用電石加水，產生乙炔，點燃後的火。夜晚釣蝦者常用。

〈張〉x

〈藍〉x

【火籠】hue_{55} lan^{55} 籐製品，內有烘熱用的小火爐。

〈張〉火燷 hue_{55} t^han^{55}

〈藍〉x

【手電】ts^hiu_{55} $tian^{33}$ 手電筒。

〈張〉手電 ts^hiu_{55} $tian^{33}$

〈藍〉手電仔 ts^hiu_{55} $tian^{33}$ $nã^{51}$

【電火】$tian_{11}$ hue^{51} 電燈總稱。

〈張〉電火 $tian_{11}$ hue^{51}

〈藍〉電火 $tian_{11}$ hue^{51}

【電火珠仔】$tian_{11}$ hue_{55} tsu_{33} a^{51} 電燈泡。

〈張〉電火珠仔 $tian_{11}$ hue_{55} tsu_{33} a^{51}

〈藍〉電火珠仔 $tian_{11}$ hue_{55} tsu_{33} a^{51}
電火球仔 $tian_{11}$ hue_{55} kiu_{33} a^{51}

【塑膠袋仔】sok_{55} ka_{33} te_{33} a^{51} 塑膠袋。

〈張〉塑膠袋仔 sok_{55} ka_{33} te_{33} a^{51}

〈藍〉x

【電風】$tian_{11}$ hon^{55} 電風扇。

〈張〉電風 $tian_{11}$ hon^{55}

〈藍〉x

【冰箱】pin_{33} $sĩu^{55}$ 電冰箱。

〈張〉電冰箱 $tian_{11}$ pin_{33} $sĩu^{55}$

〈藍〉x

【電影】$tian_{11}$ $iã^{51}$ 電影。

〈張〉電影 $tian_{11}$ $iã^{51}$

〈藍〉電影 $tian_{11}$ $iã^{51}$

【電鍋】tian$_{11}$ ko^{55} 煮飯用的電器用品。
　〈張〉電鍋 tian$_{11}$ ko^{55}
　〈藍〉x

【電視】tian$_{11}$ si^{33} 電視。
　〈張〉電視 tian$_{11}$ si^{33}
　〈藍〉x

【機器曲】ke$_{33}$ k^{h}i$_{51}$ k^{h}ik^{31} 電唱機。
　〈張〉x
　〈藍〉x

【吹風機】ts^{h}ue$_{33}$ hɔŋ$_{33}$ ki^{55} 吹風機。
　〈張〉吹風機 ts^{h}ue$_{33}$ hɔŋ$_{33}$ ki^{55}
　〈藍〉x

【電話】tian$_{11}$ ue^{33} 電話。
　〈張〉電話 tian$_{11}$ ue^{33}
　〈藍〉電話 tian$_{11}$ ue^{33}

【電腦】tian$_{11}$ nãu^{51} 電腦。
　〈張〉電腦 tian$_{11}$ nãu^{51}
　〈藍〉x

【電池】tian$_{11}$ ti^{13} 乾電池。
　〈張〉電池 tian$_{11}$ ti^{13}
　〈藍〉x

【錄音機】lɔk$_{11}$ im$_{33}$ ki^{55} 錄音機。
　〈張〉錄音機 lɔk$_{11}$ im$_{33}$ ki^{55}
　〈藍〉x

【臘燭】la$_{11}$ tsik^{31} 臘燭。
　〈張〉臘燭 la$_{11}$ tsik^{31}、臘條 la$_{11}$ tiau^{13}
　〈藍〉臘燭 la$_{11}$ tsik^{31}

【冷氣】liŋ$_{55}$ k^{h}i^{11}
　〈張〉冷氣 liŋ$_{55}$ k^{h}i^{11}
　〈藍〉x

【諏鏡】ham$_{51}$ kiã^{11} 望遠鏡。

　〈張〉望遠鏡 bɔŋ$_{11}$ gan$_{55}$ kiã^{11}（書）
　〈藍〉x

【放大鏡】hɔŋ$_{51}$ tua$_{11}$kiã^{11} 放大鏡。
　〈張〉泛鏡 ham$_{51}$ kiã^{11}
　〈藍〉x

【弓仔】 kiŋ$_{33}$ ŋã^{51} 彈簧。
　〈張〉弓仔 kiŋ$_{33}$ ŋã^{51}
　〈藍〉x

【紙袋仔】tsua$_{55}$ te$_{33}$ a^{51} 紙袋子。
　〈張〉紙籗仔 tsua$_{55}$ lɔk$_{55}$ ga^{51}
　〈藍〉x

【竹筒管仔】tik$_{55}$ taŋ$_{33}$ kɔŋ$_{55}$ ŋã^{51} 竹撲滿。
　〈張〉x
　〈藍〉x

【錢筒仔】tsĩ$_{33}$ taŋ$_{33}$ ŋã^{51} 塑膠製撲滿。
　〈張〉錢筒仔 tsĩ$_{33}$ taŋ$_{33}$ ŋã^{51}
　〈藍〉x

【蠓仔水】baŋ$_{55}$ ŋã$_{55}$ tsui^{51} 殺蚊劑。
　〈張〉蠓仔水 baŋ$_{55}$ ŋã$_{55}$ tsui^{51}
　〈藍〉x

【虼蚻水】ka$_{33}$ tsua$_{11}$ tsui^{51} 殺蟑螂劑。
　〈張〉虼蚻水 ka$_{33}$ tsua$_{11}$ tsui^{51}
　〈藍〉x

【蠓仔香】baŋ$_{55}$ ŋã$_{55}$ hĩu^{55} 蚊香。
　〈張〉蠓仔香 baŋ$_{55}$ ŋã$_{55}$ hĩu^{55}
　〈藍〉x

（三）廚房用品

【灶骹】tsau$_{51}$ k^{h}a^{55} 廚房。
　〈張〉灶骹 tsau$_{51}$ k^{h}a^{55}
　〈藍〉灶骹 tsau$_{51}$ k^{h}a^{55}、廚房 tu$_{33}$ paŋ^{13}

【灶】tsau^{11} 早期廚房裏以磚砌成，含煙囱的爐灶。
　〈張〉灶 tsau^{11}
　〈藍〉灶 tsau^{11}

【火烌】hue$_{55}$ hu^{55} 火燒剩下之後的灰燼。
　〈張〉火烌 hue$_{55}$ hu^{55}
　〈藍〉x

【火撓】hue$_{55}$ ŋiãu^{51} 鉤灶內燃物的工具。
　〈張〉火撓 hue$_{55}$ ŋiãu^{51}
　〈藍〉x

【火夾】hue$_{55}$ ŋẽʔ^{31} 鐵製的挾柴火的火鉗。
　〈張〉火夾 hue$_{55}$ ŋẽʔ^{31}
　〈藍〉火夾 hue$_{55}$ ŋẽʔ^{31}

【番仔火】huan$_{33}$ nã$_{55}$ hue^{51} 火柴。
　〈張〉番仔火 huan$_{33}$ nã$_{55}$ hue^{51}
　〈藍〉番仔火 huan$_{33}$ nã$_{55}$ hue^{51}

【番仔火枝】huan$_{33}$ nã$_{55}$ hue$_{55}$ ki^{55} 火柴棒。
　〈張〉番仔火枝 huan$_{33}$ nã$_{55}$ hue$_{55}$ ki^{55}
　〈藍〉x

【火鬚】hue$_{55}$ tsʰiu^{55} 火花。
　〈張〉火星 hue$_{55}$ tsʰẽ^{55}
　〈藍〉x

【ライター】lai$_{51}$ ta^{11} 打火機，日語詞彙。
　〈張〉ライター lai$_{51}$ ta^{11}
　〈藍〉x

【火石仔】hue$_{55}$ tsio$_{33}$ a^{51} 早期點火工具。

【火石仔】hue$_{55}$ tsio$_{33}$ a^{51}
　〈張〉火石仔 hue$_{55}$ tsio$_{33}$ a^{51}
　〈藍〉x

【煙筒】ian$_{33}$ taŋ^{13} 煙囱。
　〈張〉煙筒 ian$_{33}$ taŋ^{13}
　〈藍〉煙筒 ian$_{33}$ taŋ^{13}

【火捲】hue$_{55}$ kuĩ^{51} 起火時，用來吹氣使火點著的竹管。
　〈張〉火捲 hue$_{55}$ kuĩ^{51}
　〈藍〉x

【鼎䶦】tiã$_{55}$ lɔ^{55} 鍋子底下的黑煙塵，用鋤頭剃除。
　〈張〉烏煙黗 ɔ$_{33}$ ian$_{33}$ tʰun^{13}
　〈藍〉鼎鉎 tiã$_{55}$ sian^{55}、鼎屎 tiã$_{55}$ sai^{51}

【烘爐】haŋ$_{33}$ lɔ^{13} 小型移動式灶爐。
　〈張〉烘爐 haŋ$_{33}$ lɔ^{13}
　〈藍〉烘爐 haŋ$_{33}$ lɔ^{13}

【火爐】hue$_{55}$ lɔ^{13} 瓦斯灶爐。
　〈張〉火爐 hue$_{55}$ lɔ^{13}
　〈藍〉火爐 hue$_{55}$ lɔ^{13}

【烘爐底】haŋ$_{33}$ lɔ$_{33}$ te^{51} 放在爐子下方，用來間隔火灰的東西。
　〈張〉鉛子 ian$_{33}$ tsi^{51}
　〈藍〉x

【ガラ球】gat$_{55}$ la$_{55}$ kiu^{13} 煤球。
　日語詞彙。
　〈張〉れんたん lian$_{35}$ taŋ^{51} 練炭，日語詞彙。
　〈藍〉x

【塗炭】tʰɔ$_{33}$ tʰuã^{11} 煤炭；取自煤礦坑。
　〈張〉塗炭 tʰɔ$_{33}$ tʰuã^{11}
　〈藍〉塗炭 tʰɔ$_{33}$ tʰuã^{11}

【火炭】hue$_{55}$ t^{h}uã^{11} 木炭；以相思木加
　工而成。
　〈張〉火炭 hue$_{55}$ t^{h}uã^{11}
　〈藍〉火炭 hue$_{55}$ t^{h}uã^{11}

【瓦斯】ga$_{55}$ suʔ^{31} 煤氣；日語詞彙。
　〈張〉瓦斯 ga$_{55}$ suʔ^{31}
　〈藍〉x

【番仔油】huan$_{33}$ nã$_{55}$ iu^{13} 煤油。
　也稱「臭油」tshau$_{51}$ iu^{13}。
　〈張〉番仔油 huan$_{33}$ nã$_{55}$ iu^{13}
　　　　茂油 mɔ̃$_{11}$ iu^{13}
　〈藍〉x

【幫浦仔】p^{h}ɔŋ$_{51}$ p^{h}u$_{55}$ a^{51} 手按抽水機。
　〈張〉幫浦仔 p^{h}ɔŋ$_{51}$ p^{h}u$_{55}$ a^{51}
　〈藍〉x

【水龍頭】tsui$_{55}$ liŋ$_{33}$ t^{h}au^{13} 水龍頭。
　頭城發展較慢，國民政府來以後才有。
　〈張〉水道頭 tsui$_{55}$ to$_{11}$ t^{h}au^{13}
　〈藍〉水道頭 tsui$_{55}$ to$_{11}$ t^{h}au^{13}

【自來水】tsu$_{11}$ lai$_{33}$ tsui^{51} 自來水。
　頭城發展較慢，國民政府來以後才有。
　故無「水道水」的稱呼。
　〈張〉水道水 tsui$_{55}$ to$_{13}$ tsui^{51}
　〈藍〉x

【水缸】tsui$_{55}$ kŋ^{55} 水缸。
　〈張〉水缸 tsui$_{55}$ kŋ^{55}
　〈藍〉水缸 tsui$_{55}$ kŋ^{55}

【盂仔】ɔ$_{33}$ a^{51} 用來醃製食物的陶土缸。
　〈張〉醃缸 am$_{33}$ kŋ^{55}
　〈藍〉盂仔 ɔ$_{33}$ a^{51}

【桌罩】to$_{51}$ k^{h}am^{11} 蓋住菜餚以防貓偷吃或蒼蠅沾染的竹
編蓋。
　〈張〉桌罩 to$_{51}$ k^{h}am^{11}
　〈藍〉桌罩 to$_{51}$ k^{h}am^{11}

【飯坩】puĩ$_{11}$ k^{h}ã^{55} 裝飯的桶子。
　〈張〉飯桶 puĩ$_{11}$ t^{h}aŋ^{51}
　〈藍〉x

【便當盒仔】pian$_{11}$ tɔŋ$_{33}$ ap$_{33}$ ba^{51} 飯
　〈張〉便當篋仔 pian$_{11}$ tɔŋ$_{33}$ k^{h}e$_{55}$ a^{51}
　〈藍〉x

【盒仔】ap$_{33}$ ba^{51} 盒子。
　〈張〉x
　〈藍〉盒仔 ap$_{33}$ ba^{51}

【飯篱】puĩ$_{11}$ le^{33} 早期煮飯的最後階
　段，將米飯從大鍋中撈起來的一種有
　許多小孔的撈具。
　〈張〉飯篱 puĩ$_{11}$ le^{33}
　〈藍〉x

【生鍋】sẽ$_{33}$ ue^{55} 生鐵鍋子。
　〈張〉生鍋 sẽ$_{33}$ ue^{55}
　〈藍〉生鍋 sẽ$_{33}$ ue$_{33}$ a^{51}

【蛤母鍋】kap$_{55}$ bo$_{55}$ ue^{55} 用陶土和沙混
　合燒成的鍋。
　〈張〉狗母鍋 kau$_{55}$ bo$_{55}$ ue^{55}
　〈藍〉x

【火鍋】hue$_{55}$ ko^{55} 火鍋。
　〈張〉火鍋 hue$_{55}$ ko^{55}
　〈藍〉火鍋 hue$_{55}$ ko^{55}

【菜刀】ts^{h}ai$_{51}$ to^{55} 菜刀。
　〈張〉菜刀 ts^{h}ai$_{51}$ to^{55}
　〈藍〉菜刀 ts^{h}ai$_{51}$ to^{55}

【砧】tiam$_{55}$ 砧板。
　有「菜砧」ts^{h}ai$_{51}$ tiam$_{55}$、「肉砧」ba$_{51}$ tiam$_{55}$。
　〈張〉砧 tiam$_{55}$
　〈藍〉菜砧 ts^{h}ai$_{51}$ tiam$_{55}$

【鼎】tiã$_{51}$ 鍋子。
　有兩耳的稱「雙耳鼎」siŋ$_{33}$ hĩ$_{11}$ tiã$_{51}$
　〈張〉鼎 tiã$_{51}$
　〈藍〉鼎 tiã$_{51}$

【鼎坩仔蓋】tiã$_{55}$ kam$_{55}$ mã$_{55}$ kua$_{11}$ 鍋蓋。
　〈張〉鼎蓋 tiã$_{55}$ kua$_{11}$
　〈藍〉x

【鼎擦】tiã$_{55}$ ts^{h}e$_{11}$ 一種刷子。
　將「珍東毛仔」的滕綁在一起，做成洗刷鍋子的刷子。近代都用鐵絲爲材料。
　〈張〉鼎擦 tiã$_{55}$ ts^{h}e$_{11}$
　〈藍〉x

【珍東毛仔】tin$_{33}$ tɔŋ$_{33}$ mɔ̃$_{33}$ ã$_{51}$ 頭城山上的一種藤類植物。
　〈張〉x
　〈藍〉x

【菜瓜蒲】ts^{h}ai$_{51}$ kue$_{33}$ pɔ$_{13}$ 過熟的絲瓜瓢做成的洗滌用具。
　〈張〉菜瓜布 ts^{h}ai$_{51}$ kue$_{33}$ pɔ$_{11}$
　〈藍〉x

【棕仔擦】tsaŋ$_{33}$ ŋa$_{55}$ ts^{h}e$_{11}$ 棕刷，形狀如「鼎擦」。長形稱「擦」。
　〈張〉x
　〈藍〉x

【鼎擦鑢仔】tiã$_{55}$ ts^{h}e$_{51}$ lu$_{55}$ a$_{51}$ 棕刷。橢圓形方便手握稱「鑢仔」。
　〈張〉鼎擦鑢仔 tiã$_{55}$ ts^{h}e$_{51}$ lu$_{55}$ a$_{51}$
　〈藍〉x

【籤礤仔】ts^{h}iam$_{33}$ ts^{h}ua$_{55}$ a$_{51}$ 在木板上裝釘上有孔的金屬片，把瓜或蘿蔔磨擦成條狀的用具。
　〈張〉x
　〈藍〉x

【蕃薯籤礤仔】han$_{33}$ tsi$_{33}$ ts^{h}iam$_{33}$ ts^{h}ua$_{55}$ a$_{51}$
　〈張〉蕃薯礤仔 han$_{33}$ tsi$_{33}$ ts^{h}ua$_{55}$ a$_{51}$
　〈藍〉x

【飯匙】puĩ$_{11}$ si$_{13}$ 添飯的器具。
　〈張〉飯匙 puĩ$_{11}$ si$_{13}$
　〈藍〉飯匙 puĩ$_{11}$ si$_{13}$

【調羹仔】t^{h}au$_{33}$ kiŋ$_{33}$ ŋã$_{51}$ 湯匙。
　〈張〉調羹仔 t^{h}au$_{33}$ kiŋ$_{33}$ ŋã$_{51}$
　　　湯匙 t^{h}ŋ̍$_{33}$ si$_{13}$
　〈藍〉調羹仔 t^{h}au$_{33}$ kiŋ$_{33}$ ŋã$_{51}$
　　　湯匙仔 t^{h}ŋ̍$_{33}$ si$_{33}$ a$_{51}$

【鱟舁仔】hau$_{11}$ k^{h}at$_{55}$ la$_{51}$ 湯瓢。
　早期用木製，今多用金屬製。
　〈張〉鱟舁仔 hau$_{11}$ k^{h}at$_{55}$ la$_{51}$
　〈藍〉x

【泔勺仔】am$_{55}$ ts^{h}ia$_{33}$ a$_{51}$ 湯瓢。
　比「鱟舁仔」更早的名詞，已不使用的講法。
　〈張〉泔勺仔 am$_{55}$ ts^{h}ia$_{33}$ a$_{51}$
　〈藍〉x

【煎匙】tsian$_{33}$ si$_{13}$ 鍋鏟。
　〈張〉煎匙 tsian$_{33}$ si$_{13}$
　〈藍〉煎匙 tsian$_{33}$ si$_{13}$

【瓜圖仔】kue$_{33}$ k^{h}au$_{33}$ a$_{51}$ 刮皮的工具。

〈張〉圖仔 k^{h}au$_{33}$ a^{51}

〈藍〉x

【米篩】bi$_{55}$ t^{h}ai^{55} 篩子。

〈張〉米篩 bi$_{55}$ t^{h}ai^{55}

〈藍〉米篩仔 bi$_{55}$ t^{h}ai$_{33}$ a^{51}

【摵仔】ts^{h}ik$_{33}$ ga^{51} 笊籬，煮切仔麵用。

〈張〉摵仔 ts^{h}ik$_{33}$ ga^{51}

〈藍〉x

【桶盤】t^{h}aŋ$_{55}$ puã^{13} 用來端茶的大盤子。

〈張〉桶盤 t^{h}aŋ$_{55}$ puã^{13}

〈藍〉茶盤 ts^{h}ai$_{51}$ puã^{13}

【盤仔】puã$_{33}$ ã^{51} 盤子。

〈張〉盤仔 puã$_{33}$ ã^{51}

〈藍〉盤仔 puã$_{33}$ ã^{51}

【碟仔】ti$_{33}$ a^{51} 小碟子。

〈張〉碟仔 ti$_{33}$ a^{51}

〈藍〉碟仔 ti$_{33}$ a^{51}、盤子 p^{h}iat$_{55}$ la^{51}

【豆油碟仔】tau$_{11}$ iu$_{33}$ ti$_{33}$ a^{51} 放佐料的小碟子。

〈張〉豆油碟仔 tau$_{11}$ iu$_{33}$ ti$_{33}$ a^{51}

〈藍〉x

【軟管】so$_{51}$ kɔŋ^{51} 吸管。

〈張〉軟管 so$_{51}$ kɔŋ^{51}

〈藍〉x

【箸】ti^{33} 筷子。

〈張〉箸 ti^{33}

〈藍〉箸 ti^{33}

【箸籠】ti$_{11}$ lam^{55} 裝筷子的器具。

〈張〉箸籠 ti$_{11}$ laŋ^{33}

〈藍〉x

【攕仔】ts^{h}iam$_{55}$ mã^{51} 叉子。

〈張〉攕仔 ts^{h}iam$_{55}$ mã^{51}

〈藍〉攕仔 ts^{h}iam$_{55}$ mã^{51}

【茱櫥仔】ts^{h}ai$_{51}$ tu$_{33}$ a^{51} 菜櫥。

〈張〉茱櫥仔 ts^{h}ai$_{51}$ tu$_{33}$ a^{51}

〈藍〉碗櫥仔 uã$_{55}$ tu$_{33}$ a^{51}

【茱廚仔貼】ts^{h}ai$_{51}$ tu$_{33}$ a$_{55}$ t^{h}iap^{31} 墊在菜櫥的四腳下，防蟲蟻爬上的陶製墊。

〈張〉水碟子 tsui$_{55}$ t^{h}iap$_{55}$ ba^{51}

〈藍〉x

【貼仔】t^{h}iap$_{55}$ ba^{51} 墊在茱櫥的四腳下，防蟲蟻爬上的陶製墊。

〈張〉x

〈藍〉x

【酒遏仔】tsiu$_{55}$ at$_{55}$ la^{51} 開瓶器。

〈張〉酒開仔 tsiu$_{55}$ k^{h}ui$_{33}$ a^{51}

〈藍〉x

【米篩目枋】bi$_{55}$ t^{h}ai$_{33}$ bak$_{11}$ paŋ^{55} 做米篩目有孔的木板。

〈張〉x

〈藍〉x

【蠓捽仔】baŋ$_{55}$ sut$_{55}$ la^{51} 趕蚊子的佛塵，用棕樹葉撕成細條狀編成。

〈張〉蠓捽仔 baŋ$_{55}$ sut$_{55}$ la^{51}

〈藍〉x

【胡蠅撇仔】hɔ$_{33}$ sin$_{33}$ p^{h}iat$_{33}$ la^{51} 打蒼蠅的塑膠拍。

〈張〉胡蠅拍仔 hɔ$_{33}$ sin$_{33}$ p^{h}a$_{55}$ a^{51}

〈藍〉胡蠅拍仔 hɔ$_{33}$ sin$_{33}$ p^{h}a$_{55}$ a^{51}
　　胡蠅拍仔 hɔ$_{33}$ sin$_{33}$ p^{h}aʔ$_{55}$ a^{51}

【胡蠅枋】hɔ$_{33}$ sin$_{33}$ paŋ^{55} 黏蒼蠅的紙。

〈張〉胡蠅紙 hɔ$_{33}$ sin$_{33}$ tsua^{51}

〈藍〉x

【鳥鼠櫥仔】niãu₅₅ tsʰi₅₅ tu₃₃ a⁵¹ 捕鼠
籠。
　〈張〉鳥鼠籠仔 niãu₅₅ tsʰi₅₅ lam₃₃ mã⁵¹
　〈藍〉x

【鳥鼠飲仔】niãu₅₅ tsʰi₅₅ hɔp₅₅ ba⁵¹ 裝上
誘餌，用來夾住老鼠的器具。
　〈張〉鳥鼠搭 niãu₅₅ tsʰi₅₅ tak³¹
　〈藍〉x

【竹雞仔櫥】tik₅₅ ke₃₃ a₅₅ tu¹³ 捕竹雞的
籠子。
　〈張〉x
　〈藍〉x

【碗】uã⁵¹ 吃飯時盛飯的器具。
　〈張〉碗 uã⁵¹
　〈藍〉碗 uã⁵¹

【碗公】uã₅₅ kɔŋ₅₅ 大的碗。
　〈張〉碗公 uã₅₅ kɔŋ₅₅
　〈藍〉碗公 uã₅₅ kɔŋ₅₅
　　　大碗公 tua₁₁uã₅₅ kɔŋ₅₅

【碗桶仔】uã₅₅ tʰaŋ₅₅ ŋã⁵¹ 洗碗用的盆。
　〈張〉碗桶仔 uã₅₅ tʰaŋ₅₅ ŋã⁵¹
　〈藍〉x

【碗篩仔】uã₅₅ tʰai₃₃ a⁵¹ 碗洗後置於
此，以瀝水。
　〈張〉碗篩仔 uã₅₅ tʰai₃₃ a⁵¹
　〈藍〉x

【瓠仔肥桸】pu₃₃ a₅₅ pui₃₃ hia₅₅ 有木製
的，也有用瓠瓜製成的杓子。
　〈張〉瓠桸 pu₃₃ hia₅₅
　〈藍〉x

【肥桸】pui₃₃ hia₅₅ 施肥用的杓子。
　〈張〉肥桸 pui₃₃ hia₅₅
　〈藍〉肥桸 pui₃₃ hia₅₅

【粿印】kue₅₅ in¹¹ 做米食的圖案模印。
　〈張〉粿印 kue₅₅ in¹¹
　〈藍〉x

【糕仔印】ko₃₃ a₅₅ in¹¹ 做糕類食品的圖
案模印。
　〈張〉糕仔印 ko₃₃ a₅₅ in¹¹
　〈藍〉x

【籠床】laŋ₃₃ sŋ̍¹³ 蒸籠。
　〈張〉籠床 laŋ₃₃ sŋ̍¹³
　〈藍〉籠床 laŋ₃₃ sŋ̍¹³

【籠床底】laŋ₃₃ sŋ̍₃₃ te⁵¹ 蒸東西時擺在
鍋子和籠床之間的竹墊子，用篾仔做
的，活動式。
　〈張〉籠床篾仔 laŋ₃₃ sŋ̍₃₃ pin₅₅ nã⁵¹
　〈藍〉x

【粿氣】kue₅₅ kʰui¹¹ 蒸東西時擺在粿和
籠床之間的器具。
也稱「籠床管仔」laŋ₃₃ sŋ̍₃₃ kɔŋ₅₅ ŋã⁵¹
　〈張〉粿管仔 kue₅₅ kɔŋ₅₅ ŋã⁵¹
　〈藍〉x

【粿圍】kue₅₅ ui¹³ 粿和籠床間，用篾仔
做的，圍成一圈，放上粿巾後，將粿
倒上去，使粿不與籠床內緣接觸，便
於熟後取出。
　〈張〉x
　〈藍〉x

【雞毛筅仔】ke₃₃ mɔ̃₃₃ tsʰiŋ₅₅ ŋã⁵¹ 雞毛
撢子。
　〈張〉雞毛筅仔 ke₃₃ mɔ̃₃₃ tsʰiŋ₅₅ ŋã⁵¹

〈藍〉雞毛筅仔 ke$_{33}$ m$\tilde{o}_{33}$ tsʰiŋ$_{55}$ ŋã^{51}

【ホス管】hɔ$_{51}$ su$_{51}$ kɔŋ^{51} 塑膠水管；日語詞彙。
　〈張〉ホス管 hɔ$_{51}$ su$_{51}$ kɔŋ^{51}
　〈藍〉x

【甕仔】aŋ$_{55}$ ŋã^{51} 口小肚大的陶製容器。裝酒用則稱「酒甕仔」tsiu$_{55}$ aŋ$_{55}$ ŋã^{51}
　〈張〉甕仔 aŋ$_{55}$ ŋã^{51}
　〈藍〉甕仔 aŋ$_{55}$ ŋã^{51}

【盂仔】ɔ$_{33}$ a^{51} 口大肚小的陶製容器。
　〈張〉盂仔ɔ$_{33}$ a^{51}
　〈藍〉盂仔ɔ$_{33}$ a^{51}

【鹽甕仔】iam$_{33}$ aŋ$_{55}$ ŋã^{51} 裝鹽的小甕。
　〈張〉鹽甕仔 iam$_{33}$ aŋ$_{55}$ ŋã^{51}
　〈藍〉x

【鹽盂】iam$_{33}$ ɔ^{13} 裝鹽的大甕。
　〈張〉x
　〈藍〉x

【油抽仔】iu$_{33}$ tʰiu$_{33}$ a^{51} 一種汲油分裝的器具。
　〈張〉油抽 iu$_{33}$ tʰiu$_{55}$
　〈藍〉x

【漏仔】lau$_{33}$ a^{51} 漏斗。
　有「油漏仔」iu$_{33}$ lau$_{33}$ a^{51}
　「酒漏仔」tsiu$_{55}$ lau$_{33}$ a^{51}
　〈張〉油漏仔 iu$_{33}$ lau$_{33}$ a^{51}
　〈藍〉漏勺仔 lau$_{11}$ tsʰia$_{33}$ a^{51}

【油筒仔】iu$_{33}$ taŋ$_{55}$ ŋã^{51} 裝油的大筒子。
　〈張〉油筒仔 iu$_{33}$ taŋ$_{55}$ ŋã^{51}
　〈藍〉x

【刀石】to$_{33}$ tsio^{33} 用來磨刀的磨刀石。

〈張〉刀石 to$_{33}$ tsio^{33}
〈藍〉石磨仔 tsio$_{11}$ bua$_{33}$ a^{51}

【油罐仔】iu$_{33}$ kuan$_{55}$ nã^{51} 裝麻油的小罐子，放在廚房。
　〈張〉油罐仔 iu$_{33}$ kuan$_{55}$ nã^{51}
　〈藍〉x

【樹奶】tsʰiu$_{11}$ liŋ^{55} 橡皮筋。
　〈張〉樹奶箍仔 tsʰiu$_{11}$ liŋ$_{33}$ kʰɔ$_{33}$ a^{51}
　〈藍〉樹奶 tsʰiu$_{11}$ liŋ^{55}
　　　樹奶箍 tsʰiu$_{11}$ liŋ$_{33}$ kʰɔ^{55}

【臭丸】tsʰau$_{51}$ uan^{13} 樟腦丸。
　也講「樟腦丸」tsĩu$_{33}$ n$\tilde{o}_{55}$ uan^{13}
　〈張〉臭丸 tsʰau$_{51}$ uan^{13}、樟腦 tsĩu$_{33}$ lɔ^{51}
　〈藍〉樟腦 tsĩu$_{33}$ lɔ^{51}

【草薦】tsʰau$_{55}$ tsiŋ^{11} 用蘆葦草編製，如草席，放置於海中讓烏魚放卵於其中。
　〈張〉x
　〈藍〉x

【鋼石仔】kŋ̇$_{51}$ tsio$_{33}$ a^{51} 磨刀工具，一面粗一面細。
　〈張〉鋼石仔 kŋ̇$_{51}$ tsio$_{33}$ a^{51}
　〈藍〉x

【石磨仔】tsio$_{11}$ bo$_{33}$ a^{51} 石磨。
　〈張〉石磨仔 tsio$_{11}$ bo$_{33}$ a^{51}
　〈藍〉x

【磨柑】bua$_{33}$ kʰã^{55} 漢藥店磨、舂漢藥用，有陶製、鐵製。
　〈張〉磨柑 bua$_{33}$ kʰã^{55}
　〈藍〉x

【磨槽】bua$_{33}$ tso^{13} 漢藥店磨漢藥用，大石塊有槽，大鐵輪中穿有鐵棍，用腳踏磨藥材。

〈張〉磨槽 bua$_{33}$ tso^{13}

〈藍〉x

【玻璃】po$_{33}$ le^{13}
　〈張〉玻璃 po$_{33}$ le^{13}
　〈藍〉玻璃 po$_{33}$ le^{13}

【銅楦仔】taŋ$_{33}$ kɔŋ$_{55}$ ŋã^{51} 鐵罐子。
　〈張〉銅楦仔 taŋ$_{33}$ kɔŋ$_{55}$ ŋã^{51}
　〈藍〉x

五、農業工具用詞

【粟倉】tsʰik$_{55}$ tsʰŋ̇^{55} 放稻穀的倉庫。
　〈張〉粟倉 tsʰik$_{55}$ tsʰŋ̇^{55}
　〈藍〉粟倉 tsʰik$_{55}$ tsʰŋ̇^{55}

【耕塍】kiŋ$_{33}$ tsʰan^{13} 耕田。
　〈張〉x
　〈藍〉犁塍 le$_{33}$ tsʰan^{13}

【割耙】kua$_{51}$ pe^{33} 耙碎土塊，整平地面的農具。
　〈張〉割耙 kua$_{51}$ pe^{33}、鐵耙 tʰi$_{51}$ pe^{33}
　〈藍〉割耙 kua$_{51}$ pe^{33}、kuaʔ$_{55}$ pe^{33}

【手耙】tsʰiu$_{55}$ pe^{33} 最後一道耙田的工具。
　〈張〉手耙 tsʰiu$_{55}$ pe^{33}
　〈藍〉手耙 tsʰiu$_{55}$ pe^{33}

【犁】le^{13} 犁。
　〈張〉犁 le^{13} 、台灣犁 tai$_{33}$ uan$_{33}$ le^{13}
　〈藍〉犁 le^{13}

【深耕犁】tsʰim$_{33}$ kiŋ$_{33}$ le^{13} 犁分有「犁」與「深耕犁」兩種。
　〈張〉x
　〈藍〉x

【鋤頭】ti$_{33}$ tʰau^{13} 鋤頭。
　〈張〉鋤頭 ti$_{33}$ tʰau^{13}
　〈藍〉鋤頭 ti$_{33}$ tʰau^{13}

【抓仔】dziau$_{55}$ a^{51} 扒土工具。
　〈張〉抓仔 dziau$_{55}$ a^{51}
　〈藍〉x

【抓耙仔】dziau$_{51}$ pe^{33} a^{51} 抓背癢的用具。也引申稱「告密的人」。
　〈張〉抓仔 dziau$_{55}$ a^{51}
　〈藍〉x

【秧挑】ŋ̇$_{33}$ tʰio^{55}
　〈張〉x
　〈藍〉x

【秧披仔】ŋ̇$_{33}$ pʰi$_{33}$ a^{51} 用「秧挑」去「挑」「秧仔」，放在「秧披仔」上，再放在「秧篩仔」上，一篩一篩送去給人佈[pɔ^{11}]。
頭城人用平常使用的「骹桶」kʰa$_{33}$ tʰaŋ^{51} 當作「秧船仔」載「秧篩仔」佈塍[pɔ$_{51}$ tsʰan^{13}]。
　〈張〉秧披仔 ŋ̇$_{33}$ pʰi$_{33}$ a^{51}
　〈藍〉x

【秧篩仔】ŋ̇$_{33}$ tʰai$_{33}$ a^{51}
　〈張〉秧篩仔 ŋ̇$_{33}$ tʰai$_{33}$ a^{51}
　〈藍〉x

【耙抔仔】pe$_{33}$ put$_{55}$ la^{51} 扒穀的農具。
　〈張〉耙抔仔 pe$_{33}$ put$_{55}$ la^{51}
　〈藍〉x

【大拖】tua$_{11}$ tʰua^{55} 用來整穀曝曬，兩人拖曳，的木製農具。
　〈張〉大拖 tua$_{11}$ tʰua^{55}
　〈藍〉x

【抒筒】lua₁₁ taŋ¹³ 有鐵牛車後，要插秧前，整平水田的農具。
　〈張〉抒筒 lua₁₁ taŋ¹³
　〈藍〉x

【磟碡】la₃₃ tak³³ 無鐵牛車時期，整平水田的農具。
　也音 nã₃₃ tak³³
　〈張〉磟碡 la₃₃ tak³³
　〈藍〉x

【耙仔】pe₃₃ a⁵¹ 碎土整地的扒土農具。
　〈張〉耙仔 pe₃₃ a⁵¹
　〈藍〉x

【鐵鈀】tʰi₅₁ tsaʔ³¹ 四齒的耙。
　〈張〉鐵鈀 tʰi₅₁ tsaʔ³¹
　〈藍〉鐵鈀 tʰi₅₅ tsaʔ³¹、
　　　兩齒仔 nŋ̍₁₁ kʰi⁵⁵ a⁵¹

【攄塗機】lu₃₃ tʰɔ₃₃ ki⁵⁵ 堆土機。
　〈張〉攄塗機 lu₃₃ tʰɔ₃₃ ki⁵⁵
　〈藍〉x

【鐵牛仔】tʰi₅₁ gu₃₃ a⁵¹ 耕耘機。
　〈張〉鐵牛仔 tʰi₅₁ gu₃₃ a⁵¹
　〈藍〉x

【石碖】tsio₁₁ lun⁵¹ 將稻穀碾壓脫粒，或將路面壓平的圓柱石。（頭城無）
　〈張〉石碖 tsio₁₁ lun⁵¹
　〈藍〉x

【水車】tsui₅₅ tsʰia⁵⁵ 將水運往高處的車。
　〈張〉水車 tsui₅₅ tsʰia⁵⁵
　〈藍〉x

【抾水筧】kʰio₅₁ tsui₅₅ kiŋ⁵¹ 建置引水道的過程。

【抾水筧】kʰio₅₁ tsui₅₅ kiŋ⁵¹
　〈藍〉x

【水筧】tsui₅₅ kiŋ⁵¹ 用剖開的竹子，接起來引溪泉水的水路。
　〈張〉水筧 tsui₅₅ kiŋ⁵¹
　〈藍〉x

【抾水】kʰio₅₁ tsui⁵¹ 引水。
　〈張〉抾水 kʰio₅₁ tsui⁵¹
　〈藍〉x

【粟篩】tsʰik₅₅ tʰai⁵⁵ 以竹篾編成供曬稻穀等農產品的一種大竹席。
　〈張〉x
　〈藍〉x

【風鼓】hɔŋ₃₃ kɔ⁵¹ 吹走不實穀物的農器。
　〈張〉風鼓 hɔŋ₃₃ kɔ⁵¹
　〈藍〉x

【花枷】hue₃₃ kẽ⁵¹ 連枷，用以敲打稻穗，使稻穀落地的農具。
　〈張〉豆枷 tau₁₁ kẽ⁵¹
　〈藍〉x

【龜殼】ku₃₃ kʰak³¹ 挲草遇雨時，背在背上遮雨的藤具。
　〈張〉龜殼 ku₃₃ kʰak³¹
　〈藍〉x

【挲草】so₃₃ tsʰau⁵¹ 在水田中，跪著除草。
　〈張〉x
　〈藍〉x

【棕蓑】tsaŋ₃₃ sui⁵⁵ 蓑衣。
　〈張〉棕蓑 tsaŋ₃₃ sui⁵⁵
　〈藍〉x

【加轆仔】ka$_{33}$ lak$_{55}$ ga^{51} 轆轤，架在井上利用滑輪汲水的工具。
〈張〉加轆仔 ka$_{33}$ lak$_{55}$ ga^{51}
〈藍〉x

【吊槹】tiau$_{51}$ kau^{13} 固定繩子的裝置。
〈張〉x
〈藍〉x

【牛喙罨】gu$_{33}$ ts^{h}ui$_{51}$ lam^{55} 牛口罩。
亦稱牛喙罨仔 gu$_{33}$ ts^{h}ui$_{51}$ lam$_{33}$ mã^{51}。
〈張〉牛喙罨 gu$_{33}$ ts^{h}ui$_{51}$ am^{55}
〈藍〉x

【牛灌管】gu$_{33}$ kuan$_{51}$ kɔŋ^{51} 給牛灌藥的竹管。
〈張〉x
〈藍〉x

【牛捽仔】gu$_{33}$ sut$_{55}$ la^{51} 趕牛用的竹子。
〈張〉牛捽仔 gu$_{33}$ sut$_{55}$ la^{51}
〈藍〉x

【牛鼻藤】gu$_{33}$ p^{h}ĩ$_{11}$ tin^{13} 套牛鼻的鐵環。舊時用藤條製作，但仍稱牛鼻藤。藤落去刺的[tin^{13} lue$_{11}$ e$_{55}$ ts^{h}ia?^{31}·e$_{11}$]。
〈張〉牛鼻牽 gu$_{33}$ p^{h}ĩ$_{11}$ k^{h}ian^{55}
〈藍〉x

【牛橛仔】gu$_{33}$ k^{h}it$_{33}$ la^{51} 指在牛舍，用來綁牛的小木樁。
〈張〉牛橛 gu$_{33}$ k^{h}it^{33}
〈藍〉x

【枷車】k^{h}a$_{33}$ ts^{h}ia^{55} 用枷車藤製成的，綁住牛擔和牛後踤，使之相連成一體的成品。
〈張〉枷車 k^{h}a$_{33}$ ts^{h}ia^{55}
〈藍〉x

【枷車藤】k^{h}a$_{33}$ ts^{h}ia$_{33}$ tin^{13} 舊時，絞製成枷車的藤條，稱枷車藤。
後來，用麵條撚做索仔形再切三四寸長去油炸的食物，亦稱枷車藤。
〈張〉x
〈藍〉x

【枷車藤】k^{h}a$_{33}$ ts^{h}ia$_{33}$ tin^{13} 炸麻花。
也講「枷食藤」k^{h}a$_{33}$ tsia$_{11}$ tin^{13}
高雄講「索仔股」so$_{55}$ a$_{55}$ kɔ^{51}，
台南講「蒜絨枝」suan$_{51}$ dziɔŋ$_{33}$ ki^{55}。
〈張〉x
〈藍〉x

【牛擔】gu$_{33}$ tã^{55} 牛軛。
〈張〉牛擔 gu$_{33}$ tã^{55}
〈藍〉x

【牛後踤】gu$_{33}$ au$_{11}$ t^{h}at^{31} 在枷車後部，用以連接犁的橫木。
也講「牛後踤仔」gu$_{33}$ au$_{11}$ t^{h}at$_{55}$ la^{51}
〈張〉x
〈藍〉x

【舂臼】tsiŋ$_{33}$ k^{h}u^{33} 臼。
〈張〉舂臼 tsiŋ$_{33}$ k^{h}u^{33}
〈藍〉x

【舂杵】tsiŋ$_{33}$ ts^{h}i^{51} 舂杵。
〈張〉舂臼鎚 tsiŋ$_{33}$ k^{h}u$_{11}$ t^{h}ui^{13}
〈藍〉x

【米絞】bi$_{55}$ ka^{51} 將稻穀去殼的機器。
〈張〉米絞 bi$_{55}$ ka^{51}
〈藍〉x

【塗礱】t^{h}ɔ$_{33}$ laŋ^{13} 無「米絞」的時代，將穀物去殼的設施。
〈張〉塗礱 t^{h}ɔ$_{33}$ laŋ^{13}
〈藍〉x

【塗礱宮】t^ho_{33} lan_{33} kin_{55} 碾米廠。
〈張〉x
〈藍〉x

【水碓】$tsui_{55}$ tui_{11} 舂「柴皮」成「香末」的設備。
〈張〉x
〈藍〉x

【香末】$h\tilde{i}u_{33}$ bua_{33} 製香的粉末。早期，頭城製「香」人，引山泉水衝擊「水碓」一端，另一端有石頭將『柴皮』磨成粉，稱「香末」。
〈張〉x
〈藍〉x

【鐮劘仔】$liam_{33}$ lik_{33} ga_{51} 割稻用短柄小鐮刀。
〈張〉鐮劘仔 $liam_{33}$ lik_{33} ga_{51}
〈藍〉鐮劘仔 $liam_{33}$ lik_{33} ga_{51}

【草鋏仔】ts^hau_{55} ke_{55} a_{51} 割草用的長柄鐮刀。
〈張〉草鋏仔 ts^hau_{55} ke_{55} a_{51}
〈藍〉x

【戽斗】ho_{51} tau_{51} 戽水灌溉的用具。
〈張〉戽斗 ho_{51} tau_{51}
〈藍〉x

【糞箕】pun_{51} ki_{55} 畚箕，有耳。
〈張〉糞箕 pun_{51} ki_{55}
〈藍〉糞箕 pun_{51} ki_{55}

【箬箕】ts^hia_{51} ki_{55} 裝粟的器具。狀如糞箕，編織密，使粟不漏，無耳。
〈張〉箬箕 ts^hia_{51} ki_{55}
〈藍〉箬箕 ts^hia_{51} ki_{55}

【豬籠仔】ti_{33} lam_{33} $m\tilde{a}_{51}$ 關豬哥的長形籠子。
〈張〉豬籠仔 ti_{33} lam_{33} $m\tilde{a}_{51}$
〈藍〉x

【豬骹索仔】ti_{33} k^ha_{33} so_{55} a_{51} 捉豬時用的麻繩。
〈張〉豬骹索仔 ti_{33} k^ha_{33} so_{55} a_{51}
〈藍〉x

【絡束】liu_{51} sok_{31} 捉豬的時，用麻繩做成的腳套。
〈張〉豬骹索仔 ti_{33} k^ha_{33} so_{55} a_{51}
〈藍〉x

【豬牢】ti_{33} $tiau_{13}$ 豬舍。
《康典》集韻徒弔音調，亦養牲室也。教育部台灣閩南語常用辭典用「牢」。
〈張〉豬牢 ti_{33} $tiau_{13}$
〈藍〉豬牢 ti_{33} $tiau_{13}$

【豬灶】ti_{33} $tsau_{11}$ 殺豬的地方。
〈張〉豬灶 ti_{33} $tsau_{11}$ 殺豬的地方。
〈藍〉x

【索仔】so_{55} a_{51} 繩子。
〈張〉索仔 so_{55} a_{51}
〈藍〉索仔 so_{55} a_{51}

【豬槽仔】ti_{33} tso_{33} a_{51} 飼養小豬的設施，有木製或石製的。
〈張〉豬槽 ti_{33} tso_{13}
〈藍〉豬槽 ti_{33} tso_{13}

【豬仔囝】ti_{33} a_{55} $ki\tilde{a}_{51}$ 小豬。
〈張〉豬仔囝 ti_{33} a_{55} $ki\tilde{a}_{51}$
〈藍〉豬仔囝 ti_{33} a_{55} $ki\tilde{a}_{51}$

【棍仔】kun_{55} $n\tilde{a}_{51}$ 扛豬用的圓棍。

〈張〉棍仔 kun$_{55}$ nã^{51}

〈藍〉x

【漩桶】suan$_{33}$ t^{h}aŋ^{51} 澆菜用的桶子。

〈張〉漩桶 suan$_{33}$ t^{h}aŋ^{51}

〈藍〉x

【潘桶】p^{h}un$_{33}$ t^{h}aŋ^{51} 裝溲水的桶子。若裝尿者，則稱「尿桶」dzio$_{11}$ t^{h}ang^{51} 若裝水者，則稱「水桶」tsui$_{55}$ t^{h}ang^{51}

〈張〉潘桶 p^{h}un$_{33}$ t^{h}aŋ^{51}

〈藍〉x

【潘】p^{h}un^{55} 丟棄的殘湯剩菜。

〈張〉潘 p^{h}un^{55}

〈藍〉潘 p^{h}un^{55}

【摔桶】sik$_{55}$ t^{h}aŋ^{51} 舊時，除穀粒的設備。

〈張〉摔桶 siak$_{55}$ t^{h}aŋ^{51}

〈藍〉摔桶 sik$_{55}$ t^{h}aŋ^{51}

【機器桶】ke$_{33}$ k^{h}i$_{51}$ t^{h}aŋ^{51} 用腳踩動機器的摔桶。

〈張〉x

〈藍〉踏桶 ta$_{11}$ t^{h}aŋ^{51}

【糞擔】pun$_{51}$ tã^{55} 扁擔。

〈張〉糞擔 pun$_{51}$ tã^{55}

〈藍〉糞擔 pun$_{51}$ tã^{55}

【扦擔】ts^{h}iam$_{33}$ tã^{55} 擔稻草用的扁擔。

〈張〉扦擔 ts^{h}iam$_{33}$ tã^{55}

〈藍〉扦擔 ts^{h}iam$_{33}$ tã^{55}

【棍仔】kun$_{55}$ nã^{51} 粗的木擔，需要兩人合抬。或稱「柴棍仔」ts^{h}a$_{33}$ kun$_{55}$ nã^{51}。

〈張〉棍仔 kun$_{55}$ nã^{51}

〈藍〉棍仔 kun$_{55}$ nã^{51}

【米鑯仔】bi$_{55}$ ts^{h}iam$_{55}$ mã^{51} 檢查米質好壞的尖管。又稱「米挑」bi$_{55}$ tio^{55} 「鑯仔」ts^{h}iam$_{55}$ mã^{51}

〈張〉米鑯仔 bi$_{55}$ ts^{h}iam$_{55}$ mã^{51}

〈藍〉x

【尿桸】dzio$_{11}$ hia^{55} 舀糞尿水的工具。

〈張〉尿桸 dzio$_{11}$ hia^{55}

〈藍〉x

【米篩】bi$_{55}$ t^{h}ai^{55} 篩米的竹器。

〈張〉米篩 bi$_{55}$ t^{h}ai^{55}

〈藍〉米篩仔 bi$_{55}$ t^{h}ai$_{33}$ a^{51}

【粟篩】ts^{h}ik$_{55}$ t^{h}ai^{55} 竹製的篩粟器具。

〈張〉粟篩 ts^{h}ik$_{55}$ t^{h}ai^{55}

〈藍〉粟篩仔 ts^{h}ik$_{55}$ t^{h}ai$_{33}$ a^{51}

【米籮】bi$_{55}$ lua^{13} 竹製的大籃子，可擔。

〈張〉米籮 bi$_{55}$ lua^{13}

〈藍〉米籮 bi$_{55}$ lua^{13}

【籖仔】kam$_{55}$ mã^{51} 圓形較小的淺竹筐。

〈張〉x

〈藍〉x

【籖棚仔】kam$_{55}$ ɔ$_{33}$ a^{51} 圓形較大的淺竹筐。

〈張〉籖棚仔 kam$_{55}$ ɔ$_{33}$ a^{51}

〈藍〉x

【吊籃】tiau$_{51}$ nã^{13} 吊在屋樑上的籃子。或講「菜籃」ts^{h}ai$_{51}$ nã$_{33}$ ã^{51}。防貓偷吃。

〈張〉吊籃 tiau$_{51}$ nã^{13}

〈藍〉x

【雞罨仔】ke$_{33}$ ts^{h}ɔp$_{55}$ bã^{51} 關雞的罩籠。

〈張〉雞罾仔 ke$_{33}$ lam$_{33}$ mã^{51}、
雞罩 ke$_{33}$ ta^{11}

〈藍〉x

【雞滌】ke$_{33}$ tiau^{13} 雞舍。《教典》雞牢

〈張〉雞滌仔 ke$_{33}$ tiau$_{33}$ a^{51}

〈藍〉雞滌仔 ke$_{33}$ tiau$_{33}$ a^{51}、
雞岫 ke$_{33}$ siu^{33}

【雞笁】ke$_{33}$ ts^{h}iŋ^{51} 趕雞用的竹製品。

〈張〉雞笁 ke$_{33}$ ts^{h}iŋ^{51}

〈藍〉x

【竹篙】tik$_{55}$ ko^{55} 竹竿。

〈張〉竹篙 tik$_{55}$ ko^{55}

〈藍〉竹篙 tik$_{55}$ ko^{55}

【竹篙叉仔】tik$_{55}$ ko$_{33}$ ts^{h}e$_{33}$ a^{51} Ｙ形的
竹竿。

〈張〉竹篙叉仔 tik$_{55}$ ko$_{33}$ ts^{h}e$_{33}$ a^{51}

〈藍〉x

【稻草儂】tiu$_{11}$ ts^{h}au$_{55}$ laŋ^{13} 稻草人。

〈張〉稻草儂 tiu$_{11}$ ts^{h}au$_{55}$ laŋ^{13}

〈藍〉x

（一）捕魚工具

【網仔】baŋ$_{33}$ ŋã^{51} 用來捕魚的網具。

〈張〉網仔 baŋ$_{33}$ ŋã^{51}

〈藍〉網仔 baŋ$_{33}$ ŋã^{51}

【網經仔】baŋ$_{11}$ kẽ$_{55}$ ã^{51} 修補魚網的工
具。

〈張〉網經仔 baŋ$_{11}$ kẽ$_{55}$ ã^{51}

〈藍〉x

【桸仔】hia$_{33}$ a^{51} 一種撈魚的網具。

〈張〉桸仔 hia$_{33}$ a^{51}

〈藍〉x

【牽罟】k^{h}an$_{33}$ kɔ^{55} 一種在沙灘上集體
拉網的捕魚方式。

〈張〉牽罟 k^{h}an$_{33}$ kɔ^{55}

〈藍〉x

【釣篙】tio$_{51}$ ko^{55} 釣竿。

〈張〉釣篙 tio$_{51}$ ko^{55}

〈藍〉魚竿 hi$_{33}$ ko$_{33}$ a^{51}

【魚釣仔】hi$_{33}$ tio$_{55}$ a^{51} 釣竿（含線和魚
鉤）。

〈張〉魚釣仔 hi$_{33}$ tio$_{55}$ a^{51}

〈藍〉魚竿 hi$_{33}$ ko$_{33}$ a^{51}

【魚鉤仔】hi$_{33}$ kau$_{33}$ a^{51} 魚鉤。

〈張〉魚鉤仔 hi$_{33}$ kau$_{33}$ a^{51}

〈藍〉魚鉤仔 hi$_{33}$ kau$_{33}$ a^{51}

【沉箄】tiam$_{33}$ taŋ^{33} 使魚鉤沒入水中的
鉛片或鉛子。

〈張〉墜仔 tui$_{33}$ a^{51}

〈藍〉x

【浮箄】p^{h}u$_{33}$ taŋ^{33} 浮標。

〈張〉浮箄 p^{h}u$_{33}$ taŋ^{33}

〈藍〉x

【魚餌】hi$_{33}$ dzi^{33} 魚餌。

〈張〉釣餌 tio$_{51}$ dzi^{33}

〈藍〉x

【魚籠仔】hi$_{33}$ laŋ$_{55}$ ŋã^{51} 魚簍子。

〈張〉籠仔 k^{h}a$_{55}$ a^{51}

〈藍〉魚籠仔 hi$_{33}$ laŋ$_{55}$ ŋã^{51}
魚藍仔 hi$_{33}$ nã$_{33}$ ã^{51}

（二）木工用詞

【柴刀】ts^{h}a$_{33}$ to^{55} 柴刀。

〈張〉柴刀 ts^{h}a$_{33}$ to^{55}

〈藍〉柴刀 $ts^ha_{33} to^{55}$

【斧頭仔】$pu_{55} t^hau_{33} a^{51}$ 斧頭。
　〈張〉斧頭仔 $pu_{55} t^hau_{33} a^{51}$
　〈藍〉斧頭仔 $pu_{55} t^hau_{33} a^{51}$

【斧頭櫼仔】$pu_{55} t^hau_{33} ts\tilde{i}_{33} \tilde{a}^{51}$ 嵌進斧頭鐵框內的鐵楔子。
　〈張〉$pu_{55} t^hau_{33} ts\tilde{i}_{33} \tilde{a}^{51}$
　〈藍〉x

【柴櫼仔】$ts^ha_{33} ts\tilde{i}_{33} \tilde{a}^{51}$ 木楔子。
　〈張〉柴櫼仔 $ts^ha_{33} ts\tilde{i}_{33} \tilde{a}^{51}$
　〈藍〉x

【鋸仔】$ki_{55} a^{51}$ 鋸子。
　〈張〉鋸仔 $ki_{55} a^{51}$
　〈藍〉鋸仔 $ki_{55} a^{51}$

【鋸屑烌】$ki_{51} sut_{55} hu^{55}$ 鋸子鋸下的木屑。
　〈張〉鋸屑 $ki_{51} sut^{31}$
　〈藍〉鋸屑 $ki_{51} sat^{31}$

【鑽仔】$tsu\tilde{i}_{55} \tilde{a}^{51}$ 一種鑽孔的工具。
　〈張〉x
　〈藍〉鑽仔 $tsu\tilde{i}_{55} \tilde{a}^{51}$

【鑿仔】$ts^hak_{33} ga^{51}$ 鑿子。
　〈張〉鑿仔 $ts^hak_{33} ga^{51}$
　〈藍〉鑿仔 $ts^hak_{33} ga^{51}$

【鏨仔】$tsam_{33} m\tilde{a}^{51}$ 一種鑿石頭的鑿子。
　〈張〉鏨仔 $tsam_{33} m\tilde{a}^{51}$
　〈藍〉x

【空榫】$k^ha\eta_{33} sun^{51}$ 木工組合的方法。
　〈張〉x
　〈藍〉x

【墜繩】$tui_{11} tsin^{13}$ 測量水平的工具。
　〈張〉墜繩 $tui_{11} tsin^{13}$
　〈藍〉x

【ドライバー】$lo_{35} lai_{51} ba^{11}$ 螺絲起子。日語詞彙。
　〈張〉ドライバー $lo_{35} lai_{51} ba^{11}$
　〈藍〉螺絲刀 $lo_{11} si_{33} to^{55}$

【扳手】$pan_{55} ts^hiu^{51}$ 扳手。
　〈張〉x
　〈藍〉x

【鉗仔】$\eta\tilde{e}_{55} \tilde{a}^{51}$ 鉗子。老一輩講「ペンチ」$p^hian_{51} tsi?^{31}$。日語詞彙。
　〈張〉鉗仔 $k^h\tilde{i}_{33} \tilde{a}^{51}$
　〈藍〉鉗仔 $\eta\tilde{e}_{55} \tilde{a}^{51}$
　　　ペンチ $pian_{55} tsi?^{31}$

【虎頭夾仔】$ho_{55} t^hau_{33} \eta\tilde{e}_{55} \tilde{a}^{51}$ 剪斷、修理電線用的鉗子。
　〈張〉虎頭夾仔 $ho_{55} t^hau_{33} \eta\tilde{e}_{55} \tilde{a}^{51}$
　〈藍〉夾仔 $\eta\tilde{e}_{55} \tilde{a}^{51}$

【鉋刀】$k^hau_{33} to^{55}$ 鉋刀。
　〈張〉鉋刀 $k^hau_{33} to^{55}$
　〈藍〉鉋刀 $k^hau_{33} to^{55}$

【鉋刀槤仔】$k^hau_{33} to_{33} lian_{33} n\tilde{a}^{51}$ 鉋刀所刨出來的薄木片，呈捲花狀。
　〈張〉鉋刀槤 $k^hau_{33} to_{33} lian^{55}$
　〈藍〉鉋刀槤仔 $k^hau_{33} to_{33} lian_{33} n\tilde{a}^{51}$

【鐵釘仔】$t^hi_{51} ti\eta_{33} \eta\tilde{a}^{51}$ 釘子。
　〈張〉鐵釘仔 $t^hi_{51} ti\eta_{33} \eta\tilde{a}^{51}$
　〈藍〉鐵釘仔 $t^hi_{51} ti\eta_{33} \eta\tilde{a}^{51}$、
　　　$t^hi?_{55} ti\eta_{33} \eta\tilde{a}^{51}$

【攇錘仔】$kɔŋ_{51}$ t^hui_{33} a^{51} 鐵鎚。
〈張〉攇錘仔 $kɔŋ_{51}$ t^hui_{33} a^{51}、
撼仔 ham_{55} $mã^{51}$
〈藍〉攇錘仔 $kɔŋ_{51}$ t^hui_{33} a^{51}
鐵錘仔 $t^hi?_{55}$ t^hui_{33} a^{51}、t^hi_{51} t^hui_{33} a^{51}

【バル仔】ba_{55} lu_{55} a^{51} 拔釘器，日語詞彙。
〈張〉バル仔 ba_{55} lu_{55} a^{51}
〈藍〉x

【戮璇】lak_{55} $suan_{33}$ 種鑽木工具。
〈張〉戮璇 lak_{55} $suan_{33}$、
戮鑽 lak_{55} $tsuĩ^{11}$。
〈藍〉戮璇 lak_{55} $suan_{33}$

【鋸鑢】ki_{51} le^{33} 銼刀。
〈張〉鋸鑢 ki_{51} le^{33}
〈藍〉鋸鑢 ki_{51} le^{33}

【墨斗】bak_{11} tau^{51} 木工畫直線用的器具。
〈張〉墨斗 bak_{11} tau^{51}
〈藍〉x

【挐繩】sut_{55} $tsin^{13}$ 附在墨斗中的繩子。
〈張〉挐繩 sut_{55} $tsin^{13}$
〈藍〉x

【曲尺】k^hut_{55} $ts^hio?^{31}$ L 字尺。
〈張〉曲尺 k^hut_{55} $ts^hio?^{31}$
〈藍〉曲尺 k^hut_{55} $ts^hio?^{31}$

【箍桶】$k^hɔ_{33}$ $t^haŋ^{51}$ 固定圈圍木桶的一種技術。
〈張〉箍桶 $k^hɔ_{33}$ $t^haŋ^{51}$
〈藍〉x

（三）水泥工用詞

【水平】$tsui_{55}$ $pẽ^{13}$ 看地平不平的工具。
〈張〉水平 $tsui_{55}$ $pẽ^{13}$
〈藍〉x

【沙挑】sua_{33} t^hio^{55} 鏟子。
〈張〉沙挑 sua_{33} t^hio^{55}
〈藍〉沙挑 sua_{33} t^hio^{55}

【沙耙仔】sua_{33} pe_{33} a^{51} 耙子，向自身方向耙取泥沙的器具。
〈張〉沙耙仔 sua_{33} pe_{33} a^{51}
〈藍〉x

【抐匙仔】hue_{33} si_{33} a^{51} 抹刀。
來回抹水泥、石灰於牆的工具。
〈張〉抹刀 bua_{51} to^{55}、
抐匙仔 hue_{33} si_{33} a^{51}
〈藍〉x

【掘仔】kut_{33} la^{51} 十字鎬。
又稱「雙頭掘仔」$siŋ_{33}$ t^hau_{33} kut_{33} la^{51}。
〈張〉掘仔 kut_{33} la^{51}
尖喙掘仔 $tsiam_{33}$ ts^hui_{51} kut_{33} la^{51}
〈藍〉掘仔 kut_{33} la^{51}

【塗篩】$t^hɔ_{33}$ t^hai^{55} 篩土的器具。
〈張〉塗篩 $t^hɔ_{33}$ t^hai^{55}
〈藍〉x

【枋模】$paŋ_{33}$ $bɔ^{13}$ 模板。
〈張〉枋模 $paŋ_{33}$ $bɔ^{13}$
〈藍〉x

【清水模】$ts^hiŋ_{33}$ $tsui_{55}$ $bɔ^{13}$ 表面平整的高級模板。
〈張〉x
〈藍〉x

【鐵筋】$t^h i_{51}$ kin_{55} 鋼筋。
　〈張〉鐵筋 $t^h i_{51}$ kin_{55}
　〈藍〉x

【搦沙】$ts^h iau_{33}$ sua_{55} 將沙、水泥和水
　或在一起的過程。
　〈張〉搦沙 $ts^h iau_{33}$ sua_{55}
　〈藍〉x
　註：【教育部台閩詞典】$ts^h iau_{55}$ 用「搜」
　爲替代字

六、糧食蔬菜

（一）穀　物

【稻仔】tiu_{33} a_{51} 稻子。
　〈張〉稻仔 tiu_{33} a_{51}
　〈藍〉稻仔 tiu_{33} a_{51}

【稻穗】tiu_{11} sui_{33} 稻穗。
　〈張〉稻穗 tiu_{11} sui_{33}
　〈藍〉稻仔穗 tiu_{33} a_{55} sui_{33}

【秧仔】$\dot{\eta}_{33}$ $\dot{\eta}\tilde{a}_{51}$ 稻苗。
　〈張〉秧仔 $\dot{\eta}_{33}$ $\dot{\eta}\tilde{a}_{51}$
　〈藍〉秧仔 $\dot{\eta}_{33}$ $\dot{\eta}\tilde{a}_{51}$

【粟仔】$ts^h ik_{55}$ ga_{51} 稻子。
　〈張〉粟仔 $ts^h ik_{55}$ ga_{51}
　〈藍〉粟 $ts^h ik_{31}$

【粟毛】$ts^h ik_{55}$ $m\tilde{o}_{55}$ 稻穀上面的芒毛。
　〈張〉x
　〈藍〉x

【稗仔】$p^h e_{33}$ a_{51} 一種稻中常見的雜草。
　〈張〉稗仔 $p^h e_{33}$ a_{51}
　〈藍〉稗仔 $p^h e_{33}$ a_{51}

【秮仔】tai_{33} a_{51} 一種小米。
　也講「秮仔米」tai_{33} a_{55} bi_{51}。
　〈張〉秮仔 tai_{33} a_{51}
　〈藍〉x

【米】bi_{51} 米的總稱。
　〈張〉米 bi_{51}
　〈藍〉米 bi_{51}

【秫米】$tsut_{11}$ bi_{51} 糯米。
　〈張〉秫米 $tsut_{11}$ bi_{51}
　〈藍〉秫米 $tsut_{11}$ bi_{51}

【烏秫米】o_{33} $tsut_{11}$ bi_{51} 黑糯米。
　也稱「烏米秫」o_{33} bi_{55} $tsut_{33}$
　〈張〉烏秫米 o_{33} $tsut_{11}$ bi_{51}
　〈藍〉x

【糙米】$ts^h o_{51}$ bi_{51} 只去稻殼的米。
　〈張〉糙米 $ts^h o_{51}$ bi_{51}
　〈藍〉x

【蓬來米】$ho\eta_{11}$ lai_{33} bi_{51} 蓬來米。
　〈張〉蓬來米 $ho\eta_{11}$ lai_{33} bi_{51}
　〈藍〉x

【在來米】$tsai_{11}$ lai_{33} bi_{51} 在來米。
　〈張〉在來米 $tsai_{11}$ lai_{33} bi_{51}
　　　菊仔米 kik_{55} ga_{55} bi_{51}
　〈藍〉x
　註：在來米眞濟種[$tsin_{33}$ tse_{11} $tsi\eta_{51}$]：
　　　有「菊仔米」kik_{55} ga_{55} bi_{51}
　　　「針尾仔」$tsiam_{33}$ bue_{55} a_{51}
　　　「包箬菊仔」pau_{33} ha_{11} kik_{55} ga_{51}
　　　「白米倫仔」pe_{11} bi_{55} lun_{33} $n\tilde{a}_{51}$
　　　「牛屎屯仔」gu_{33} sai_{55} tun_{33} $n\tilde{a}_{51}$

【秥仔米】$tsiam_{33}$ $m\tilde{a}_{55}$ bi_{51} 不黏的大米。

〈張〉秙仔米 tsiam$_{33}$ mã$_{55}$ bi^{51}

〈藍〉x

【米糠】bi$_{55}$ kʰŋ̍^{55} 米糠，豬食。

　〈張〉米糠 bi$_{55}$ kʰŋ̍^{55}

　〈藍〉米糠 bi$_{55}$ kʰŋ̍^{55}

【粗糠】tsʰɔ$_{33}$ kʰŋ̍^{55} 稻殼，當燃料。

　〈張〉tsʰɔ$_{33}$ kʰŋ̍^{55}

　〈藍〉tsʰɔ$_{33}$ kʰŋ̍^{55}

【糠仔】kʰaŋ$_{33}$ ŋã^{51} 比米糠粗，有參雜
米糠和稻殼。豬食。

　〈張〉糠仔 kʰaŋ$_{33}$ ŋã^{51}

　〈藍〉x

【麥仔】be$_{33}$ a^{51} 麥子。

　〈張〉麥仔 be$_{33}$ a^{51}

　〈藍〉麥仔 be$_{33}$ a^{51}

【薏仁】i$_{51}$ dzin^{13} 薏仁。

　〈張〉薏仁 i$_{51}$ dzin^{13}

　〈藍〉薏仁 se$_{33}$ a^{51}

【麥仔粕】be^{33} a$_{55}$ pʰoʔ^{31} 麥屑。雞鴨食。

　〈張〉麥仔粕 be^{33} a$_{55}$ pʰoʔ^{31}

　〈藍〉x

【豆箍】tau$_{11}$ kʰɔ^{55} 豆餅。

　〈張〉豆箍 tau$_{11}$ kʰɔ^{55}、豆餅 tau$_{11}$ piã^{51}

　〈藍〉x

【麵粉】mĩ$_{11}$ hun^{51} 麵粉。

　〈張〉麵粉 mĩ$_{11}$ hun^{51}

　〈藍〉麵粉 mĩ$_{11}$ hun^{51}

【番麥】huan$_{33}$ be^{33} 玉米。

　〈張〉番麥 huan$_{33}$ be^{33}

　〈藍〉番麥 huan$_{33}$ be^{33}

【番黍】huan$_{33}$ se^{51} 高粱。

　〈張〉番黍 huan$_{33}$ se^{51}

　〈藍〉高粱 kau$_{33}$ liŋ^{13}

（二）蔬　菜

【芷薑】tsĩ$_{55}$ kĩu^{55} 嫩薑。

　〈張〉芷薑 tsĩ$_{55}$ kĩu^{55}

　〈藍〉芷薑 tsĩ$_{55}$ kĩu^{55}

【薑母】kĩu$_{33}$ bo^{51} 老薑。

　〈張〉薑母 kĩu$_{33}$ bo^{51}、老薑 lau$_{11}$ kĩu^{55}

　〈藍〉x

【中台】tiŋ$_{33}$ tai^{13} 中年的薑，煮菜用。

　〈張〉x

　〈藍〉x

【芫荽】ian$_{33}$ suĩ^{55} 香菜。

　〈張〉芫荽 ian$_{33}$ suĩ^{55}

　〈藍〉芫荽 ian$_{33}$ suĩ^{55}、iam$_{33}$ suĩ^{55}

【珠葱】tsu$_{33}$ tsʰaŋ^{55} 珠葱。

　〈張〉x

　〈藍〉x

【大管葱】tua$_{11}$ kɔŋ$_{55}$ tsʰaŋ^{55} 如三星產的
葱。

　〈張〉x

　〈藍〉x

【九層塔】kau$_{55}$ tsan$_{51}$ tʰaʔ^{31} 九層塔。

　〈張〉九層塔 kau$_{55}$ tsan$_{51}$ tʰaʔ^{31}

　〈藍〉x

【紅葱頭】aŋ$_{33}$ tsʰaŋ$_{33}$ tʰau^{13} 專指「珠葱
頭」。

　〈張〉紅葱仔頭 aŋ$_{33}$ tsʰaŋ$_{33}$ ŋã$_{55}$ tʰau^{13}

　〈藍〉x

【葱仔】ts^{h}aŋ$_{33}$ ŋã^{51} 葱。
　〈張〉葱仔 ts^{h}aŋ$_{33}$ ŋã^{51}
　〈藍〉葱仔 ts^{h}aŋ$_{33}$ ŋã^{51}

【葱頭】ts^{h}aŋ$_{33}$ t^{h}au^{13} 洋葱。
　〈張〉大葱 tua$_{11}$ ts^{h}aŋ^{55}
　　　　玉葱タマネギ t^{h}am$_{33}$ mã$_{55}$ nẽ$_{55}$
　　　　dzi^{31} 日語詞彙。
　〈藍〉葱頭 ts^{h}aŋ$_{33}$ t^{h}au^{13}

【蒜頭】suan$_{51}$ t^{h}au^{13} 大蒜頭。
　〈張〉蒜頭 suan$_{51}$ t^{h}au^{13}
　〈藍〉x

【蒜瓣】suan$_{51}$ pan^{33} 蒜頭的蒜瓣。
　〈張〉x
　〈藍〉x

【蒜仔】suan$_{55}$ nã^{51} 蒜。
　〈張〉蒜仔 suan$_{55}$ nã^{51}
　〈藍〉蒜仔 suan$_{55}$ nã^{51}

【蒜仔花】suan$_{55}$ nã$_{55}$ hue^{55} 大蒜的花。
　〈張〉蒜仔花 suan$_{55}$ nã$_{55}$ hue^{55}
　〈藍〉x

【大同仔】tai$_{11}$ toŋ$_{33}$ ŋã^{51} 青椒。
　1950 年代才來的外來種。
　〈張〉大粒番薑仔 tua$_{11}$ liap$_{11}$ huan$_{33}$
　　　　kĩu$_{33}$ ã^{51}
　〈藍〉青薑仔 ts^{h}ẽ$_{33}$ kĩu$_{33}$ ã^{51}
　　　　青番薑仔 ts^{h}ẽ$_{33}$ huan$_{33}$ kĩu$_{33}$ ã^{51}

【番薑仔】huan$_{33}$ kĩu$_{33}$ ã^{51} 紅辣椒。
　〈張〉番薑仔 huan$_{33}$ kĩu$_{33}$ ã^{51}
　〈藍〉番薑仔 huan$_{33}$ kĩu$_{33}$ ã^{51}

【蕗蕎】lɔ$_{11}$ kio^{33} 薤。
　〈張〉蕗蕎 lɔ$_{11}$ kio^{33}
　〈藍〉x

【ごぼう】go$_{33}$ bo^{33} 牛蒡。
　日語詞彙（頭城無產）。
　〈張〉牛蒡 gɔ$_{33}$ bo^{55}
　〈藍〉x

【菠稜仔】pue$_{33}$ liŋ$_{33}$ ŋã^{51} 菠菜。
　〈張〉菠稜仔 pue$_{33}$ liŋ$_{33}$ ŋã^{51}
　〈藍〉菠稜仔 pue$_{33}$ liŋ$_{33}$ ŋã^{51}

【萵仔菜】ue$_{33}$ a$_{55}$ ts^{h}ai^{11} 萵苣。
　餐館簡寫成海口音「A 仔菜」（A 菜）。
　〈張〉萵仔菜 ue$_{33}$ a$_{55}$ ts^{h}ai^{11}
　　　　鵝仔菜 go$_{33}$ a$_{55}$ ts^{h}ai^{11}
　〈藍〉萵仔菜 ue$_{33}$ a$_{55}$ ts^{h}ai^{11}

【醫草葉】tsĩu$_{51}$ ts^{h}au$_{55}$ hio^{33} 山蘇。
　〈張〉x
　〈藍〉x

【蕨貓紗】kue$_{51}$ niãu$_{33}$ se^{55}
　也講「蕨貓」kue$_{51}$ niãu^{55}。
　或「蕨貓紗仔」kue$_{51}$ niãu$_{33}$ se$_{33}$ a^{51}。
　〈張〉蕨貓紗 kui$_{51}$ niãu$_{33}$ se^{55}
　〈藍〉x

【芥菜】kua$_{51}$ ts^{h}ai^{11} 大芥菜。
　也稱作「長年菜」tŋ$_{33}$ nĩ$_{33}$ ts^{h}ai^{11}。
　〈張〉芥菜 kua$_{51}$ ts^{h}ai^{11}
　〈藍〉芥菜 kua$_{51}$ ts^{h}ai^{11}、kuaʔ$_{55}$ ts^{h}ai^{11}

【大心菜】tua$_{11}$ sim$_{33}$ ts^{h}ai^{11} 芥菜之一種。
　〈張〉x
　〈藍〉x

【四川菜】su$_{51}$ ts^{h}uan$_{33}$ ts^{h}ai^{11} 榨菜。
　〈張〉榨菜 tsa$_{51}$ ts^{h}ai^{11}
　〈藍〉x

【菜心】ts^{h}ai$_{51}$ sim^{55} 萵苣的嫩莖。

〈張〉菜心 $tsʰai_{51}\,sim^{55}$

〈藍〉x

【菜甲】$tsʰai_{51}\,kaʔ^{31}$ 高麗菜或東白仔最
外層的葉子，常棄吃。

〈張〉x

〈藍〉x

【高麗菜】$ko_{33}\,le_{33}\,tsʰai^{11}$

〈張〉高麗菜 $ko_{33}\,le_{33}\,tsʰai^{11}$

〈藍〉高麗菜 $ko_{33}\,le_{33}\,tsʰai^{11}$

【高麗菜穎】$ko_{33}\,le_{33}\,tsʰai_{51}\,ĩ^{51}$ 高麗菜
第一次採收後，原菜種會再長出數粒
的嫩芽的稱謂。

〈張〉高麗菜穎 $ko_{33}\,le_{33}\,tsʰai_{51}\,ĩ^{51}$

〈藍〉x

【芥藍仔】$ke_{51}\,nã_{33}\,ã^{51}$ 甘藍。
也講「隔暝仔菜」$ke_{51}\,mẽ_{33}\,ã_{55}\,tsʰai^{11}$

〈張〉芥藍仔 $ke_{51}\,nã_{33}\,ã^{51}$

〈藍〉芥藍仔菜 $ke_{51}\,nã_{33}\,ã_{55}\,tsʰai^{11}$

【加茉仔】$ka_{11}\,bua_{33}\,a^{51}$ 蒾菜，又稱「生
痂菜」$sẽ_{33}\,ke_{51}\,tsʰai^{11}$

〈張〉加茉仔 $kau_{33}\,bua_{33}\,a^{51}$

〈藍〉x

【白菜】$pe_{11}\,tsʰai^{11}$ 白菜。

〈張〉白菜 $pe_{11}\,tsʰai^{11}$

〈藍〉白菜 $pe_{11}\,tsʰai^{11}$

【東白仔】$taŋ_{33}\,pe_{33}\,a^{51}$ 包心大白菜。
又稱「包心白仔」$pau_{33}\,sim_{33}\,pe_{33}\,a^{51}$
「捲心白仔」$kuĩ_{55}\,sim_{33}\,pe_{33}\,a^{51}$。

〈張〉山東白 $suã_{33}\,taŋ_{33}\,pe^{33}$

〈藍〉東白仔 $taŋ_{33}\,pe^{33}\,a^{51}$

【小白菜】$sio_{55}\,pe_{11}\,tsʰai^{11}$ 小白菜。

【小白菜】$sio_{55}\,pe_{11}\,tsʰai^{11}$

〈藍〉x

【調羹仔菜】$tʰau_{33}\,kiŋ_{33}\,ŋã_{55}\,tsʰai^{11}$ 青江
菜。也稱「湯匙仔菜」$tʰŋ_{33}\,si_{33}\,a_{55}\,tsʰai^{11}$

〈張〉調羹仔菜 $tʰau_{33}\,kiŋ_{33}\,ŋã_{55}\,tsʰai^{11}$

〈藍〉x

【荇菜】$hiŋ_{11}\,tsʰai^{11}$ 莧菜。

〈張〉荇菜 $hiŋ_{11}\,tsʰai^{11}$

〈藍〉荇菜 $hiŋ_{11}\,tsʰai^{11}$

【韮菜】$ku_{55}\,tsʰai^{11}$ 韮菜。

〈張〉韮菜 $ku_{55}\,tsʰai^{11}$

〈藍〉韮菜 $ku_{55}\,tsʰai^{11}$

【韮菜花】$ku_{55}\,tsʰai_{51}\,hue^{55}$

〈張〉韮菜花 $ku_{55}\,tsʰai_{51}\,hue^{55}$

〈藍〉x

【白韮菜】$pe_{11}\,ku_{55}\,tsʰai^{11}$ 韮黃。

〈張〉白韮菜 $pe_{11}\,ku_{55}\,tsʰai^{11}$

〈藍〉x

【芹菜】$kʰin_{33}\,tsʰai^{11}$

〈張〉芹菜 $kʰin_{33}\,tsʰai^{11}$

〈藍〉芹菜 $kʰin_{33}\,tsʰai^{11}$

【蕹菜】$iŋ_{51}\,tsʰai^{11}$ 空心菜。

〈張〉蕹菜 $iŋ_{51}\,tsʰai^{11}$

〈藍〉蕹菜 $iŋ_{51}\,tsʰai^{11}$

【水蕹菜】$tsui_{55}\,iŋ_{51}\,tsʰai^{11}$ 水空心菜。

〈張〉水蕹菜 $tsui_{55}\,iŋ_{51}\,tsʰai^{11}$

〈藍〉x

【溫泉蕹菜】$un_{11}\,tsuã_{33}\,iŋ_{51}\,tsʰai^{11}$ 長於
溫泉水中的蕹菜。

〈張〉x

〈藍〉x

【紅荇】aŋ$_{33}$ hiŋ^{33} 紅莧菜
　〈張〉紅荇菜 aŋ$_{33}$ hiŋ$_{11}$ ts^{h}ai^{11}
　〈藍〉荇菜 hiŋ$_{11}$ ts^{h}ai^{11}

【白荇】pe$_{11}$ hiŋ^{33} 白莧菜
　〈張〉x
　〈藍〉荇菜 hiŋ$_{11}$ ts^{h}ai^{11}

【紅鳳菜】aŋ$_{33}$ hɔŋ$_{11}$ ts^{h}ai^{11} 紅鳳菜。
　〈張〉x
　〈藍〉x

【鹹菜】kiam$_{33}$ ts^{h}ai^{11} 鹹菜。
　〈張〉鹹菜 kiam$_{33}$ ts^{h}ai^{11}
　〈藍〉x

【覆菜】p^{h}ak$_{55}$ ts^{h}ai^{11} 由鹹菜加工而成。
　〈張〉覆菜 p^{h}ak$_{55}$ ts^{h}ai^{11}
　〈藍〉x

【油菜】iu$_{33}$ ts^{h}ai^{11} 油菜。
　〈張〉油菜 iu$_{33}$ ts^{h}ai^{11}
　〈藍〉油菜 iu$_{33}$ ts^{h}ai^{11}

【菜花】ts^{h}ai$_{51}$ hue^{55} 花椰菜。
　〈張〉菜花 ts^{h}ai$_{51}$ hue^{55}
　〈藍〉菜花 ts^{h}ai$_{51}$ hue^{55}

【豆菜】tau$_{11}$ ts^{h}ai^{11} 豆芽菜。
　〈張〉豆菜 tau$_{11}$ ts^{h}ai^{11}
　〈藍〉x

【山茼萵仔】sua$_{33}^{\sim}$ taŋ$_{33}$ o$_{33}$ a^{51}
　〈張〉山茼萵 sua$_{33}^{\sim}$ taŋ$_{33}$ o^{55}
　〈藍〉x

【烏甜仔菜】ɔ$_{33}$ tĩ$_{33}$ ã$_{55}$ ts^{h}ai^{11} 野菜名。
　〈張〉烏甜仔 ɔ$_{33}$ tĩ$_{33}$ ã^{51}
　〈藍〉x

【茼萵】taŋ$_{33}$ o^{55} 茼萵。
　又稱「拍某菜」p^{h}a$_{51}$ bɔ$_{55}$ ts^{h}ai^{11}。
　〈張〉茼萵 taŋ$_{33}$ o^{55}
　　　　拍某菜 p^{h}a$_{51}$ bɔ$_{55}$ ts^{h}ai^{11}
　〈藍〉茼萵 taŋ$_{33}$ o^{55}

【蔴薯茄】muã$_{33}$ tsi$_{33}$ kio^{13} 長茄子。
　〈張〉tiau$_{51}$ ts^{h}ai^{11}
　〈藍〉x

【瓠仔】pu$_{33}$ a^{51} 蒲瓜。
　〈張〉瓠仔 pu$_{33}$ a^{51}
　〈藍〉瓠仔 pu$_{33}$ a^{51}

【葫蘆】hɔ$_{33}$ lɔ^{13} 葫蘆。
　〈張〉葫蘆 hɔ$_{33}$ lɔ^{13}
　〈藍〉x

【芋仔】ɔ$_{33}$ a^{51} 芋頭。
　〈張〉芋仔 ɔ$_{33}$ a^{51}
　〈藍〉芋仔 ɔ$_{33}$ a^{51}

【芋莖】ɔ$_{11}$ huãi^{13} 芋的嫩葉柄部分。
　也講「芋梗」ɔ$_{11}$ kuãi^{51}、ɔ$_{11}$ kuai^{51}
　〈張〉芋莖 ɔ$_{33}$ huãi^{13}、芋梗 ɔ$_{11}$ kuãi^{51}
　〈藍〉x

【樹薯】ts^{h}iu$_{11}$ tsi^{13} 樹薯。
　〈張〉樹薯 ts^{h}iu$_{11}$ tsi^{13}
　〈藍〉x

【馬鈴薯】mã$_{55}$ liŋ$_{33}$ tsi^{13} 馬鈴薯。
　〈張〉馬鈴薯 mã$_{55}$ liŋ$_{33}$ tsi^{13}
　〈藍〉馬鈴薯 me$_{55}$ lin$_{33}$ tsi^{13}
　　　　番仔蕃薯 huan$_{33}$ nã$_{55}$ han$_{33}$ tsi^{13}

【淮山】huai$_{33}$ san^{55} 山藥。
　〈張〉淮山 huai$_{33}$ san^{55}
　〈藍〉淮山 huai$_{33}$ san^{55}

【葛薯】kua$_{51}$ tsi^{13} 豆薯。
〈張〉葛薯 kua$_{51}$ tsu^{13}
〈藍〉x

【馬薺】bue$_{55}$ tsi^{13} 荸薺。
〈張〉馬薺 be$_{55}$ tsi^{13}
〈藍〉馬薺 bue$_{55}$ tsi^{13}

【蕃薯】han$_{33}$ tsi^{13} 地瓜。
〈張〉蕃薯 han$_{33}$ tsi^{13}
〈藍〉蕃薯 han$_{33}$ tsi^{13}

【蕃薯籤】han$_{33}$ tsi$_{33}$ ts^{h}iam^{55} 番薯條。
〈張〉蕃薯籤 han$_{33}$ tsi$_{33}$ ts^{h}iam^{55}
〈藍〉x

【大頭仔菜】tua$_{11}$ t^{h}au$_{33}$ a$_{55}$ ts^{h}ai^{11} 大頭菜。也講「菜殼」ts^{h}ai$_{51}$ k^{h}ɔk^{31}
〈張〉大頭菜 tua$_{11}$ t^{h}au$_{33}$ ts^{h}ai^{11}
〈藍〉x

【菜頭】ts^{h}ai$_{51}$ t^{h}au^{13} 蘿蔔。
〈張〉菜頭 ts^{h}ai$_{51}$ t^{h}au^{13}
〈藍〉菜頭 ts^{h}ai$_{51}$ t^{h}au^{13}

【菜脯】ts^{h}ai$_{51}$ pɔ^{51} 蘿蔔乾。
〈張〉菜脯 ts^{h}ai$_{51}$ pɔ^{51}
〈藍〉x

【紅菜頭】aŋ$_{33}$ ts^{h}ai$_{51}$ t^{h}au^{13} 胡蘿蔔。
〈張〉紅菜頭 aŋ$_{33}$ ts^{h}ai$_{51}$ t^{h}au^{13}
　　　にんじん dzin$_{35}$ dzin^{51}，日語詞彙。
〈藍〉紅菜頭 aŋ$_{33}$ ts^{h}ai$_{51}$ t^{h}au^{13}
　　　にんじ dzin$_{33}$ dzi^{33}

【金簪】kim$_{33}$ tsam^{55} 金針。
〈張〉金簪 kim$_{33}$ tsiam^{55}
〈藍〉金簪 kim$_{33}$ tsiam^{55}

【木耳】bɔk$_{11}$ dzi^{51} 木耳。
〈張〉木耳 bɔk$_{11}$ dzi^{51}
〈藍〉木耳 bɔk$_{11}$ dzi^{51}

【香菇】hĩu$_{33}$ kɔ^{55}
〈張〉香菇 hĩu$_{33}$ kɔ^{55}
〈藍〉x

【金針菇】kim$_{33}$ tsam$_{33}$ kɔ^{55}
〈張〉金針菇 kim$_{33}$ tsiam$_{33}$ kɔ^{55}
〈藍〉x

【草菇】ts^{h}au$_{55}$ kɔ^{55} 草菇。
〈張〉草菇 ts^{h}au$_{55}$ kɔ^{55}
〈藍〉草菇 ts^{h}au$_{55}$ kɔ^{55}

【刺瓜仔】ts^{h}i$_{51}$ kue$_{33}$ a^{51} 胡瓜。
〈張〉刺瓜仔 ts^{h}i$_{51}$ kue$_{33}$ a^{51}
〈藍〉刺瓜仔 ts^{h}i$_{51}$ kue$_{33}$ a^{51}

【キュウリ】k^{h}iu$_{51}$ dzi^{11} 小黃瓜。日語詞彙。k^{h}iu$_{51}$ li^{11} 音變爲[k^{h}iu$_{51}$ dzi^{11}]。
〈張〉小黃瓜 sio$_{55}$ uĩ$_{33}$ kue^{55}
〈藍〉x

【目瓜】bak$_{11}$ kue^{55} 比胡瓜短肥，有一目一目的節。
〈張〉x
〈藍〉x

【冬瓜】taŋ$_{33}$ kue^{55} 冬瓜。
〈張〉冬瓜 taŋ$_{33}$ kue^{55}
〈藍〉冬瓜 taŋ$_{33}$ kue^{55}

【澎湖菜瓜】p^{h}ẽ$_{33}$ ɔ$_{33}$ ts^{h}ai$_{53}$ kue^{55} 稜角絲瓜。
〈張〉澎湖菜瓜 p^{h}ẽ$_{33}$ ɔ$_{33}$ ts^{h}ai$_{53}$ kue^{55}
〈藍〉x

【菜瓜】ts^{h}ai$_{51}$ kue^{55} 絲瓜。

〈張〉茱瓜 ts^hai_{51} kue_{55}

〈藍〉茱瓜 ts^hai_{51} kue_{55}

【蛇瓜】$tsua_{33}$ kue_{55} 蛇瓜。

〈張〉蛇瓜 $tsua_{33}$ kue_{55}

〈藍〉x

【金瓜】kim_{33} kue_{55} 南瓜。

〈張〉金瓜 kim_{33} kue_{55}

〈藍〉金瓜 kim_{33} kue_{55}

【苦瓜】$k^hɔ_{55}$ kue_{55} 苦瓜。

〈張〉苦瓜 $k^hɔ_{55}$ kue_{55}

〈藍〉苦瓜 $k^hɔ_{55}$ kue_{55}

【醃瓜仔】iam_{33} kue_{33} a_{51} 越瓜。
主要用來醃製成 bue_{33} kue_{55} 來吃。

〈張〉醃瓜仔 iam_{33} kue_{33} a_{51}

〈藍〉醃瓜仔 iam_{33} kue_{33} a_{51}

【茭白筍】k^ha_{33} pe_{11} sun_{51} 筊白筍。

〈張〉茭白筍 k^ha_{33} pe_{11} sun_{51}

〈藍〉茭白筍 k^ha_{33} pe_{11} sun_{51}

【竹筍】tik_{55} sun_{51} 竹筍。

〈張〉竹筍 tik_{55} sun_{51}

〈藍〉竹筍 tik_{55} sun_{51}

【麻竹筍】mua_{33} tik_{55} sun_{51} 麻竹筍。

〈張〉麻竹筍 mua_{33} tik_{55} sun_{51}

〈藍〉x

【綠竹仔筍】lik_{11} tik_{55} ga_{55} sun_{51} 綠竹筍。

〈張〉綠竹仔筍 lik_{11} tik_{55} ga_{55} sun_{51}

〈藍〉x

【桂竹仔筍】kui_{51} tik_{55} a_{55} sun_{51} 桂竹筍。

〈張〉桂竹筍 kui_{51} tik_{55} sun_{51}

〈藍〉x

【刺竹筍】ts^hi_{51} tik_{55} sun_{51} 刺竹筍。

〈張〉刺竹筍 ts^hi_{51} tik_{55} sun_{51}

〈藍〉x

【蜂仔筍】$p^haŋ_{33}$ $ŋa_{55}$ sun_{51} 箭筍。
也稱「劍筍」$kiam_{51}$ sun_{51}。

〈張〉劍筍 $kiam_{51}$ sun_{51}

〈藍〉x

【冬筍】$taŋ_{33}$ sun_{51} 冬筍。

〈張〉冬筍 $taŋ_{33}$ sun_{51}

〈藍〉冬筍 $taŋ_{33}$ sun_{51}

【桶筍】$t^haŋ_{55}$ sun_{51} 出產季節過後,剩餘的竹筍,用桶子裝起來醃製之筍。

〈張〉桶筍 $t^haŋ_{55}$ sun_{51}

〈藍〉x

【菅茅竹仔】kua_{33} $m̩_{33}$ tik_{55} ga_{51} 一種觀賞竹。

〈張〉x

〈藍〉x

【半天筍】pua_{51} $t^hĩ_{33}$ sun_{51} 檳榔心。

〈張〉半天筍 pua_{51} $t^hĩ_{33}$ sun_{51}

〈藍〉x

【筍乾】sun_{55} kua_{55} 曬乾的筍子。

〈張〉筍乾 sun_{55} kua_{55}

〈藍〉x

【筍絲】sun_{55} si_{55} 筍絲。

〈張〉筍絲 sun_{55} si_{55}

〈藍〉x

【蘆筍】$lɔ_{33}$ sun_{51} 蘆筍。

〈張〉蘆筍 $lɔ_{33}$ sun_{51}

〈藍〉x

【檳榔】pun_{33} $ń̩_{13}$

〈張〉檳榔 pin$_{33}$ nĵ^{13}

〈藍〉檳榔 piŋ$_{33}$ nĵ^{13}

【菁仔】tsʰẽ$_{33}$ ã^{51} 嫩幼檳榔。

　〈張〉菁仔 tsʰẽ$_{33}$ ã^{51}

　〈藍〉x

【倒吊仔】to$_{51}$ tiau$_{55}$ a^{51} 檳榔果實之一。檳榔果實，倒吊而生，每株只有一二個，吃了易醉易暈。

　〈張〉倒吊仔 to$_{51}$ tiau$_{55}$ a^{51}

　〈藍〉x

【腰果】io$_{33}$ ko^{51} 腰果。

　〈張〉腰果 io$_{33}$ ko^{51}

　〈藍〉x

【塗豆】tʰɔ$_{33}$ tau^{33} 花生。

　〈張〉塗豆 tʰɔ$_{33}$ tau^{33}

　〈藍〉塗豆 tʰɔ$_{33}$ tau^{33}、tʰo$_{33}$ tau^{33}

【塗豆仁】tʰɔ$_{33}$ tau$_{11}$ dzin^{13} 花生米。

　〈張〉塗豆仁 tʰɔ$_{33}$ tau$_{11}$ dzin^{13}

　〈藍〉x

【菜豆】tsʰai$_{51}$ tau^{33} 長豇豆，細長條狀。白菜豆，又稱白豆瓜仔 pe$_{11}$ tau$_{11}$ kue$_{33}$ a^{51}；紫色稱菜豆 tsʰai$_{51}$ tau^{33}。

　〈張〉x

　〈藍〉菜豆 tsʰai$_{51}$ tau^{33}

【肉豆】ba$_{51}$ tau^{33} 狀如花連豆仔，但豆仁較大、殼較厚。

　〈張〉肉豆 ba$_{51}$ tau^{33}

　〈藍〉x

【烏豆仔】ɔ$_{33}$ tau^{33} a^{51} 黑豆。做豆油等。

　〈張〉烏豆仔 ɔ$_{33}$ tau^{33} a^{51}

　〈藍〉烏豆仔 ɔ$_{33}$ tau^{33} a^{51}

【黃豆仔】uĩ$_{33}$ tau^{33} a^{51} 黃豆。

　〈張〉黃豆 uĩ$_{33}$ tau^{33}

　〈藍〉x

【綠豆】lik$_{11}$ tau^{33}

　〈張〉綠豆 lik$_{11}$ tau^{33}

　〈藍〉綠豆 lik$_{11}$ tau^{33}

【紅豆】aŋ$_{33}$ tau^{33} 紅豆。

　〈張〉紅豆 aŋ$_{33}$ tau^{33}

　〈藍〉紅豆仔 aŋ$_{33}$ tau^{33} a^{51}

【花豆】hue$_{33}$ tau^{33} 深紅色條紋的豆類。

　〈張〉x

　〈藍〉x

【甜豆仔】tĩ$_{33}$ tau^{33} a^{51} 甜豌豆。

　〈張〉甜豆 tĩ$_{33}$ tau^{33}

　〈藍〉x

【敏豆仔】bin$_{55}$ tau^{33} a^{51} 敏豆。

　〈張〉敏豆 bin$_{55}$ tau^{33}

　〈藍〉x

【花連豆】hue$_{33}$ lian$_{33}$ tau^{33} 豌豆、荷蘭豆。因花萎豆生，花與正形成的豆子相連，故名花連豆。

　〈張〉花連豆 hue$_{33}$ lian$_{33}$ tau^{33}

　〈藍〉x

【栗子】lat$_{11}$ tsi^{51} 栗子。

　〈張〉栗子 lat$_{11}$ tsi^{51}

　〈藍〉栗子 lat$_{11}$ tsi^{51}

【杏仁】hiŋ$_{11}$ dzin^{13} 杏仁。

　〈張〉杏仁 hiŋ$_{11}$ dzin^{13}

　〈藍〉杏仁 hiŋ$_{11}$ dzin^{13}

【海帶】hai$_{55}$ tua^{11} 昆布。

〈張〉海帶 hai$_{55}$ tua^{11}
〈藍〉海菜 hai$_{55}$ ts^{h}ai^{11}

【紫菜】tsi$_{55}$ ts^{h}ai^{11} 紫菜。
　〈張〉紫菜 tsi$_{55}$ ts^{h}ai^{11}
　〈藍〉x

【頭毛菜】t^{h}au$_{33}$ mɔ$_{33}$ ts^{h}ai^{11} 髮菜。
　〈張〉頭毛絲菜 t^{h}au$_{33}$ mɔ$_{33}$ si$_{33}$ ts^{h}ai^{11}
　〈藍〉頭毛菜 t^{h}au$_{33}$ mɔ$_{33}$ ts^{h}ai^{11}

【菱角】liŋ$_{33}$ kak^{31} 菱角。
　〈張〉菱角 liŋ$_{33}$ kak^{31}
　〈藍〉菱角 liŋ$_{33}$ kak^{31}

【蓮藕】liŋ$_{33}$ ŋãu^{33} 蓮藕。也講 lian$_{33}$ ŋãu^{33}
　〈張〉蓮藕 lian$_{33}$ ŋãu^{33}
　〈藍〉蓮藕 lian$_{33}$ ŋãu^{33}

七、水　果

【水果】tsui$_{55}$ ko^{51} 水果。
　〈張〉水果 tsui$_{55}$ ko^{51}
　〈藍〉水果 tsui$_{55}$ ko^{51}

【果子】kue$_{55}$ tsi^{51} 水果（舊稱）。或講「果子仔」kue$_{55}$ tsi$_{55}$ a^{51}
　〈張〉果子 kue$_{55}$ tsi^{51}
　〈藍〉果子仔 kue$_{55}$ tsi$_{55}$ a^{51}

【荔枝】le$_{11}$ tsi^{55} 荔枝。
　〈張〉荔枝 le$_{11}$ tsi^{55}
　〈藍〉荔枝 nãi$_{11}$ tsi^{55}

【龍眼】liŋ$_{33}$ kiŋ^{51}
　〈張〉龍眼 liŋ$_{33}$ kiŋ^{51}
　〈藍〉龍眼 liŋ$_{33}$ kiŋ^{51}

【王梨】ɔŋ$_{33}$ lai^{13} 鳳梨。
　〈張〉王梨 ɔŋ$_{33}$ lai^{13}
　〈藍〉王梨 ɔŋ$_{33}$ lai^{13}

【檨仔】suãi$_{33}$ ã^{51} 芒果。
　〈張〉檨仔 suãi$_{33}$ ã^{51}
　〈藍〉檨仔 suãi$_{33}$ ã^{51}

【蘋果】p^{h}ɔŋ$_{11}$ ko^{51} 也講「林檎」lin$_{51}$ gɔ^{11}，日語詞彙。
　〈張〉蘋果 p^{h}ɔŋ$_{11}$ ko^{51}、林檎 lin$_{51}$ gɔ^{11}
　〈藍〉蘋果 p^{h}ɔŋ$_{11}$ ko^{51}

【蓮霧】lian$_{55}$ bu^{33}
　〈張〉蓮霧 lian$_{55}$ bu^{33}
　〈藍〉x

【枇杷】gi$_{33}$ pe^{13}
　〈張〉枇杷 gi$_{33}$ pe^{13}
　〈藍〉枇杷 gi$_{33}$ pe^{13}

【芎蕉】kin$_{33}$ tsio^{55} 香蕉。
　〈張〉芎蕉 kin$_{33}$ tsio^{55}
　〈藍〉芎蕉 kin$_{33}$ tsio^{55}

【芭蕉】pa$_{33}$ tsiau^{55}
　〈張〉x
　〈藍〉番仔芎蕉 huan$_{33}$ nã$_{55}$ kin$_{33}$ tsio^{55}

【美蕉】bi$_{55}$ tsio^{55} 美蕉仔 bi$_{55}$ tsio$_{33}$ a^{51} 類似芭蕉。
　〈張〉x
　〈藍〉x

【桃仔】t^{h}o$_{33}$ a^{51} 桃子。
　〈張〉桃仔 t^{h}o$_{33}$ a^{51}
　〈藍〉桃仔 t^{h}o$_{33}$ a^{51}

【水蜜桃】tsui$_{55}$ bit$_{11}$ t^{h}o^{13} 水蜜桃。

〈張〉水蜜桃 tsui$_{55}$ bit$_{11}$ to^{13}

〈藍〉x

【李仔】li$_{55}$ a^{51} 李子。

〈張〉李仔 li$_{55}$ a^{51}

〈藍〉李仔 li$_{55}$ a^{51}

【梅仔】bue$_{33}$ a^{51}、m̩$_{33}$ mã^{51} 梅子。

〈張〉x

〈藍〉 梅仔 bue$_{33}$ a^{51}、m̩$_{33}$ mã^{51}

【楊桃】ĩu$_{33}$ to^{13} 楊桃。

〈張〉楊桃 ĩu$_{33}$ to^{13}

〈藍〉楊桃 ĩu$_{33}$ tʰo^{13}

【葡萄】po$_{33}$ to^{13} 葡萄。

〈張〉葡萄 po$_{33}$ to^{13}

〈藍〉葡萄 po$_{33}$ to^{13}

【柑仔】kam$_{33}$ mã^{51} 橘子。

〈張〉柑仔 kam$_{33}$ mã^{51}

〈藍〉柑仔 kam$_{33}$ mã^{51}

【膨柑】pʰɔŋ$_{51}$ kam^{55} 橘子的一種品種。

〈張〉膨柑 pʰɔŋ$_{51}$ kam^{55}

〈藍〉x

【海梨仔】hai$_{55}$ le$_{33}$ a^{51} 橘子的一種品種，身較扁、中圍圓胖型。

〈張〉海梨仔 hai$_{55}$ le$_{33}$ a^{51}

〈藍〉x

【溫州仔柑】un$_{33}$ tsiu$_{33}$ a$_{55}$ kam^{55}（近年來自中國）

〈張〉x

〈藍〉x

【胭脂柑】ian^{33} tsi^{33} kam^{55}（近年來自中國）

〈張〉x

〈藍〉x

【桶柑】tʰaŋ$_{55}$ kam^{55} 桶柑。

橘子的一種品種，裝在桶子裏出售，所以稱「桶柑」，因為它成熟的時間剛好在春節的前後，所以又稱做「年柑」nĩ$_{33}$ kam^{55}

〈張〉桶柑 tʰaŋ$_{55}$ kam^{55}、年柑 nĩ$_{33}$ kam^{55}

〈藍〉x

【阿婆仔柑】a$_{33}$ po$_{33}$ a$_{55}$ kam^{55} 本稱「甜橙」tĩ$_{33}$ tiŋ^{55}。

〈張〉x

〈藍〉x

【柳丁】liu$_{55}$ tiŋ^{55} 柳橙。

〈張〉柳丁 liu$_{55}$ tiŋ^{55}

〈藍〉柳丁 liu$_{55}$ tiŋ^{55}

【桔仔】kit$_{55}$ la^{51} 小柑桔。

〈張〉桔仔 kit$_{55}$ la^{51}

〈藍〉桔仔 kit$_{55}$ la^{51}

【金棗】kim$_{33}$ tso^{51}

〈張〉金棗 kim$_{33}$ tso^{51}

〈藍〉金棗 kim$_{33}$ tso^{51}

【柚仔】iu$_{33}$ a^{51} 柚子。

〈張〉柚仔 iu$_{33}$ a^{51}

〈藍〉柚仔 iu$_{33}$ a^{51}

【文旦】bun$_{33}$ tan^{11} 文旦。

台南縣麻豆鎮出產的柚子品種。

〈張〉文旦 bun$_{33}$ tan^{11}

〈藍〉x

【白柚】pe$_{11}$ iu^{33} 白肉柚。

〈張〉白柚 pe$_{11}$ iu^{33}

〈藍〉x

【紅柚】aŋ$_{33}$ iu^{33} 紅肉柚。

〈張〉x

〈藍〉x

【青柿】tsʰẽ₃₃ kʰi³³ 青柿子。
　〈張〉青柿 tsʰẽ₃₃ kʰi³³、脆柿 tsʰe₅₁ kʰi³³
　〈藍〉x

【紅柿】aŋ₃₃ kʰi³³ 甜柿。
　果實較小，多做爲軟柿子。
　〈張〉紅柿 aŋ₃₃ kʰi³³
　〈藍〉紅柿仔 aŋ₃₃ kʰi³³ a⁵¹

【柿粿】kʰi₁₁ kue⁵¹ 柿餅。也講「柿乾」
　kʰi₁₁ kuã⁵⁵
　〈張〉柿粿 kʰi₁₁ kue⁵¹
　〈藍〉x

【石榴】sia₁₁ liu¹³ 石榴。
　有「白石榴」、「紅石榴」。
　〈張〉石榴 sia₁₁ liu¹³
　〈藍〉石榴 sia₁₁ liu¹³

【菝仔】pat₃₃ la⁵¹ 蕃石榴。
　〈張〉菝仔 pat₃₃ la⁵¹
　〈藍〉菝仔 pat₅₅ la⁵¹

【土菝仔】tʰɔ₅₅ pat₃₃ la⁵¹ 原生種番石
　榴，有紅心、黃心、白心多種。
　〈張〉土菝仔 tʰɔ₅₅ pat₃₃ la⁵¹
　〈藍〉x

【中山月菝】tiŋ₃₃ san₃₃ gue₁₁ pat³³ 因長
　在海邊長期承受海風中的鹹份，較甜，
　可賣較好價錢。頭城農會稱爲「鹹水
　月菝」kiam₃₃ tsui₅₅ gue₁₁ pat³³
　〈張〉x
　〈藍〉x

【落屎菝仔】lau₅₁ sai₅₅ pat₃₃ la⁵¹
　〈張〉落屎菝仔 lau₅₁ sai₅₅ pat₃₃ la⁵¹
　〈藍〉x

【泰國菝仔】tʰai₅₁ kɔk₅₅ pat₃₃ la⁵¹ 台灣
　近年來才有的蕃石榴品種，果實較大。
　〈張〉泰國菝仔 tʰai₅₁ kɔk₅₅ pat₃₃ la⁵¹
　〈藍〉x

【釋迦】sik₅₅ kia⁵⁵ 釋迦。
　〈張〉釋迦 sik₅₅ kʰia⁵⁵
　〈藍〉釋迦 sik₅₅ kia⁵⁵

【草橄欖】tsʰo₅₅ kan₃₃ nã⁵¹ 橄欖。
　〈張〉草橄欖 tsʰo₅₅ kan₃₃ nã⁵¹
　〈藍〉橄欖 kan₃₃ nã⁵¹（書）

【木瓜】bɔk₁₁ kue⁵⁵ 木瓜。
　〈張〉木瓜 bɔk₁₁ kue⁵⁵
　〈藍〉木瓜 bɔk₁₁ kue⁵⁵

【西瓜】si₃₃ kue⁵⁵ 西瓜。
　〈張〉西瓜 si₃₃ kue⁵⁵
　〈藍〉西瓜 si₃₃ kue⁵⁵

【芳瓜】pʰaŋ₃₃ kue⁵⁵ 黃色香瓜。
　也講[mẽ₃₃ lɔŋ⁵¹]，日語詞彙。
　〈張〉芳瓜 pʰaŋ₃₃ kue⁵⁵
　〈藍〉x

【青瓜仔】tsʰẽ₃₃ kue₃₃ a⁵¹ 香瓜的一種，
　狀圍種最多。
　〈張〉青瓜仔 tsʰẽ₃₃ kue₃₃ a⁵¹
　〈藍〉x

【梨仔】lai₃₃ a⁵¹ 梨子。
　〈張〉梨仔 lai₃₃ a⁵¹
　〈藍〉梨仔 lai₃₃ a⁵¹

【雪梨】suat₅₅ lai¹³ 梨山種梨子，一個
　2,3斤。
　〈張〉x
　〈藍〉水梨 tsui₅₅ lai¹³

【棗仔】tso₅₅ a⁵¹ 棗子。
　〈張〉棗仔 tso₅₅ a⁵¹
　〈藍〉棗仔 tso₅₅ a⁵¹

【檸檬】le₃₅ bɔŋ⁵¹ 檸檬。
　〈張〉檸檬 le₃₅ bɔŋ⁵¹
　〈藍〉x

【娘仔樹】nĩu₃₃ ã₅₅ tsʰiu³³ 桑樹。
　〈張〉娘仔樹 nĩu₃₃ ã₅₅ tsʰiu³³
　〈藍〉娘仔樹 nĩu₃₃ ã₅₅ tsʰiu³³

【娘仔樹子】nĩu₃₃ ã₅₅ tsʰiu₁₁ tsi⁵¹ 桑葚。
　〈張〉娘仔樹子 nĩu₃₃ ã₅₅ tsʰiu₁₁ tsi⁵¹
　〈藍〉娘仔樹子 nĩu₃₃ ã₅₅ tsʰiu₁₁ tsi⁵¹

【榴槤】liu₃₃ lian¹³ 榴槤。
　〈張〉榴槤 liu₃₃ lian¹³
　〈藍〉x

【トマト】tɔm₃₃ mã₅₅ toʔ³¹ 番茄。日語詞彙，來自英語 tomato
　〈張〉臭柿子 tsʰau₅₁ kʰi³³ a⁵¹
　〈藍〉臭柿子 tsʰau₅₁ kʰi³³ a⁵¹
　　　　トマト tɔm₃₃ mã₅₅ toʔ³¹

【椰子】gia₃₃ tsi⁵¹ 椰子。
　〈張〉椰子 ia₅₅ tsi⁵¹
　〈藍〉椰子 ia₅₅ tsi⁵¹

【二瓤】dzi₁₁ nŋ̍⁵⁵ 椰子白色的肉稱二瓤，瓜類或果實的肉。豬肉也有二瓤油 dzi₁₁ nŋ̍₃₃ iu¹³
　〈張〉二瓤 dzi₁₁ nŋ̍¹³
　〈藍〉x

【在欉紅】tsai₁₁ tsiŋ₃₃ aŋ¹³ 水果在樹上成熟後才摘下來。
　〈張〉在欉黃 tsai₁₁ tsaŋ₃₃ ŋ̍¹³

〈藍〉x

【香櫞】hĩu₃₃ ĩ¹³ 佛手瓜。
　〈張〉香櫞 hĩu₃₃ ĩ¹³
　〈藍〉佛手 hut₁₁ tsʰiu⁵¹

【甘蔗】kam₃₃ tsia¹¹ 甘蔗。
　〈張〉甘蔗 kam₃₃ tsia¹¹
　〈藍〉甘蔗 kam₃₃ tsia¹¹

【紅甘蔗】aŋ₃₃ kam₃₃ tsia¹¹ 平常食用。
　〈張〉紅甘蔗 aŋ₃₃ kam₃₃ tsia¹¹
　〈藍〉x

【白甘蔗】pe₁₁ kam₃₃ tsia¹¹ 用來製糖的白甘蔗。也稱「會社甘蔗」hue₁₁ sia₁₁ kam₃₃ tsia¹¹
　〈張〉白甘蔗 pe₁₁ kam₃₃ tsia¹¹
　〈藍〉x

八、飲　食

（一）一般食品

【配菜】pʰue₅₁ tsʰai¹¹ 副食，如魚肉菜等。
　〈張〉物配 mĩ₁₁ pʰue¹¹
　〈藍〉x

【煴菜】tʰui₁₁ tsʰai¹¹ 將冷菜飯加熱。
　〈張〉煴 tʰui³³
　〈藍〉煴 tʰui³³

【飯】puĩ³³ 飯。
　〈張〉飯 puĩ³³
　〈藍〉飯 puĩ³³

【煮飯】tsi₅₅ puĩ³³ 煮飯。
　〈張〉煮飯 tsi₅₅ puĩ³³
　〈藍〉煮飯 tsi₅₅ puĩ³³

【清飯】$tsʰin_{51} puĩ^{33}$ 隔餐的冷飯。
　〈張〉清飯 $tsʰin_{51} puĩ^{33}$
　〈藍〉清飯 $tsʰin_{51} puĩ^{33}$

【滷肉飯】$lɔ_{55} ba_{51} puĩ^{33}$ 滷肉飯。
　〈張〉x
　〈藍〉x

【油飯】$iu_{33} puĩ^{33}$ 油飯。
　〈張〉油飯 $iu_{33} puĩ^{33}$
　〈藍〉x

【壽司仔飯】$su_{51} si_{33} a_{55} puĩ^{33}$ 壽司。
　〈張〉壽司 $su_{55} siʔ^{31}$
　〈藍〉x

【米糕】$bi_{55} ko^{55}$ 米糕，分有甜和鹹。
　〈張〉米糕 $bi_{55} ko^{55}$
　〈藍〉x

【糜】$muẽ^{13}$ 稀飯。
　〈張〉糜 $muẽ^{13}$
　〈藍〉糜 $muẽ^{13}$、泔糜仔 $am_{55} muẽ_{33} ã^{51}$

【鹹糜】$kiam_{33} muẽ^{13}$ 肉粥。
　〈張〉鹹糜 $kiam_{33} muẽ^{13}$
　〈藍〉x

【海產糜】$hai_{55} san_{55} muẽ^{13}$
　〈張〉海產糜 $hai_{55} san_{55} muẽ^{13}$
　〈藍〉x

【秫米糜】$tsut_{11} bi_{55} muẽ^{13}$ 米糕糜，甜
　的。亦稱「米糕糜」$bi_{55} ko_{33} muẽ^{13}$
　〈張〉米糕糜 $bi_{55} ko_{33} muẽ^{13}$
　〈藍〉x

【鼎疕】$tiã_{55} pʰi^{51}$ 鍋巴。
　〈張〉鼎疕 $tiã_{55} pʰi^{51}$、飯疕 $puĩ_{11} pʰi^{51}$
　〈藍〉飯疕 $puĩ_{11} pʰi^{51}$

【泔】am^{51} 粥的湯汁。
　〈張〉泔 am^{51}
　〈藍〉泔 am^{51}

【湯】$tʰŋ^{55}$
　〈張〉湯 $tʰŋ^{55}$
　〈藍〉湯 $tʰŋ^{55}$

【豬肉】$ti_{33} baʔ^{31}$
　〈張〉豬肉 $ti_{33} baʔ^{31}$
　〈藍〉豬肉 $ti_{33} baʔ^{31}$

【二瓤油】$dzi_{11} nŋ_{33} iu^{13}$ 皮下油層。
　〈張〉二瓤油 $dzi_{11} nŋ_{33} iu^{13}$
　〈藍〉x

【胛心】$ka_{51} sim^{55}$ 豬腿「前胛」$tsiŋ_{33}$
　$kaʔ^{31}$ 含較多脂肪的瘦肉。
　〈張〉胛心 $ka_{51} sim^{55}$
　〈藍〉x

【腿仁】$tʰui_{55} dzin^{13}$ 豬腿「後座」$au_{11} tse^{33}$
　的瘦肉。
　〈張〉x
　〈藍〉x

【瘦肉】$san_{55} baʔ^{31}$ 脂肪少的肉。或講
　「赤肉」$tsʰia_{51} baʔ^{31}$。
　〈張〉精肉 $tsiã_{33} baʔ^{31}$、
　　　瘦肉 $san_{55} baʔ^{31}$
　　　赤肉 $tsʰia_{51} baʔ^{31}$
　〈藍〉瘦肉 $san_{55} baʔ^{31}$

【三層仔肉】$sam_{33} tsan_{33} nã_{55} baʔ^{31}$ 五花
　肉。也稱「五花仔肉」$gɔ_{11} hue_{33} a_{55} baʔ^{31}$
　「三層」$sam_{33} tsan^{13}$
　〈張〉三層仔 $sam_{33} tsan_{33} nã^{51}$
　〈藍〉x

【二瓤肉】dzi_{11} nj_{33} $ba?^{31}$ 豬肉皮下的肉，所含脂肪，稱「二瓤油」。
　〈張〉二瓤肉 dzi_{11} nj_{33} $ba?^{31}$
　〈藍〉x

【白片肉】pe_{11} p^hian_{51} $ba?^{31}$ 白切肉。
　也講「白片仔」pe_{11} p^hian_{55} na^{51}
　〈張〉白剁 pe_{11} p^hue_{55}
　〈藍〉x

【腰內肉】io_{33} lai_{11} $ba?^{31}$ 肋骨邊的肉。
　〈張〉腰內肉 io_{33} lai_{11} $ba?^{31}$
　〈藍〉x

【豬肝遮仔】ti_{33} kua_{33} tsa_{33} a^{51} 肝腱。
　現稱「肝腱」kua_{33} $lian^{13}$
　〈張〉肝腱肉 kua_{33} $lian_{33}$ $ba?^{31}$
　〈藍〉x

【後座仔】au_{11} tse_{33} a^{51} 後腿肉。
　〈張〉後座 au_{11} tse_{33}
　〈藍〉x

【ロス】lo_{51} su_{11} 里脊肉，日語詞彙。
　也講「尻瘠骿肉」k^ha_{33} ts^hia_{51} p^hia_{33} $ba?^{31}$
　〈張〉ロス lo_{51} su_{11}
　〈藍〉x

【豬肝】ti_{33} kua^{55} 豬的肝臟。
　〈張〉豬肝 ti_{33} kua^{55}
　〈藍〉豬肝 ti_{33} kua^{55}

【豬肚】ti_{33} to^{33} 豬的胃。
　〈張〉豬肚 ti_{33} to^{33}
　〈藍〉豬肚 ti_{33} to^{33}

【豬肺】ti_{33} hi^{11} 豬的肺。
　〈張〉豬肺 ti_{33} hi^{11}
　〈藍〉豬肺 ti_{33} hi^{11}

【豬心】ti_{33} sim^{55} 豬的心臟。
　〈張〉豬心 ti_{33} sim^{55}
　〈藍〉豬心 ti_{33} sim^{55}

【腰子】io_{33} tsi^{51} 腎臟。
　〈張〉腰子 io_{33} tsi^{51}
　〈藍〉腰子 io_{33} tsi^{51}

【腰尺】io_{33} $ts^hio?^{31}$ 胰臟。
　〈張〉腰尺 io_{33} $ts^hio?^{31}$
　〈藍〉胰 i^{13}

【肉絲仔】ba_{51} si_{33} a^{51} 小條狀碎肉。
　〈張〉肉絲仔 ba_{51} si_{33} a^{51}
　〈藍〉x

【絞肉】ka_{55} $ba?^{31}$ 絞肉。
　〈張〉絞肉 ka_{55} $ba?^{31}$
　〈藍〉x

【豬骹】ti_{33} k^ha^{55} 豬小腿，包括豬蹄和上面筒狀部分。
　〈張〉豬骹 ti_{33} k^ha^{55}
　〈藍〉豬骹 ti_{33} k^ha^{55}

【腿庫】t^hui_{55} k^ho_{11} 蹄膀。
　膝蓋以上，大腿以下稱之。
　〈張〉腿庫 t^hui_{55} $k^hɔ_{11}$
　〈藍〉x

【豬頭皮】ti_{33} t^hau_{33} p^hue^{13} 豬頭的皮。
　〈張〉豬頭皮 ti_{33} t^hau_{33} p^hue^{13}
　〈藍〉x

【豬喉管】ti_{33} ts^hui_{51} $kɔŋ^{51}$ 豬的鼻連嘴總稱。
　〈張〉x
　〈藍〉x

【豬頭殼髓】ti_{33} t^hau_{33} k^hak_{55} ts^hue^{51} 豬腦髓。

〈張〉x

〈藍〉髓 tsʰue⁵¹

【豬血】ti₃₃ hueʔ³¹ 豬血。
　〈張〉豬血 ti₃₃ hueʔ³¹
　〈藍〉x

【豬舌】ti₃₃ tsi³³
　〈張〉豬舌 ti₃₃ tsi³³
　〈藍〉豬舌 ti₃₃ tsi³³

【豬腸仔】ti₃₃ tŋ̍₃₃ ŋã⁵¹ 豬小腸。
　〈張〉豬腸仔 ti₃₃ tŋ̍₃₃ ŋã⁵¹
　〈藍〉x

【秫米腸】tsut₁₁ bi⁵⁵ tŋ̍¹³ 糯米與香蔥屑
　或加小蝦米裝入腸衣中。
　〈張〉大腸入秫米 tua₁₁ te¹³ dzip₁₁ tsut₁₁
　　　　bi⁵¹
　〈藍〉x

【小腸】sio₅₅ tŋ̍¹³ 小腸。
　〈張〉小腸 sio₅₅ tŋ̍¹³
　〈藍〉x

【粉鏇】hun₅₅ tsun³³ 豬腸再製品。
　〈張〉粉鏇 hun₅₅ tsuĩ³³
　〈藍〉x

【製造】tsi₅₁ tso³³
　〈張〉x
　〈藍〉x

【生腸】sẽ₃₃ tŋ̍¹³ 母豬的輸卵管。
　〈張〉生腸 sẽ₃₃ tŋ̍¹³
　〈藍〉x

【烝肉】hoŋ₃₃ baʔ³¹ 炕肉。也音 koŋ₅₁
　baʔ³¹。以豬的五花肉（三層）爲原料，
　加上醬油，經過燉煮完成。如現稱之
　「蘇東坡肉」。

《集韻》烝，呼公切，音烘，火氣貌。
　〈張〉封肉 hoŋ₃₃ baʔ³¹
　〈藍〉x

【腹內】pak₅₅ lai³³ 內臟。
　〈張〉腹內 pak₅₅ lai³³
　〈藍〉x

【下水湯】ha₁₁ sui₅₅ tʰŋ̍⁵⁵ 雞鴨的內臟所
　煮的湯。
　〈張〉下水 ha₁₁ sui⁵¹
　〈藍〉x

【雞捲】ke₃₃ kuĩ⁵¹ 雞捲。
　用「網紗油」裹豬肉餡後油炸的食物。
　稱雞捲，卻與雞肉無關。現代都用豆
　皮取代，香脆度大不同。
　〈張〉肉捲 ba₅₁ kuĩ⁵¹
　〈藍〉x

【網紗】baŋ₁₁ se⁵⁵ 薄油層。
　亦稱「網紗油」baŋ₁₁ se₃₃ iu¹³。
　〈張〉網紗 baŋ₁₁ se⁵⁵
　〈藍〉x

【爆肉】pok₁₁ baʔ³¹ 用瘦肉切小塊，再油
　炸之。家常菜。目前，成三星鄉熱賣
　品。
　〈張〉爆肉 pok₁₁ baʔ³¹
　〈藍〉x

【肉脯】ba₅₁ hu⁵¹ 乾燥豬肉成絲絨狀。
　〈張〉肉脯 ba₅₁ hu⁵¹
　〈藍〉x

【肉酥】ba₅₁ so⁵⁵ 豬肉鬆。
　〈張〉肉酥 ba₅₁ so⁵⁵
　〈藍〉x

【火腿】hue₅₅ tʰui⁵¹ 火腿。

〈張〉ハム ha₅₅ muʔ³¹，日語詞彙。

〈藍〉火腿 hue₅₅ tʰui⁵¹

【肉干】ba₅₁ kuã⁵⁵ 專指豬肉干。

其餘一定要加動物種類等，如牛肉干。

〈張〉肉干 ba₅₁ kuã⁵⁵

〈藍〉x

【臘肉】la₁₁ baʔ³¹ 臘肉。

〈張〉臘肉 la₁₁ baʔ³¹

〈藍〉煙肉 ian₃₃ baʔ³¹

【肉羹】ba₅₁ kẽ⁵⁵ 肉羹。

〈張〉肉羹 ba₅₁ kẽ⁵⁵

〈藍〉肉羹 ba₅₁ kẽ⁵⁵

【骹筋】kʰa₃₃ kin⁵⁵ 腳筋。

〈張〉骹筋 kʰa₃₃ kin⁵⁵

〈藍〉骹筋 kʰa₃₃ kin⁵⁵

【煙腸】ian₃₃ tsʰian¹³ 有灌粉的香腸。

〈張〉煙腸 ian₃₃ tsʰian¹³ 香腸。

〈藍〉煙腸 ian₃₃ tsʰian¹³

【燒腸】sio₃₃ tsʰian¹³ 香腸。

發音人稱「灌腸」kuan₅₁ tsʰian¹³，較
不常講。

〈張〉煙腸 ian₃₃ tsʰian¹³、灌腸 kuan₅₁
tsʰiaŋ¹³

〈藍〉煙腸 ian₃₃ tsʰian¹³、封腸 hoŋ₃₃
tsʰian¹³

【粉腸】hun₅₅ tsʰian¹³ 粉腸。

發音人稱與煙腸同。

〈張〉粉腸 hun₅₅ tsʰian¹³

〈藍〉x

【皮蛋】pʰi₃₃ tan¹¹ 皮蛋。用鴨蛋製成。

〈張〉皮蛋 pʰi₃₃ tan¹¹

〈藍〉皮蛋 pʰi₃₃ tan¹¹

【卵】nuĩ³³ 蛋。

〈張〉卵 nuĩ³³

〈藍〉卵 nuĩ³³

【卵清】nuĩ₁₁ tsʰiŋ⁵⁵ 生的蛋白。

〈張〉卵清 nuĩ₁₁ tsʰiŋ⁵⁵

〈藍〉x

【卵白】nuĩ₁₁ pe³³ 熟的蛋白。

〈張〉卵白 nuĩ₁₁ pe³³

〈藍〉x

【卵仁】nuĩ₁₁ dzin¹³ 蛋黃。

〈張〉卵仁 nuĩ₁₁ dzin¹³

〈藍〉x

【卵包】nuĩ₁₁ pau⁵⁵ 荷包蛋。

〈張〉卵包 nuĩ₁₁ pau⁵⁵

〈藍〉x

【糖】tʰŋ̍¹³ 食糖的總稱。

〈張〉糖 tʰŋ̍¹³

〈藍〉糖 tʰŋ̍¹³

【糖霜】tʰŋ̍₃₃ sŋ̍⁵⁵ 冰糖。

也講「冰糖」piŋ₃₃ tŋ̍¹³

〈張〉糖霜 tʰe₃₃ sŋ̍⁵⁵、冰糖 piŋ₃₃ tŋ̍¹³

〈藍〉角糖 kak₅₅ tŋ̍¹³、冰糖 piŋ₃₃ tŋ̍¹³

【白糖】pe₁₁ tŋ̍¹³ 糖的一種，白色。

〈張〉白糖 pe₁₁ tŋ̍¹³

〈藍〉白糖 pe₁₁ tŋ̍¹³

【赤砂】tsʰia₅₁ sua⁵⁵ 糖的一種，土黃色

〈張〉紅糖 aŋ₃₃ tʰŋ̍¹³

〈藍〉x

【糖粉】$t\dot{n}_{33}$ hun^{51} 粉末狀的細糖。
　〈張〉糖粉 $t\dot{n}_{33}$ hun^{51}
　〈藍〉x

【烏糖】o_{33} $t\dot{n}^{13}$ 黑糖。
　〈張〉烏糖 o_{33} $t\dot{n}^{13}$
　〈藍〉烏糖 o_{33} $t\dot{n}^{13}$

【麥仔膏】bi_{33} a_{55} ko^{55} 麥芽糖。
　或稱「麥芽膏」be_{11} ge_{33} ko^{55}
　〈張〉麥仔膏 be_{33} a_{55} ko^{55}
　〈藍〉麥仔膏 bi_{33} a_{55} ko^{55}

【豬油】ti_{33} iu^{13}
　〈張〉豬油 ti_{33} iu^{13}
　〈藍〉豬油 ti_{33} iu^{13}

【豬油粕仔】ti_{33} iu_{33} p^ho_{55} a^{51} 用肥豬肉炸
　出油後，留下的渣稱之。
　〈張〉豬油粕仔 ti_{33} iu_{33} p^ho_{55} a^{51}
　〈藍〉x

【麻油】$mua\tilde{}_{33}$ iu^{13} 芝麻油。
　〈張〉麻油 $mua\tilde{}_{33}$ iu^{13}、芳油 p^han_{33} iu^{13}
　〈藍〉麻油 $mua\tilde{}_{33}$ iu^{13}

【苦茶油】k^ho_{55} te_{33} iu^{13}
　〈張〉苦茶油 k^ho_{55} te_{33} iu^{13}
　〈藍〉x

【塗豆油】t^ho_{33} tau_{11} iu^{13} 花生油。
　〈張〉塗豆油 t^ho_{33} tau_{11} iu^{13}
　〈藍〉x

【火油】hue_{55} iu^{13} 沙拉油早期的稱呼。
　〈張〉火油 hue_{55} iu^{13}
　〈藍〉x

【樋仔】tom_{33} $ma\tilde{}^{51}$ 早期取油的竹製品。
　〈張〉x
　〈藍〉x

【豆花】tau_{11} hue^{55} 豆花。
　〈張〉豆花 tau_{11} hue^{55}
　〈藍〉豆花 tau_{11} hue^{55}

【豆腐】tau_{11} hu^{33} 豆腐。
　〈張〉豆腐 tau_{11} hu^{33}
　〈藍〉豆腐 tau_{11} hu^{33}

【豆干】tau_{11} $kua\tilde{}^{55}$ 豆干。
　〈張〉豆干 tau_{11} $kua\tilde{}^{55}$
　〈藍〉豆干 tau_{11} $kua\tilde{}^{55}$

【豆其皮】tau_{11} ki_{33} p^hue^{13} 豆皮
　〈張〉豆干皮 tau_{11} $kua\tilde{}_{33}$ p^hue^{13}
　〈藍〉豆皮 tau_{11} p^hue^{13}

【豆沙】tau_{11} se^{55} 豆沙餡。
　〈張〉豆沙 tau_{11} se^{55}
　〈藍〉豆沙 tau_{11} se^{55}

【豆奶】tau_{11} lin^{55} 豆漿。
　〈張〉豆奶 tau_{11} lin^{55}
　〈藍〉豆奶 tau_{11} lin^{55}

【豆干糍】tau_{11} $kua\tilde{}_{33}$ $tsi\tilde{}^{11}$ 將豆腐炸過後
　的食品。
　〈張〉豆干糍 tau_{11} $kua\tilde{}_{33}$ $tsi\tilde{}^{11}$
　〈藍〉豆干糍 tau_{11} $kua\tilde{}_{33}$ $tsi\tilde{}^{11}$

【臭豆腐】ts^hau_{51} tau_{11} hu^{33} 臭豆腐。
　〈張〉臭豆腐 ts^hau_{51} tau_{11} hu^{33}
　〈藍〉x

【豆頭】tau_{11} t^hau^{13} 黃豆磨成漿後，過
　濾下來的豆渣。
　〈張〉豆粕仔 tau_{11} p^ho_{55} a^{51}
　〈藍〉x

【豆醬】tau_{11} $tsi\tilde{}u^{11}$ 台灣本土的豆醬。
　即「ミソ」$mi\tilde{}_{55}$ $so?^{31}$ 味噌，日語詞彙。

〈張〉豆醬 tau_{11} $tsĩu^{11}$
〈藍〉x

【蔭豉仔】im_{51} $sĩ_{33}$ $ã^{51}$ 豆豉。未製造醬油前之稱謂。
　〈張〉蔭豉仔 im_{51} $sĩ_{33}$ $ã^{51}$
　〈藍〉蔭豉仔 im_{51} $sĩ_{33}$ $ã^{51}$

【豆粕】tau_{11} $pʰoʔ^{31}$ 豆豉渣。製造醬油後，留下的蔭豉渣之稱謂。
　〈張〉x
　〈藍〉豆粕仔 tau_{11} $pʰo_{55}$ a^{51}

【豆乳】tau_{11} dzi^{51} 豆腐乳。
　〈張〉豆乳 tau_{11} dzi^{51}
　〈藍〉豆乳 tau_{11} dzi^{51}

【豆簽】tau_{11} $tsʰiam^{55}$ 用豆類製成粉再加工的食品，細條狀。
　〈張〉豆簽 tau_{11} $tsʰiam^{55}$
　〈藍〉x

【油食粿】iu_{33} $tsia_{11}$ kue^{51} 油條。
　〈張〉油食粿 iu_{33} $tsia_{11}$ kue^{51}
　　　　油條 iu_{33} $tiau^{13}$
　〈藍〉油食粿 iu_{33} $tsia_{11}$ kue^{51}

【油條】iu_{33} $tiau^{13}$ 指一個人很滑頭。
　〈張〉x
　〈藍〉x

【餡】$ã^{33}$ 餡。
　〈張〉餡 $ã^{33}$
　〈藍〉餡 $ã^{33}$

【雞卵糕】ke_{33} $nuĩ_{11}$ ko^{55} 蛋糕。
　〈張〉雞卵糕 ke_{33} $nŋ̍_{11}$ ko^{55}
　〈藍〉雞卵糕 ke_{33} $nuĩ_{11}$ ko^{55}

【粿】kue^{51} 用米磨粉成漿做成的米食。

〈張〉粿 kue^{51}
〈藍〉粿 kue^{51}

【粿粞】kue_{55} $tsʰe^{11}$ 將米磨成黏稠粉漿，用扁擔綁緊壓乾後，要做米食的米胚。
　〈張〉粿粞 kue_{55} $tsʰe^{11}$
　〈藍〉x

【發粿】$huat_{55}$ kue^{51} 發糕，米製甜食。
　〈張〉發粿 $huat_{55}$ kue^{51}
　〈藍〉發粿 $huat_{55}$ kue^{51}

【碗粿】$uã_{55}$ kue^{51} 一種米製鹹食。
　〈張〉碗粿 $uã_{55}$ kue^{51}
　〈藍〉碗粿 $uã_{55}$ kue^{51}

【鹹粿】$kiam_{33}$ kue^{51} 年糕。
　〈張〉鹹粿 $kiam_{33}$ kue^{51}
　〈藍〉鹹粿 $kiam_{33}$ kue^{51}

【甜粿】$tĩ_{33}$ kue^{51} 甜年糕。
　〈張〉甜粿 $tĩ_{33}$ kue^{51}
　〈藍〉甜粿 $tĩ_{33}$ kue^{51}

【九重炊】kau_{55} $tiŋ_{33}$ $tsʰue^{55}$ 九層糕。一種米食點心，有九層，鹹甜相交疊。
　〈張〉九重炊 kau_{55} $tiŋ_{33}$ $tsʰue^{55}$
　〈藍〉x

【鹼仔粿】$kĩ_{33}$ $ã_{55}$ kue^{51} 黃色鹹粿，淡無味。必須沾糖漿來吃。
　〈張〉鹼仔粿 $kĩ_{33}$ $ã_{55}$ kue^{51}
　〈藍〉x

【芋粿】$ɔ_{11}$ kue^{51} 芋頭加米漿，炊成的粿。
　〈張〉x
　〈藍〉x

【芋粿曲】$\mathfrak{o}_{11}$ kue$_{55}$ k^{h}iau^{55} 芋頭糕。
　因其兩端翹的形狀，稱爲「芋粿曲」。
　〈張〉芋粿曲 $\mathfrak{o}_{11}$ kue$_{55}$ k^{h}iau^{55}
　〈藍〉x

【草仔粿】ts^{h}au$_{55}$ a$_{55}$ kue^{51} 糯米蓬來米
　各半，先製成米胚，加上鼠麴草，裏
　頭可包上豆沙（甜餡），或荣脯米、蝦
　米（鹹餡）。
　〈張〉草仔粿 ts^{h}au$_{55}$ a$_{55}$ kue^{51}
　〈藍〉x

【紅龜粿】an$_{33}$ ku$_{33}$ kue^{51} 包豆餡的粿食。
　〈張〉紅龜粿 an$_{33}$ ku$_{33}$ kue^{51}
　〈藍〉x

【荣頭粿】ts^{h}ai$_{51}$ t^{h}au$_{33}$ kue^{51} 蘿蔔糕。
　〈張〉荣頭粿 ts^{h}ai$_{51}$ t^{h}au$_{33}$ kue^{51}
　〈藍〉荣頭粿 ts^{h}ai$_{51}$ t^{h}au$_{33}$ kue^{51}

【車輦粿】ts^{h}ia$_{33}$ lian$_{55}$ kue^{51} 用在來米
　做，炊成半熟後，取出作成長條型，
　再用線割成圓形，再炊熟，無餡。
　〈張〉車輦粿 ts^{h}ia$_{33}$ lian$_{55}$ kue^{51}
　〈藍〉x

【春捲】ts^{h}un$_{33}$ kuĩ^{51} 春捲。
　也有人講潤餅餜lun$_{33}$ piã$_{55}$ kau$\mathfrak{P}^{31}$
　〈張〉潤餅餜 lun$_{33}$ piã$_{55}$ kau$\mathfrak{P}^{31}$
　〈藍〉春捲 ts^{h}un$_{33}$ kuĩ^{51}

【肉粽】ba$_{51}$ tsaŋ^{11} 鹹粽子。
　〈張〉肉粽 ba$_{51}$ tsaŋ^{11}
　〈藍〉肉粽 ba$_{51}$ tsaŋ^{11}

【鹹粽】kĩ$_{33}$ tsaŋ^{11} 鹹粽。
　呈半透明金黃色，冷涼後，沾白糖粉
　或黑糖漿食用。
　〈張〉鹹粽 kĩ$_{33}$ tsaŋ^{11}

　〈藍〉鹹粽 kĩ$_{33}$ tsaŋ^{11}

【粿粽】kue$_{55}$ tsaŋ^{11} 秫米作成粿，再包
　肉。
　〈張〉x
　〈藍〉x

【米芳】bi$_{55}$ p^{h}aŋ^{55} 爆米花。
　〈張〉米芳 bi$_{55}$ p^{h}aŋ^{55}
　〈藍〉x

【麵】mĩ^{33} 麵條。
　〈張〉麵 mĩ^{33}
　〈藍〉麵 mĩ^{33}、麵條 mĩ$_{11}$ tiau^{13}

【麵黐】mĩ$_{11}$ t^{h}i^{55} 麵筋。
　〈張〉麵黐 mĩ$_{11}$ t^{h}i^{55}（口）
　〈藍〉麵黐 mĩ$_{11}$ t^{h}i^{55}、
　　　　麵筋 mĩ$_{11}$ kin^{55}　（書）

【麵炙】mĩ$_{11}$ tsia^{11} 麵輪仔。
　現市面上稱「麵輪仔」mĩ$_{11}$ lian$_{55}$ nã^{51}
　〈張〉麵炙 mĩ$_{11}$ tsia^{11}
　〈藍〉x

【米粉】bi$_{55}$ hun^{51} 米粉。
　〈張〉米粉 bi$_{55}$ hun^{51}
　〈藍〉米粉 bi$_{55}$ hun^{51}

【米篩目】bi$_{55}$ t^{h}ai$_{33}$ bak^{33} 米苔目。
　〈張〉米篩目 bi$_{55}$ t^{h}ai$_{33}$ bak^{33}
　〈藍〉米篩目 bi$_{55}$ t^{h}ai$_{33}$ bak^{55}

【多粉】taŋ$_{33}$ hun^{51} 粉絲。
　用綠豆等食材製成的透明線狀食品。
　〈張〉多粉 taŋ$_{33}$ hun^{51}
　〈藍〉x

【粿仔】kue$_{55}$ a^{51} 粿仔條、粄條。
　〈張〉粿仔 kue$_{55}$ a^{51}
　〈藍〉x

【麻糍】muã₃₃ tsi¹³ 麻糬

  〈張〉麻糍 muã₃₃ tsi¹³

  〈藍〉麻糍 muã₃₃ tsi¹³

【圓仔】ĩ₃₃ ã⁵¹ 湯圓。

  〈張〉圓仔 ĩ₃₃ ã⁵¹

  〈藍〉圓仔 ĩ₃₃ ã⁵¹

【圓仔粞】ĩ₃₃ ã₅₅ tsʰe¹¹ 做湯圓的糯米糰。

  〈張〉圓仔粞 ĩ₃₃ ã₅₅ tsʰe¹¹

  〈藍〉圓仔粞 ĩ₃₃ ã₅₅ tsʰe¹¹

【粿酺】kue₅₅ pɔ¹³ 濕熟且熱的糯米糰，與「圓仔粞」揉在一起，使粘成一團。

  〈張〉x

  〈藍〉x

【糕仔】ko₃₃ a⁵¹ 用麥粉、糯米粉或綠豆粉和糖粉混合放在模子裏做成定形的食品。

  〈張〉糕仔 ko₃₃ a⁵¹

  〈藍〉糕仔 ko₃₃ a⁵¹

【麵線】mĩ₁₁ suã¹¹ 麵線。

  〈張〉麵線 mĩ₁₁ suã¹¹

  〈藍〉麵線 mĩ₁₁ suã¹¹

【肉包】ba₅₁ pau⁵⁵ 肉包子。

  〈張〉肉包 ba₅₁ pau⁵⁵

  〈藍〉包仔 pau₃₃ a⁵¹、肉包 ba₅₁ pau⁵⁵

【割包】kua₅₁ pau⁵⁵ 刈包。

  〈張〉割包 kua₅₁ pau⁵⁵

  〈藍〉x

【饅桃】ban₁₁ tʰo¹³ 饅頭。

  〈張〉饅桃 ban₁₁ tʰo¹³

  〈藍〉饅桃 ban₅₅ tʰau¹³

【麭】pʰaŋ⁵¹ 麵包，日語詞彙。

  〈張〉麭 pʰaŋ⁵¹

  〈藍〉x

【麵包】mĩ₁₁ pau⁵⁵ 麵包，華語詞彙。

  〈張〉麵包 mĩ₁₁ pau⁵⁵

  〈藍〉x

【麵龜】mĩ₁₁ ku⁵⁵

  〈張〉麵龜 mĩ₁₁ ku⁵⁵

  〈藍〉x

【壽桃】siu₁₁ tʰo¹³

  〈張〉壽桃 siu₁₁ tʰo¹³

  〈藍〉x

【毛呼仔】mɔ̃₃₃ hɔ₃₃ a⁵¹ 有形無影的東西。例：汝買什麼毛呼仔。你到底買什麼東西。

  〈張〉毛呼仔 mɔ̃₃₃ hɔ₃₃ a⁵¹

  〈藍〉x

【醬瓜仔】tsĩu₅₁ kue₃₃ a⁵¹

  〈張〉醬瓜仔 tsĩu₅₁ kue₃₃ a⁵¹

  〈藍〉x

【膎】ke¹³ 用生的肉去醃製的漬物。例如：「山豬肉膎」suã₃₃ ti₃₃ ba₅₁ ke¹³

  〈張〉膎 ke¹³

  〈藍〉膎 ke¹³

【茶】te¹³ 茶水。

  〈張〉茶 te¹³

  〈藍〉茶 te¹³

【茶心】te₃₃ sim⁵⁵ 嫩茶葉。

  〈張〉茶心 te₃₃ sim⁵⁵

  〈藍〉x

【茶米】te₃₃ bi⁵¹ 乾燥如米粒般的茶葉。

〈張〉茶米 te$_{33}$ bi^{51}
〈藍〉x

【滾水】kun$_{55}$ tsui^{51} 開水。
　〈張〉滾水 kun$_{55}$ tsui^{51}
　〈藍〉滾水 kun$_{55}$ tsui^{51}

【茶滓】te$_{33}$ tai^{51} 茶垢。
　〈張〉茶滓 te$_{33}$ tai^{51}
　〈藍〉x

【咖啡】ka$_{33}$ pi^{55} 咖啡。
　〈張〉咖啡 ka$_{33}$ pi^{55}
　〈藍〉x

【粉圓】hun$_{55}$ nĩ^{13} 粉圓。
　〈張〉粉圓 hun$_{55}$ nĩ^{13}
　〈藍〉x

【魚丸】hi$_{33}$ uan^{13} 魚丸。
　〈張〉魚丸 hi$_{33}$ uan^{13}
　〈藍〉x

【肉圓】ba$_{51}$ uan^{13} 肉圓。
　〈張〉肉圓 ba$_{51}$ uan^{13}
　〈藍〉x

【丸仔】uan$_{33}$ nã^{51} 絞碎豬肉做的肉丸。
　〈張〉丸仔 uan$_{33}$ nã^{51}
　〈藍〉丸仔 uan$_{33}$ nã^{51}

【摃丸】kɔŋ$_{51}$ uan^{13} 摃丸。
　〈張〉摃丸 kɔŋ$_{51}$ uan^{13}
　〈藍〉x

【牛奶】gu$_{33}$ liŋ^{55} 牛奶。
　〈張〉牛奶 gu$_{33}$ liŋ^{55}
　〈藍〉牛奶 gu$_{33}$ liŋ^{55}

【米奶】bi$_{55}$ liŋ^{55} 用磨成粉的米煮成，不是奶。

〈張〉米奶 bi$_{55}$ liŋ^{55}
〈藍〉x

【羊仔奶】ĩu$_{33}$ ã$_{55}$ liŋ^{55} 羊奶。
　〈張〉羊仔奶 ĩu$_{33}$ ã$_{55}$ liŋ^{55}
　〈藍〉x

【杏仁茶】hiŋ$_{11}$ dzin$_{33}$ te^{13} 將杏仁磨碎煮成。
　〈張〉杏仁茶 hiŋ$_{11}$ dzin$_{33}$ te^{13}
　〈藍〉杏仁糊 hiŋ$_{11}$ dzin$_{33}$ kɔ^{13}

【霜仔】sŋ$_{33}$ ŋã^{51} 冰，冰品的總稱。
　〈張〉霜仔 sŋ$_{33}$ ŋã^{51} （冰棒）
　〈藍〉霜仔 sŋ$_{33}$ ŋã^{51}、冰 piŋ^{55}

【霜仔枝】sŋ$_{33}$ ŋã$_{55}$ ki^{55} 冰棒。
　〈張〉霜仔 sŋ$_{33}$ ŋã^{51}
　〈藍〉枝仔冰 ki$_{33}$ a$_{55}$ piŋ^{55}、霜仔 sŋ$_{33}$ ŋã^{51}

【霜仔水】sŋ$_{33}$ ŋã$_{55}$ tsui^{51} 冷開水中放置有冰塊的涼水。
　〈張〉涼水 liaŋ$_{33}$ tsui^{51}
　〈藍〉x

【霜仔角】sŋ$_{33}$ ŋã$_{55}$ kak^{31} 冰塊。
　〈張〉x
　〈藍〉x

【膣草】tsʰan$_{33}$ tsʰau^{51} 仙草原稱。也稱「仙草」sian$_{33}$ tsʰau^{51}
　〈張〉仙草 sian$_{33}$ tsʰau^{51}
　〈藍〉膣草 tsʰan$_{33}$ tsʰau^{51}

【菜燕】tsʰai$_{51}$ ian^{11} 洋菜。
　〈張〉菜燕 tsʰai$_{51}$ ian^{11}
　〈藍〉x

【羊羹】io$_{33}$ kaŋ^{11} 羊羹，日語詞彙。

一種日製食品，當飯後甜點。

〈張〉羊羹 io$_{35}$ kaŋ^{51}

〈藍〉x

【薁蕘】o$_{51}$ gio^{13} 愛玉。

也講「愛玉仔」ai$_{51}$ gik^{33} a^{51}

〈張〉薁蕘 o$_{51}$ gio^{13}

〈藍〉薁蕘 o$_{51}$ gio^{13}

【石花】tsio$_{11}$ hue^{55} 石花凍。

〈張〉石花 tsio$_{11}$ hue^{55}

〈藍〉x

【冬瓜茶】taŋ$_{33}$ kue$_{55}$ te^{13} 用冬瓜去熬製的湯水。

〈張〉冬瓜茶 taŋ$_{33}$ kue$_{55}$ te^{13}

〈藍〉x

【青草仔茶】tsʰẽ$_{33}$ tsʰau$_{55}$ a$_{55}$ te^{13} 用青草去熬製的湯水。

〈張〉青草仔茶 tsʰẽ$_{33}$ tsʰau$_{55}$ a$_{55}$ te^{13}

〈藍〉x

【枸杞茶】kɔ$_{55}$ ki$_{55}$ te^{13} 用枸杞去熬製的湯水。

〈張〉枸杞茶 kɔ$_{55}$ ki$_{55}$ te^{13}

〈藍〉x

【紅茶】aŋ$_{33}$ te^{13} 紅茶。

〈張〉紅茶 aŋ$_{33}$ te^{13}

〈藍〉x

【汽水】kʰi$_{51}$tsui^{51} 汽水。

〈張〉汽水 kʰi$_{51}$tsui^{51}

〈藍〉x

【楊桃汁】ĩu$_{33}$ to$_{33}$ tsiap^{31}

〈張〉楊桃汁 ĩu$_{33}$ to$_{33}$ tsiap^{31}

〈藍〉楊桃汁 ĩu$_{33}$ to$_{33}$ tsiap^{31}

【桔仔汁】kit$_{55}$ la$_{55}$ tsiap^{31}

〈張〉桔仔汁 kit$_{55}$ la$_{55}$ tsiap^{31}

〈藍〉桔仔汁 kit$_{55}$ la$_{55}$ tsiap^{31}

【柳橙汁】liu$_{55}$ tiŋ$_{33}$ tsiap^{31}

〈張〉柳橙汁 liu$_{55}$ tiŋ$_{33}$ tsiap^{31}

〈藍〉柳橙汁 liu$_{55}$ tiŋ$_{33}$ tsiap^{31}

【鹹酸甜】kiam$_{33}$ suĩ$_{33}$ tĩ^{55} 蜜餞。

並非只有甜製品，有酸的、甜的、鹹的。也有直接翻講「蜜餞」bit$_{11}$ tsian^{33}

〈張〉鹹酸甜 kiam$_{33}$ sŋ̍$_{33}$ tĩ^{55}

〈藍〉鹹酸甜 kiam$_{33}$ suĩ$_{33}$ tĩ^{55}

【瓜子】kue$_{33}$ tsi^{51} 瓜子。

〈張〉瓜子 kue$_{33}$ tsi^{51}

〈藍〉瓜子 kue$_{33}$ tsi^{51}

【梅仔】bue$_{33}$ a^{51} 話梅。

〈張〉梅仔 bue$_{33}$ a^{51}

〈藍〉梅仔 bue$_{33}$ a^{51}、m̩$_{33}$ mã^{51}

【芋冰】ɔ$_{11}$ piŋ^{55} 芋頭冰。

〈張〉芋冰 ɔ$_{11}$ piŋ^{55}

〈藍〉x

【四秀仔】si$_{51}$ siu$_{55}$ a^{51} 零食。

〈張〉四秀仔 si$_{51}$ siu$_{55}$ a^{51}

〈藍〉四秀仔 si$_{51}$ siu$_{55}$ a^{51}

【金含仔糖】kim$_{33}$ kam$_{33}$ mã$_{55}$ tʰŋ̍^{13} 小孩愛吃，小顆可含在嘴裏的糖果。

〈張〉金含仔糖 kim$_{33}$ kam$_{33}$ mã$_{55}$ tʰŋ̍^{13}

〈藍〉x

【菜捲】tsʰai$_{51}$ kuĩ^{51} 高麗菜捲。

〈張〉x

〈藍〉x

【扁食】pian$_{55}$ sit^{33} 扁食，台式餛飩。

〈張〉扁食 pan$_{55}$ sit^{55}

〈藍〉餛飩 hun$_{33}$ tun^{33}

【水餃】tsui$_{55}$ kiau^{51} 水餃。

〈張〉水餃 tsui$_{55}$ kiau^{51}

〈藍〉水餃 tsui$_{55}$ kiau^{51}

【海帶】hai$_{55}$ tua^{11} 昆布。

〈張〉海帶 hai$_{55}$ tua^{11}

〈藍〉x

【紫菜】tsi$_{55}$ ts^{h}ai^{11} 紫菜，藻類植物。

〈張〉紫菜 tsi$_{55}$ ts^{h}ai^{11}

〈藍〉紫菜 tsi$_{55}$ ts^{h}ai^{11}

【茶米菜】te$_{33}$ bi$_{55}$ ts^{h}ai^{11} 在淺海岩石上的藻類植物，可供食用。

〈張〉x

〈藍〉x

【頭毛菜】t^{h}au$_{33}$ mɔ̃$_{55}$ ts^{h}ai^{11} 在淺海岩石上的藻類植物，可供食用。

〈張〉x

〈藍〉頭毛菜 t^{h}au$_{33}$ mɔ̃$_{55}$ ts^{h}ai^{11}

【食臊】tsia$_{11}$ ts^{h}o^{55} 吃葷食。

〈張〉食臊 tsia$_{11}$ ts^{h}o^{55}

〈藍〉食臊 tsia$_{11}$ ts^{h}o^{55}

【食菜】tsia$_{11}$ ts^{h}ai^{11} 吃素。

現今也講「食素」tsia$_{11}$ sɔ^{11}。

〈張〉食菜 tsia$_{11}$ ts^{h}ai^{11}

〈藍〉食菜 tsia$_{11}$ ts^{h}ai^{11}

【樹奶糖】ts^{h}iu$_{11}$ liŋ$_{33}$ t^{h}ŋ̍^{13} 泡泡糖。

〈張〉樹奶糖 ts^{h}iu$_{11}$ liŋ$_{33}$ t^{h}ŋ̍^{13}

〈藍〉x

【瑪搭油】mã$_{55}$ ta$_{51}$ iu^{13} 奶油。

〈張〉クリーム k^{h}u$_{33}$ lin$_{51}$ mu^{11}

〈藍〉x

【おでん】ɔ$_{33}$ lian^{51} 黑輪，日語詞彙。

〈張〉おでん ɔ$_{33}$ lian^{51}

〈藍〉x

【天麩羅】t^{h}ian$_{33}$ put$_{55}$ la^{51} 甜不辣。

日語「てんぷら」的音譯。日語詞彙。

〈張〉天麩羅 t^{h}ian$_{33}$ put$_{55}$ la^{51}

〈藍〉x

【わかもと】ua$_{33}$ k^{h}a$_{55}$ mɔ̃$_{55}$ to?^{31} 健素糖。日語詞彙。

〈張〉わかもと ua$_{33}$ k^{h}a$_{55}$ mɔ̃$_{55}$ to?^{31}

〈藍〉x

【糖葱】t^{h}ŋ̍$_{33}$ ts^{h}aŋ^{55} 龍鬚糖。

〈張〉糖葱 t^{h}ŋ̍$_{33}$ ts^{h}aŋ^{55}

〈藍〉x

【枷車藤】k^{h}a$_{33}$ ts^{h}ia$_{33}$ tin^{13} 炸麻花。

也講「枷食藤」k^{h}a$_{33}$ tsia$_{11}$ tin^{13}

高雄講「索仔股」sɔ$_{55}$ a$_{55}$ kɔ^{51}

台南講「蒜絨枝」suan$_{51}$ dziɔŋ$_{33}$ ki^{55}

〈張〉x

〈藍〉x

【手路菜】ts^{h}iu$_{55}$ lɔ$_{11}$ ts^{h}ai^{11} 廚師本身特色的菜。

也講「手藝菜」ts^{h}iu$_{55}$ ge$_{11}$ ts^{h}ai^{11}

〈張〉手路菜 ts^{h}iu$_{55}$ lɔ$_{11}$ ts^{h}ai^{11}

〈藍〉x

（二）調味佐料

【鹽】iam^{13} 鹽。

〈張〉鹽 iam^{13}

〈藍〉鹽 iam^{13}

【醋】tsʰɔ¹¹ 醋。
〈張〉醋 tsʰɔ¹¹
〈藍〉醋 tsʰɔ¹¹

【烏醋】ɔ₃₃ tsʰɔ¹¹ 黑醋。
〈張〉烏醋 ɔ₃₃ tsʰɔ¹¹
〈藍〉x

【白醋】pe₁₁ tsʰɔ¹¹ 無色的醋。
〈張〉白醋 pe₁₁ tsʰɔ¹¹
〈藍〉x

【酸醋】suĩ₃₃ tsʰɔ¹¹ 酸醋。
〈張〉酸醋 suĩ₃₃ tsʰɔ¹¹
〈藍〉x

【紅醋】aŋ₃₃ tsʰɔ¹¹ 紅色的醋。
〈張〉紅醋 aŋ₃₃ tsʰɔ¹¹
〈藍〉x

【豆油】tau₁₁ iu¹³ 醬油。
〈張〉豆油 tau₁₁ iu¹³
〈藍〉豆油 tau₁₁ iu¹³

【わさび】ua₃₃ sa₅₅ biʔ³¹ 山葵芥末，日語詞彙。
〈張〉わさび ua₃₃ sa₅₅ biʔ³¹
〈藍〉わさび ua₃₃ sa₅₅ biʔ³¹

【沙茶醬】sa₃₃ te₃₃ tsĩu¹¹ 南洋沙茶醬。
〈張〉沙茶醬 sa₃₃ te₃₃ tsĩu¹¹
〈藍〉x

【咖哩】ka₃₃ li⁵¹ 咖哩。
〈張〉咖哩 ka₃₃ li⁵¹
〈藍〉x

【味素】bi₁₁ sɔ¹¹ 味精。
〈張〉味素 bi₁₁ sɔ¹¹
〈藍〉x

【胡椒】hɔ₃₃ tsio⁵⁵ 白胡椒粉。
〈張〉胡椒 hɔ₃₃ tsio⁵⁵
〈藍〉胡椒 hɔ₃₃ tsio⁵⁵

【五香】ŋɔ̃₅₅ hiŋ⁵⁵ 由五種香料碾磨製成。
〈張〉五香 ŋɔ̃₅₅ hiaŋ⁵⁵
〈藍〉五香 ŋɔ̃₅₅ hiŋ⁵⁵

【八角】pe₅₁ kak³¹ 八角茴香或大茴香。
〈張〉八角 pe₅₁ kak³¹
〈藍〉八角 peʔ₅₅ kak³¹

【太白粉】tʰai₅₁ piat₁₁ hun⁵¹ 用樹薯或馬鈴薯做成的食用粉。
〈張〉太白粉 tʰai₅₁ piat₁₁ hun⁵¹
〈藍〉x

【蕃薯粉】han₃₃ tsi₃₃ hun⁵¹ 用蕃薯做成的食用粉。
〈張〉蕃薯粉 han₃₃ tsi₃₃ hun⁵¹
〈藍〉x

【紅糟】aŋ₃₃ tsau⁵⁵ 釀酒後的紅麴渣。
〈張〉紅糟 aŋ₃₃ tsau⁵⁵
〈藍〉紅糟 aŋ₃₃ tsau⁵⁵

【酵母】kã₅₁ bo⁵¹ 酵母。
麵粉糰留下一小團，讓其發酸，第 2 天發酵完成後，成酵母。
〈張〉酵母 kã₅₁ bo⁵¹
〈藍〉x

【番薑仔醬】huan₃₃ kĩu₃₃ ã₅₅ tsĩu¹¹ 辣椒醬。
〈張〉番仔薑醬 huan₃₃ ã₅₅ kĩu₃₃ tsĩu¹¹
〈藍〉番薑仔醬 huan₃₃ kĩu₃₃ ã₅₅ tsĩu¹¹
番薑仔醬 huan₃₃ kio₃₃ ã₅₅ tsĩu¹¹

【柿仔汁】k^hi_{33} a_{55} $tsiap^{33}$ 番茄醬。
通常講 t^ham_{33} $mã_{55}$ to_{51} $tsiap^{31}$，日語詞
彙。
〈張〉柿仔汁 k^hi_{33} a_{55} $tsiap^{33}$
〈藍〉x

【發粉】$huat_{55}$ hun^{51} 發酵粉。
〈張〉發粉 $huat_{55}$ hun^{51}
〈藍〉發粉 $huat_{55}$ hun^{51}

【發酵】$huat_{55}$ $kã^{11}$
〈張〉發酵 $huat_{55}$ $kã^{11}$
〈藍〉發 $huat^{31}$

（三）酒　類

【燒酒】sio_{33} $tsiu^{51}$ 指酒精含量高的烈
酒。
〈張〉燒酒 sio_{33} $tsiu^{51}$
〈藍〉x

【米酒】bi_{55} $tsiu^{51}$ 用米釀成的酒。
〈張〉米酒 bi_{55} $tsiu^{51}$
〈藍〉x

【米酒頭仔】bi_{55} $tsiu_{55}$ t^hau_{33} a^{51} 米頭
酒，純度高的米酒。
〈張〉米酒頭仔 bi_{55} $tsiu_{55}$ t^hau_{33} a^{51}
〈藍〉x

【太白酒】t^hai_{51} $piat_{11}$ $tsiu^{51}$ 蕃薯酒。
〈張〉太白酒 t^hai_{51} pe_{11} $tsiu^{51}$
〈藍〉x

【黃酒】$uĩ_{33}$ $tsiu^{51}$ 一種米釀成的酒。
〈張〉黃酒 $ŋ_{33}$ $tsiu^{51}$
〈藍〉x

【麥仔酒】be_{33} a_{55} $tsiu^{51}$ 啤酒。
也講「ビル」bi_{51} lu^{11}。

〈張〉麥仔酒 be_{33} a_{55} $tsiu^{51}$、ビル bi_{51}
lu^{11}
〈藍〉x

【烏梅仔酒】$ɔ_{33}$ bue_{33} a_{55} $tsiu^{51}$ 烏梅酒。
〈張〉烏梅仔酒 $ɔ_{33}$ bue_{33} a_{55} $tsiu^{51}$
〈藍〉x

【紹興酒】$siau_{11}$ hin_{33} $tsiu^{51}$ 紹興酒。
〈張〉紹興酒 $siau_{11}$ hin_{33} $tsiu^{51}$
〈藍〉x

【竹葉青】tik_{55} hio_{11} $ts^hẽ^{55}$
〈張〉竹葉青 tik_{55} hio_{11} $ts^hẽ^{55}$
〈藍〉x

【高粱酒】kau_{33} $liŋ_{33}$ $tsiu^{51}$ 高粱酒。
〈張〉高粱酒 ko_{33} $liaŋ_{33}$ $tsiu^{51}$
〈藍〉x

【紅露酒】$aŋ_{33}$ $lɔ_{51}$ $tsiu^{51}$ 紅露酒。
〈張〉紅露酒 $aŋ_{33}$ $lɔ_{51}$ $tsiu^{51}$
〈藍〉x

【五加皮】$ŋɔ̃_{55}$ ka_{33} pi^{13}
〈張〉五加皮 $ŋɔ̃_{55}$ ka_{33} pi^{13}
〈藍〉x

【虎骨酒】$hɔ_{55}$ kut_{55} $tsiu^{51}$
〈張〉虎骨酒 $hɔ_{55}$ kut_{55} $tsiu^{51}$
〈藍〉x

【蔘茸酒】$sɔm_{33}$ $dziŋ_{33}$ $tsiu^{51}$ 蔘茸藥酒。
〈張〉蔘茸藥酒 $sɔm_{33}$ $dziŋ_{33}$ io_{11} $tsiu^{51}$
〈藍〉x

【雄黃酒】$hiŋ_{33}$ $hoŋ_{33}$ $tsiu^{51}$ 雄黃酒。
〈張〉雄黃酒 $hioŋ_{33}$ $hɔŋ_{33}$ $tsiu^{51}$
〈藍〉x

（四）當地小吃

【點心】tiam$_{55}$ sim$_{55}$ 點心。
　〈張〉點心 tiam$_{55}$ sim$_{55}$
　〈藍〉點心 tiam$_{55}$ sim$_{55}$

【啖糝】tam$_{11}$ sam$_{51}$ 隨意吃點小點心。
　〈張〉啖糝 tam$_{11}$ sam$_{51}$
　〈藍〉x

【鴨鯗】a$_{51}$ sĩu$_{51}$ 鴨賞，宜蘭名產。
　〈張〉鴨鯗 a$_{51}$ sĩu$_{51}$
　〈藍〉x

【芋泥】ɔ$_{11}$ nĩ^{13} 芋泥。
　外看無煙不燙，裡面會燙嘴。甜點。
　〈張〉芋泥 ɔ$_{11}$ nĩ^{13}
　〈藍〉x

【糕饊】ko$_{33}$ tsa$_{55}$ 一種內包有蝦漿等食材的炸食品，外看無煙不燙，裡面會燙嘴。
　〈張〉糕饊 ko$_{33}$ tsa$_{55}$
　〈藍〉x

【膽肝】tam$_{55}$ kuã$_{55}$ 豬肝鹹製品。
　〈張〉膽肝 tam$_{55}$ kuã$_{55}$
　〈藍〉x

【金棗糕】kim$_{33}$ tso$_{55}$ ko$_{55}$ 金棗糕。
　〈張〉金棗糕 kim$_{33}$ tso$_{55}$ ko$_{55}$
　〈藍〉金棗糕 kim$_{33}$ tso$_{55}$ ko$_{55}$

【李仔糕】li$_{55}$ a$_{55}$ ko$_{55}$
　〈張〉李仔糕 li$_{55}$ a$_{55}$ ko$_{55}$
　〈藍〉李仔糕 li$_{55}$ a$_{55}$ ko$_{55}$

【筒仔米糕】taŋ$_{33}$ ŋã$_{55}$ bi$_{55}$ ko$_{55}$
　〈張〉x
　〈藍〉x

【礦仔炱】kʰɔk$_{55}$ ga$_{55}$ te$_{55}$ 油炸的地方小吃。頭城將肉丸摻上番薯籤加麵粉漿，較奢侈者，再放兩隻蝦，下鍋炸成扁圓形。沾上醬料來吃，酥脆有幸福的感覺。
　〈張〉礦仔炱 kʰɔk$_{55}$ ga$_{55}$ te$_{55}$
　〈藍〉x

【蠔炱】o$_{33}$ te$_{55}$ 以蚵仔為配料的礦仔炱。
　〈張〉礦仔炱 kʰɔk$_{55}$ ga$_{55}$ te$_{55}$
　〈藍〉x

【蠔仔煎】o$_{33}$ a$_{55}$ tsian$_{55}$ 蚵仔煎。
　〈張〉蠔仔煎 o$_{33}$ a$_{55}$ tsian$_{55}$
　〈藍〉x

【麵線羹】mĩ$_{11}$ suã$_{51}$ kẽ$_{55}$ 一種台灣有名的地方小吃，做法是將麵線煮熟勾芡，再放入大腸、牡蠣和其他佐料，加上芫荽、麻油和醋。
　〈張〉x
　〈藍〉x

【麵粉煎】mĩ$_{11}$ hun$_{55}$ tsian$_{55}$ 用麵粉糰煎出來的食品。
　〈張〉x
　〈藍〉x

【鼎邊垂】tiã$_{55}$ pĩ$_{33}$ sue$_{33}$ 頭城稱謂。現也稱「鼎邊趖」tiã$_{55}$ pĩ$_{33}$ so^{13}
　〈張〉鼎邊趖 tiã$_{55}$ pĩ$_{33}$ so^{13}
　〈藍〉x

【米粍仔】bi$_{55}$ lau$_{55}$ a$_{51}$ 一種油炸食品。外包麥芽糖並沾黏爆米花成外皮。也稱「米粍」bi$_{55}$ lau$_{51}$
　〈張〉米粍仔 bi$_{55}$ lau$_{55}$ a$_{51}$
　〈藍〉x

【麻粩仔】muã$_{33}$ lau$_{55}$ a^{51} 一種油炸食
品。外包麥芽糖並沾黏芝麻成外皮。
也稱「麻粩」muã$_{33}$ lau^{51}
〈張〉麻粩 muã$_{33}$ lau^{51}
〈藍〉x

【塗豆荖】tʰɔ$_{33}$ tau$_{11}$ lau^{51} 一種橢圓形油
炸食品。外包麥芽糖並沾黏花生粉成
外皮。
也稱「塗豆荖仔」tʰɔ$_{33}$ tau$_{11}$ lau$_{55}$ a^{51}
〈張〉塗仁荖 tʰɔ$_{33}$ dzin$_{33}$ lau^{51}
〈藍〉x

【馬卵】be$_{55}$ nuĩ^{33} 馬卵。
將芋泥參麵粉、糖，搓成圓球狀，再
油炸來賣。目前頭城已無人做此生意。
〈張〉x
〈藍〉x

【大腸】tua$_{11}$ tŋ^{13} 在豬腸裏頭加入糯米
蒸熟的食品。
〈張〉大腸 tua$_{11}$ tŋ^{13}
〈藍〉x

【米仔麩】bi$_{55}$ a$_{55}$ hu^{55} 做糕仔用的食
材。用蓬萊米或再來米，磨成粉狀，
與麵粉和在一起，做成小糕點，中元
節普渡做最多，拜神用。
〈張〉米仔麩 bi$_{55}$ a$_{55}$ hu^{55}
〈藍〉x

【礤霜仔】tsʰua$_{51}$ sŋ$_{33}$ ŋã^{51} 刨冰。
現今用刨冰的機器把冰刨碎，早期的
人，用手拿刨刀來刨冰塊。
〈張〉礤霜仔 tsʰua$_{51}$ sŋ$_{33}$ ŋã^{51}
〈藍〉x

【麵茶】mĩ$_{11}$ te^{13} 把麵粉加油炒熟，然
後再加入細糖、芝麻。

〈張〉麵茶 mĩ$_{11}$ te^{13}
〈藍〉x

（五）味覺口感的形容

【氣味】kʰi$_{51}$ bi^{33} 味道。
〈張〉氣味 kʰi$_{51}$ bi^{33}
〈藍〉滋味 tsu$_{33}$ bi^{33}

【鹹洘】kiam$_{33}$ tsiã^{51} 口味。
〈張〉鹹洘 kiam$_{33}$ tsiã^{51}
〈藍〉x

【鹹】kiam^{13} 鹹。
〈張〉x
〈藍〉鹹 kiam^{13}

【白洘無味】pe$_{11}$ tsiã$_{55}$ bo$_{33}$ bi^{33} 沒有任
何味道。
〈張〉x
〈藍〉x

【羶】hian^{11} 腥味，某種動物或肉類的
氣味。
〈張〉羶 hian^{11}
〈藍〉x

【臭羶】tsʰau$_{51}$ hian^{11} 濃厚的肉體味。
〈張〉臭羶 tsʰau$_{51}$ hian^{11}
〈藍〉x

【臭臊】tsʰau$_{51}$ tsʰo^{55} 魚腥味。
〈張〉臭臊 tsʰau$_{51}$ tsʰo^{55}
〈藍〉臭臊 tsʰau$_{51}$ tsʰo^{55}

【臭塗味】tsʰau$_{51}$ tʰɔ$_{33}$ bi^{33} 淡水魚肉有
的泥土味。
〈張〉臭塗味 tsʰau$_{51}$ tʰɔ$_{33}$ bi^{33}
〈藍〉x

【洴】$tsi\tilde{a}^{51}$ 淡。
〈張〉洴 $tsi\tilde{a}^{51}$
〈藍〉洴 $tsi\tilde{a}^{51}$

【芳】$p^ha\eta^{55}$ 香。
〈張〉芳 $p^ha\eta^{55}$
〈藍〉芳 $p^ha\eta^{55}$

【甜】$ti\tilde{}^{55}$ 甜。
〈張〉甜 $ti\tilde{}^{55}$
〈藍〉甜 $ti\tilde{}^{55}$

【酸】$sui\tilde{}^{55}$ 酸。
〈張〉酸 $sui\tilde{}^{55}$
〈藍〉酸 $sui\tilde{}^{55}$

【苦】$k^h\mathfrak{o}^{51}$ 苦。
〈張〉苦 $k^h\mathfrak{o}^{51}$
〈藍〉苦 $k^h\mathfrak{o}^{51}$

【薟】$hiam^{55}$ 辣。
〈張〉薟 $hiam^{55}$
〈藍〉薟 $hiam^{55}$

【澀】$siap^{31}$ 澀。
〈張〉澀 $siap^{31}$
〈藍〉澀 $siap^{31}$

【沙沙】$sua_{33}\,sua^{55}$ 形容西瓜好吃的口感。
〈張〉沙沙 $sua_{33}\,sua^{55}$
〈藍〉x

【核核】$hat_{11}hat^{33}$ 形容東西吃起來硬硬的口感。
〈張〉x
〈藍〉x

【鬆鬆】$sa\eta_{33}\,sa\eta^{55}$
〈張〉鬆鬆 $sa\eta_{33}\,sa\eta^{55}$
〈藍〉鬆鬆 $sa\eta_{33}\,sa\eta^{55}$

【黏黏】$liam_{33}\,liam^{13}$
〈張〉x
〈藍〉黏黏 $liam_{33}\,liam^{13}$

【掃掃】$sau_{51}\,sau^{11}$ 吃起來鬆爽脆的感覺。
「馬薯」食起來，掃掃真好食。$bue_{55}\,tsi^{13}\,tsia^{33}\cdot k^hit_{11}\cdot lai_{11}$，$sau_{51}\,sau^{11}\,tsin_{33}\,ho_{55}\,tsia^{33}$
〈張〉x
〈藍〉x

【爛】$nu\tilde{a}^{33}$
〈張〉爛 $nu\tilde{a}^{33}$
〈藍〉爛 $nu\tilde{a}^{33}$

【酥】$s\mathfrak{o}^{55}$ 形容鬆脆的口感。
〈張〉酥 $s\mathfrak{o}^{55}$
〈藍〉酥 $s\mathfrak{o}^{55}$

【粕粕】$p^ho^{51}\,p^ho^{11}$ 形容物品嚼起來像破布的口感。
〈張〉x
〈藍〉x

【脆】ts^he^{11} 脆的口感。
〈張〉脆 ts^he^{11}
〈藍〉脆 ts^he^{11}

【飫】ui^{11} 食品油膩，吃多想吐。
〈張〉飫 ui^{11}、厭 ia^{11}
〈藍〉飫 ui^{11}

【懆懆】$tso_{33}\,tso^{55}$ 胃不好的感覺，想吐。
〈張〉x
〈藍〉懆 tso^{55}

【韌】lun^{33} 形容食物難咬斷的口感。
〈張〉韌 lun^{33}
〈藍〉韌 lun^{33}

【𩚨】k^hiu^{33} 形容食物有彈性。
　〈張〉𩚨k^hiu^{33}
　〈藍〉𩚨k^hiu^{33}

【泔】am^{51} 稀飯水分過多。
　〈張〉泔 am^{51}
　〈藍〉泔 am^{51}

【柯】kua^{55} 菜類太老，吃時，纖維粗糙難咀。
　〈張〉柯 kua^{55}
　〈藍〉柯 kua^{55}

【汔】kit^{33} 稀飯水分較少。『說文』汔，水涸也。
　〈張〉洘 k^ho^{51}、k^hit^{33}
　〈藍〉汔 kit^{55}、□k^hin^{55}

【臭殕】$ts^hau_{51}p^hu^{51}$ 指乾的食物變質後，長黴菌並產生怪味。
　〈張〉臭殕 $ts^hau_{51}p^hu^{51}$
　〈藍〉臭殕 $ts^hau_{51}p^hu^{51}$

【臭坔味】$ts^hau_{51}lɔm_{51}bi^{33}$ 指濕的食物變質後，所生的怪味。
　〈張〉x
　〈藍〉x

【臭殠】$ts^hau_{51}sio^{33}$ 肉放久腐爛變味。『說文』殠，腐氣也。
　〈張〉臭殠 $ts^hau_{51}sio^{33}$
　〈藍〉臭殠 $ts^hau_{51}sio^{33}$

【臭腥】$ts^hau_{51}ts^hẽ^{11}$ 濃烈的生青蔬氣味，如大番茄有之。
　〈張〉臭腥 $ts^hau_{51}ts^hẽ^{11}$
　〈藍〉臭腥 $ts^hau_{51}ts^hẽ^{11}$

【鮮】$ts^hĩ^{55}$ 指海產新鮮。
　〈張〉鮮 $ts^hĩ^{55}$
　〈藍〉鮮 $ts^hĩ^{55}$

【生菇】$sẽ_{33}kɔ^{55}$ 發霉。
　〈張〉生菇 $sẽ_{33}kɔ^{55}$
　〈藍〉生菇 $sẽ_{33}kɔ^{55}$

【逆味逆味】$ke_{11}bi_{11}ke_{11}bi^{33}$ 味不協調。
　〈張〉逆味逆味 $ke_{11}bi_{11}ke_{11}bi^{33}$
　〈藍〉x

九、礦物及其他自然物

【金】kim^{55}
　〈張〉金 kim^{55}
　〈藍〉金 $kim_{33}mã^{51}$

【銀】gin^{13}
　〈張〉銀 gin^{13}
　〈藍〉銀 gin^{13}

【銅】$taŋ^{13}$
　〈張〉銅 $taŋ^{13}$
　〈藍〉銅 $taŋ^{13}$、紅銅 $aŋ_{33}taŋ^{13}$

【鐵】$t^hiʔ^{31}$
　〈張〉鐵 $t^hiʔ^{31}$
　〈藍〉鐵 $t^hiʔ^{31}$

【銹】$sian^{55}$ 金屬氧化生的銹。
　〈張〉銹 $sian^{55}$
　〈藍〉銹 $sian^{55}$

【鍟仔】$sẽ_{33}ã^{51}$ 生鐵。
　〈張〉鍟仔 $sẽ_{33}ã^{51}$
　〈藍〉生鐵 $sẽ_{33}t^hiʔ^{31}$

【鉛】ian^{13}
　〈張〉鉛 ian^{13}
　〈藍〉鉛 ian^{13}

【亞鉛】a_{33} ian^{13} 鍍鋅鐵的通稱。
〈張〉亞鉛 a_{33} ian^{13}
〈藍〉x

【亞鉛片】a_{33} ian_{33} $p^hiã^{51}$ 薄鋁皮。
〈張〉亞鉛片 a_{33} ian_{33} $p^hiã^{51}$
〈藍〉x

【淬鋼】gan_{51} $kǹ^{11}$ 經過嶘水以增加硬度的金屬。
〈張〉淬鋼 gan_{51} $kǹ^{11}$
〈藍〉x

【淬水】gan_{51} $tsui^{51}$ 將達到相當熱度的金屬放入水中以增加硬度的過程。
〈張〉淬水 gan_{51} $tsui^{51}$
〈藍〉x

【白鐵仔】pe_{11} t^hi_{55} a^{51} 不銹鋼。ステン
〈張〉白鐵仔 pe_{11} t^hi_{55} a^{51}
　　　ステンレス　$sɯ_{33}$ $tian_{55}$ le_{51}
　　　$sɯ^{11}$ 日語詞彙。
〈藍〉x

【アルミ】a_{33} lu_{55} $mĩʔ^{31}$ 鋁。
〈張〉アルミ a_{33} lu_{55} $mĩʔ^{31}$
〈藍〉x

【錫】$siaʔ^{31}$
〈張〉錫 $siaʔ^{31}$
〈藍〉錫 $siaʔ^{31}$

【歹銅舊錫】$p^hãi_{55}$ $taŋ^{13}$ ku_{11} $siaʔ^{31}$ 破銅爛鐵。
〈張〉歹銅舊錫 p^hai_{55} $taŋ^{13}$ ku_{11} $siaʔ^{31}$
〈藍〉x

【水銀】$tsui_{55}$ gin^{13} 汞、水銀。
〈張〉水銀 $tsui_{55}$ gin^{13}
〈藍〉水銀 $tsui_{55}$ gin^{13}

【臭油】ts^hau_{51} iu^{13} 煤油。
也講「番仔油」$huan_{33}$ $nã_{55}$ iu^{13}
〈張〉臭油 ts^hau_{51} iu^{13}
〈藍〉番仔火油 $huan_{33}$ $nã_{55}$ hue_{55} iu^{13}

【汽油】k^hi_{51} iu^{13} 汽油。
〈張〉汽油 k^hi_{51} iu^{13}
　　　ガソリン ga_{33} so_{55} lin^{51}（日本外來語）
〈藍〉浮發油 hu_{33} $huat_{55}$ iu^{13}

【打馬膠】tam_{55} $mã_{55}$ ka^{55} 柏油。
〈張〉打馬膠 tam_{55} $mã_{55}$ ka^{55}
〈藍〉x

【打馬油】tam_{55} $mã_{55}$ iu^{13} 屋頂防水使用經稀釋的柏油。
〈張〉x
〈藍〉x

【石灰】$tsio_{11}$ hue^{55} 石灰。
有生、熟石灰兩種。早期用蚵仔殼做成。
〈張〉石灰 $tsio_{11}$ hue^{55}
〈藍〉石灰 $tsio_{11}$ hue^{55}

【石頭】$tsio_{11}$ t^hau^{13}
〈張〉石頭 $tsio_{11}$ t^hau^{13}
〈藍〉石頭 $tsio_{11}$ t^hau^{13}

【硫磺】liu_{33} $hɔŋ^{13}$ 硫磺。
〈張〉硫磺 liu_{33} $hɔŋ^{13}$
〈藍〉x

【磺石】$hɔŋ^{33}$ $tsio^{33}$ 加水產生乙炔，點燃可照明，稱「磺火」$hɔŋ^{33}$ hue^{51}
〈張〉磺石 $hɔŋ^{33}$ $tsio^{33}$
〈藍〉x

【紅毛塗】am$_{33}$ mɔ̃$_{33}$ tʰɔ^{13} 水泥。
〈張〉紅毛塗 a$_{33}$ buan$_{33}$ tʰɔ^{13}
〈藍〉紅毛塗 aŋ$_{33}$ mɔ̃$_{33}$ tʰɔ^{13}

【璇石】suan$_{11}$ tsio^{33}　鑽石。
〈張〉璇石 suan$_{11}$ tsio^{33}
〈藍〉璇石 suan$_{11}$ tsio^{33}

【珊瑚】suan$_{33}$ lɔ^{13}
〈張〉珊瑚 suan$_{33}$ ɔ^{13}
〈藍〉x

【咾咕石】lo$_{55}$ ko$_{55}$ tsio^{33} 珊瑚礁石。
又音 lɔk$_{55}$ ko$_{55}$ tsio^{33}
可以用來搭蓋房子。古早講「冇石仔」
〈張〉咾咕 lo$_{55}$ ko^{51}
〈藍〉x

【冇石仔】pʰã^{51} tsio$_{33}$ a^{51} 珊瑚礁石。
「咾咕石」的在地名稱。石城海邊才
有。
其石外觀「石頭一穿一穿」tsio$_{11}$ tʰau^{13}
tsit$_{11}$ tsʰuĩ$_{33}$ tsit$_{11}$ tsʰuĩ^{55}
〈張〉x
〈藍〉x

十、動　物

（一）獸　類

【精牲】tsiŋ$_{33}$ sẽ^{55} 指家禽或家畜。亦用
於罵人。
〈張〉精牲 tsiŋ$_{33}$ sẽ^{55}
〈藍〉x

【頭牲仔】tʰau$_{33}$ sẽ$_{33}$ ã^{51} 家禽或家畜。
〈張〉精牲 tsiŋ$_{33}$ sẽ^{55}
〈藍〉頭牲仔 tʰau$_{33}$ sẽ$_{33}$ ã^{51}

【畜牲】tʰik$_{55}$ sẽ^{55} 罵人語。
〈張〉畜牲 tʰik$_{55}$ sĩ^{55}
〈藍〉x

【駱駝】lɔk$_{11}$ to^{13}
〈張〉駱駝 lɔk$_{11}$ to^{13}
〈藍〉x

【虎】hɔ^{51} 老虎。
〈張〉虎 hɔ^{51}
〈藍〉虎 hɔ^{51}

【獅】sai^{55} 獅子。
〈張〉獅 sai^{55}
〈藍〉獅 sai^{55}

【犀牛】sai$_{33}$ gu^{13} 犀牛。
〈張〉犀牛 sai$_{33}$ gu^{13}
〈藍〉x

【山羌仔】suã$_{33}$ kĩu$_{33}$ ã^{51} 山羌。
體形較小的鹿，叫聲像狗吠的單聲。
〈張〉羌仔 kĩu$_{33}$ ã^{51}
〈藍〉山羌仔 suã$_{33}$ kĩu$_{33}$ ã^{51}（口）
　　　羌 tsiŋ^{55}（書）

【豹】pa^{11} 豹。
〈張〉豹 pa^{11}
〈藍〉豹 pa^{11}

【熊】him^{13} 熊。
〈張〉熊 him^{13}
〈藍〉熊 him^{13}

【鹿仔】lɔk$_{33}$ ga^{51} 鹿。
〈張〉鹿仔 lɔk$_{33}$ ga^{51}
〈藍〉鹿仔 lɔk$_{33}$ ga^{51}

【躼骹鹿仔】lo$_{51}$ kʰa$_{33}$ lɔk$_{33}$ ga^{51} 長頸鹿。
〈張〉躼骹鹿仔 lo$_{51}$ kʰa$_{33}$ lɔk$_{33}$ ga^{51}

〈藍〉x

【鹿茸】lɔk₁₁ dziŋ¹³ 鹿茸。
　〈張〉鹿茸 lɔk₁₁ dziɔŋ¹³
　〈藍〉鹿茸 lɔk₁₁ dziŋ¹³、
　　　茸仔 dziŋ₃₃ ŋã⁵¹

【鹿角】lɔk₁₁ kak³³ 鹿角。
　〈張〉鹿角 lɔk₁₁ kak³³
　〈藍〉鹿角 lɔk₁₁ kak³³

【猴】kau¹³ 猴子。
　〈張〉猴 kau¹³
　〈藍〉猴 kau¹³

【兔】tʰɔ¹¹ 兔子。也講「兔仔」tʰɔ₅₅ a⁵¹。
　〈張〉兔 tʰɔ¹¹、兔仔 tʰɔ₅₅ a⁵¹
　〈藍〉兔仔 tʰɔ₅₅ a⁵¹

【狐狸】hɔ₃₃ li¹³ 狐狸。
　〈張〉狐狸 hɔ₃₃ li¹³
　〈藍〉狐狸 hɔ₃₃ li¹³

【鯪鯉】la₃₃ li⁵¹ 穿山甲。
　〈張〉鯪鯉 la₃₃ li⁵¹
　〈藍〉鯪鯉 la₃₃ li⁵¹

【貓】niãu⁵⁵ 貓。
　也講「貓仔」niãu₃₃ ã⁵¹。
　〈張〉貓 niãu⁵⁵、貓仔 niãu₃₃ ã⁵¹
　　　貓咪 niãu₃₃ mĩ⁵⁵
　〈藍〉貓 niãu⁵⁵

【果子猫】kue₅₅ tsi₅₅ ba¹³ 白鼻心。
　也講「猫仔」ba₃₃ a⁵¹、白鼻心 pe₁₁ pʰĩ₁₁
　sim⁵⁵
　〈張〉果子猫 kue₅₅ tsi₅₅ ba¹³、
　　　猫仔 ba₃₃ a⁵¹
　〈藍〉狸猫 li₃₃ ba¹³

【烏骹娘仔】ɔ₃₃ kʰa₃₃ nĩu₃₃ ã⁵¹ 也是果子
　狸。
　〈張〉烏骹香 ɔ₃₃ kʰa₃₃ hĩu⁵⁵
　〈藍〉x

【官貉】kuã₃₃ ho¹³ 山貉，山河，田鼠。
　〈張〉山貉 suã₃₃ ho¹³
　〈藍〉鳥鼠 niau₅₅ tsʰi⁵¹

【鳥鼠】niau₅₅ tsʰi⁵¹ 老鼠。
　〈張〉鳥鼠 niau₅₅ tsʰi⁵¹
　〈藍〉鳥鼠 niau₅₅ tsʰi⁵¹

【錢鼠】tsĩ₃₃ tsʰi⁵¹ 一種尖嘴小老鼠。
　〈張〉錢鼠 tsĩ₃₃ tsʰi⁵¹
　〈藍〉x

【膨鼠】pʰɔŋ₅₁ tsʰi⁵¹ 松鼠。
　〈張〉膨鼠 pʰɔŋ₅₁ tsʰi⁵¹
　〈藍〉x

【鼢地鼠】bun₅₁ te₁₁ tsʰi⁵¹ 土撥鼠。
　〈張〉鼢地鼠 bun₅₁ te₁₁ tsʰi⁵¹
　〈藍〉鼢地鼠 bun₅₁ te₁₁ tsʰi⁵¹

【水牛】tsui₅₅ gu¹³ 水牛。
　〈張〉水牛 tsui₅₅ gu¹³
　〈藍〉水牛 tsui₅₅ gu¹³

【赤牛仔】tsʰia₅₁ gu₃₃ a⁵¹ 黃牛。
　〈張〉赤牛仔 tsʰia₅₁ gu₃₃ a⁵¹
　　　赤媽仔 tsʰia₅₁ mã₃₃ ã⁵¹
　〈藍〉黃牛 uĩ₃₃ gu¹³
　　　赤牛 tsʰia₅₁ gu¹³、tsʰiaʔ₅₅ gu¹³

【牛種】gu₃₃ tsiŋ⁵¹ 種牛。
　〈張〉牛種仔 gu₃₃ tsiŋ₅₅ ŋã⁵¹
　〈藍〉x

【牛哥】$gu_{33} ko_{55}$ 公種牛。
　〈張〉牛哥 $gu_{33} ko_{55}$
　〈藍〉x

【牛犅】$gu_{33} kan_{51}$ 正常發育的公牛。
　〈張〉牛犅 $gu_{33} kan_{51}$
　〈藍〉牛犅 $gu_{33} kan_{51}$

【牛母】$gu_{33} bo_{51}$ 母牛。
　〈張〉牛母 $gu_{33} bo_{51}$
　〈藍〉牛母 $gu_{33} bo_{51}$

【牛仔囝】$gu_{33} a_{55} kia\tilde{}_{51}$ 牛犢。
　〈張〉牛仔囝 $gu_{33} a_{55} kia\tilde{}_{51}$
　〈藍〉牛仔囝 $gu_{33} a_{55} kia\tilde{}_{51}$

【羊仔】$\tilde{i}u_{33} \tilde{a}_{51}$ 羊。
　〈張〉羊仔 $\tilde{i}u_{33} \tilde{a}_{51}$
　〈藍〉羊仔 $\tilde{i}u_{33} \tilde{a}_{51}$

【羊哥】$\tilde{i}u_{33} ko_{55}$ 公羊。
　〈張〉羊犅 $\tilde{i}u_{33} kan_{51}$、羊哥 $\tilde{i}u_{33} ko_{55}$
　〈藍〉x

【羊母】$\tilde{i}u_{33} bo_{51}$ 母羊。
　〈張〉羊母 $\tilde{i}u_{33} bo_{51}$
　〈藍〉x

【馬】be_{51} 馬。
　〈張〉馬 be_{51}
　〈藍〉馬 be_{51}

【驢仔】$li_{33} a_{51}$ 驢。
　〈張〉驢仔 $li_{33} a_{51}$
　〈藍〉驢仔 $li_{33} a_{51}$

【騾】lo_{13} 公驢和母馬交配所生的動物。
　〈張〉騾 lo_{13}、驢馬仔 $li_{33} be_{55} a_{51}$
　〈藍〉騾 lo_{13}

【豬】ti_{55}
　〈張〉豬 ti_{55}
　〈藍〉豬 ti_{55}

【豬哥】$ti_{33} ko_{55}$ 做種的公豬。
　〈張〉豬哥 $ti_{33} ko_{55}$
　〈藍〉豬哥 $ti_{33} ko_{55}$

【豬公】$ti_{33} kon_{55}$ 祭祀用的公豬。
　〈張〉豬公 $ti_{33} kon_{55}$
　〈藍〉x

【豬母】$ti_{33} bo_{51}$ 母豬。
　〈張〉豬母 $ti_{33} bo_{51}$
　〈藍〉豬母 $ti_{33} bo_{51}$

【豬仔囝】$ti_{33} a_{55} kia\tilde{}_{51}$ 小豬。
　〈張〉豬仔囝 $ti_{33} a_{55} kia\tilde{}_{51}$
　〈藍〉豬仔囝 $ti_{33} a_{55} kia\tilde{}_{51}$

【種豬】$tsin_{55} ti_{55}$ 指定做種的豬。
　〈張〉豬種仔 $ti_{33} tsin_{55} \eta\tilde{a}_{51}$
　〈藍〉種豬 $tsin_{55} ti_{55}$

【豬胚仔】$ti_{33} p^hue_{33} a_{51}$ 半大不小，賣
　給人養的豬。
　〈張〉豬胚仔 $ti_{33} p^hue_{33} a_{51}$
　〈藍〉豬胚仔 $ti_{33} p^hue_{33} a_{51}$
　　　豬豚仔 $ti_{33} t^hun_{33} \tilde{a}_{51}$

【石豬仔】$tsio_{11} ti_{33} a_{51}$ 養不大的豬。
　〈張〉石豬仔 $tsio_{11} ti_{33} a_{51}$
　〈藍〉x

【豬鋪】$ti_{33} p^hɔ_{55}$ 毛豬的市價。
　〈張〉豬鋪 $ti_{33} p^hɔ_{55}$
　〈藍〉x

【菜豬】$ts^hai_{51} ti_{55}$ 閹豬（含公與母）。

亦稱「閹豬」iam$_{33}$ ti^{55}

〈張〉閹豬 iam$_{33}$ ti^{55}

〈藍〉閹豬 iam$_{33}$ ti^{55}

【山豬】suã$_{33}$ ti^{55} 野豬。

〈張〉山豬 suã$_{33}$ ti^{55}

〈藍〉山豬 suã$_{33}$ ti^{55}

【狗】kau^{51}

〈張〉狗 kau^{51}

〈藍〉狗 kau^{51}

【象】ts^{h}ĩu^{33} 象。

〈張〉象 ts^{h}ĩu^{33}

〈藍〉象 ts^{h}ĩu^{33}

【鞭】pian^{55} 雄性動物的生殖器。

有「牛鞭」gu$_{33}$ pian^{55}、「狗鞭」kau$_{55}$

pian^{55}「蛇鞭」tsua$_{33}$ pian^{55}

「鹿鞭」lɔk$_{11}$ pian^{55}

〈張〉鞭 pian^{55}

〈藍〉x

【尾】bue^{51} 尾巴。

也講「尾溜」bue$_{55}$ liu^{55}

〈張〉尾溜 bue$_{55}$ liu^{55}

〈藍〉尾 bue^{51}、尾溜 bue$_{55}$ liu^{55}

【爪】dziau^{51} 爪子。

〈張〉爪 dziau^{51}

〈藍〉爪 dziau^{51}

【骹蹄】k^{h}a$_{33}$ te^{13} 動物的腳蹄。

〈張〉骹蹄 k^{h}a$_{33}$ te^{13}

〈藍〉骹蹄 k^{h}a$_{33}$ te^{13}

（其他）

【狗櫥仔】kau$_{55}$ tu$_{33}$ a^{51} 狗欄。

〈張〉狗櫥仔 kau$_{55}$ tu$_{33}$ a^{51}

〈藍〉x

【狗岫】kau$_{55}$ siu^{33} 狗窩。

〈張〉狗岫 kau$_{55}$ siu^{33}

〈藍〉狗岫 kau$_{55}$ siu^{33}

【鳥仔岫】tsiau$_{55}$ a$_{55}$ siu^{33} 鳥巢。

〈張〉鳥仔岫 tsiau$_{55}$ a$_{55}$ siu^{33}

〈藍〉鳥仔岫 tsiau$_{55}$ a$_{55}$ siu^{33}

【蜂岫】p^{h}aŋ$_{33}$ siu^{33} 蜂巢。

〈張〉蜂岫 p^{h}aŋ$_{33}$ siu^{33}

〈藍〉蜂岫 p^{h}aŋ$_{33}$ siu^{33}

【牛牢】gu$_{33}$ tiau^{13} 牛欄。

〈張〉牛牢 gu$_{33}$ tiau^{13}

〈藍〉牛牢 gu$_{33}$ tiau^{13}

【豬牢】ti$_{33}$ tiau^{13} 豬舍。

〈張〉豬牢 ti$_{33}$ tiau^{13}

〈藍〉豬牢 ti$_{33}$ tiau^{13}

【豬灶】ti$_{33}$ tsau^{11} 屠豬處。

〈張〉豬灶 ti$_{33}$ tsau^{11}

〈藍〉x

【豬砧】ti$_{33}$ tiam^{55} 賣豬肉攤。

也講「豬肉砧」ti$_{33}$ ba$_{51}$ tiam^{55}

〈張〉豬砧 ti$_{33}$ tiam^{55}

〈藍〉x

附、十二生肖唸法

【生肖】sẽ$_{33}$ sĩu^{11} 生肖。

〈張〉生肖 sẽ$_{33}$ sĩu^{11}

〈藍〉x

【鼠】ts^{h}i^{51} 鼠。

〈張〉鼠 ts^{h}i^{51}

〈藍〉鼠 ts^{h}i^{51}

【牛】gu^{13} 牛。
　〈張〉牛 gu^{13}
　〈藍〉牛 gu^{13}

【虎】ho^{51} 虎。
　〈張〉虎 ho^{51}
　〈藍〉虎 ho^{51}

【兔】t^ho^{11} 兔。
　〈張〉兔 t^ho^{11}
　〈藍〉兔 t^ho^{11}

【龍】lin^{13} 龍。
　〈張〉龍 $lion^{13}$
　〈藍〉龍 lin^{13}

【蛇】$tsua^{13}$ 蛇。
　〈張〉蛇 $tsua^{13}$
　〈藍〉蛇 $tsua^{13}$

【馬】be^{51} 馬。
　〈張〉馬 be^{51}
　〈藍〉馬 be^{51}

【羊】$\tilde{i}u^{13}$ 羊。
　〈張〉羊 $\tilde{i}u^{13}$
　〈藍〉羊 $\tilde{i}u^{13}$

【猴】kau^{13} 猴。
　〈張〉猴 kau^{13}
　〈藍〉猴 kau^{13}

【雞】ke^{55} 雞。
　〈張〉雞 ke^{55}
　〈藍〉雞 ke^{55}

【狗】kau^{51} 狗。
　〈張〉狗 kau^{51}
　〈藍〉狗 kau^{51}

【豬】ti^{55} 豬。

　〈張〉豬 ti^{55}
　〈藍〉豬 ti^{55}

（二）禽　類

【鳥仔】$tsiau_{55}\ a^{51}$ 小鳥。
　〈張〉鳥仔 $tsiau_{55}\ a^{51}$
　〈藍〉鳥仔 $tsiau_{55}\ a^{51}$

【釣魚翁】$tio_{51}\ hi_{33}\ an^{55}$ 翠鳥、魚狗。
　〈張〉釣魚翁 $tio_{51}\ hi_{33}\ an^{55}$
　〈藍〉x

【烏鴉仔】$o_{33}\ a_{55}\ a^{51}$ 烏鴉。
　〈張〉烏鴉仔 $o_{33}\ a_{55}\ a^{51}$
　〈藍〉烏鴉仔 $o_{33}\ a_{55}\ a^{51}$

【膣泵】$ts^han_{33}\ tom^{11}$ 白腹秧雞。
　腳長，膽小，看到人即走。原住民用網子豎起，一邊驚起即可捉到；南澳原住民會到頭城來捉，取出腸子洗淨即生食之。
　亦稱「紅尻川仔」$an_{33}\ k^ha_{33}\ ts^hu\tilde{i}_{33}\ \tilde{a}^{51}$
　〈張〉x
　〈藍〉x

【烏鶖】$o_{33}\ ts^hiu^{55}$ 烏鶖。
　〈張〉烏鶖 $o_{33}\ ts^hiu^{55}$
　〈藍〉x

【燕仔】$\tilde{i}_{55}\ \tilde{a}^{51}$ 燕子。
　〈張〉燕仔鳥 $\tilde{i}_{55}\ \tilde{a}_{55}\ tsiau^{51}$
　〈藍〉燕仔 $\tilde{i}_{55}\ \tilde{a}^{51}$

【粉鳥】$hun_{55}\ tsiau^{51}$ 鴿子。
　以手撫摸其羽毛，有粉粉的感覺。
　也講「粉鳥仔」$hun_{55}\ tsiau_{55}\ a^{51}$
　〈張〉粉鳥 $hun_{55}\ tsiau^{51}$
　〈藍〉粉鳥 $hun_{55}\ tsiau^{51}$

【加鴒】ka$_{33}$ liŋ^{33} 八哥。
〈張〉加鴒 ka$_{33}$ liŋ^{33}
〈藍〉加鴒 ka$_{33}$ liŋ^{33}

【密婆】bit$_{11}$ po^{13} 蝙蝠。
〈張〉密婆 bit$_{11}$ po^{13}
〈藍〉密婆 bit$_{11}$ po^{13}、bip$_{11}$ po^{13}

【海鵝】hai$_{55}$ go^{13} 雁。
〈張〉海鵝 hai$_{55}$ go^{13}
〈藍〉雁 ian^{11}、am$_{51}$ kɔŋ^{55}

【鴛鴦】uan$_{33}$ ĩu^{55}
〈張〉鴛鴦 uan$_{33}$ ĩu^{55}
〈藍〉鴛鴦 uan$_{33}$ ĩu^{55}

【烏面抐桮】ɔ$_{33}$ bin$_{11}$ lua$_{51}$ pe^{55} 黑面琵鷺。覓食物時，用長喙在水中左右劃來劃去，故稱 lua$_{51}$ pe^{55}
〈張〉x
〈藍〉x

【孔雀】kʰɔŋ$_{55}$ tsʰik^{31} 孔雀。
〈張〉孔雀 kʰɔŋ$_{55}$ tsʰiɔk^{31}
〈藍〉䳍雞 tʰi$_{33}$ ke^{55}

【鸚哥】iŋ$_{33}$ ko^{55} 鸚鵡。
〈張〉鸚哥 iŋ$_{33}$ ko^{55}
〈藍〉鸚哥 iŋ$_{33}$ ko^{55}

【斑鴿】pan$_{33}$ ka$ʔ^{31}$ 斑鳩。
〈張〉斑鴿 pan$_{33}$ ka$ʔ^{31}$
〈藍〉斑鴿 pan$_{33}$ ka$ʔ^{31}$

【白鴒鷥】pe$_{11}$ liŋ$_{11}$ si^{55} 白鷺鷥。
〈張〉白鴒鷥 pe$_{11}$ liŋ$_{11}$ si^{55}
〈藍〉白鴒鷥 pe$_{11}$ liŋ$_{11}$ si^{55}

【暗光鳥】am$_{51}$ kɔŋ$_{33}$ tsiau^{51} 貓頭鷹。也稱「貓頭鳥」niau$_{33}$ tʰau$_{33}$ tsiau^{51}。

〈張〉暗光鳥 am$_{51}$ kɔŋ$_{33}$ tsiau^{51}
貓頭鳥 niau$_{33}$ tʰau$_{33}$ tsiau^{51}
〈藍〉貓頭鳥 niau$_{33}$ tʰau$_{33}$ tsiau^{51}

【利鷂】lai$_{11}$ hio^{33} 一種老鷹。
〈張〉利鷂 lai$_{11}$ hio^{55}
〈藍〉利鷂 lai$_{11}$ hio^{33}

【座架鷹】tso$_{11}$ tsia$_{51}$ iŋ^{55} 松雀鷹。又稱「鷹仔虎」iŋ$_{33}$ ŋã$_{55}$ hɔ^{51}。
〈張〉x
〈藍〉x

【白頭殼仔】pe$_{11}$ tʰau$_{33}$ kʰiat$_{55}$ la^{51} 白頭翁。
〈張〉白頭殼仔 pe$_{11}$ tʰau$_{33}$ kʰiat$_{55}$ la^{51}
〈藍〉x

【長尾津】tŋ$_{33}$ bue$_{55}$ tin^{55} 台灣藍鵲。「津」，下垂的意思。指此鳥隻的長尾總是下垂的樣子。其他地方稱：「長尾山娘」tŋ$_{33}$ bue$_{55}$ suã$_{33}$ nĩu^{13}
〈張〉x
〈藍〉x

【鵪鶉仔】ian$_{33}$ tʰun$_{33}$ nã^{51} 鵪鶉。
〈張〉鵪鶉仔 ian$_{33}$ tʰun$_{33}$ nã^{51}
〈藍〉鵪鶉 an$_{33}$ tʰun^{13}

【筆鴕雞】pit$_{55}$ to$_{33}$ ke$_{33}$ a^{51} 因叫聲[pit$_{55}$ to$_{33}$ ke^{13}]而得名。
〈張〉不鴕鮭 put$_{55}$ to$_{33}$ ke^{13}
〈藍〉x

【粟鳥仔】tsʰik$_{55}$ tsiau$_{55}$ a^{51} 麻雀。
〈張〉粟鳥仔 tsʰik$_{55}$ tsiau$_{55}$ a^{51}
〈藍〉厝雀仔 tsʰu$_{51}$ tse$_{55}$ a^{51}

【烏喙撇仔】ɔ$_{33}$ tsʰui$_{51}$ pʰiat$_{55}$ la^{51} 文鳥。

〈張〉x

〈藍〉x

【竹雞仔】tik_{55} ke_{33} a^{51}　竹雞。

　〈張〉竹雞仔 tik_{55} ke_{33} a^{51}

　〈藍〉x

【翼】sit^{33}　翅膀。

　〈張〉翼 sit^{55}

　〈藍〉翼 sit^{55}

【半仿仔】$pua\tilde{}_{51}$ $ho\eta_{55}$ $\eta\tilde{a}^{51}$　土雞和肉雞交
　配所生的雞。

　也稱「仿仔雞」$ho\eta_{55}$ $\eta\tilde{a}_{55}$ ke^{55}

　〈張〉仿仔 $ho\eta_{55}$ $\eta\tilde{a}^{51}$

　〈藍〉x

【雉雞】$t^{h}i_{33}$ ke^{55}　雉雞。

　〈張〉雉雞 $t^{h}i_{11}$ ke^{55}

　〈藍〉山雞 $sua\tilde{}_{33}$ ke^{55}

【土雞仔】$t^{h}ɔ_{55}$ ke_{33} a^{51}　土雞、放山雞。

　〈張〉土雞仔 $t^{h}ɔ_{55}$ ke_{33} a^{51}

　〈藍〉x

【珠雞】tsu_{33} ke^{55}　珠雞。

　〈張〉珠雞 tsu_{33} ke^{55}

　〈藍〉x

【烏骨雞】$ɔ_{33}$ kut_{55} ke^{55}　黑種雞。

　〈張〉烏骨雞 $ɔ_{33}$ kut_{55} ke^{55}

　〈藍〉x

【肉雞仔】ba_{51} ke_{33} a^{51}　食用雞。

　〈張〉肉雞仔 ba_{51} ke_{33} a^{51}

　〈藍〉x

【生卵雞】$se\tilde{}_{33}$ $nui\tilde{}_{11}$ ke^{55}　專產蛋的雞。

　〈張〉生卵雞 $se\tilde{}_{33}$ $n\dot{\eta}_{11}$ ke^{55}

　〈藍〉生卵 $se\tilde{}_{33}$ $nui\tilde{}^{33}$

【相拍雞】sio_{33} $p^{h}a_{51}$ ke^{55}　鬥雞。

　〈張〉相拍雞 sio_{33} $p^{h}a_{51}$ ke^{55}

　〈藍〉x

【雞公】ke_{33} $ka\eta^{55}$　公雞。

　〈張〉雞公 ke_{33} $ka\eta^{55}$

　〈藍〉雞公 ke_{33} $ka\eta^{55}$

【起鵤】$k^{h}i_{55}$ $ts^{h}io^{55}$　發情。

　公雞發情脖子漲粗，脖毛張轟起，身
　體旋轉，稱「踏形」ta_{11} $hi\eta^{13}$

　〈張〉x

　〈藍〉x

【鵤雞】$ts^{h}io_{33}$ ke^{55}　少年公雞。

　〈張〉鵤雞 $ts^{h}io_{33}$ ke^{55}

　〈藍〉x

【雞母】ke_{33} bo^{51}　母雞。

　〈張〉雞母 ke_{33} bo^{51}

　〈藍〉雞母 ke_{33} bo^{51}

【雞桃仔】ke_{33} $t^{h}o_{33}$ a^{51}　中等大小的雞。

　〈張〉雞桃仔 ke_{33} $t^{h}o_{33}$ a^{51}

　〈藍〉x

【石頭雞仔】$tsio_{11}$ $t^{h}au_{33}$ ke_{33} a^{51}　養不大
　的雞。

　也有人講「雞龜仔」ke_{33} ku_{33} a^{51}。

　〈張〉x

　〈藍〉x

【雞仔囝】ke_{33} a_{55} $kia\tilde{}^{51}$　小雞。

　〈張〉雞仔囝 ke_{33} a_{55} $kia\tilde{}^{51}$

　〈藍〉雞仔囝 ke_{33} a_{55} $kia\tilde{}^{51}$

【雞鵤仔】ke_{33} kak_{55} ga^{51}　小公雞。

　〈張〉雞鵤仔 ke_{33} kak_{55} ga^{51}

　〈藍〉雞鵤仔 ke_{33} kak_{55} ga^{51}

【雞僆仔】 ke_{33} nua_{33} $\tilde{a}^{51}$ 小母雞。
〈張〉雞僆仔 ke_{33} nua_{33} $\tilde{a}^{51}$
〈藍〉雞僆仔 ke_{33} nua_{33} $\tilde{a}^{51}$

【閹雞】 iam_{33} ke^{55} 閹雞。
〈張〉閹雞 iam_{33} ke^{55}
〈藍〉閹雞 iam_{33} ke^{55}

【閹雞牯】 iam_{33} ke_{33} $kɔ^{51}$ 老閹雞。
〈張〉閹雞牯 iam_{33} ke_{33} $kɔ^{51}$
〈藍〉x

【種雞】 $tsiŋ_{55}$ ke^{55} 用來做種的雞。
〈張〉x
〈藍〉x

【雞髻】 ke_{33} kue^{11} 雞冠。
〈張〉雞髻 ke_{33} kue^{11}
〈藍〉雞髻 ke_{33} kue^{11}

【雞胿】 ke_{33} kui^{55} 雞嗉。
〈張〉雞胿 ke_{33} kui^{55}
〈藍〉雞胿 ke_{33} kui^{55}

【雞胘】 ke_{33} $kian^{33}$ 雞肫。
〈張〉雞胘 ke_{33} $kian^{33}$
〈藍〉雞胘 ke_{33} $kian^{33}$

【雞骹爪】 ke_{33} k^ha_{33} $dziau^{51}$ 雞爪子。
〈張〉雞骹爪 ke_{33} k^ha_{33} $dziau^{51}$
〈藍〉x

【雞腿】 ke_{33} t^hui^{51} 雞腿。
〈張〉雞腿 ke_{33} t^hui^{51}
〈藍〉x

【雞膦核仔】 ke_{33} lan_{11} hut_{33} la^{51} 雞的睪丸。煮食時稱「雞腰」 ke_{33} io^{55}
〈張〉 雞膦核 ke_{33} lan_{11} hut^{33}
〈藍〉x

【卵單】 $nui\tilde{}_{11}$ $tua\tilde{}^{55}$ 在肚內未成蛋前的一粒一粒蛋黃，稱卵單。
〈張〉x
〈藍〉卵單 $nui\tilde{}_{11}$ $tua\tilde{}^{55}$

【雞翼】 ke_{33} sit^{33} 雞的翅膀。
〈張〉雞翼 ke_{33} sit^{55}
〈藍〉雞翼 ke_{33} sit^{55}

【雞尾椎】 ke_{33} bue_{55} $tsui^{55}$ 雞屁股。
〈張〉雞尾椎 ke_{33} bue_{55} $tsui^{55}$
〈藍〉雞尾椎 ke_{33} bue_{55} $tsui^{55}$

【雞羶】 ke_{33} $hian^{11}$ 雞的羶味。
〈張〉雞羶 ke_{33} $hian^{11}$
〈藍〉x

【鴨仔】 a_{55} a^{51} 鴨子。
〈張〉鴨仔 a_{55} a^{51}
〈藍〉鴨仔 a_{55} a^{51} 、鴨 $aʔ^{31}$

【鴨微仔】 a_{51} bi_{33} a^{51} 小鴨子。
〈張〉鴨微仔 a_{51} bi_{33} a^{51}
〈藍〉鴨仔囝 a_{55} a_{55} $kia\tilde{}^{51}$

【番公】 $huan_{33}$ $kaŋ^{55}$ 紅面鴨。
〈張〉番公 $huan_{33}$ $kaŋ^{55}$
〈藍〉x

【土番】 $t^hɔ_{55}$ $huan^{55}$ 本地鴨。
〈張〉x
〈藍〉x

【菜鴨仔】 ts^hai_{51} a_{55} a^{51} 母鴨，主要用來做為生蛋鴨。
〈張〉菜鴨仔 ts^hai_{51} a_{55} a^{51}
〈藍〉x

【鴨龜仔】 a_{51} ku_{33} a^{51} 養不大的鴨子。

養不大的鴨子，總是跟不上鴨群。學習能力總是跟不上群體的小孩，畏縮的人，也會被稱爲「鴨龜仔」。

〈張〉鴨龜仔 a_{51} ku_{33} a^{51}

〈藍〉x

【鴨母】a_{51} bo^{51}　母鴨。

〈張〉鴨母 a_{51} bo^{51}

〈藍〉x

【鴨公】a_{51} $kaŋ^{55}$　公鴨。

〈張〉鴨雄仔 a_{51} $hiŋ_{33}$ $ã^{51}$

〈藍〉x

【鴨公仔聲】a_{51} $kaŋ_{33}$ $ŋã_{55}$ $siã^{55}$　形容一個人嗓音沙啞，如鴨叫聲。

〈張〉鴨雄仔聲 a_{51} $hiŋ_{33}$ $ŋã_{55}$ $siã^{55}$

〈藍〉x

【雞卵】ke_{33} $nuĩ^{33}$　雞蛋。

〈張〉雞卵 ke_{33} $nŋ^{33}$

〈藍〉雞卵 ke_{33} $nuĩ^{33}$

【鴨卵】a_{51} $nuĩ^{33}$　鴨蛋。

〈張〉鴨卵 a_{51} $nŋ^{33}$

〈藍〉鴨卵 a_{51} $nuĩ^{33}$

【鴨鯗】a_{51} $sĩu^{51}$　鴨賞，宜蘭名產。

〈張〉鴨鯗 a_{51} $sĩu^{51}$

〈藍〉x

【鴨羶】a_{51} $hian^{11}$　鴨的羶味。

〈張〉鴨羶 a_{51} $hian^{11}$

〈藍〉x

【鵝仔】go_{33} a^{51}　鵝。

〈張〉鵝仔 go_{33} a^{51}

〈藍〉鵝 go^{13}

【火雞】hue_{55} ke^{55}　火雞。

〈張〉火雞 hue_{55} ke^{55}

〈藍〉x

【孵卵】pu_{11} $nuĩ^{33}$　孵蛋。

〈張〉孵卵 pu_{11} $nuĩ^{33}$

〈藍〉孵卵 pu_{11} $nuĩ^{33}$、$tɔk_{55}$ $tsiu^{11}$

（三）爬蟲類

【鱷魚】$k^hɔk_{11}$ hi^{13}

〈張〉鱷魚 $k^hɔk_{11}$ hi^{13}

〈藍〉鱷魚 $gɔk_{11}$ hi^{13}
　　　　□□bua_{33} a^{51}

【蛇】$tsua^{13}$　蛇。

〈張〉蛇 $tsua^{13}$、溜 liu^{55}（忌諱說法）。

〈藍〉蛇 $tsua^{13}$

【錦蛇】kim_{55} $tsua^{13}$　一種蟒蛇。

〈張〉錦蛇 kim_{55} $tsua^{13}$

〈藍〉x

【草花仔】ts^hau_{55} hue_{33} a^{51}

〈張〉草花仔蛇 ts^hau_{55} hue_{33} a_{55} $tsua^{13}$

〈藍〉x

【青竹絲】$ts^hẽ_{33}$ tik_{55} si^{55}　青竹絲。

〈張〉青竹絲 $ts^hẽ_{33}$ tik_{55} si^{55}

〈藍〉x

【飯匙銃】$puĩ_{11}$ si_{33} $ts^hiŋ^{11}$　眼鏡蛇的一種。

〈張〉飯匙銃 $pŋ_{11}$ si_{33} $ts^hiŋ^{11}$

〈藍〉x

【雨傘節】$hɔ_{11}$ $suã_{51}$ $tsat^{31}$　雨傘節，一種毒蛇。

〈張〉雨傘節 $hɔ_{11}$ $suã_{51}$ $tsat^{31}$

〈藍〉x

【百步蛇】pa_{51} $pɔ_{11}$ $tsua^{13}$ 百步蛇，一種毒蛇。

〈張〉百步蛇 pa_{51} $pɔ_{11}$ $tsua^{13}$

〈藍〉x

【牛殼花】gu_{33} kak_{55} hue^{55} 一種毒蛇，一般講「龜殼花」ku_{33} k^hak_{55} hue^{55}。

〈張〉牛殼花 gu_{33} k^hak_{55} hue^{55}

〈藍〉x

【水蛇仔】$tsui_{55}$ $tsua_{33}$ a^{51} 水蛇。

〈張〉水蛇仔 $tsui_{55}$ $tsua_{33}$ a^{51}

〈藍〉x

【臭青公】ts^hau_{51} $ts^hẽ_{33}$ $kɔŋ^{55}$

〈張〉臭青公母 ts^hau_{51} $ts^hẽ_{33}$ $kɔŋ_{33}$ bo^{51}

〈藍〉x

【焦尾仔】ta_{33} bue_{55} a^{51} 赤尾蛇。

〈張〉赤尾蛤仔 ts^hia_{51} bue_{55} tai_{33} a^{51}

〈藍〉x

【杜定】$tɔ_{11}$ $tiŋ^{33}$ 蜥蜴。

〈張〉杜定 $tɔ_{11}$ $tiŋ^{33}$

〈藍〉杜定 $tɔ_{11}$ $tiŋ^{33}$、蜥蜴 sik_{55} ik^{31} 四骸蛇 si_{51} k^ha_{33} $tsua^{13}$

【石降】$tsio_{11}$ $kaŋ^{11}$ 蛙類的一種。在山谷溪流，眼睛紅色。

〈張〉石降 $tsio_{11}$ $kaŋ^{11}$

〈藍〉x

【護怪】$hɔ_{11}$ $kuai^{11}$ 青蛙的一種，喜在芋頭葉上的。

〈張〉x

〈藍〉x

【水雞】$tsui_{55}$ ke^{55} 可食用的大青蛙。

〈張〉水雞 $tsui_{55}$ ke^{55}

〈藍〉水雞 $tsui_{55}$ ke^{55}

【蛤仔】kap_{55} ba^{51} 蛙類總稱。

〈張〉蛤仔 kap_{55} ba^{51}

〈藍〉蛤仔 kap_{55} ba^{51}

【肚胿仔】$tɔ_{11}$ $kuãi_{33}$ $ã^{51}$ 蝌蚪。

又音 $tɔ_{11}$ $kuai_{33}$ a^{51}

也講「大肚娘仔」tua_{11} $tɔ_{11}$ $nĩu_{33}$ $ã^{51}$

〈張〉肚胿仔 $tɔ_{11}$ $kuãi_{33}$ $ã^{51}$

〈藍〉大肚胿仔 tua_{11} $tɔ_{11}$ $kuai_{33}$ a^{51}
大肚娘仔 tua_{11} $tɔ_{11}$ $nĩu_{33}$ $ã^{51}$

【蟾蜍】$tsĩu_{33}$ tsi^{13} 癩蛤蟆。

〈張〉蟾蜍 $tsĩu_{33}$ tsi^{13}

〈藍〉蟾蜍 $tsĩu_{33}$ tsi^{13}

【蟮翁仔】sin_{33} $aŋ_{33}$ a^{51} 壁虎。

〈張〉蟮螂 sin_{33} $laŋ^{13}$

〈藍〉蟮翁仔 sin_{33} $aŋ_{33}$ a^{51}

【杜蚓】$tɔ_{11}$ kin^{51} 蚯蚓。

〈張〉杜蚓 $tɔ_{11}$ kin^{51}

〈藍〉杜蚓 $tɔ_{11}$ kin^{51}

【牛蜳】gu_{33} un^{13} 大蚯蚓，頭白色。

〈張〉牛蜳 gu_{33} lun^{13}

〈藍〉牛蜳 gu_{33} hun^{13}

【蝒蟲】bin_{11} $t^haŋ^{13}$ 蛔蟲。

〈張〉蝒蟲 bin_{11} $t^haŋ^{13}$

〈藍〉蝒蟲 bin_{11} $t^haŋ^{13}$

【蜈蜞】$gɔ_{11}$ k^hi^{13} 水蛭。

〈張〉蜈蜞 $gɔ_{11}$ k^hi^{13}、爛蜞 $nuã_{11}$ k^hi^{13}

〈藍〉蜈蜞 $gɔ_{11}$ k^hi^{13}

【屎礐仔蟲】sai_{55} hak_{33} ga_{55} $t^haŋ^{13}$ 蒼蠅蛆。

〈張〉屎礐仔蟲 sai_{55} hak_{33} ga_{55} $t^haŋ^{13}$

〈藍〉屎礐仔蟲 sai$_{55}$ hak$_{33}$ ga$_{55}$ tʰaŋ^{13}

【草鞋板仔】tsʰau$_{55}$ e$_{33}$ pan$_{55}$ nã^{51} 鼻涕
蟲。背黑腹白，行過留下明亮白液體。
〈張〉x
〈藍〉x

【露螺】lɔ$_{51}$ le^{13} 蝸牛。
〈張〉露螺 lɔ$_{11}$ le^{13}
〈藍〉露螺 lɔ$_{51}$ le^{13}

（四）昆蟲類

【蝶仔】ia$_{33}$ a^{51} 蝴蝶。
〈張〉蝶仔 ia$_{33}$ a^{51}
〈藍〉蝶仔 ia$_{33}$ a^{51}、尾蝶 bue$_{55}$ ia^{33}

【膣螟】tsʰan$_{33}$ nẽ^{55} 蜻蜓。
〈張〉膣螟 tsʰan$_{33}$ ẽ^{55}
〈藍〉膣螟 tsʰan$_{33}$ ẽ^{55}

【蠓仔】baŋ$_{55}$ ŋã^{51} 蚊子。
〈張〉蠓仔 baŋ$_{55}$ ŋã^{51}
〈藍〉蠓仔 baŋ$_{55}$ ŋã^{51}

【躼骹蠓仔】lo$_{51}$ kʰa$_{33}$ baŋ$_{55}$ ŋã^{51} 蚊子的
一種。
〈張〉躼骹蠓仔 lo$_{51}$ kʰa$_{33}$ baŋ$_{55}$ ŋã^{51}
〈藍〉x

【胡蠅仔】hɔ$_{33}$ bui$_{33}$ a^{51} 小黑蚊。
〈張〉烏蠅仔 ɔ$_{33}$ bui$_{33}$ a^{51}
〈藍〉胡蠅仔 hɔ$_{33}$ bui$_{33}$ a^{51}

【蛆】tsʰi^{55} 孑孓。
〈張〉蛆 tsʰi^{55}
〈藍〉蛆 tsʰi^{55}

【米蟲】bi$_{55}$ tʰaŋ^{13} 白色，體軟會蠕動。
〈張〉x
〈藍〉蛀米蟲 tsiu$_{51}$ bi$_{55}$ tʰaŋ^{13}

【蛀龜】tsiu$_{51}$ ku^{55} 一種小米蟲。
赤色體硬，與吃木材的蛀龜不同。
〈張〉蛀龜仔 tsiu$_{51}$ ku$_{33}$ a^{51}
〈藍〉x

【果蠅】ko$_{55}$ sin^{13} 果蠅。
〈張〉x
〈藍〉x

【虼蚤】ka$_{33}$ tsau^{51} 跳蚤。
〈張〉虼蚤 ka$_{33}$ tsau^{51}
〈藍〉虼蚤 ka$_{33}$ tsau^{51}

【木蝨】bak$_{11}$ sat^{31} 床蝨、臭蟲。
〈張〉木蝨 bak$_{11}$ sat^{31}
〈藍〉木蝨 bak$_{11}$ sat^{31}

【胡蠅】hɔ$_{33}$ sin^{13} 蒼蠅。
〈張〉胡蠅 hɔ$_{33}$ sin^{13}
〈藍〉胡蠅 hɔ$_{33}$ sin^{13}

【金蠅】kim$_{33}$ sin^{13} 麗蠅、金頭蒼蠅。
〈張〉金蠅 kim$_{33}$ sin^{13}
〈藍〉金蠅 kim$_{33}$ sin^{13}

【虼蚻】ka$_{33}$ tsua^{33} 蟑螂。
〈張〉虼蚻 ka$_{33}$ tsuaʔ^{55}
〈藍〉虼蚻 ka$_{33}$ tsua^{33}

【蝨母】sat$_{55}$ bo^{51} 蝨子。
〈張〉蝨母 sat$_{55}$ bo^{51}
〈藍〉蝨母 sat$_{55}$ bo^{51}、sap$_{55}$ bo^{51}

【蜘蛛】ti$_{33}$ tu^{55} 蜘蛛。
〈張〉蜘蛛 ti$_{33}$ tu^{55}
〈藍〉蜘蛛 ti$_{33}$ tu^{55}

【經蜘蛛絲】kẽ$_{33}$ ti$_{33}$ tu$_{33}$ si^{55} 織蜘蛛網。
〈張〉經蜘蛛絲 kẽ$_{33}$ ti$_{33}$ tu$_{33}$ si^{55}
〈藍〉經蜘蛛網 kẽ$_{33}$ ti$_{33}$ tu$_{33}$ baŋ^{33}

【蟧蜈】$nã_{33}$ gia^{13} 不會織網的長腳蜘蛛。
一般人講[la_{33} gia^{13}]或[ga_{33} gia^{13}]
〈張〉蟧蜈 la_{33} gia^{13}
〈藍〉蟧蜈 la_{33} gia^{13}、hi^{51}
　　蟧蜈仔 la_{33} gia_{33} a^{51}

【大水蟻】tua_{11} $tsui_{55}$ hia^{33} 大雨之前，
會出現的一種飛蟻。
〈張〉水蟻 $tsui_{55}$ hia^{33}
〈藍〉x

【狗蟻】kau_{55} hia^{33} 螞蟻。
〈張〉狗蟻 kau_{55} hia^{33}
〈藍〉狗蟻 kau_{55} hia^{33}

【紅狗蟻】$aŋ_{33}$ kau_{55} hia^{33} 紅螞蟻。
〈張〉紅狗蟻 $aŋ_{33}$ kau_{55} hia^{33}
〈藍〉x

【白蟻】pe_{11} hia^{33} 白蟻。
〈張〉白蟻 pe_{11} hia^{33}
〈藍〉白蟻 pe_{11} hia^{33}

【杜猴】$tɔ_{11}$ kau^{13} 蟋蟀的一種，不會吃
嫩莖，講「灌杜猴」，其洞是與地面垂
直的。
〈張〉杜猴 $tɔ_{11}$ kau^{13}、
　　杜蚍仔 $tɔ_{11}$ pe_{55} a^{51}
〈藍〉杜猴 $tɔ_{11}$ kau^{13}

【杜蚍仔】$tɔ_{11}$ pe_{55} a^{51} 蟋蟀的一種，會
吃蔬菜的嫩莖。
〈張〉杜猴 $tɔ_{11}$ kau^{13}、
　　杜蚍仔 $tɔ_{11}$ pe_{55} a^{51}
〈藍〉x

【灶雞】$tsau_{51}$ ke^{55} 蟋蟀的一種。
〈張〉灶雞 $tsau_{51}$ ke^{55}
　　蟋蟀仔 si_{55} sut_{55} a^{51}（蟋蟀）

〈藍〉灶雞 $tsau_{51}$ ke^{55}

【蜈蚣】gia_{33} $kaŋ^{55}$ 蜈蚣。
〈張〉蜈蚣 gia_{33} $kaŋ^{55}$
〈藍〉蜈蚣 gia_{33} $kaŋ^{55}$

【牛屎龜】gu_{33} sai_{55} ku^{55} 在糞堆裏覓食
的甲蟲。
〈張〉牛屎龜 gu_{33} sai_{55} ku^{55}
〈藍〉x

【塍金秤】$tsʰan_{33}$ kim_{33} $tsʰin^{11}$ 一種金龜
蟲，有角，身金色。
〈張〉千斤秤 $tsʰian_{33}$ kin_{33} $tsʰin^{11}$
〈藍〉x

【金龜】kim_{33} ku^{55} 青銅金龜。
〈張〉金龜 kim_{33} ku^{55}
〈藍〉x

【牛角歪】gu_{33} kak_{55} $uãi^{13}$ 天牛。
〈張〉牛角歪 gu_{33} kak_{55} $uãi^{13}$
〈藍〉牛角歪 gu_{33} kak_{55} $uãi?^{31}$

【蜜蜂】bit_{11} $pʰaŋ^{55}$ 蜜蜂，會釀蜜。
〈張〉蜜蜂 bit_{11} $pʰaŋ^{55}$
〈藍〉蜜蜂 bit_{11} $pʰaŋ^{55}$

【虎頭蜂】$hɔ_{55}$ $tʰau_{33}$ $pʰaŋ^{55}$ 虎頭蜂。
〈張〉虎頭蜂 $hɔ_{55}$ $tʰau_{33}$ $pʰaŋ^{55}$
〈藍〉x

【蟬】$sian^{13}$ 蟬。
〈張〉蟬 $sian^{13}$
〈藍〉蟬 $sian^{13}$

【草猴】$tsʰau_{55}$ kau^{13} 螳螂。
〈張〉草猴 $tsʰau_{55}$ kau^{13}
〈藍〉草猴 $tsʰau_{55}$ kau^{13}

【草蜢】tsʰau₅₅ mẽʔ³¹ 蚱蜢。
也講「草蜢」tsʰau₅₅ mẽ₅₅ ã⁵¹
〈張〉草蜢 tsʰau₅₅ mẽʔ³¹
〈藍〉草蜢 tsʰau₅₅ mẽ⁵¹

【草蜢公】tsʰau₅₅ mẽ₅₅ kɔŋ⁵⁵ 大蚱蜢。
〈張〉草蜢公 tsʰau₅₅ mẽ₅₅ kɔŋ⁵⁵
〈藍〉x

【火金蛄】hue₅₅ kim₃₃ kɔ⁵⁵ 螢火蟲。
〈張〉火金蛄 hue₅₅ kim₃₃ kɔ⁵⁵
〈藍〉火金蛄 hue₅₅ kim₃₃ kɔ⁵⁵

【刺毛蟲】tsʰi₅₁ mɔ̃₃₃ tʰaŋ¹³ 毛毛蟲。
〈張〉刺毛蟲 tsʰi₅₁ mɔ̃₃₃ tʰaŋ¹³
〈藍〉刺囉仔蟲 tsʰi₅₁ lo₃₃ a₅₅ tʰaŋ¹³

【牛虱】gu₃₃ sat³¹ 牛蜱。
〈張〉牛蜱 gu₃₃ pi⁵⁵
〈藍〉x

【狗虱】kau₅₅ sat³¹ 狗蜱。
〈張〉狗蜱 kau₅₅ pi⁵⁵
〈藍〉狗虱 kau₅₅ sat³¹

【筍龜】sun₅₅ ku⁵⁵ 筍龜。
〈張〉筍龜 sun₅₅ ku⁵⁵
〈藍〉x

【蛀龜】tsiu₅₁ ku⁵⁵ 吃木材家具之蟲，身
白嘴紅，體軟。異於吃米的蛀龜。
〈張〉蛀龜 tsiu₅₁ ku⁵⁵
〈藍〉蛀蟲 tsiu₅₁ tʰaŋ¹³、蛀龜 tsiu₅₁ ku⁵⁵

【娘仔】nĩu₃₃ ã⁵¹ 蠶。
〈張〉娘仔 nĩu₃₃ ã⁵¹
〈藍〉娘仔 nĩu₃₃ ã⁵¹、蠶 tsʰan¹³

【觳仔】kʰɔk₅₅ ga⁵¹ 昆蟲繭。
〈張〉觳仔 kʰɔk₅₅ ga⁵¹

〈藍〉觳仔 kʰɔk₅₅ ga⁵¹、蛹 iŋ⁵¹

【雞蛤】ke₃₃ tai¹³ 附在雞窩上的一種蟲。
〈張〉雞蛤 ke₃₃ tai¹³
〈藍〉x

【雞母蟲】ke₃₃ bo₅₅ tʰaŋ¹³ 獨角仙的幼蟲。
〈張〉雞母蟲 ke₃₃ bo₅₅ tʰaŋ¹³
〈藍〉x

【蛄蠅】kɔ₃₃ sin¹³ 蚜蟲。
〈張〉蛄蠅 kɔ₃₃ sin¹³
〈藍〉x

（五）魚蝦海獸

【烏毛】ɔ₃₃ mɔ̃⁵⁵ 石斑魚的一種。
〈張〉x
〈藍〉x

【放緄仔】paŋ₅₁ kun₅₅ ã⁵¹ 延繩釣。
〈張〉x
〈藍〉x

【放笭仔】paŋ₅₁ liŋ₃₃ ŋã⁵¹ 放籠具。
〈張〉x
〈藍〉x

【牽斡仔】kʰan₃₃ uat₅₅ la⁵¹ 使用一種捕魚
具。
〈張〉x
〈藍〉x

【鏢架】pio₃₃ ke¹¹ 以標槍射釘鮸（旗
魚），在船頭延伸到前方工人站的地
方。目前，台東新港還是用此方法捕
旗魚。
〈張〉x
〈藍〉x

【巴郎】pa33 laŋ55 竹筴魚、巴攏魚。或
講 pa33 laŋ33 ã51
〈張〉巴郎 pa33 laŋ55
〈藍〉x

【黃尾巴郎】uĩ33 bue55 pa33 laŋ55 黃尾瓜。
〈張〉x
〈藍〉x

【黃瓜】uĩ33 kue55 黃魚。
〈張〉黃魚 ŋ11 hi13
〈藍〉黃花魚 uĩ33 hue33 hi13

【硬尾巴郎】ŋẽ33 bue55 pa33 laŋ55 長身圓
鰺。通常講四破魚是指「藍圓鰺」。
〈張〉x
〈藍〉x

【四破仔】si51 phua55 a51 硬尾巴郎。
四破魚,藍圓鰺。
〈張〉四破仔 si51 phua55 a51
〈藍〉x

【鮑魚】pau33 hi13 鮑魚。
〈張〉鮑魚 pau33 hi13
〈藍〉鮑魚 pau33 hi13

【白魚】pe11 hi13 白帶魚。
〈張〉白帶魚 pe11 tua51 hi13
〈藍〉白帶魚 pe11 tua51 hi13

【丁香】tiŋ33 hĩu55 丁香魚
〈張〉x
〈藍〉x

【補網鰮】pɔ55 baŋ11 sai33 無刺全肉,烤
魚好食材。別稱:水針,水尖
〈張〉x
〈藍〉x

【烏鯧】ɔ33 tshĩu55 烏鯧。
〈張〉烏鯧 ɔ33 tshĩu55
〈藍〉烏鯧 ɔ33 tshĩu55
鯧仔魚 tshĩu33 ã55 hi13

【白鯧】pe11 tshĩu55
〈張〉白鯧 pe11 tshĩu55
〈藍〉x

【銀鯧】gin33 tshĩu55 圓白鯧、燕子鯧。
〈張〉x
〈藍〉x

【紅沙】aŋ33 sa55 紅衫、金鯧、獅鼻鯧
鰺
〈張〉x
〈藍〉x

【花令仔】hue33 liŋ33 ŋã51 花令仔魚。
〈張〉x
〈藍〉x

【三角花令仔】sã33 kak55 hue33 liŋ33 ã51 金
錢仔、三角仔。
〈張〉x
〈藍〉x

【肉鯽仔】ba51 tsit55 la51 肉魚。
〈張〉肉鯽仔 ba51 tsit55 la51
〈藍〉x

【垵米仔】uã33 bi55 a51 紅尾銀鱸。
〈張〉x
〈藍〉x

【領鬃】niã33 tsaŋ55 魚背陵線上的刺鰭。
〈張〉x
〈藍〉x

【翼仔】sit33 la51 長在兩側可划水的鰭。

〈張〉x

〈藍〉x

【七星仔】tsʰit₅₅ tsʰẽ₃₃ ã⁵¹ 七星鱸。

　〈張〉x

　〈藍〉x

【刺蔥仔】tsʰi₅₁ tsʰaŋ₃₃ ŋã⁵¹ 大口逆溝
　鯵。比七星仔小。

　〈張〉x

　〈藍〉x

【胡溜鯗】hɔ₃₃ liu₃₃ tsʰŋ¹¹ 胡溜鯗。
　也稱「拉倫」la₃₃ lun₅₅，雙帶鯵。最愛
　閃在流木底下，隨木遊走，大的有 2-30
　斤。

　〈張〉x

　〈藍〉x

【さんま】san₅₁ baʔ³¹ 秋刀魚，日語詞彙。

　〈張〉さんま san₅₁ baʔ³¹

　〈藍〉x

【無目鰻】bo₃₃ bak₁₁ muã¹³ 頭城大溪還
　很多。台灣只有此段海岸有。1980 年
　代韓人來此教大溪人捕無目鰻法。

　〈張〉x

　〈藍〉x

【花輝】hue₃₃ hui₅₅ 鯖魚。
　有「坔肚仔」lɔm₅₁ tɔ₃₃ a⁵¹，「烏目蕊仔」
　ɔ₃₃ bak₁₁ lui₅₅ a⁵¹ 。日本北海道較大較
　油，叫「坔肚仔」lɔm₅₁ tɔ₃₃ a⁵¹ 。台灣
　叫「烏目蕊仔」ɔ₃₃ bak₁₁ lui₅₅ a⁵¹ ，眼
　睛較大，體裁較小，舊曆 11 月正好
　食，舊曆 2 月後就不好食。又名【青
　輝】tsʰẽ₃₃ hui₅₅ 。

　〈張〉x

〈藍〉x

【白腹仔】pe₁₁ pak₅₅ ga⁵¹ 白北仔。

　〈張〉白腹仔 pe₁₁ pak₅₅ ga⁵¹

　〈藍〉x

【馬鮫】be₅₅ ka₅₅ 馬鮫，宜蘭較多。

　〈張〉馬鮫 be₅₅ ka₅₅

　〈藍〉x

【土魟魚】tʰo₃₃ tʰo₅₁ hi¹³ 土魟魚。
　台灣海峽方面較多。

　〈張〉塗魟 tʰo₃₃ tʰuʔ³³

　〈藍〉x

【煙仔虎】ian₃₃ ã₅₅ hɔ⁵¹ 鰹魚。
　也講「柴魚」tsʰa₃₃ hi¹³

　〈張〉x

　〈藍〉x

【烏喉】ɔ₃₃ au¹³ 黑姑魚，海峽方面多。

　〈張〉x

　〈藍〉x

【爛召】nua₁₁ tsau₅₅ 多刺，似虱目魚。
　宜蘭沿海很多，但近 10 年來魚栽被
　捕，無法順利成長，已較少。

　〈張〉x

　〈藍〉x

【麻虱目仔】muã₃₃ sat₅₅ bak₃₃ ga⁵¹ 虱目
　魚。

　〈張〉麻虱目仔 muã₃₃ sat₅₅ bak₃₃ ga⁵¹

　〈藍〉x

【午仔】ŋɔ̃₅₅ ã⁵¹ 有三種，其中「臭耳儂
　午」tsʰau₅₁ hĩ₁₁ laŋ₃₃ gɔ̃⁵¹，一隻 7、8
　斤。前有兩支鬚，魚肉不易臭，被認
　為是第一名的魚。魚排名順口溜：一

午二魟鯊 haŋ₃₃ sa⁵⁵ 三鮫鯻 ka₃₃ la³³ 四
馬鮫 be₁₁ ka⁵⁵。

〈張〉午仔 ŋɔ̃₅₅ ã⁵¹

〈藍〉x

【豆仔魚】tau₃₃ a₅₅ hi¹³ 大鱗鮻。

〈張〉x

〈藍〉x

【烏魚】ɔ₃₃ hi¹³ 烏魚。
有稱「大金鱗」tua₁₁ kim₃₃ lan¹³ 或「紅
喙箍」aŋ₃₃ tsʰui₅₁ kʰɔ⁵⁵ 者，一隻 7,8 斤
近 10 斤，近年被大陸漁民炸捕到台灣
少見。

〈張〉烏魚 ɔ₃₃ hi¹³

〈藍〉x

【烏仔魚】ɔ₃₃ a₅₅ hi¹³ 烏魚。養殖的，
體型較小。

〈張〉烏仔魚 ɔ₃₃ a₅₅ hi¹³

〈藍〉x

【烏魚子】ɔ₃₃ hi₃₃ tsi⁵¹ 加工製造後的烏
魚卵。

〈張〉烏魚子 ɔ₃₃ hi₃₃ tsi⁵¹

〈藍〉x

【溫仔】un₃₃ nã⁵¹ 白力魚，鰳。

〈張〉x

〈藍〉x

【金梭】kim₃₃ so⁵⁵ 尖梭、針梭。

〈張〉x

〈藍〉x

【成仔】siŋ₃₃ ŋã⁵¹ 成仔魚，魚鰭會釋出
毒液，腥味濃。口下有三對鬚。

〈張〉x

〈藍〉x

【鱠仔】kue₅₅ a⁵¹ 鱠仔魚，過魚，七星斑。

〈張〉x

〈藍〉x

【朱鱠】tsu₃₃ kue₁₁ 過魚的一種。台北縣
深澳最多。

〈張〉x

〈藍〉x

【石狗公仔】tsio₁₁ kau₅₅ kɔŋ₃₃ ŋã⁵¹ 笠仔
魚，石狗公仔魚。

〈張〉x

〈藍〉x

【海塍嬰】hai₅₅ tsʰan₃₃ nẽ⁵⁵ 角魚。
有翼會飛。有人稱「黑角魚」。

〈張〉x

〈藍〉x

【赤鯮】tsʰia₅₁ tsaŋ⁵⁵ 赤鯮。

〈張〉赤鯮 tsʰia₅₁ tsaŋ⁵⁵

〈藍〉x

【赤筆仔】tsʰia₅₁ pit₅₅ la⁵¹ 龜山島附近
有。

〈張〉x

〈藍〉x

【金線鰱】kim₃₃ suã₅₁ lian¹³ 大陸沿海
魚。

〈張〉x

〈藍〉x

【紅尾冬】aŋ₃₃ bue₅₅ taŋ⁵⁵ 又稱烏尾冬，
中間有細縱線。

〈張〉x

〈藍〉x

【三斑】san₃₃ pan⁵⁵ 四齒魚。

〈張〉x

〈藍〉x

【紅魚仔】aŋ₃₃ hi₃₃ a⁵¹ 紅魚、緋鯉（無鬚）。

〈張〉x

〈藍〉x

【紅鬚哥】aŋ₃₃ tsʰiu₃₃ ko⁵⁵ 緋鯉、紅秋姑（有鬚）。

〈張〉x

〈藍〉x

【蛇魚】tʰe₁₁ hi¹³ 翻車魚，主食水母（蛇）曼波魚「マンボウ」，日語語彙。

〈張〉反車魚 piŋ⁵⁵ tsʰia₃₃ hi¹³

〈藍〉x

【鈑魚】puã₃₃ hi¹³ 盤魚。

〈張〉鈑魚 puã₃₃ hi¹³

〈藍〉鈑魚 puã₃₃ hi¹³ （石斑魚）

【飛烏】pue₃₃ ɔ⁵⁵ 飛魚。

〈張〉飛烏 pue₃₃ ɔ⁵⁵

〈藍〉x

【飛烏虎】pue₃₃ ɔ₃₃ hɔ⁵¹ 鬼頭刀魚。速度比飛魚快，專吃飛魚。

〈張〉飛烏虎 pue₃₃ ɔ₃₃ hɔ⁵¹

〈藍〉x

【飛烏龜仔】pue₃₃ ɔ₃₃ ku₃₃ a⁵¹

〈張〉x

〈藍〉x

【馬頭仔魚】be₅₅ tʰau₃₃a₅₅hi¹³ 馬頭魚。

〈張〉馬頭仔魚 be₅₅ tʰau₃₃a₅₅hi¹³

〈藍〉x

【鮸魚】bian₅₅ hi¹³ 鮸魚。

〈張〉鮸魚 bian₅₅ hi¹³

〈藍〉x

【魩仔魚】but₅₅ la₅₅ hi¹³ 透明細小的魚苗。

〈張〉魩仔魚 but₅₅ la₅₅ hi¹³

〈藍〉魩仔魚 but₅₅ la₅₅ hi¹³

【豆腐鯊】tau₁₁ hu₁₁ sua⁵⁵ 鯨鯊

〈張〉豆腐鯊 tau₁₁ hu₁₁ suaŋ⁵⁵

〈藍〉x

【牛舌仔】gu₃₃ tsi₃₃ a⁵¹ 比目魚的一種。

〈張〉x

〈藍〉x

【挩紗仔】tʰua⁵¹ se₃₃ a⁵¹ 比目魚的一種。

〈張〉挩紗 tʰua⁵¹ se⁵⁵

〈藍〉x

【土龜仔】tʰɔ₃₃ ku₃₃ a⁵¹ 一種比目魚，圓身。

〈張〉x

〈藍〉x

【達婆仔】tat₁₁ po₃₃ a⁵¹

有「白達仔」pe₁₁ tat₃₃ la⁵¹

「烏達仔」ɔ₃₃ tat₃₃ la⁵¹ 又稱「剝皮魚」pak₅₅ pʰue₃₃ hi¹³

〈張〉x

〈藍〉x

【牛尾仔】gu₃₃ bue₅₅ a⁵¹ 牛尾魚。

〈張〉x

〈藍〉x

【傀儡仔団】ka₃₃ le₅₅ a₅₅ kiã⁵¹ 扁魚，小且薄，常曬成乾來賣。

〈張〉x

〈藍〉x

【沙栓仔】sua$_{33}$ sui$_{33}$ ã^{51} 沙鑽仔魚

　〈張〉x

　〈藍〉x

【吳郭魚】ŋɔ̃$_{33}$ kue$_{51}$ hi^{13}　吳郭魚

　〈張〉吳郭魚 gɔ$_{33}$ kue$_{51}$ hi^{13}

　〈藍〉x

【紅目鰱】aŋ$_{33}$ bak$_{11}$ lian^{13}　日本大眼鯛。

　〈張〉紅目鰱 aŋ$_{33}$ bak$_{11}$ lian^{13}

　〈藍〉紅目鰱 aŋ$_{33}$ bak$_{11}$ lian^{13}

【海鱺仔】hai$_{55}$ le$_{33}$ a^{51} 海鱺。

　〈張〉x

　〈藍〉x

【沙毛】sua$_{33}$ mɔ̃^{55} 鰻鯰。

　〈張〉x

　〈藍〉x

【魚鯽】hi$_{33}$ in^{51} 清道夫魚。

　〈張〉x

　〈藍〉x

【鱸鰻】lɔ$_{33}$ muã^{13} 鱸鰻，淡水鰻。

　〈張〉鱸鰻 lɔ$_{33}$ muã^{13}

　〈藍〉鱸鰻 lɔ$_{33}$ muã^{13}

【鱸魚】lɔ$_{33}$ hi^{13} 鱸魚。

　〈張〉鱸魚 lɔ$_{33}$ hi^{13}

　〈藍〉x

【魷魚】dziu$_{33}$ hi^{13} 魷魚。

　〈張〉魷魚 dziu$_{33}$ hi^{13}

　〈藍〉魷魚 dziu$_{33}$ hi^{13}

【鯽仔魚】tsit$_{55}$ la$_{55}$ hi^{13} 鯽魚，淡水魚。

　〈張〉鯽仔魚 tsit$_{55}$ la$_{55}$ hi^{13}

　〈藍〉鯽仔魚 tsit$_{55}$ la$_{55}$ hi^{13}

【爪仔】dziau$_{33}$ a^{51} 爪仔魚。

　稍長，稱「長短 ham$_{33}$ mã^{51}」；成年後稱「kʰɔ$_{55}$ o$_{33}$ a^{51}」

　〈張〉x

　〈藍〉x

【草魚】tsʰau$_{55}$ hi^{13} 一種淡水魚。

　〈張〉草魚 tsʰau$_{55}$ hi^{13}

　〈藍〉草魚 tsʰau$_{55}$ hi^{13}

【刺胿】tsʰi$_{51}$ kui^{55} 河豚。

　〈張〉刺胿 tsʰi$_{51}$ kui^{55}

　〈藍〉x

【臭肚】tsʰau$_{51}$ tɔ^{51} 臭肚魚。

　或稱「象魚」tsʰĩu$_{11}$ hi^{13}；tsʰĩu$_{11}$ hi$_{33}$ a^{51}（基隆八斗子稱之），會刺人。幼魚被製成「膎」ke^{13}，稱「加冬仔膎」ka$_{33}$ taŋ$_{33}$ ŋã$_{55}$ ke^{13}（野柳一帶），因過多可以此物加菜。（跟茄荖仔無關）。

　〈張〉臭肚仔 tsʰau$_{51}$ tɔ$_{33}$ a^{51}

　〈藍〉x

【魚漿】hi$_{33}$ tsĩu^{55} 魚漿，魚肉絞成。

　以前是用鯊魚，現多用養殖的虱目魚。

　〈張〉x

　〈藍〉x

【□□】tsʰap$_{55}$ ba^{51}

　從體型小頭尖的 tsʰap$_{55}$ ba$_{55}$ sun^{51}, tsʰap$_{55}$ ba$_{55}$ kiã^{51} 再從紅皮變青皮後, 長大稱 tsʰap$_{55}$ ba^{51}（林茂樹語）

　〈張〉x

　〈藍〉x

【錢鰻】tsĩ₃₃ muã¹³ 錢鰻。
　〈張〉錢鰻 tsĩ₃₃ muã¹³
　〈藍〉x

【春子仔】tsʰun₃₃ tsi₅₅ a⁵¹ 類似烏喉。
　〈張〉春子仔 tsʰun₃₃ tsi₅₅ a⁵¹
　〈藍〉x

【鱔魚】sian₁₁ hi¹³ 鱔魚。
　〈張〉鱔魚 sian₁₁ hi¹³
　〈藍〉x

【鯊魚】sua₃₃ hi¹³ 鯊魚。
　〈張〉鯊魚 sua₃₃ hi¹³
　〈藍〉鯊魚 sua₃₃ hi¹³

【鯊魚煙】sua₃₃ hi₃₃ ian₅₅ 煙薰鯊魚肉。
　〈張〉鯊魚煙 sua₃₃ hi₃₃ ian₅₅
　〈藍〉x

【狗母梭】kau₅₅ bo₅₅ so₅₅ 狗母梭。
　經常做成魚鬆。
　〈張〉狗母梭 kau₅₅ bo₅₅ so₅₅
　〈藍〉x

【龍針】liŋ₃₃ tsiam₅₅ 龍占
　〈張〉x
　〈藍〉x

【紅目甘仔】aŋ₃₃ bak₁₁ kam₃₃ mã⁵¹
　〈張〉x
　〈藍〉x

【嘉鱲仔】ka₃₃ la₃₃ a⁵¹ 嘉鱲魚。
　〈張〉嘉鱲 ka₃₃ la₃₃
　〈藍〉x

【石斑】tsio₁₁ pan₅₅ 石斑魚。
　舊稱過仔 kue₅₅ a⁵¹，幼小時都是雌性，
　長大後，有些會轉成雄性。

　〈張〉石斑 tsio₁₁ pan₅₅
　〈藍〉x

【魟魟】kɔ₃₃ tai₅₅ 七星鱧。
　〈張〉魟魟 kɔ₃₃ tai₅₅
　〈藍〉魟魟 kɔ₃₃ tai₅₅ （黃鱔）

【旗魚】ki₃₃ hi¹³ 旗魚。
　〈張〉旗魚 ki₃₃ hi¹³
　〈藍〉x

【釘鮸】tiŋ₃₃ ban⁵¹ 旗魚俗稱。
　分三種[hun₃₃ sã₃₃ tsiŋ⁵¹]：
　1）赤翼仔 tsʰiaʔ₅₅ sit₅₅ la⁵¹ 最貴
　2）鐵皮 tʰi₅₁ pue¹³
　3）紅肉仔 aŋ₃₃ ba₅₅ a⁵¹（體型最小 5,60
　斤）在釣魚台（無人島）附近捕得。
　〈張〉x
　〈藍〉x

【沙鱠】sua₃₃ gam₃₃ 石頭斑
　〈張〉x
　〈藍〉x

【花身仔】hue₃₃ sin₃₃ nã⁵¹ 花身魚。
　〈張〉花身仔 hue₃₃ sin₃₃ nã⁵¹
　〈藍〉x

【石踏仔】tsio₁₁ ta₅₅ a⁵¹ 彈塗魚
　會跳上礁石。
　〈張〉x
　〈藍〉x

【紅魚】aŋ₃₃ hi¹³ 紅魚。
　〈張〉紅魚 aŋ₃₃ hi¹³
　〈藍〉x

【紅尾冬】aŋ₃₃ bue₅₅ taŋ₅₅ 紅尾冬。
　〈張〉紅尾冬 aŋ₃₃ bue₅₅ taŋ₅₅
　〈藍〉x

【紅鮨】aŋ$_{33}$ kam^{55} 紅鮨。
〈張〉紅鮨 aŋ$_{33}$ kam^{55}
〈藍〉x

【烏甕串】ɔ$_{33}$ aŋ$_{51}$ tsʰŋ̩^{11} 黑鮪魚。
幼時稱「串仔魚」tsʰŋ̩$_{55}$ ã$_{55}$ hi^{13}、tsʰŋ̩$_{55}$
ã^{51}（宜蘭多是），成年後稱「黑甕串」。
多在台灣東部漁場。
〈張〉烏甕串ɔ$_{33}$ aŋ$_{51}$ tsʰŋ̩^{11}
〈藍〉x

【黃鰭串】uĩ$_{33}$ ki$_{33}$ tsʰŋ̩^{11}
〈張〉x
〈藍〉x

【烏耳鰻】ɔ$_{33}$ hĩ$_{11}$ muã^{13} 烏耳鰻。
〈張〉烏耳鰻 ɔ$_{33}$ hĩ$_{11}$ muã^{13}
〈藍〉x

【煙仔魚】ian$_{33}$ nã$_{55}$ hi^{13} 鰹魚。
〈張〉煙仔魚 ian$_{33}$ nã$_{55}$ hi^{13}
〈藍〉煙仔魚 ian$_{33}$ nã$_{55}$ hi^{13}

【塗虱】tʰɔ$_{33}$ sat^{31} 塘虱魚，鬚子鯰。
〈張〉塗虱 tʰɔ$_{33}$ sat^{31}
〈藍〉x

【塗龍】tʰɔ$_{33}$ liŋ^{13} 一種類似鰻魚的魚
類，吃了會活絡筋骨，尖尾。
〈張〉塗龍 tʰɔ$_{33}$ liŋ^{13}
〈藍〉x

【鰗鰡】hɔ$_{33}$ liu^{55} 泥鰍。
〈張〉鰗鰡 hɔ$_{33}$ liu^{55}
〈藍〉鰗鰡 hɔ$_{33}$ liu^{55}

【龍紋鯊】liŋ$_{33}$ bun$_{33}$ sua^{55} 琵琶鱝，飯
匙鯊。
〈張〉x
〈藍〉x

【花枝】hue$_{33}$ ki^{55} 花枝。
〈張〉花枝 hue$_{33}$ ki^{55}
〈藍〉x

【軟匙仔】nuĩ$_{55}$ si$_{33}$ a^{51} 花枝的一種，無
殼。
〈張〉軟匙仔 nuĩ$_{55}$ si$_{33}$ a^{51}
〈藍〉x

【魟仔】haŋ$_{33}$ ŋã^{51} 魟魚。
〈張〉魟仔魚 haŋ$_{33}$ ŋã$_{55}$ hi^{13}
〈藍〉x

【雙過仔】siŋ$_{33}$ kue$_{55}$ a^{51} 紅肉雙髻鯊
〈張〉x
〈藍〉x

【狗鯊】kau$_{55}$ sua^{55}
〈張〉x
〈藍〉x

【虎鯊】hɔ$_{55}$ sua^{55} 角鯊。會吃海鳥，讓
海鳥停歇在身上，再從尾部先下沉，
海鳥往上走，到近頭部再攻擊海鳥。
〈張〉x
〈藍〉x

【透抽】tʰau$_{51}$ tʰiu^{55} 真鎖管，頭足類海
產。
〈張〉透抽 tʰau$_{51}$ tʰiu^{55}
〈藍〉x

【小卷仔】sio$_{55}$ kuĩ$_{55}$ ã^{51} 小卷。
〈張〉小卷仔 sio$_{55}$ kuĩ$_{55}$ ã^{51}
〈藍〉小卷仔 sio$_{55}$ kuĩ$_{55}$ ã^{51}

【石蜞】tsio$_{11}$ kʰi^{13} 章魚。
「たこ」tʰa$_{55}$ kʰoʔ^{31}，日語詞彙。
〈張〉たこ tʰa$_{55}$ kʰoʔ^{31}
〈藍〉章魚 tsĩu$_{33}$ hĩ^{13} （書）

【海豬仔】hai₅₅ ti₃₃ a⁵¹ 海豚。
　〈張〉海豬仔 hai₅₅ ti₃₃ a⁵¹
　〈藍〉x

【海翁】hai₅₅ aŋ⁵⁵ 鯨魚。
　〈張〉海翁 hai₅₅ aŋ⁵⁵
　〈藍〉鯨魚 kiŋ₃₃ hi¹³ （書）

【魚鰓】hi₃₃ tsʰi⁵⁵ 魚鰓。
　〈張〉魚鰓 hi₃₃ tsʰi⁵⁵
　〈藍〉魚鰓 hi₃₃ tsʰi⁵⁵、鰓 sai⁵⁵（書）

【魚鰾】hi₃₃ pio³³ 魚鰾。
　公魚體內才有的精囊。
　〈張〉魚鰾 hi₃₃ pio³³
　〈藍〉魚鰾 hi₃₃ pio³³

【魚卵】hi₃₃ nuĩ³³ 魚卵。
　〈張〉魚卵 hi₃₃ nŋ̍³³
　〈藍〉魚卵 hi₃₃ nuĩ³³、
　　　　魚仔卵 hi₃₃ a₅₅ nuĩ³³

【魚翅】hi₃₃ tsʰi¹¹ 魚的鰭。
　〈張〉魚翅 hi₃₃ tsʰi¹¹
　〈藍〉魚鰭 hi₃₃ ki¹³（書）

【魚刺】hi₃₃ tsʰi¹¹ 魚的細骨。
　〈張〉魚刺 hi₃₃ tsʰi¹¹
　〈藍〉魚刺 hi₃₃ tsʰi¹¹、
　　　　魚仔刺 hi₃₃ a₅₅ tsʰi¹¹

【魚鱗】hi₃₃ lan¹³ 魚鱗。
　〈張〉魚鱗 hi₃₃ lan¹³
　〈藍〉魚鱗 hi₃₃ lan¹³

【海蔘】hai₅₅ sɔm⁵⁵ 刺蔘。
　〈張〉海蔘 hai₅₅ sɔm⁵⁵
　〈藍〉海蔘 hai₅₅ sɔm⁵⁵

【蠔仔】o₃₃ a⁵¹ 牡蠣。

　〈張〉蠔仔 o₃₃ a⁵¹
　〈藍〉蠔仔 o₃₃ a⁵¹

【毛蟹】mɔ̃₃₃ he³³ 螃蟹、毛蟹。
　〈張〉毛蟹 mɔ̃₃₃ he³³
　〈藍〉毛蟹 mɔ̃₃₃ he³³

【蟳仔】tsʰi₃₃ a⁵¹ 梭子蟹。
　〈張〉蟳仔 tsʰi₃₃ a⁵¹
　〈藍〉x

【蜊仔】la₃₃ a⁵¹ 蜆。
　淡水中的小蛤蜊，扁形螺，殼圓小。
　〈張〉蜊仔 la₃₃ a⁵¹
　〈藍〉蜊仔 la₃₃ a⁵¹

【膣蚌】tsʰan₃₃ pe⁵⁵ 蚌，生長於稻田中。
　〈張〉膣蚌 tsʰan₃₃ pe⁵⁵
　〈藍〉x

【蟯仔】gio₃₃ a⁵¹ 一種文蛤，頭城人以此比喻女性的生殖器。
　〈張〉蟯仔 gio₃₃ a⁵¹
　〈藍〉蟯蚌 gio₃₃ pe⁵⁵

【蚶仔】ham₃₃ mã⁵¹ 蛤蠣。
　〈張〉蚶仔 ham₃₃ mã⁵¹
　〈藍〉蚶仔 ham₃₃ mã⁵¹

【血蚶】hue₅₁ ham⁵⁵ 一種蛤蠣。
　〈張〉血蚶 hue₅₁ ham⁵⁵
　〈藍〉x

【海瓜子】hai₅₅ kue₃₃ tsi⁵¹ 海瓜子。
　〈張〉海瓜子 hai₅₅ kue₃₃ tsi⁵¹
　〈藍〉x

【蛇】tʰe³³ 水母；曬乾後可製成海蜇皮。
　〈張〉蛇 tʰe³³
　〈藍〉水母 tsui₅₅ bo⁵¹（書）
　　　　海蛇 hai₅₅ tʰiat³¹

【燒酒螺】sio$_{33}$ tsiu$_{55}$ le^{13} 燒酒螺。
生長於水圳。
〈張〉燒酒螺 sio$_{33}$ tsiu$_{55}$ le^{13}
〈藍〉燒酒螺仔 sio$_{33}$ tsiu$_{55}$ le$_{33}$ a^{51}

【蝦】he^{13} 蝦子。
或講「蝦仔」he$_{33}$ a^{51}
〈張〉蝦 he^{13}
〈藍〉蝦仔 he$_{33}$ a^{51}

【蝦米】he$_{33}$ bi^{51} 曬乾去殼的小蝦。
〈張〉蝦米 he$_{33}$ bi^{51}
〈藍〉x

【蝦卑】he$_{33}$ pi^{55} 未去殼曬乾小蝦米。
〈張〉蝦卑 he$_{33}$ pi^{55}
〈藍〉x

【蝦仁】he$_{33}$ dzin^{13} 去頭去尾去殼的裸
蝦。
〈張〉蝦仁 he$_{33}$ dzin^{13}
〈藍〉x

【龍蝦】liŋ$_{33}$ he^{13} 龍蝦。
〈張〉龍蝦 liɔŋ$_{33}$ he^{13}
〈藍〉x

【沙蝦】sua$_{33}$ he^{13} 沙蝦。
〈張〉沙蝦 sua$_{33}$ he^{13}
〈藍〉x

【大管蝦】tua$_{11}$ kɔŋ$_{55}$ he^{13} 泰國蝦。
〈張〉泰國蝦 t^{h}ai$_{51}$ kɔk$_{55}$ he^{13}
〈藍〉x

【斑節蝦】pan$_{33}$ tsat$_{55}$ he^{13} 斑節蝦。
〈張〉斑節蝦 pan$_{33}$ tsat$_{55}$ he^{13}
〈藍〉x

【螿螺】ts^{h}an$_{33}$ le^{13} 田螺。

〈張〉螿螺 ts^{h}an$_{33}$ le^{13}
〈藍〉螿螺 ts^{h}an$_{33}$ le^{13}

【香螺】hĩu$_{33}$ le^{13} 長香螺。
〈張〉x
〈藍〉x

【倒窶仔】to$_{51}$ nuĩ$_{55}$ ã^{51} 旭蟹。
一種頭城的招潮蟹。又稱「倒退擄」
to$_{51}$ t^{h}e$_{51}$ lu^{55}
〈張〉倒退擄 to$_{51}$ t^{h}e$_{51}$ lu^{55}
〈藍〉x

【寄生仔】kia$_{51}$ sẽ$_{33}$ ã^{51} 寄居蟹。
〈張〉漿寄生仔 tsĩu$_{33}$ kia$_{51}$ sẽ$_{33}$ ã^{51}
〈藍〉x

【蛇魚腸】t^{h}e$_{11}$ hi$_{33}$ tŋ^{13} 翻車魚的腸。
餐廳業以「龍腸」稱之。
〈張〉龍腸 liɔŋ$_{33}$ tŋ^{13}、蛇腸 t^{h}e$_{11}$ tŋ^{13}
〈藍〉x

【福壽魚】hɔk$_{55}$ siu$_{11}$ hi^{13} 台灣鯛
〈張〉x
〈藍〉x

【沙栓仔】sua$_{33}$ suĩ$_{33}$ ã^{51} 生活於海灘，兩
支螯呈紅色，見人即跑。
〈張〉x
〈藍〉x

【白底仔】pe$_{11}$ te$_{55}$ a^{51} 一種招潮蟹。
〈張〉x
〈藍〉x

【牛跤蹄仔】gu$_{33}$ k^{h}a$_{33}$ te$_{33}$ a^{51} 細點圓趾
蟹。
〈張〉x
〈藍〉x

【三點仔】 $sã_{33}$ $tiam_{55}$ ma^{51} 紅星梭子蟹。
也稱「三目公仔」 $sã_{33}$ bak_{11} kon_{33} $ŋã^{51}$。
〈張〉x
〈藍〉x

【花蟳仔】 hue_{33} $tsʰi_{33}$ a^{51} 鏽斑蟳。
〈張〉x
〈藍〉x

【蜘蛛蟳】 ti_{33} tu_{33} $tsim^{13}$ 蜘蛛蟳。
〈張〉x
〈藍〉x

【紅蟳】 $aŋ_{33}$ $tsim^{13}$ 紅蟳。
〈張〉紅蟳 $aŋ_{33}$ $tsim^{13}$
〈藍〉x

【石蟳】 $tsio_{11}tsim^{13}$ 石蟳。
外殼堅硬，肉質鮮美。
〈張〉x
〈藍〉x

【皇帝蟳】 $hoŋ_{33}$ te_{51} $tsim^{13}$
帝王蟹，產於日本。
〈張〉x
〈藍〉x

【扁蟳】 $pĩ_{55}$ $tsim^{13}$ 蟳仔的一種。
〈張〉x
〈藍〉x

【花蟳】 hue_{55} $tsim^{13}$ 花蟹。
蟳仔的一種，又稱花腳蟳仔。產於深
澳。
〈張〉x
〈藍〉x

【雷公蟳】 $lui_{33}koŋ_{33}tsim^{13}$ 饅頭蟹
宜蘭方面稱雷公蟳或包蟳 pau_{33}
$tsim^{13}$。

〈張〉x
〈藍〉x

【蝦蛄頭】 he_{33} ko_{33} $tʰau^{13}$ 旭蟹。
〈張〉x
〈藍〉x

【蝦蛄擗仔】 he_{33} ko_{33} $pʰiat_{55}$ la^{51} 琵琶
蝦。
〈張〉蝦蛄擗仔 he_{33} ko_{33} $pʰiat_{55}$ la^{51}
〈藍〉x

【虎蝦】 ho_{55} he^{13} 虎蝦。
〈張〉x
〈藍〉x

【白鬚蝦】 pe_{11} $tsʰiu_{33}$ a^{51} 厚殼蝦
〈張〉x
〈藍〉x

【角蝦】 kak_{55} he^{13} 硬殼延伸兩側有硬
刺。
〈張〉x
〈藍〉x

【蝦猴】 he_{33} kau^{13} 蝦蛄、螳螂蝦。
〈張〉蝦猴 he_{33} kau^{13}
〈藍〉x

【苦麗仔】 ko_{55} le_{33} a^{51} 苦麗仔。
〈張〉x
〈藍〉x

【鐵甲】 $tʰi_{51}$ $kaʔ^{31}$ 或稱 $tʰi_{51}$ ka_{55} a^{51}。
類似 $tsʰian_{55}$ $tsʰuã_{55}$ $ã^{51}$ 只有單面殼，
如毛毛蟲有一陵一陵的紋路，外澳仔
又稱爲「海家政」 hai_{55} ka_{33} $tsiŋ^{11}$。
〈張〉x
〈藍〉x

〈在海面下的貝類〉

【□□】tsʰip₅₅ ba⁵¹ 孔雀蛤、淡菜。
　〈張〉x
　〈藍〉x

【□□】ke₃₃ kio₅₅ a⁵¹ 有雙面殼，湧跤無
（湧跤：白浪底下）
　〈張〉x
　〈藍〉x

〈貼附在岩壁上的貝類〉

【淺門仔】tsʰian₅₅ tsʰuã₅₅ ã⁵¹ 只有單面殼。
　〈張〉x
　〈藍〉x

【深門仔】tsʰim₃₃ tsuã₅₅ ã⁵¹ 只有單面殼，
比淺門仔大，長於較深處。
　〈張〉x
　〈藍〉x

【紫菜門仔】tsi₅₅ tsʰai₅₁ tsʰuã₅₅ ã⁵¹ 專食
紫菜。
　〈張〉x
　〈藍〉x

十一、花草樹木

【樹仔】tsʰiu₃₃ a⁵¹ 樹。
　〈張〉樹 tsʰiu₃₃
　〈藍〉樹仔 tsʰiu₃₃ a⁵¹

【樹葉】tsʰiu₁₁ hio₃₃ 樹葉。
　〈張〉樹葉 tsʰiu₁₁ hio₃₃
　〈藍〉x

【葉仔】hio₃₃ a⁵¹ 葉子。
　〈張〉葉 hio₃₃
　〈藍〉葉仔 hio₃₃ a⁵¹

【樹身】tsʰiu₁₁ sin₅₅ 樹幹。
　〈張〉樹身 tsʰiu₁₁ sin₅₅
　〈藍〉樹骨 tsʰiu₁₁ kut₃₁

【樹叉】tsʰiu₁₁ tsʰe₅₅ 樹幹分岔處。
　〈張〉樹枒 tsʰiu₁₁ le₅₅
　〈藍〉x

【樹椏】tsʰiu₁₁ ue₅₅ 分岔的樹枝。
　〈張〉樹椏 tsʰiu₁₁ ue₅₅
　〈藍〉樹仔椏 tsʰiu₁₁ a₅₅ ue₅₅

【樹枝】tsʰiu₁₁ ki₅₅ 樹枝。
　〈張〉樹枝 tsʰiu₁₁ ki₅₅
　〈藍〉樹枝 tsʰiu₁₁ ki₅₅

【樹頭】tsʰiu₁₁ tʰau₁₃ 樹根和部分樹幹。
　〈張〉樹頭 tsʰiu₁₁ tʰau₁₃
　〈藍〉樹仔頭 tsʰiu₃₃ a₅₅ tʰau₁₃

【樹根】tsʰiu₁₁ kin₅₅ 樹根。
樹木地下的部分，會吸收養分和水分。
　〈張〉樹根 tsʰiu₁₁ kin₅₅
　〈藍〉樹根 tsʰiu₁₁ kin₅₅

【樹仔影】tsʰiu₁₁ a₅₅ iã⁵¹ 樹影、樹蔭。
樹蔭，樹木籠罩下的陰涼處。
　〈張〉樹影 tsʰiu₁₁ iã⁵¹、樹蔭 tsʰiu₁₁ ŋ⁵¹
　〈藍〉樹仔影 tsʰiu₁₁ a₅₅ iã⁵¹

【藤】tin₁₃ 樹籐。
　〈張〉藤仔 tin₃₃ nã⁵¹
　〈藍〉藤 tin₁₃

【柴】tsʰa₁₃ 木頭。
　〈張〉柴 tsʰa₁₃
　〈藍〉x

【榕仔】tsʰiŋ₃₃ ŋã⁵¹ 榕樹。
　也音 siŋ₃₃ ŋã⁵¹

〈張〉榕仔 sin_{33} $\tilde{\eta}\tilde{a}^{51}$、$ts^hin_{33}$ $\tilde{\eta}\tilde{a}^{51}$

〈藍〉榕仔 ts^hin_{33} $\tilde{\eta}\tilde{a}^{51}$

【松仔】sin_{33} $\tilde{\eta}\tilde{a}^{51}$ 松樹。

　〈張〉松仔 ts^hin_{33} $\tilde{\eta}\tilde{a}^{51}$

　〈藍〉松仔 sin_{33} $\tilde{\eta}\tilde{a}^{51}$

【松柏仔】ts^hin_{33} pe_{55} a^{51} 柏樹。

　〈張〉松柏仔 sin_{33} pe_{55} a^{51}

　〈藍〉柏 pik^{31}、p^hik^{31}

【娘仔樹】$n\tilde{i}u_{33}$ $\tilde{a}_{55}$ ts^hiu_{33} 桑樹。

　〈張〉娘仔樹 $n\tilde{i}u_{33}$ $\tilde{a}_{55}$ ts^hiu_{33}

　〈藍〉桑樹 $dziu_{33}$ ts^hiu_{33}

【娘仔樹子】$n\tilde{i}u_{33}$ $\tilde{a}_{55}$ ts^hiu_{11} tsi^{51} 桑葚。

　〈張〉娘仔樹子 $n\tilde{i}u_{33}$ $\tilde{a}_{55}$ ts^hiu_{11} tsi^{51}

　〈藍〉娘仔樹子 $n\tilde{i}u_{33}$ $\tilde{a}_{55}$ ts^hiu_{11} tsi^{51}

【娘仔樹葉】$n\tilde{i}u_{33}$ $\tilde{a}_{55}$ ts^hiu_{11} hio^{33} 桑葉。

　〈張〉娘仔樹葉 $n\tilde{i}u_{33}$ $\tilde{a}_{55}$ ts^hiu_{11} hio^{33}

　〈藍〉娘仔樹葉 $n\tilde{i}u_{33}$ $\tilde{a}_{55}$ ts^hiu_{11} hio^{33}

【木麻】bok_{11} $mu\tilde{a}^{13}$ 木麻黃。

　〈張〉木麻黃 bok_{11} $mu\tilde{a}_{33}$ hon^{13}

　〈藍〉x

【柳樹】liu_{55} ts^hiu^{33} 柳樹。

　〈張〉柳樹 liu_{55} ts^hiu^{33}

　〈藍〉柳樹 liu_{55} ts^hiu^{33}

【茶樹】te_{33} ts^hiu^{33} 茶樹。

　〈張〉茶樹 te_{33} ts^hiu^{33}

　〈藍〉茶樹 te_{33} ts^hiu^{33}

【楓仔】$pu\tilde{i}_{33}$ $\tilde{a}^{51}$ 楓樹。

　或講「楓仔樹」$pu\tilde{i}_{33}$ $\tilde{a}_{55}$ ts^hiu^{33}

　〈張〉楓樹 $pu\tilde{i}_{33}$ ts^hiu^{33}

　〈藍〉楓仔 $p\dot{\eta}_{33}$ $\tilde{a}^{51}$

【相思仔】siu_{33} si_{33} a^{51} 相思樹。

　〈張〉相思仔 siu_{33} si_{33} a^{51}

　〈藍〉x

【茄苳仔】ka_{33} tan_{33} $\tilde{\eta}\tilde{a}^{51}$ 在台灣鄉間一種常見的樹種。

　〈張〉茄苳 ka_{33} tan^{55}

　〈藍〉x

【福杉】hok_{55} sam^{55} 福杉，不會脫皮。

　〈張〉hok_{55} sam^{55}

　〈藍〉x

【山杉】$su\tilde{a}_{33}$ sam^{55} 每年會脫皮。

　〈張〉x

　〈藍〉sam_{33} $m\tilde{a}^{51}$

【雞榆仔】ke_{33} $dziu_{33}$ a^{51} 榆樹。

　木材可供建築或製造器具。

　宜做扛大鑼用的扁擔，軟硬適中有韌性。

　〈張〉雞榆 ke_{33} $dziu^{13}$

　〈藍〉x

【樟仔】$ts\tilde{i}u_{33}$ $\tilde{a}^{51}$ 樟樹。

　〈張〉樟仔 $ts\tilde{i}u_{33}$ $\tilde{a}^{51}$

　〈藍〉樟仔 $ts\tilde{i}u_{33}$ $\tilde{a}^{51}$

【苦楝仔】$k^h\mathfrak{o}_{55}$ lin_{33} $\tilde{\eta}\tilde{a}^{51}$ 苦楝樹。

　其材質冇冇[$p^h\tilde{a}_{51}$ $p^h\tilde{a}^{11}$]

　〈張〉苦楝 $k^h\mathfrak{o}_{55}$ lin^{33}

　〈藍〉x

【月桃】$\eta\tilde{e}_{11}$ t^ho^{13} 月桃花。

　葉子可以用來包粽子，或擱在「粿」的下面。亦可取其葉鞘纖維作繩子。

　〈張〉月桃 $\eta\tilde{e}_{11}$ t^ho^{13}

　〈藍〉x

【九芎仔】kiu55 kiŋ33 ŋã51　九芎。
　木質堅韌，可以拿來做手杖。
　〈張〉九芎 kiu55 kiɔŋ55
　〈藍〉x

【蘆薈】lɔ33 ue33　蘆薈。
　〈張〉蘆薈 lɔ33 hue33
　〈藍〉x

【林投】nã33 tau13　林投。
　〈張〉林投 nã33 tau13
　〈藍〉林投 nã33 tau13

【松羅仔】siŋ33 lɔ33 a51　檜木。
　〈張〉松羅仔 siŋ33 lɔ33 a51
　〈藍〉松羅 siŋ33 lo13

【梧桐】gɔ33 tɔŋ13　梧桐樹。
　用於作蒸籠框，收音機的外殼，質輕。
　〈張〉梧桐 gɔ33 tɔŋ13
　〈藍〉桐梧 taŋ33 ŋɔ̃13

【莿桐】tshi51 tɔŋ13　莿桐。
　〈張〉莿桐 tshi51 tɔŋ13
　〈藍〉x

【木棉】bɔk11 mĩ13　木棉樹。
　〈張〉木棉 bɔk11 mĩ13
　〈藍〉x

【竹】tik31　竹子。
　〈張〉竹 tik31
　〈藍〉竹 tik31、竹仔 tik55 ga51

【綠竹仔】lik11 tik55 ga51　綠竹。
　〈張〉綠竹仔 lik11 tik55 ga51
　〈藍〉x

【桂竹仔】kui51 tik51 ga51　桂竹。
　〈張〉桂竹仔 kui51 tik51 ga51

　〈藍〉x

【麻竹】muã33 tik31　麻竹。
　〈張〉麻竹 muã33 tik31
　〈藍〉x

【劍竹】kiam51 tik31　劍竹。
　〈張〉劍竹 kiam51 tik31
　〈藍〉x

【赤皮仔】tshã51 phue33 a51　一種竹。
　〈張〉x
　〈藍〉x

【長枝仔】tŋ̂33 ki33 a51　一種竹。
　〈張〉x
　〈藍〉x

【冇箶仔】phã51 ham33 mã51　一種竹。
　〈張〉x
　〈藍〉x

【刺竹】tshi51 tik31　刺竹。
　〈張〉刺竹 tshi51 tik31
　〈藍〉x

【孟宗竹】biŋ11 tsɔŋ33 tik31　孟宗竹。
　與綠竹較類似，皮呈黃色，冬季採筍。
　又稱「孝子竹」hau51 tsu55 tik31
　〈張〉貓狔 mãu33 dzi13
　〈藍〉x

【貓狔】mãu33 dzi13
　比桂竹粗，質硬，可當竹屋主樑建
　材，農曆四五月採筍，地下莖延伸比
　一般的竹遠。發音人認為「貓狔」與
　「孟宗竹」是兩種不同的竹子。
　〈張〉孟宗竹 biŋ11 tsɔŋ33 tik31
　〈藍〉x

【烏骹綠仔】$ɔ_{33}$ k^ha_{33} lik_{33} a^{51} 一種竹。
　〈張〉x
　〈藍〉x

【牡丹】$bɔ_{55}$ tan^{55} 牡丹花。
　〈張〉牡丹 $bɔ_{55}$ tan^{55}
　〈藍〉牡丹 $bɔ_{55}$ tan^{55}

【桂花】kui_{51} hue^{55}
　〈張〉桂花 kui_{51} hue^{55}
　〈藍〉桂花 kui_{51} hue^{55}

【梅仔花】bue_{33} a_{55} hue^{55} 梅花。
　〈張〉梅仔花 bue_{33} a_{55} hue^{55}
　〈藍〉梅仔花 bue_{33} a_{55} hue^{55}

【山繳花】$suã_{33}$ san_{51} hue^{55} 百合花。
　日語「iu_{55} $li?^{31}$」。野生有紫色的線條，
　才香。無紫色線條者不香。
　〈張〉x
　〈藍〉x

【仙丹花】$sian_{33}$ tan_{33} hue^{55} 仙丹花，分
　大葉與小葉兩種。
　〈張〉x
　〈藍〉x

【櫻花】$iŋ_{33}$ hue^{55} 櫻花。
　也講「さくら」sa_{33} k^hu_{55} $la?^{31}$ 日語詞
　彙。
　〈張〉櫻花 $iŋ_{33}$ hue^{55}
　〈藍〉x

【蘭花】lan_{33} hue^{55} 蘭花。
　〈張〉蘭花 lan_{33} hue^{55}
　〈藍〉蘭花 lan_{33} hue^{55}

【蓮花】$lian_{33}$ hue^{55} 蓮花。
　〈張〉蓮花 $lian_{33}$ hue^{55}
　〈藍〉x

【瓊花】$k^hiŋ_{11}$ hue^{55} 曇花。
　〈張〉瓊花 $k^hiŋ_{11}$ hue^{55}
　〈藍〉曇花 t^ham_{33} hue^{55} （書）

【春仔花】ts^hun_{33} $nã_{55}$ hue^{55} 春仔花。
　〈張〉春仔花 ts^hun_{33} $nã_{55}$ hue^{55}
　〈藍〉x

【向日紅】$hiŋ_{51}$ $dzit_{11}$ $hɔŋ^{13}$ 向日葵。
　〈張〉日葵 $dzit_{11}$ k^hui^{11}
　〈藍〉向日葵 $hiŋ_{51}$ $dzit_{11}$ k^hui^{13}

【玉蘭】gik_{11} lan^{13} 玉蘭花。
　〈張〉玉蘭花 $giɔk_{11}$ lan_{33} hue^{55}
　〈藍〉蘭花 lan_{33} hue^{55}

【蓮蕉】lan_{33} $tsiau^{55}$ 蓮蕉花。
　花名因為和「屌鳥」諧音，所以在結
　婚時，女方會送給男方，祝福新人早
　生貴子。
　〈張〉蓮蕉 lan_{33} $tsiau^{55}$
　〈藍〉x

【菊仔花】kik_{55} ga_{55} hue^{55} 菊花。
　〈張〉菊仔 $kiɔk_{55}$ ga^{51}
　〈藍〉菊仔花 kik_{55} ga_{55} hue^{55}

【玫瑰】$muĩ_{33}$ kui_{11} 玫瑰花。
　〈張〉玫瑰花 mui_{33} kui_{51} hue^{55}
　〈藍〉玫瑰 $muĩ_{33}$ kui_{11}

【鼓吹花】$kɔ_{55}$ ts^hue_{33} hue^{55} 孤挺花。
　也講「饅桃花」ban_{11} $t^hɔ_{33}$ hue^{55}
　〈張〉鼓吹花 $kɔ_{55}$ ts^hue_{33} hue^{55}
　〈藍〉x

【花蕊】hue_{33} lui_{51} 花朵。
　〈張〉花蕊 hue_{33} lui^{51}
　〈藍〉花心 hue_{33} sim^{55}

【花蕾】hue$_{33}$ m̩^{13} 含苞待放的花。
〈張〉花蕾 hue$_{33}$ m̩^{13}
〈藍〉花蕾 hue$_{33}$ m̩^{13}

【菅芒】kuã$_{33}$ baŋ^{55} 蘆葦。
〈張〉菅芒 kuã$_{33}$ baŋ^{55}
〈藍〉菅芒 kuã$_{33}$ baŋ^{55}

【草】ts^{h}au^{51} 草。
〈張〉草 ts^{h}au^{51}
〈藍〉草 ts^{h}au^{51}

【菅榛仔】kuã$_{33}$ tsin$_{33}$ nã^{51} 芒草的一種。
比茅草大，比菅芒小，可以用來蓋屋
頂。
〈張〉菅榛 kuã$_{33}$ tsin^{13}
〈藍〉x

【稗仔】p^{h}e$_{33}$ a^{51} 稗草。
稻中常見的雜草，也可做為飼料。嫩
草時就要割給牛吃，否則，牛吃了種
子會隨牛糞散佈，更助長其繁殖。
〈張〉稗仔 p^{h}e$_{33}$ a^{51}
〈藍〉稗仔 p^{h}e$_{33}$ a^{51}

【見笑草】kian$_{51}$ siau$_{51}$ ts^{h}au^{51} 含羞草。
〈張〉見笑草 kian$_{51}$ siau$_{51}$ ts^{h}au^{51}
〈藍〉見笑草 kian$_{51}$ siau$_{51}$ ts^{h}au^{51}

【茅仔】m̩$_{33}$ mã^{51} 茅草。
〈張〉茅仔 hm̩$_{33}$ mã^{51}
〈藍〉茅仔 hm̩$_{33}$ mã^{51}

【藻仔】p^{h}io^{33} a^{51} 浮萍，可餵鴨、鵝吃。
〈張〉水藻 tsui$_{55}$ p^{h}io^{33}
〈藍〉藻仔 p^{h}io^{33} a^{51}、浮萍 hu$_{33}$ p^{h}iau^{13}

【青苔】ts^{h}ẽ$_{33}$ ti^{13} 苔蘚植物。
〈張〉青苔 ts^{h}ẽ$_{33}$ t^{h}i^{13}
〈藍〉青苔 ts^{h}ẽ$_{33}$ t^{h}i^{13}

【苧仔】te$_{33}$ a^{51} 可作繩子，與瓊麻功能
同。
喪事，孫子輩穿「苧仔衫」te$_{33}$ a$_{55}$ sã^{55}。
〈張〉苧仔 te$_{33}$ a^{51}
〈藍〉x

【羊麻】ĩu$_{55}$ muã^{13} 瓊麻的一種。
〈張〉瓊麻 k^{h}iŋ$_{11}$ muã^{13}
〈藍〉羊麻 ĩu$_{55}$ muã^{13}

【菖蒲】ts^{h}iŋ$_{33}$ pɔ^{13} 菖蒲。
頭城五月節無划龍舟，但門前放有：
榕仔椏 siŋ$_{33}$ ŋã$_{55}$ ue^{55}，艾草 hiã^{33}
菖蒲 ts^{h}iŋ$_{33}$ pɔ^{13}。
〈張〉x
〈藍〉菖蒲 ts^{h}iŋ$_{33}$ pɔ^{13}

【艾】hiã^{33} 艾草。
〈張〉艾 hiã^{33}
〈藍〉艾 hiã^{33}

【牛纏棕】gu$_{33}$ tsun$_{51}$ tsaŋ^{55} 牛筋草。
將此草縱向穿過蚯蚓，做一個捲，綁
個結，稱做「毛蟹捲仔」，可以釣毛蟹，
毛蟹聞到蚯蚓的味道，就會上釣。
「毛蟹捲仔」mɔ̃$_{33}$ he$_{11}$ kuĩ$_{55}$ ã^{51}。
〈張〉牛纏棕 gu$_{33}$ tsun$_{51}$ tsaŋ^{55}
〈藍〉x

【知母奶】ti$_{33}$ bo$_{55}$ liŋ^{55} 知母草，可當漢
藥。
〈張〉知母奶 ti$_{33}$ bo$_{55}$ liŋ^{55}
〈藍〉x

【臭頭香】ts^{h}au$_{51}$ t^{h}au$_{33}$ hĩu^{55} 一種草，
可當漢藥。
〈張〉臭頭香 ts^{h}au$_{51}$ t^{h}au$_{33}$ hĩu^{55}
〈藍〉x

【瓤】nn̂g⁵⁵ 瓜果肉。
　又稱「內瓤」lai₁₁ nn̂g⁵⁵。
　〈張〉瓤 nn̂g¹³
　〈藍〉瓜仔仁 kue₃₃ a₅₅ dzin¹³

【穗】sui³³ 稻穗。
　〈張〉穗 sui³³
　〈藍〉穗 sui³³

【穎】ĩ⁵¹ 植物幼芽。
　〈張〉穎 ĩ⁵¹
　〈藍〉穎 ĩ⁵¹

【樹栽】tsʰiu₁₁ tsai⁵⁵ 樹苗。
　又稱「栽仔」tsai₃₃ a⁵¹
　〈張〉x
　〈藍〉樹栽 tsʰiu₁₁ tsai⁵⁵

【秧仔】n̂g₃₃ ŋã⁵¹ 秧苗。
　〈張〉秧仔 n̂g₃₃ ŋã⁵¹
　〈藍〉秧仔 n̂g₃₃ ŋã⁵¹

【楠仔】lam₃₃ mã⁵¹ 楠樹。
　〈張〉楠仔 lam₃₃ mã⁵¹
　〈藍〉x

【烏心石】ɔ₃₃ sim₃₃ tsio³³ 烏心石。
　〈張〉烏心石 ɔ₃₃ sim₃₃ tsio³³
　〈藍〉x

【箃】ham⁵⁵ 植物，節與節的距離稱
　「箃」。
　〈張〉箃 ham⁵⁵
　〈藍〉x

【鵝仔荣】go₃₃ a₅₅ tsʰai¹¹ 浦公英，據說
　當茶喝可治肝，有人帶到台北賣。
　〈張〉豆青仔 tau₁₁ tsʰẽ₃₃ ã⁵¹
　〈藍〉x

【大葉朽】tua₁₁ hio₁₁ pʰã¹¹ 樹名，在山谷
　溪流旁才有，平陽無。骨幹呈紅色。
　〈張〉x
　〈藍〉x

【珍東毛仔】tin₃₃ tɔŋ₃₃ mɔ₃₃ ã⁵¹ 頭城山上
　的一種藤類植物。將「珍東毛仔」的
　滕綁在一起，做成洗刷鍋子的「鼎擦」
　tiã₅₅ tsʰe¹¹（刷子）。
　〈張〉x
　〈藍〉x

【含笑】ham₃₃ siau¹¹ 含笑花。
　〈張〉x
　〈藍〉含笑 ham₃₃ tsʰiau¹¹

【紅豆杉】aŋ₃₃ tau₁₁ sam⁵⁵ 紅豆杉。
　〈張〉x
　〈藍〉x

十二、衣裝被服鞋

【衫仔廚】sã₃₃ ã₅₅ tu¹³ 衣櫃。
　老一輩講「箪笥」tʰaŋ₅₁ su¹¹，日語詞
　彙。
　〈張〉箪笥 tʰaŋ₅₁ su¹¹
　〈藍〉

【衫仔褲】sã₃₃ ã₅₅ kʰɔ¹¹ 衣服。
　〈張〉衫仔褲 sã₃₃ ã₅₅ kʰɔ¹¹
　〈藍〉衫仔褲 sã₃₃ ã₅₅ kʰɔ¹¹、衫仔 sã₃₃ ã⁵¹

【外套】gua₁₁ tʰo¹¹ 外套。
　〈張〉外套 gua₁₁ tʰo¹¹
　〈藍〉外套 gua₁₁ tʰo¹¹

【內衫】lai₁₁ sã⁵⁵ 內衣、汗衫。
　〈張〉內衫 lai₁₁ sã⁵⁵
　〈藍〉內底衫 lai₁₁ te₅₅ sã⁵⁵

【內裏】lai$_{11}$ li^{51} 裏襯。
　〈張〉內裏 lai$_{11}$ li^{51}
　〈藍〉內裏 lai$_{11}$ li^{51}

【膨紗】pʰɔŋ$_{51}$ se^{55} 毛線。
　〈張〉膨紗 pʰɔŋ$_{51}$ se^{55}
　〈藍〉膨紗 pʰɔŋ$_{51}$ se^{55}

【膨紗衫】pʰɔŋ$_{51}$ se$_{33}$ sã^{55} 毛線衣。
　〈張〉膨紗衫 pʰɔŋ$_{51}$ se$_{33}$ sã^{55}
　〈藍〉膨紗衫 pʰɔŋ$_{51}$ se$_{33}$ sã^{55}

【棉裘】mĩ$_{33}$ hiu^{13} 棉襖。
　〈張〉棉裘 mĩ$_{33}$ hiu^{13}
　〈藍〉棉裘 mĩ$_{33}$ hiu^{13}

【棉袷仔】mĩ$_{33}$ ka$_{55}$ a^{51} 棉背心。
　〈張〉x
　〈藍〉x

【袷仔】ka$_{55}$ a^{51} 背心。
　〈張〉袷仔 ka$_{55}$ a^{51}
　〈藍〉袷仔 ka$_{55}$ a^{51}

【裘仔】hiu$_{33}$ a^{51} 棉衣，雙層的上衣。
　〈張〉裘仔 hiu$_{33}$ a^{51}
　〈藍〉裘仔 hiu$_{33}$ a^{51}

【漢衫】han$_{51}$ sã^{55} 對襟衫。
　早期的一種漢人傳統服飾。
　〈張〉對襟仔衫 tui$_{51}$ kim$_{33}$ mã$_{55}$ sã^{55}
　〈藍〉x

【網仔衫】baŋ$_{33}$ ŋã$_{55}$ sã^{55} 新娘婚紗禮服。
　〈張〉x
　〈藍〉x

【シャツ】siat$_{55}$ tsɯʔ^{31} 襯衫。
　西式襯衫，須結領帶。日語詞彙。

　〈張〉ウイシャツ uai$_{35}$ siat$_{55}$ tsɯʔ^{31}
　〈藍〉シャツ sia$_{55}$ tsɯʔ^{31}
　　　　ウイシャツ uai$_{35}$ sia$_{55}$ tsɯʔ^{31}

【西裝】se$_{33}$ tsɔŋ^{55} 西裝。
　〈張〉西裝 se$_{33}$ tsɔŋ^{55}
　〈藍〉x

【帽仔】bo$_{33}$ a^{51} 帽子。
　〈張〉帽仔 bo$_{33}$ a^{51}
　〈藍〉帽仔 bo$_{33}$ a^{51}

【拍鳥帽仔】pʰa$_{51}$ tsiau$_{55}$ bo$_{33}$ a^{51} 鴨舌帽。
　〈張〉瓠佬㲢仔 pu$_{33}$ lau$_{55}$ kʰɔk$_{55}$ ga^{51}
　〈藍〉x

【枴仔】kuai$_{55}$ a^{51} 枴杖。
　〈張〉枴仔 kuai$_{55}$ a^{51}
　〈藍〉枴仔 kuai$_{55}$ a^{51}

【領領】am$_{11}$ niã^{51} 衣領。
　也講「領仔領」am$_{11}$ a$_{55}$ niã^{51}。
　〈張〉領領 am$_{11}$ niã^{51}
　〈藍〉領領 am$_{11}$ niã^{51}

【領帶】niã$_{55}$ tua^{11} 領帶。
　〈張〉領帶 niã$_{55}$ tua^{11}
　　　　ネクタイ nẽ$_{33}$ kut$_{55}$ tai^{51} 日語詞彙。
　〈藍〉領帶 niã$_{55}$ tua^{11}
　　　　ネクタイ nẽ$_{33}$ ku$_{55}$ tai^{51}

【手椀】tsʰiu$_{55}$ uĩ^{51} 袖子。
　〈張〉手椀 tsʰiu$_{55}$ uĩ^{51}
　〈藍〉手椀 tsʰiu$_{55}$ uĩ^{51}

【鈕仔】liu$_{55}$ a^{51} 鈕釦。
　〈張〉鈕仔 liu$_{55}$ a^{51}
　〈藍〉鈕仔 liu$_{55}$ a^{51}

【鈕仔空】liu$_{55}$ a$_{55}$ k^{h}aŋ^{55} 鈕耳。
　〈張〉鈕仔空 liu$_{55}$ a$_{55}$ k^{h}aŋ^{55}
　〈藍〉鈕仔空 liu$_{55}$ a$_{55}$ k^{h}aŋ^{55}

【奶帕仔】liŋ$_{33}$ p^{h}e$_{55}$ a^{51} 女人胸罩。
　〈張〉奶帕仔 liŋ$_{33}$ p^{h}e$_{55}$ a^{51}
　〈藍〉x

【內袷仔】lai$_{11}$ ka$_{55}$ a^{51} 女人連腰胸罩。
　〈張〉內袷仔 lai$_{11}$ ka$_{55}$ a^{51}
　〈藍〉內衫袷仔 lai$_{11}$ sã$_{33}$ ka$_{55}$ a^{51}

【圍袷仔】ui$_{33}$ ka$_{55}$ a^{51} 煮飯時用的圍裙。
　〈張〉圍軀裙仔 ui$_{33}$ su$_{33}$ kun$_{33}$ nã^{51}
　〈藍〉圍軀裙仔 u$_{33}$ su$_{33}$ kun$_{33}$ nã^{51}

【百襇裙】pa$_{51}$ kiŋ$_{55}$ kun^{13} 百褶裙。
　也講「抾襇裙」kio$_{51}$ kiŋ$_{55}$ kun^{13}
　〈張〉百襇裙 pa$_{51}$ kiŋ$_{55}$ kun^{13}
　〈藍〉x

【四幅裙】si$_{51}$ pak$_{55}$ kun^{13} 以四幅麻布拼
　成。（聽過但未看過）
　〈張〉四幅裙 si$_{51}$ pak$_{55}$ kun^{13}
　〈藍〉x

【轉祖裙】tuĩ$_{55}$ tso$_{55}$ kun^{13} 女人逝世，
　娘家人來祭拜後，取回一件其生前穿
　的黑色的裙子，此裙稱爲「轉祖裙」。
　養家不可取，由生家取回。
　〈張〉x
　〈藍〉x

【抾襇】k^{h}io$_{51}$ kiŋ^{51} 裙摺。
　〈張〉抾襇 k^{h}io$_{51}$ kiŋ^{51}
　〈藍〉抾襇 k^{h}io$_{51}$ kiŋ^{51}

【天鵝絨】t^{h}ian$_{33}$ go$_{33}$ dziŋ^{13} 天鵝絨。
　一種絨布料。

〈張〉天鵝絨 t^{h}ian$_{33}$ go$_{33}$ dziɔŋ^{13}
　〈藍〉絲絨 si$_{33}$ dziŋ^{13}

【鞋仔】e$_{33}$ a^{51} 鞋子。
　〈張〉鞋仔 e$_{33}$ a^{51}
　〈藍〉鞋 e^{13}、鞋仔 e$_{33}$ a^{51}

【皮鞋】p^{h}ue$_{33}$ e^{13} 皮鞋。
　〈張〉皮鞋 p^{h}ue$_{33}$ e^{13}
　〈藍〉x

【布鞋】po$_{51}$ e^{13} 布鞋。
　〈張〉布鞋 po$_{51}$ e^{13}
　〈藍〉布鞋 po$_{51}$ e^{13}

【草鞋】ts^{h}au$_{55}$ e^{13} 用草編織的鞋。
　〈張〉草鞋 ts^{h}au$_{55}$ e^{13}
　〈藍〉x

【靴管】hia$_{33}$ kɔŋ^{51} 雨靴。
　〈張〉x
　〈藍〉靴管 hia$_{33}$ kɔŋ^{51}

【鞋仔帶】e$_{33}$ a$_{55}$ tua^{11} 鞋帶。
　〈張〉鞋帶 e$_{33}$ tua^{11}
　〈藍〉鞋仔帶 e$_{33}$ a$_{55}$ tua^{11}

【鞋仔空】e$_{33}$ a$_{55}$ k^{h}aŋ^{55}
　〈張〉鞋帶空 e$_{33}$ tua$_{51}$ k^{h}aŋ^{55}
　〈藍〉x

【懸踏】kuan$_{33}$ taʔ^{31} 高跟鞋。
　〈張〉懸踏鞋 kuan$_{33}$ ta$_{51}$ e^{13}
　〈藍〉x

【鞋拔仔】e$_{33}$ pe$_{33}$ a^{51} 鞋拔。
　〈張〉鞋拔仔 e$_{33}$ pe$_{33}$ a^{51}
　〈藍〉鞋拔仔 e$_{33}$ pe$_{33}$ a^{51}

【木屐】bak$_{11}$ kia^{33} 木屐。

〈張〉木屐 bak$_{11}$ kia^{33}

〈藍〉木屐 bak$_{11}$ kia^{33}、柴屐 tsʰa$_{33}$ kia^{33}

【淺拖仔】tsʰian$_{55}$ tʰua$_{33}$ a^{51} 拖鞋。

　〈張〉淺拖仔 tsʰian$_{55}$ tʰua$_{33}$ a^{51}

　〈藍〉淺拖仔 tsʰin$_{55}$ tʰua$_{33}$ a^{51}

　　　鞋拖 e$_{33}$ tʰua^{55}

　　　落地仔 lo$_{51}$ ti$_{55}$ a^{51}

【草履仔】tsʰau$_{55}$ li$_{55}$ a^{51} 用稻草編織的拖鞋，在塌塌米上用的。

　〈張〉草履仔 tsʰau$_{55}$ li$_{55}$ a^{51}

　〈藍〉x

【倒換褲仔】to$_{51}$ uã$_{11}$ kʰɔ$_{55}$ a^{51} 幼兒穿的開檔褲。

　〈張〉開骹褲仔 kʰui$_{33}$ kʰa$_{33}$ kʰɔ$_{55}$ a^{51}

　〈藍〉x

【長褲】tŋ$_{33}$ kʰɔ^{11} 長褲。

　〈張〉長褲 tŋ$_{33}$ kʰɔ^{11}

　〈藍〉x

【短褲】te$_{55}$ kʰɔ^{11} 短褲。

　〈張〉短褲 te$_{55}$ kʰɔ^{11}

　〈藍〉短褲截仔 te$_{55}$ kʰɔ$_{51}$ tsat$_{55}$ la^{51}

【三角褲】sã$_{33}$ kak$_{55}$ kʰɔ^{11} 專稱女內褲。

　〈張〉三角褲 sã$_{33}$ kak$_{55}$ kʰɔ^{11}

　〈藍〉x

【褲帶】kʰɔ$_{51}$ tua^{11}

　〈張〉褲帶 kʰɔ$_{51}$ tua^{11}

　〈藍〉褲帶 kʰɔ$_{51}$ tua^{11}、板帶 pan$_{55}$ tua^{11}

【褲衩】kʰɔ$_{51}$ tsʰe^{55} 褲衩。

　〈張〉褲衩 kʰɔ$_{51}$ tsʰe^{55}

　〈藍〉x

【拉鍊】la^{55} lian^{51} 拉鍊，華語詞彙。

〈張〉拉鍊 la^{55} lian^{51}

　　チャック dziak$_{55}$ kʰu$ʔ^{31}$ 日語詞彙。

　〈藍〉x

【皮仔帶】pʰue$_{33}$ a$_{55}$ tua^{11} 皮帶。

　〈張〉皮帶 pʰue$_{33}$ tua^{11}

　〈藍〉x

【褲拑仔】kʰɔ$_{51}$ kʰĩ$_{33}$ ã^{51} 褲頭上面固定褲帶的小圈。

　〈張〉褲鋒仔 kʰɔ$_{51}$ kʰian$_{33}$ nã^{51}

　〈藍〉x

【橐袋仔】lak$_{55}$ te$_{33}$ a^{51} 衣服的口袋。

　〈張〉橐袋仔 lak$_{55}$ te$_{33}$ a^{51}

　〈藍〉橐袋仔 lak$_{55}$ te$_{33}$ a^{51}

【褲袋仔】kʰɔ$_{51}$ te$_{33}$ a^{51} 褲子的口袋。

　〈張〉x

　〈藍〉x

【袋仔】te$_{33}$ a^{51} 袋子通常指大的，如麵粉袋、垃圾袋；也可用於講小的袋子。

　〈張〉袋仔 te$_{33}$ a^{51}

　〈藍〉x

【簏仔】lɔk$_{55}$ ga^{51} 只用於講小的袋子。

　〈張〉簏仔 lɔk$_{55}$ ga^{51}

　〈藍〉x

【偝巾】ãi$_{11}$ kin^{55} 揹小孩用的揹巾。

　〈張〉偝巾 ãi$_{11}$ kin^{55}

　〈藍〉偝巾 ãi$_{11}$ kin^{55}

【尿苴仔】dzio$_{11}$ tsu$_{33}$ a^{51} 尿布。

　〈張〉尿苴仔 dzio$_{11}$ tsu$_{33}$ a^{51}

　〈藍〉尿苴仔 dzio$_{11}$ tsu$_{33}$ a^{51}

　　　尿裙仔 dzio$_{11}$ kun$_{33}$ nã^{51}

【尿帕仔】$dzio_{11}$ p^he_{55} a^{51} 包裹嬰兒屁股
可置尿布的東西。
　〈張〉尿帕仔 $dzio_{11}$ p^he_{55} a^{51}
　〈藍〉x

【肚攬巾】to_{55} $kua\tilde{}_{33}$ $\tilde{a}^{51}$ 肚兜。
　〈張〉肚攬巾 to_{55} $kua\tilde{}_{33}$ $\tilde{a}^{51}$
　〈藍〉x

【頷紗仔】am_{11} se_{33} a^{51} 小圍兜。
　短小紗布製圍兜，可隨時擦試嬰孩的
　口水。
　〈張〉頷紗仔 am_{11} se_{33} a^{51}
　〈藍〉頷紗仔 am_{11} ts^he_{33} a^{51}

【棉被】$m\tilde{i}_{33}$ p^hue^{33} 棉被。
　〈張〉棉被 $m\tilde{i}_{33}$ p^hue^{33}
　〈藍〉棉被 $m\tilde{i}_{33}$ p^hue^{33}

【舒巾】ts^hu_{33} kin^{55} 鋪在床上或裹在棉
　被外面的布。
　〈張〉舒巾 ts^hu_{33} kin^{55}
　〈藍〉x

【毛毯】$m\tilde{o}_{33}$ t^han^{51} 毯子。
　也講「毯仔」t^han_{55} $n\tilde{a}^{51}$
　〈張〉毛毯 $m\tilde{o}_{33}$ t^han^{51}
　〈藍〉毯仔 t^han_{55} $n\tilde{a}^{51}$

【枕頭】$tsim_{55}$ t^hau^{13} 枕頭。
　〈張〉枕頭 $tsim_{55}$ t^hau^{13}
　〈藍〉枕頭 $tsim_{55}$ t^hau^{13}

【枕頭套】$tsim_{55}$ t^hau_{33} t^ho^{11} 枕頭套。
　〈張〉枕頭布 $tsim_{55}$ t^hau_{33} po^{11}
　〈藍〉枕頭布 $tsim_{55}$ t^hau_{33} po^{11}

【草蓆仔】ts^hau_{55} ts^hio_{33} a^{51} 草蓆。
　〈張〉草蓆 ts^hau_{55} ts^hio^{33}
　〈藍〉草蓆仔 ts^hau_{55} ts^hio^{33} a^{51}

【竹蓆仔】tik_{55} ts^hio_{33} a^{51} 竹蓆。
　〈張〉竹蓆 tik_{55} ts^hio^{33}
　〈藍〉x

【蠓罩】$ba\eta_{55}$ ta^{11} 蚊帳。
　〈張〉蠓罩 $ba\eta_{55}$ ta^{11}
　〈藍〉蠓罩 $ba\eta_{55}$ ta^{11}

【カーテン】k^ha_{33} $tian^{51}$ 窗簾。日語詞
　彙。
　〈張〉カーテン k^ha_{33} $tian^{51}$
　〈藍〉窗仔門簾 $t^ha\eta_{33}$ $\eta\tilde{a}_{55}$ $mu\tilde{i}_{33}$ $lian^{13}$

【襪仔】bue_{33} a^{51} 襪子。
　〈張〉襪仔 bue_{33} a^{51}
　〈藍〉襪仔 bue_{33} a^{51}

【衫仔架仔】$s\tilde{a}_{33}$ $\tilde{a}_{55}$ ke_{55} a^{51} 衣架。
　〈張〉衫弓仔 $s\tilde{a}_{33}$ $ki\eta_{33}$ $\eta\tilde{a}^{51}$
　　　　衫架仔 $s\tilde{a}_{33}$ ke_{55} a^{51}
　〈藍〉x

【手篗仔】ts^hiu_{55} lop_{55} ba^{51} 手套。
　也講「手套」ts^hiu_{55} t^ho^{11}
　〈張〉手篗仔 ts^hiu_{55} lok_{55} ga^{51}
　　　　五爪仔 go_{11} $dziau_{55}$ a^{51}
　　　　手籠 ts^hiu_{55} $lo\eta^{13}$
　〈藍〉手篗仔 ts^hiu_{55} lop_{55} ba^{51}

【褒】po^{13} 衣裙的摺邊。
　〈張〉褒 po^{13}
　〈藍〉x

【胭脂】ian_{33} tsi^{55} 口紅腮紅等紅色化妝
　品。
　〈張〉胭脂 ian_{33} tsi^{55}
　〈藍〉胭脂 ian_{33} tsi^{55}

【粉餅】hun_{55} $pi\tilde{a}^{51}$ 塊狀化粧底粉。

〈張〉粉餅 hun$_{55}$ piã^{51}

〈藍〉x

【膨粉】pɔŋ$_{51}$ hun^{51} 粉狀化粧底粉。

　〈張〉x

　〈藍〉x

【手鐲】tsʰiu$_{55}$ soʔ^{31} 手鐲、手環。

　〈張〉手環 tsʰiu$_{55}$ kʰuan^{13}

　〈藍〉手鐲 tsʰiu$_{55}$ soʔ^{31}、手環 tsʰiu$_{55}$
　　　　kʰuan^{13}

【手指】tsʰiu$_{55}$ tsi^{51} 戒指。

　〈張〉手指 tsʰiu$_{55}$ tsi^{51}

　〈藍〉手指 tsʰiu$_{55}$ tsi^{51}

【鉼針】pin$_{51}$ tsiam^{55} 別針。

　〈張〉鉼針 pin$_{51}$ tsiam^{55}

　〈藍〉鉼針 pin$_{51}$ tsiam^{55}、花針 hue$_{33}$
　　　　tsiam^{55}

【耳鉤】hĩ$_{11}$ kau^{55} 耳環。

　〈張〉耳鉤 hĩ$_{11}$ kau^{55}

　〈藍〉耳鉤 hĩ$_{11}$ kau^{55}、
　　　　耳環 hĩ$_{11}$ kuan^{13}（書）

【被鍊】pʰua$_{11}$ lian^{33} 項鍊。

　〈張〉被鍊 pʰua$_{11}$ lian^{33}

　〈藍〉被鍊 pʰua$_{11}$ lian^{33}

【頭毛夾仔】tʰau$_{33}$ mɔ̃$_{33}$ giap$_{55}$ ba^{51} 髮
　夾。

　〈張〉頭毛夾仔 tʰau$_{33}$ mɔ̃$_{33}$ giap$_{55}$ ba^{51}

　〈藍〉毛夾仔 mɔ̃$_{33}$ giap$_{55}$ ba^{51}

【頭毛箍仔】tʰau$_{33}$ mɔ̃$_{33}$ kʰɔ$_{33}$ a^{51} 髮箍。

　〈張〉頭毛箍仔 tʰau$_{33}$ mɔ̃$_{33}$ kʰɔ$_{33}$ a^{51}

　〈藍〉頭毛箍仔 tʰau$_{33}$ mɔ̃$_{33}$ kʰɔ$_{33}$ a^{51}

【頭毛簪仔】tʰau$_{33}$ mɔ̃$_{33}$ tsʰiam$_{33}$ mã^{51} 髮
　簪。

〈張〉頭簪仔 tʰau$_{33}$ tsʰiam$_{33}$ mã^{51}

〈藍〉頭毛簪 tʰau$_{33}$ mɔ̃$_{33}$ tsʰiam^{55}
　　　頭毛插 tʰau$_{33}$ mɔ̃$_{33}$ tsʰaʔ^{31}

十三、建築物

【倉庫】tsʰŋ̍$_{33}$ kʰɔ^{11} 倉庫。

　〈張〉倉庫 tsʰŋ̍$_{33}$ kʰɔ^{11}

　〈藍〉倉庫 tsʰŋ̍$_{33}$ kʰɔ^{11}

【樓仔厝】lau$_{33}$ a$_{55}$ tsʰu^{11} 樓房。
　也講「樓仔」lau$_{33}$ a^{51}。

　〈張〉樓仔厝 lau$_{33}$ a$_{55}$ tsʰu^{11}
　　　　樓仔 lau$_{33}$ a^{51}。

　〈藍〉西洋樓 se$_{33}$ ĩu$_{33}$ lau^{13}

【樓梯】lau$_{33}$ tʰui^{55} 樓梯。

　〈張〉樓梯 lau$_{33}$ tʰui^{55}

　〈藍〉樓梯 lau$_{33}$ tʰui^{55}

【電梯】tian$_{11}$ tʰui^{55} 電梯。

　〈張〉電梯 tian$_{11}$ tʰui^{55}

　〈藍〉x

【流籠】liu$_{33}$ lɔŋ^{13} 纜車。

　〈張〉流籠 liu$_{33}$ lɔŋ^{13}

　〈藍〉x

【護龍】hɔ$_{11}$ liŋ^{13} 傳統房子兩側的廂房。

　〈張〉護龍 hɔ$_{11}$ liŋ^{13}

　〈藍〉廂房 hĩu$_{33}$ paŋ^{13}

【吊車】tiau$_{51}$ tsʰia^{55} 吊車。

　〈張〉吊車 tiau$_{51}$ tsʰia^{55}

　〈藍〉x

【樓頂】lau$_{33}$ tiŋ^{51} 樓上。

　〈張〉樓頂 lau$_{33}$ tiŋ^{51}

　〈藍〉樓頂 lau$_{33}$ tiŋ^{51}

【樓骹】lau_{33} k^ha_{55} 樓下。
　〈張〉樓骹 lau_{33} k^ha_{55}
　〈藍〉樓骹 lau_{33} k^ha_{55}

【厝】ts^hu_{11} 房子。
　〈張〉厝 ts^hu_{11}
　〈藍〉厝 ts^hu_{11}

【兜】tau_{55} 家。
　〈張〉兜 tau_{55}
　〈藍〉兜 tau_{55}

【掃地】sau_{51} te_{11} 掃地
　也講「掃塗骹」sau_{51} t^ho_{33} k^ha_{55}。
　〈張〉掃塗骹 sau_{51} t^ho_{33} k^ha_{55}
　〈藍〉掃塗骹 sau_{51} t^ho_{33} k^ha_{55}
　　　　掃地 sau_{51} ge_{11}

【塗骹】t^ho_{33} k^ha_{55} 地上。
　〈張〉塗骹 t^ho_{33} k^ha_{55}
　〈藍〉塗骹 t^ho_{33} k^ha_{55}

【入厝】$dzip_{11}$ ts^hu_{11} 搬遷新家。
　〈張〉入厝 $dzip_{11}$ ts^hu_{11}
　〈藍〉x

【起厝】k^hi_{55} ts^hu_{11} 蓋房子。
　〈張〉起厝 k^hi_{55} ts^hu_{11}
　〈藍〉起厝 k^hi_{55} ts^hu_{11}、
　　　　蓋厝 k^ham_{51} ts^hu_{11}

【搬厝】$pua\tilde{}_{33}$ ts^hu_{11} 搬家。
　也講「徙厝」sua_{55} ts^hu_{11}。
　〈張〉搬厝 $pua\tilde{}_{33}$ ts^hu_{11}、徙厝 sua_{55} ts^hu_{11}
　〈藍〉搬厝 $pua\tilde{}_{33}$ ts^hu_{11}

【厝頂】ts^hu_{51} tin_{51} 屋頂。
　〈張〉厝頂 ts^hu_{51} tin_{51}
　〈藍〉厝尾頂 ts^hu_{51} bue_{55} tin_{51}

【てんじょう】t^hian_{35} $dzio_{51}$ 天花板。
　日語詞彙。
　也講「天棚」t^hian_{33} pon_{13}、t^hian_{33} lo_{33}
　pan_{51}
　〈張〉天棚 t^hian_{33} pon_{13}、
　　　　天遮 t^hian_{33} gia_{55}
　〈藍〉天花板 t^hian_{33} hua_{33} pan_{51}（書）

【窗仔門】t^han_{33} $\eta\tilde{a}_{55}$ $mu\tilde{i}_{13}$ 窗戶。
　〈張〉窗仔 t^han_{33} $\eta\tilde{a}_{51}$
　〈藍〉窗仔門 t^han_{33} $\eta\tilde{a}_{55}$ $mu\tilde{i}_{13}$

【天窗】$t^h\tilde{i}_{33}$ t^han_{55} 天窗。
　〈張〉天窗 $t^h\tilde{i}_{33}$ t^han_{55}
　〈藍〉天窗 $t^h\tilde{i}_{33}$ t^han_{55}

【客廳】k^he_{51} $t^hi\tilde{a}_{55}$ 客廳。
　〈張〉客廳 k^he_{51} $t^hi\tilde{a}_{55}$
　〈藍〉客廳 k^he_{51} $t^hi\tilde{a}_{55}$、$k^he?_{55}$ $t^hi\tilde{a}_{55}$
　　　　大廳 tua_{11} $t^hi\tilde{a}_{55}$

【壁櫥】pia_{51} tu_{13} 壁櫥。
　〈張〉壁櫥 pia_{51} tu_{13}
　〈藍〉櫥仔 tu_{33} a_{51}

【稻埕】tiu_{11} $ti\tilde{a}_{13}$ 曬稻場。
　〈張〉稻埕 tiu_{11} $ti\tilde{a}_{13}$
　〈藍〉稻埕 tiu_{11} $ti\tilde{a}_{13}$、大埕 tua_{11} $ti\tilde{a}_{13}$
　　　　門口埕 $mu\tilde{i}_{33}$ k^hau_{55} $ti\tilde{a}_{13}$

【洗身軀間仔】se_{55} hin_{33} k^hu_{33} kin_{33} $\eta\tilde{a}_{51}$
　浴室，澡堂。
　〈張〉風呂間 hu_{55} lo_{55} kin_{55} 日語詞彙。
　〈藍〉洗身軀間仔 se_{55} hun_{33} su_{33} kin_{33}
　　　　$\eta\tilde{a}_{51}$

【閒間仔】in_{33} kin_{33} $\eta\tilde{a}_{51}$ 閒間。
　在舊建築中平時用來當儲藏室，也充
　當客房。

〈張〉閒間仔 iŋ₃₃ kiŋ₃₃ ŋã⁵¹

〈藍〉x

【便所】pian₁₁ sɔ⁵¹ 廁所，日語詞彙。

〈張〉便所 pian₁₁ sɔ⁵¹

〈藍〉便所 pian₁₁ sɔ⁵¹

【礐仔】hak₃₃ ga⁵¹ 糞坑；舊式廁所。

〈張〉礐仔 hak₃₃ ga⁵¹

〈藍〉礐仔 hak₃₃ ga⁵¹

屎礐仔 sai₅₅ hak₃₃ ga⁵¹

【井仔】tsẽ₅₅ ã⁵¹ 井。

〈張〉井 tsẽ⁵¹

〈藍〉井仔 tsẽ₅₅ ã⁵¹

【深井】tsʰim₃₃ tsẽ⁵¹ 天井。

〈張〉深井 tsʰim₃₃ tsẽ⁵¹ （口）

〈藍〉天井 tĩ₃₃ tsẽ⁵¹ （書）

【門】muĩ¹³ 門。

〈張〉門 muĩ¹³

〈藍〉門 muĩ¹³

【門閂】muĩ₃₃ tsʰuã¹¹ 拴門的橫木。

〈張〉門閂 muĩ₃₃ tsʰuã¹¹

〈藍〉門閂 muĩ₃₃ tsʰuã¹¹

【門口埕】muĩ₃₃ kʰau₅₅ tiã¹³ 門口庭院。

門口曬穀、曬菜脯或家庭活動的空間。

也講「埕仔」tiã₃₃ ã⁵¹。

〈張〉門口埕 muĩ₃₃ kʰau₅₅ tiã¹³

門骹口 muĩ₃₃ kʰa₃₃ kʰau⁵¹

〈藍〉門口埕 muĩ₃₃ kʰau₅₅ tiã¹³

門骹口 muĩ₃₃ kʰa₃₃ kʰau⁵¹

門喙仔 muĩ₃₃ tsʰui₅₅ a⁵¹

【門斗】muĩ₃₃ tau⁵¹ 門楣。

門框上方橫樑稱「門斗」。

〈張〉門斗 muĩ₃₃ tau⁵¹

〈藍〉門楣 muĩ₃₃ bi¹³ （書）

【門框】muĩ₃₃ kʰiŋ⁵⁵ 門兩側支柱。

〈張〉門斗 muĩ₃₃ tau⁵¹

〈藍〉門框 muĩ₃₃ kʰiŋ⁵⁵

【門臼】muĩ₃₃ kʰu³³ 門軸石墩。

用來托住門軸的石墩。

也講「門的後臼」muĩ₃₃ e₃₃ au₁₁ kʰu³³

〈張〉門臼 muĩ₃₃ kʰu³³

〈藍〉門墩 muĩ₃₃ tun⁵⁵

【門鈃】muĩ₃₃ kʰian⁵⁵ 門環。

〈張〉門鈃 muĩ₃₃ kʰian⁵⁵

〈藍〉x

【戶橂】hɔ₁₁ tiŋ³³ 門檻。

〈張〉戶橂 hɔ₁₁ tiŋ³³

〈藍〉戶橂 hɔ₁₁ tiŋ³³、門橂 muĩ₃₃ tiŋ³³

【亭仔骹】tiŋ₃₃ ŋã₅₅ kʰa⁵⁵ 騎樓。

〈張〉亭仔骹 tiŋ₃₃ ŋã₅₅ kʰa⁵⁵

〈藍〉亭仔骹 tiŋ₃₃ ŋã₅₅ kʰa⁵⁵

【房宮】paŋ₃₃ kiŋ⁵⁵ 房間。

〈張〉房宮 paŋ₃₃ kiŋ⁵⁵

〈藍〉宮房 kiŋ₃₃ paŋ¹³

【繡房】siu⁵¹ paŋ¹³ 閨房。

〈張〉繡房 siu⁵¹ paŋ¹³

〈藍〉x

【圍籬仔】ui₃₃ li₃₃ a⁵¹ 籬笆。

〈張〉籬笆 li₃₃ pa⁵⁵

〈藍〉竹圍 tik₅₅ ui¹³ 籬仔 li₃₃ a⁵¹

【車牆仔】tsʰia₃₃ tsʰĩu₃₃ ã⁵¹ 圍牆。

〈張〉牆圍仔 tsʰĩu₃₃ ui₃₃ a⁵¹

〈藍〉車牆仔 tsʰĩa₃₃ tsʰĩu₃₃ ã⁵¹

【屏】pin¹³ 屏風。
〈張〉屏 pin¹³（口）
〈藍〉屏 pin¹³、屏風 pin₃₃ hoŋ⁵⁵（書）

【厝瓦】tsʰu₅₁ hia³³ 屋瓦。
〈張〉厝瓦 tsʰu₅₁ hia³³
〈藍〉瓦 hia³³

【瓦片仔】hia₁₁ pʰiã₅₅ ã⁵¹ 薄瓦片。
〈張〉瓦片仔 hia₁₁ pʰiã₅₅ ã⁵¹
〈藍〉x

【瓦鐺】hia₁₁ toŋ¹¹ 瓦鐺。
〈張〉瓦硐 hia₁₁ taŋ¹³
〈藍〉x

【柱仔】tʰiau₃₃ a⁵¹ 柱子。
〈張〉柱仔 tʰiau₃₃ a⁵¹
〈藍〉柱仔 tʰiau₃₃ a⁵¹

【脊骹】tsit₅₅ kʰa⁵⁵ 大樑處的屋簷下。
〈張〉簷口 tsĩ₃₃ kʰau⁵¹
〈藍〉x

【砛簷骹】gim₃₃ tsĩ₃₃ kʰa⁵⁵ 屋簷下。
〈張〉砛簷骹 gim₃₃ tsĩ₃₃ kʰa⁵⁵
〈藍〉砛簷骹 mĩ₃₃ tsi₃₃ kʰa⁵⁵、mĩ₃₃ tsĩ₃₃ kʰa⁵⁵
門簷骹 muĩ₃₃ tsĩ₃₃ kʰa⁵⁵

【樓栱】nã₃₃ koŋ¹³ 三角錐閣樓空間。
〈張〉樓栱 nã₃₃ koŋ¹³
〈藍〉x

【樓栱頂】nã₃₃ koŋ₃₃ tiŋ⁵¹ 小閣樓。
也講「樓栱尾」nã₃₃ koŋ₃₃ bue⁵¹
一般台閩語講「樓栱頂」lau₃₃ koŋ₃₃ tiŋ⁵¹
〈張〉x
〈藍〉x

【桷仔】ẽ₃₃ ã⁵¹ 木材橫樑，通常用杉木。
〈張〉桷仔 ẽ₃₃ ã⁵¹；指柱子。
〈藍〉桷仔 ẽ₃₃ ã⁵¹；指橫樑。

【中桷】tiŋ₃₃ ŋẽ¹³ 屋中大樑，使用大衫木。
也稱「脊」tsit³¹。
〈張〉中桷 tioŋ₃₃ ŋẽ¹³
〈藍〉x

【桱】kẽ¹¹ 椽子間距單位。
橫樑設置好後，放瓦片前，用木板條間隔，每一間隔稱「一桱」tsit₁₁ kẽ¹¹。由有經驗的老師傅丈量分之。
〈張〉桱 kẽ¹¹
〈藍〉x

【桷仔】kak₅₅ ga⁵¹ 椽子。
〈張〉桷仔 kak₅₅ ga⁵¹
〈藍〉x

【楬仔】at₅₅ la⁵¹ 窗戶上壓住玻璃的木條。
〈張〉楬仔 at₅₅ la⁵¹
〈藍〉x

【枋仔】paŋ₃₃ ŋã⁵¹ 木板。
〈張〉枋仔 paŋ₃₃ ŋã⁵¹
〈藍〉枋仔 paŋ₃₃ ŋã⁵¹

【杉仔】sam₃₃ mã⁵¹ 杉木。
〈張〉杉仔 sam₃₃ mã⁵¹
〈藍〉杉仔 sam₃₃ mã⁵¹

【枋模】paŋ₃₃ bo¹³ 模板。
〈張〉枋模 paŋ₃₃ bo¹³
〈藍〉x

【清水模】tsʰiŋ₃₃ tsui₅₅ bo¹³ 表面光滑，接縫精密的高級模板。

〈張〉x

〈藍〉x

【磚仔】tsuĩ₃₃ ã⁵¹ 磚塊。

〈張〉磚仔 tsuĩ₃₃ ã⁵¹

〈藍〉磚仔 tsuĩ₃₃ ã⁵¹

【花磚】hue₃₃ tsuĩ⁵⁵ 裝飾壁上的瓷磚，大量生產，花樣一致。
也稱「機器磚」ke₃₃ kʰi₅₁ tsuĩ⁵⁵。

〈張〉 花磚 hue₃₃ tsuĩ⁵⁵

〈藍〉x

【タイル】tʰai₅₁ lu¹¹ 地磚，日本詞彙。

〈張〉タイル tʰai₅₁ lu¹¹

〈藍〉x

【磚仔胚】tsuĩ₃₃ ã₅₅ pʰue₃₃ 未燒的土磚。

〈張〉x

〈藍〉塗結 tʰɔ₃₃ kat³¹

【塗坱】tʰɔ₃₃ kak³¹ 土塊、土磚。

〈張〉塗坱 tʰɔ₃₃ kak³¹

〈藍〉塗結 tʰɔ₃₃ kat³¹

【塗坱厝】tʰɔ₃₃ kak₅₅ tsʰu¹¹ 用土和牛糞等混在一起，做成牆壁的房子。

〈張〉x

〈藍〉x

【石灰】tsio₁₁ hue⁵⁵ 石灰。

〈張〉石灰 tsio₁₁ hue⁵⁵

〈藍〉石灰 tsio₁₁ hue⁵⁵

【紅毛塗】am₃₃ mõ₃₃ tʰɔ¹³ 水泥。

〈張〉紅毛塗 a₃₃ buan₃₃ tʰɔ¹³

〈藍〉紅毛塗 aŋ₃₃ mõ₃₃ tʰɔ¹³

【防空壕】hɔŋ₁₁ kʰɔŋ₃₃ ho¹³ 防空洞。

〈張〉防空壕 hɔŋ₁₁ kʰɔŋ₃₃ ho¹³

〈藍〉x

【壁】piaʔ³¹ 牆壁。

〈張〉壁 piaʔ³¹

〈藍〉壁 piaʔ³¹

【門聯】muĩ₃₃ lian¹³ 門上對聯。

〈張〉門聯 muĩ₃₃ lian¹³

〈藍〉x

【布籬仔】pɔ₅₁ li₃₃ a⁵¹ 門簾。

〈張〉門籬仔 muĩ₃₃ li₃₃ a⁵¹

〈藍〉門簾 muĩ₃₃ lian¹³ （書）

【公寓】kɔŋ₃₃ u⁵¹ 公寓。（頭城無公寓）

〈張〉公寓 kɔŋ₃₃ u⁵¹

〈藍〉x

【涵空管】iam₃₃ kʰaŋ₃₃ kɔŋ⁵¹ 涵洞。
或講「涵空」iam₃₃ kʰaŋ⁵⁵。

〈張〉涵空仔 iam₃₃ kʰaŋ₃₃ ŋã⁵¹

〈藍〉x

【電火柱仔】tian₁₁ hue₅₅ tʰiau₃₃ a⁵¹ 電線桿。

〈張〉電火柱 tian₁₁ hue₅₅ tʰiau³³

〈藍〉x

【後鈕】au₁₁ liu⁵¹ 後鈕。
將門和門框連起，使門可開合的金屬片。

〈張〉後鈕 au₁₁ liu⁵¹

〈藍〉x

【地基】te₁₁ ki⁵⁵ 地基。

〈張〉地基 te₁₁ ki⁵⁵

〈藍〉地基 te₁₁ ki⁵⁵

【徛家】kʰia₁₁ ke⁵⁵ 住家。

〈張〉徛家 kʰia₁₁ ke⁵⁵

〈藍〉x

【開店】k^{h}ui$_{33}$ tiam^{11} 開店。
〈張〉做店面 tso$_{51}$ tiam$_{51}$ bin^{33}
〈藍〉開店仔 k^{h}ui$_{33}$ tiam$_{55}$ mã^{51}

【三角窗】sã$_{33}$ kak$_{55}$ t^{h}aŋ^{55} 轉角的店面。
〈張〉三角窗 sã$_{33}$ kak$_{55}$ t^{h}aŋ^{55}
〈藍〉x

【別莊】piat$_{11}$ tsɔŋ^{55} 別墅。
〈張〉別莊 piat$_{11}$ tsɔŋ^{55}
〈藍〉x

【水筧】tsui$_{55}$ kiŋ^{51} 集洩雨水用的天溝。
〈張〉x
〈藍〉x

十四、親屬稱謂

【親情五什】ts^{h}in$_{33}$ tsiã^{13} gɔ$_{11}$ tsap^{33} 與自身有血統或婚姻關係的個人和家屬。
〈張〉親情五什 ts^{h}in$_{33}$ tsiã^{13} gɔ$_{11}$ tsap^{33}
〈藍〉親情 ts^{h}in$_{33}$ tsiã^{13}

【朋友】piŋ$_{33}$ iu^{51} 朋友。
〈張〉朋友 piŋ$_{33}$ iu^{51}
〈藍〉朋友 piŋ$_{33}$ iu^{51}、朋友 p^{h}iŋ$_{33}$ iu^{51}

【什譜】tsap$_{11}$ p^{h}ɔ^{51} 族譜。
〈張〉什譜 tsap$_{11}$ p^{h}ɔ^{51}
〈藍〉x

【祖先】tsɔ$_{55}$ sian^{55}
〈張〉祖先 tsɔ$_{55}$ sian^{55}
〈藍〉祖公仔 tsɔ$_{55}$ kɔŋ$_{33}$ ŋã^{51}

【祖公】tsɔ$_{55}$ kɔŋ^{55}
〈張〉祖公 tsɔ$_{55}$ kɔŋ^{55}
〈藍〉祖公仔 tsɔ$_{55}$ kɔŋ$_{33}$ ŋã^{51}

【阿祖】a$_{33}$ tsɔ^{51} 曾祖父。
〈張〉阿祖 a$_{33}$ tsɔ^{51}
〈藍〉阿祖 a$_{33}$ tsɔ^{51}

【查埔祖】tsa$_{33}$ pɔ$_{33}$ tsɔ^{51} 曾祖父。
〈張〉x
〈藍〉赤骹祖 ts^{h}ia$_{55}$ k^{h}a$_{33}$ tsɔ^{51}

【查某祖】tsa$_{33}$ bɔ$_{55}$ tsɔ^{51} 曾祖母。
〈張〉x
〈藍〉縛骹祖 pak$_{11}$ k^{h}a$_{33}$ tsɔ^{51}

【序大】si$_{11}$ tua^{33} 長輩。
〈張〉序大 si$_{11}$ tua^{33}
〈藍〉頂輩 tiŋ$_{55}$ pue^{11}

【序細】si$_{11}$ se^{11} 晚輩。
或講「下輩」e$_{11}$ pue^{11}
〈張〉序細 si$_{11}$ se^{11}
〈藍〉小輩 sio$_{55}$ pue^{11}
後生仔 hau$_{11}$ sẽ$_{33}$ ã^{51}

【序大儂】si$_{11}$ tua$_{11}$ laŋ^{13} 父母親。
〈張〉序大儂 si$_{11}$ tua$_{11}$ laŋ^{13}
〈藍〉x

【阿公】a$_{33}$ kɔŋ^{55} 祖父。
〈張〉阿公 a$_{33}$ kɔŋ^{55}
〈藍〉阿公 a$_{33}$ kɔŋ^{55}

【阿媽】a$_{33}$ mã^{51} 祖母。
〈張〉阿媽 a$_{33}$ mã^{51}
〈藍〉阿媽 a$_{33}$ mã^{51}

【外公】gua$_{11}$ kɔŋ^{55} 外祖父（指稱）。
〈張〉外公 gua$_{11}$ kɔŋ^{55}
〈藍〉外公 gua$_{11}$ kɔŋ^{55}

【外媽】gua$_{11}$ mã^{51} 外祖母（指稱）。

〈張〉外媽 gua$_{11}$ mã^{51}

〈藍〉外媽 gua$_{11}$ mã^{51}

【父母】pe$_{11}$ bo^{51} 父母。

　〈張〉父母 pe$_{11}$ bu^{51}

　〈藍〉父母 pe$_{11}$ bo^{51}

【老父】lau$_{11}$ pe^{33} 父親（指稱）。

　〈張〉老父 lau$_{11}$ pe^{33}

　〈藍〉阿爸 a$_{33}$ pa^{55}

【阿爸】a$_{33}$ pa^{55} 父親（面稱）。

　也叫「阿叔」a$_{33}$ tsik^{31}。（避諱之偏稱）

　〈張〉阿爸 a$_{33}$ pa^{55}、阿叔 a$_{33}$ tsik^{31}

　　　　阿丈 a$_{33}$ tĩu^{33}

　〈藍〉阿爸 a$_{33}$ pa^{55}

【老母】lau$_{11}$ bo^{51} 母親（指稱）。

　〈張〉老母 lau$_{11}$ bo^{51}

　〈藍〉阿母 a$_{33}$ bo^{51}

【阿母】a$_{33}$ bo^{51} 母親（面稱）。

　〈張〉阿母 a$_{33}$ bo^{51}

　〈藍〉阿母 a$_{33}$ bo^{51}、阿嬸 a$_{33}$ tsim^{51}（偏稱）

【兄弟姊妹】hiã$_{33}$ ti^{33} tsi$_{55}$ muẽ^{33}

　〈張〉兄弟姊妹 hiã$_{33}$ ti$_{11}$ tsi$_{55}$ muẽ^{33}

　〈藍〉兄弟 hiã$_{33}$ ti^{33} 姊妹 tsi$_{55}$ muẽ^{33}

【阿兄】a$_{33}$ hiã^{55} 哥哥。

　〈張〉阿兄 a$_{33}$ hiã^{55}

　〈藍〉阿兄 a$_{33}$ hiã^{55}、兄哥 hiã$_{33}$ ko^{55}

　　　（指稱）

【小弟】sio$_{55}$ ti^{33} 弟弟。

　〈張〉小弟 sio$_{55}$ ti^{33}

　〈藍〉小弟 sio$_{55}$ ti^{33}、小弟仔 sio$_{55}$ ti^{33} a^{51}

【小妹】sio$_{55}$ muẽ^{33} 妹妹。

　〈張〉小妹 sio$_{55}$ muẽ^{33}

　〈藍〉小妹 sio$_{55}$ muẽ^{33}

　　　　小妹仔 sio$_{55}$ muẽ^{33} ã^{51}

【阿姊】a$_{33}$ tsi^{51} 姊姊。

　〈張〉阿姊 a$_{33}$ tse^{51}

　〈藍〉阿姊 a$_{33}$ tsi^{51}、a$_{33}$ tse^{51}

【後生】hau$_{11}$ sẽ^{55} 兒子（指稱）。

　〈張〉後生 hau$_{11}$ sẽ^{55}

　〈藍〉後生 hau$_{11}$ sẽ^{55}、囝兒 kiã$_{55}$ dzi^{13}

【囝】kiã^{51} 兒子（指稱）。

　〈張〉囝 kiã^{51}

　〈藍〉囝 kiã^{51}

【查某囝】tsa$_{33}$ ɔ$_{55}$ kiã^{51} 女兒（指稱）。

　〈張〉查某囝 tsa$_{33}$ bɔ$_{55}$ kiã^{51}

　〈藍〉查某囝 tsa$_{33}$ bɔ$_{55}$ kiã^{51}

【查埔囡仔】tsa$_{33}$ pɔ$_{33}$ gin$_{55}$ nã^{51} 男孩。

　〈張〉查埔囡仔 tsa$_{33}$ pɔ$_{33}$ gin$_{55}$ nã^{51}

　〈藍〉查埔囡仔 tsa$_{33}$ pɔ$_{33}$ gin$_{55}$ nã^{51}

【查某囡仔】tsa$_{33}$ ɔ$_{55}$ gin$_{55}$ nã^{51} 女孩。

　〈張〉查某囡仔 tsa$_{33}$ ɔ$_{55}$ gin$_{55}$ nã^{51}

　〈藍〉查某囡仔 tsa$_{33}$ ɔ$_{55}$ gin$_{55}$ nã^{51}

【屘仔囝】ban$_{33}$ nã$_{55}$ kiã^{51} 么兒。

　〈張〉屘仔囝 ban$_{33}$ nã$_{55}$ kiã^{51}

　〈藍〉尾仔囝 bue$_{55}$ nã$_{55}$ kiã^{51}

　　　　上細仔 siŋ$_{11}$ se$_{11}$·e$_{11}$

【翁某】aŋ$_{33}$ bo^{51} 夫妻。

　〈張〉翁仔某 aŋ$_{33}$ ŋã$_{55}$ bo^{51}

　〈藍〉x

【翁】aŋ^{55} 丈夫（指稱）。

〈張〉翁 aŋ^{55}

〈藍〉翁婿 aŋ$_{33}$ sai^{11}

【頭家】t^{h}au$_{33}$ke^{55} 丈夫（指稱）。

〈張〉頭家 t^{h}au$_{33}$ke^{55}

〈藍〉頭家 t^{h}au$_{33}$ke^{55}

【先生】sin$_{33}$ sẽ^{55} 丈夫（指稱）。

〈張〉先生 sian$_{33}$ sẽ^{55}

〈藍〉x

【查埔儂】tsa$_{33}$ pɔ$_{33}$ laŋ^{13} 男人。

〈張〉查埔儂 tsa$_{33}$ pɔ$_{33}$ laŋ^{13}

〈藍〉查埔儂 tsa$_{33}$ pɔ$_{33}$ laŋ^{13}

【老猴】lau$_{11}$ kau^{13} 妻子謔稱自己的丈夫。

〈張〉老猴 lau$_{11}$ kau^{13}

〈藍〉x

【某】bɔ^{51} 妻子。

〈張〉某 bɔ^{51}（口）

〈藍〉某 bɔ^{51}、妻兒 ts^{h}e$_{33}$ dzi^{13}（書）

【牽手】k^{h}an$_{33}$ ts^{h}iu^{51} 妻子。或稱「家後」ke$_{33}$ au^{33}。

〈張〉牽手 k^{h}an$_{33}$ ts^{h}iu^{51}

〈藍〉牽手 k^{h}an$_{33}$ ts^{h}iu^{51}

【牽个】k^{h}an^{55} ·nẽ$_{55}$ 「牽手」的暱稱。

〈張〉牽个 k^{h}an^{55} ·nẽ$_{55}$

〈藍〉x

【查某儂】tsa$_{33}$ bɔ$_{55}$ laŋ^{13} 稱己妻（指稱）。

〈張〉查某儂 tsa$_{33}$ bɔ$_{55}$ laŋ^{13}

〈藍〉查某儂 tsa$_{33}$ bɔ$_{55}$ laŋ^{13}

【柴耙】ts^{h}a$_{33}$ pe^{13} 戲稱己妻。（指稱）。

〈張〉柴耙 ts^{h}a$_{33}$ pe^{13}

〈藍〉x

【煮飯个】tsi$_{55}$ puĩ^{33} ·ẽ$_{33}$ 戲稱己妻。（指稱）。

〈張〉煮飯个 tsi$_{55}$ puĩ^{33} ·ẽ$_{33}$

〈藍〉x

【太太】t^{h}ai$_{51}$ t^{h}ai^{11} 妻子的現代講法。

〈張〉太太 t^{h}ai$_{51}$ t^{h}ai^{11}

〈藍〉x

【舅仔】ku$_{33}$ a^{51} 妻子的兄弟。

〈張〉x

〈藍〉舅仔 ku$_{33}$ a^{51}

【阿伯】a$_{33}$ peʔ^{31} 伯父。

〈張〉阿伯 a$_{33}$ peʔ^{31}

〈藍〉阿伯 a$_{33}$ peʔ^{31}

【阿姆】a$_{33}$ m̩^{51} 伯母。

〈張〉阿姆 a$_{33}$ m̩^{51}

〈藍〉阿姆 a$_{33}$ m̩^{51}

【阿叔】a$_{33}$ tsik^{31} 叔父。

〈張〉阿叔 a$_{33}$ tsik^{31}

〈藍〉阿叔 a$_{33}$ tsik^{31}

【阿嬸】a$_{33}$ tsim^{51} 嬸嬸。

〈張〉阿嬸 a$_{33}$ tsim^{51}

〈藍〉阿嬸 a$_{33}$ tsim^{51}

【阿舅】a$_{33}$ ku^{33} 舅舅。

〈張〉阿舅 a$_{33}$ ku^{33}

〈藍〉阿舅 a$_{33}$ ku^{33}

【阿妗】a$_{33}$ kim^{33} 舅媽。

〈張〉阿妗 a$_{33}$ kim^{33}

〈藍〉阿妗 a$_{33}$ kim^{33}

【阿姨】a$_{33}$ i^{13} 姨媽。

〈張〉阿姨 a$_{33}$ i^{13}

〈藍〉阿姨 a_{33} i^{13}

【姨丈】 i_{33} $tⁱu^{33}$　姨媽的丈夫。
　〈張〉姨丈 i_{33} $tⁱu^{33}$
　〈藍〉姨丈 i_{33} $tⁱu^{33}$

【阿姑】 a_{33} $kɔ^{55}$　姑媽。
　〈張〉阿姑 a_{33} $kɔ^{55}$
　〈藍〉阿姑 a_{33} $kɔ^{55}$

【姑丈】 $kɔ_{33}$ $tⁱu^{33}$　姑媽的丈夫。
　〈張〉姑丈 $kɔ_{33}$ $tⁱu^{33}$
　〈藍〉姑丈 $kɔ_{33}$ $tⁱu^{33}$

【伯公】 pe_{51} $kɔŋ^{55}$　祖父的哥哥。
　〈張〉伯公 pe_{51} $kɔŋ^{55}$
　〈藍〉x

【伯婆】 pe_{51} po^{13}　伯公的太太。
　〈張〉姆婆 $m̩_{55}$ po^{13}
　〈藍〉x

【叔公】 $tsik_{55}$ $kɔŋ^{55}$　祖父的弟弟。
　〈張〉叔公 $tsik_{55}$ $kɔŋ^{55}$
　〈藍〉x

【嬸婆】 $tsim_{55}$ po^{13}　叔公的太太。
　〈張〉嬸婆 $tsim_{55}$ po^{13}
　〈藍〉x

【舅公】 ku_{11} $kɔŋ^{55}$　祖母的兄弟。
　〈張〉舅公 ku_{11} $kɔŋ^{55}$
　〈藍〉x

【妗婆】 kim_{11} po^{13}　舅公的太太。
　〈張〉妗婆 kim_{11} po^{13}
　〈藍〉x

【姑婆】 $kɔ_{33}$ po^{13}　祖父的姊妹。
　〈張〉姑婆 $kɔ_{33}$ po^{13}
　〈藍〉x

【丈公】 $tⁱu_{11}$ $kɔŋ^{55}$　姑婆的丈夫。
　〈張〉丈公 $tⁱu_{11}$ $kɔŋ^{55}$
　〈藍〉x

【姨婆】 i_{33} po^{13}　祖母的姊妹。
　〈張〉姨婆 i_{33} po^{13}
　〈藍〉x

【姨丈公】 i_{33} $tⁱu_{11}$ $kɔŋ^{55}$　姨婆的丈夫。
　〈張〉丈公 i_{33} $tⁱu_{11}$ $kɔŋ^{55}$
　〈藍〉x

【叔伯兄弟】 $tsik_{55}$ pe_{51} $hiã_{33}$ ti^{33}　堂兄弟。
　〈張〉叔伯兄弟 $tsik_{55}$ pe_{51} $hiã_{33}$ ti^{33}
　〈藍〉堂兄弟 $tɔŋ_{33}$ $hiã_{33}$ ti^{33}

【親堂】 $tsʰin_{33}$ $tɔŋ^{13}$　同宗族或同姓的人。
　〈張〉親堂 $tsʰin_{33}$ $tɔŋ^{13}$
　〈藍〉x

【表兄弟】 $piau_{55}$ $hiã_{33}$ ti^{33}　表兄弟。
　〈張〉表兄弟 $piau_{55}$ $hiã_{33}$ ti^{33}
　〈藍〉表兄弟 $piau_{55}$ $hiã_{33}$ ti^{33}

【姊夫】 tsi_{55} hu^{55}　姊姊的丈夫。
　〈張〉姊夫 tse_{55} hu^{55}
　〈藍〉姊夫 tse_{55} hu^{55}、姊夫 tsi_{55} hu^{55}

【阿嫂】 a_{33} so^{51}　哥哥的妻子。
　〈張〉兄嫂 $hiã_{33}$ so^{51}
　〈藍〉阿嫂 a_{33} so^{51}、兄嫂 $hiã_{33}$ so^{51}

【妹婿】 $muẽ_{11}$ sai^{11}　妹妹的丈夫。
　〈張〉妹婿 $muẽ_{11}$ sai^{11}
　〈藍〉妹婿 $muẽ_{11}$ sai^{11}

【弟婦仔】 te_{11} hu_{33} a^{51}　弟弟的妻子。
　〈張〉弟婦仔 te_{11} hu_{33} a^{51}
　〈藍〉x

【同姨丈】 $taŋ_{33}$ i_{33} $tⁱu^{33}$　連襟。

俗稱「大細先」tua₁₁ se₅₁ sian⁵⁵，姐妹
的丈夫之間的親戚稱謂。

〈張〉大細賢 tua₁₁ se₅₁ sian⁵⁵

〈藍〉大細身 tua₁₁ se₅₁ sin⁵⁵

【同姒仔】taŋ₃₃ sai₃₃ a⁵¹ 妯娌。
兄弟的妻子之間的親屬稱謂。

〈張〉同姒仔 taŋ₃₃ sai₃₃ a⁵¹

〈藍〉同姒仔 taŋ₃₃ sai₃₃ a⁵¹

【囝婿】kiã₅₅ sai¹¹ 女婿（指稱）。

〈張〉囝婿 kiã₅₅ sai¹¹

〈藍〉囝婿 kiã₅₅ sai¹¹

【孫婿】sun₃₃ sai¹¹ 孫女婿（指稱）。

〈張〉孫婿 sun₃₃ sai¹¹

〈藍〉x

【新婦】sim₃₃ pu³³ 媳婦（指稱）。

〈張〉新婦 sim₃₃ pu³³

〈藍〉新婦 sim₃₃ pu³³

【孫新婦】sun₃₃ sim₃₃ pu³³ 孫媳婦（指
稱）。

〈張〉孫新婦 sun₃₃ sim₃₃ pu³³

〈藍〉x

【親家】tsʰin₃₃ ke⁵⁵ 親家。

〈張〉親家 tsʰin₃₃ ke⁵⁵

〈藍〉親家 tsʰin₃₃ ke⁵⁵

【親姆】tsʰẽ₃₃ m̩⁵¹ 親家母。

〈張〉親姆 tsʰẽ₃₃ m̩⁵¹

〈藍〉x

【親家公】tsʰin₃₃ ke₃₃ kɔŋ⁵⁵ 親家的父親。

〈張〉親家公 tsʰin₃₃ ke₃₃ kɔŋ⁵⁵

〈藍〉x

【親家媽】tsʰin₃₃ ke₃₃ mã⁵¹ 親家的母親。

〈張〉親家媽 tsʰin₃₃ ke₃₃ mã⁵¹

〈藍〉x

【大家仔】tua₁₁ ke₃₃ a⁵¹ 媳婦稱丈夫的母
親（指稱）。

〈張〉大家仔 tua₁₁ ke₃₃ a⁵¹

〈藍〉大家仔 tua₁₁ ke₃₃ a⁵¹

【大官仔】tua₁₁ kuã₃₃ ã⁵¹ 媳婦稱丈夫的
父親（指稱）。

〈張〉大官仔 tua₁₁ kuã₃₃ ã⁵¹

〈藍〉大官仔 tua₁₁ kuã₃₃ ã⁵¹

【丈儂】tiu₁₁ laŋ¹³ 岳丈（指稱）。

〈張〉丈儂 tiu₁₁ laŋ¹³

〈藍〉丈儂 tiu₁₁ laŋ¹³

【丈姆】tiu₁₁ m̩⁵¹ 岳母（指稱）。

〈張〉丈姆 tiu₁₁ m̩⁵¹

〈藍〉丈姆 tiu₁₁ m̩⁵¹

【丈儂公】tiu₁₁ laŋ₃₃ kɔŋ⁵⁵ 岳丈的父親
（指稱）。

〈張〉丈儂公 tiu₁₁ laŋ₃₃ kɔŋ⁵⁵

〈藍〉x

【丈儂媽】tiu₁₁ laŋ₃₃ mã⁵¹ 岳丈的母親
（指稱）。

〈張〉丈儂媽 tiu₁₁ laŋ₃₃ mã⁵¹

〈藍〉x

【大伯】tua₁₁ peʔ³¹ 大伯父。

〈張〉大伯仔 tua₁₁ pe₅₅ a⁵¹

〈藍〉大伯仔 tua₁₁ pe₅₅ a⁵¹、大伯 tua₁₁
peʔ³¹

【大姆】tua₁₁ m̩⁵¹ 大伯母。

〈張〉大姆仔 tua₁₁ m̩₅₅ mã⁵¹

〈藍〉阿姆 a₃₃ m̩⁵¹

【阿叔】$a_{33} tsik^{31}$ 叔叔、丈夫的弟弟們。
　〈張〉x
　〈藍〉阿叔 $a_{33} tsik^{31}$

【阿嬸】$a_{33} tsim^{51}$ 嬸嬸。
　〈張〉x
　〈藍〉阿嬸 $a_{33} tsim^{51}$

【細叔仔】$se_{51} tsik_{55} ga^{51}$ 丈夫的小弟。
　〈張〉細叔仔 $se_{51} tsik_{55} ga^{51}$
　〈藍〉細叔仔 $se_{51} tsik_{55} ga^{51}$、細叔 se_{51}
　　　$tsik^{31}$

【細嬸】$se_{51} tsim^{51}$ 丈夫小弟的太太。
　〈張〉細嬸仔 $se_{51} tsim_{55} mã^{51}$
　〈藍〉x

【姨仔】$i_{33} a^{51}$ 妻子的姊妹。
　〈張〉姨仔 $i_{33} a^{51}$
　〈藍〉姨仔 $i_{33} a^{51}$、
　　　大姨仔 $tua_{11} i_{33} a^{51}$（妻姊）

【阿姑】$a_{33} kɔ^{55}$ 丈夫的姊姊。
　〈張〉阿姑 $a_{33} kɔ^{55}$
　〈藍〉阿姑 $a_{33} kɔ^{55}$

【細姑仔】$se_{51} kɔ_{33} a^{51}$ 丈夫的妹妹。
　〈張〉細姑仔 $se_{51} kɔ_{33} a^{51}$
　〈藍〉細姑仔 $se_{51} kɔ_{33} a^{51}$

【外甥仔】$gue_{11} siŋ_{33} ŋã^{51}$ 外甥。
　對姊妹的兒女的指稱。
　〈張〉外甥仔 $gue_{11} siŋ_{33} ŋã^{51}$
　〈藍〉外孫 $gua_{11} sun^{55}$、孫仔 $sun_{33} nã^{51}$

【姪仔】$tit_{33} la^{51}$ 姪子。
　對兄弟的兒女的陳述稱呼。
　〈張〉姪仔 $tit_{33} la^{51}$、孫仔 $sun_{33} nã^{51}$
　〈藍〉姪仔 $tit_{33} la^{51}$

【孫仔】$sun_{33} nã^{51}$ 孫子。
　包括姪兒女和外甥、外甥女。
　〈張〉孫 sun^{55}
　〈藍〉孫仔 $sun_{33} nã^{51}$、外孫 $gua_{11} sun^{55}$

【囝仔孫】$kan_{33} nã_{55} sun^{55}$ 曾孫。
　依張屏生漳蒲田調資料「張謂洲簡
　表」：小孩，早時亦稱囝仔[$kan_{33} nã^{51}$]。
　〈張〉囝仔孫 $kan_{33} nã_{55} sun^{55}$
　〈藍〉囝仔孫 $kan_{33} nã_{55} sun^{55}$

【囡仔】$gin_{55} nã^{51}$ 小孩子。
　也講「囡仔儂」$gin_{55} nã_{55} laŋ^{13}$。
　〈張〉囡仔 $gin_{55} nã^{51}$
　　　　囡仔儂 $gin_{55} nã_{55} laŋ^{13}$
　〈藍〉囡仔 $gin_{55} nã^{51}$

【紅嬰仔】$aŋ_{33} ẽ_{33} ã^{51}$ 嬰兒。
　〈張〉紅嬰仔 $aŋ_{33} ẽ_{33} ã^{51}$
　〈藍〉紅嬰仔 $aŋ_{33} ẽ_{33} ã^{51}$

【養父】$iŋ_{55} pe^{33}$ 養父。
　〈張〉養父 $iaŋ_{55} pe^{33}$
　〈藍〉x

【養母】$iŋ_{55} bo^{51}$ 養母。
　〈張〉養母 $iaŋ_{55} bo^{51}$
　〈藍〉x

【阿姨仔】$a_{33} i_{33} a^{51}$ 養子女稱養母。
　〈張〉x
　〈藍〉x

【契囝】$k^{h}e_{51} kiã^{51}$ 乾兒子、養子。
　〈張〉契囝 $k^{h}e_{51} kiã^{51}$
　〈藍〉契囝 $k^{h}e_{51} kiã^{51}$、養子 $iŋ_{55} tsu^{51}$

【養女】$iŋ_{55} li^{51}$ 養女。
　〈張〉養女 $iaŋ_{55} li^{51}$

〈藍〉新婦仔 sim$_{33}$ pu$_{33}$ a^{51}

【後母】au$_{11}$ bo^{51} 繼母（指稱）。
　〈張〉後母 au$_{11}$ bo^{51}
　〈藍〉阿母 a$_{33}$ bo^{51}、姨仔 i^{13}·a$_{33}$

【後叔】au$_{11}$ tsik^{31} 繼父。
　〈張〉後叔 au$_{11}$ tsik^{31}
　〈藍〉x

【奶母】liŋ$_{55}$ bo^{51} 奶媽。
　〈張〉奶母 liŋ$_{55}$ bo^{51}
　〈藍〉x

【新婦仔】sim$_{33}$ pu$_{33}$ a^{51} 童養媳。
　〈張〉新婦仔 sim$_{33}$ pu$_{33}$ a^{51}
　〈藍〉新婦仔 sim$_{33}$ pu$_{33}$ a^{51}

【前儂囝】tsiŋ$_{33}$ laŋ$_{33}$ kiã^{51} 丈夫前妻所生的子女。
　〈張〉前儂囝 tsiŋ$_{33}$ laŋ$_{33}$ kiã^{51}
　〈藍〉前儂囝 tsiŋ$_{33}$ laŋ$_{33}$ kiã^{51}

【綴轎後个】tue$_{51}$ kio$_{11}$ au^{33} ·e$_{33}$ 拖油瓶，隨著再嫁的女子一起嫁到夫家的小孩。
　〈張〉綴轎後个 tue$_{51}$ kio$_{11}$ au^{33} ·e$_{33}$
　〈藍〉綴罐个 tue$_{51}$ kuan$_{55}$ ·e$_{11}$

【接骹】tsiap$_{55}$ k^{h}a^{55} 再娶之妻（指稱）。
　〈張〉接骹 tsiap$_{55}$ k^{h}a^{55}
　〈藍〉x

【後岫】au$_{11}$ siu^{33} 再娶之妻（指稱）。
　〈張〉後續 au$_{11}$ siu^{33}
　〈藍〉添房 t^{h}iam$_{33}$ paŋ^{13}

【雙生仔】siŋ$_{33}$ sẽ$_{33}$ ã^{51} 雙包胎。
　〈張〉雙生仔 siaŋ$_{33}$ sẽ$_{33}$ ã^{51}
　〈藍〉雙生仔 siŋ$_{33}$ sẽ$_{33}$ ã^{51}

【頭璋仔】t^{h}au$_{33}$ tsĩu$_{33}$ ã^{51} 頭胎男。
　或寫「頭養仔」，教育部漢字用「頭上仔」
　〈張〉x
　〈藍〉頭璋仔 t^{h}au$_{33}$ tsĩu$_{33}$ ã^{51}

【下延个】e$_{11}$ ian^{13} ·nẽ$_{33}$ 後嗣。
　〈張〉後嗣 au$_{11}$ su^{13}
　〈藍〉x

【骨肉】kut$_{55}$ dzik^{33} 骨肉。
　〈張〉骨肉 kut$_{55}$ dziɔk^{33}
　〈藍〉x

十五、姓　氏

4 劃

【文】bun^{13} 文金成 bun$_{33}$ kim$_{33}$ siŋ^{13}（頭城人）
　〈張〉文 bun^{13}
　〈藍〉x

【方】puĩ^{55}
　〈張〉方 puĩ^{55}
　〈藍〉x

【王】ɔŋ^{13}
　〈張〉王 ɔŋ^{13}
　〈藍〉王 ɔŋ^{13}

【孔】k^{h}ɔŋ^{51}
　〈張〉孔 k^{h}ɔŋ^{51}
　〈藍〉x

【尤】iu^{13} 尤偉名 iu$_{33}$ ue$_{55}$ biŋ^{13}（發音合作人）
　〈張〉尤 iu^{13}
　〈藍〉x

5 劃

【史】su⁵¹

　〈張〉史 su⁵¹

　〈藍〉x

【田】tian¹³

　〈張〉田 tian¹³

　〈藍〉x

【白】pe³³

　〈張〉白 pik³³

　〈藍〉x

【石】tsio³³

　〈張〉石 tsio³³

　〈藍〉石 tsio³³

【牛】gu¹³

　〈張〉牛 gu¹³

　〈藍〉x

6 劃

【朱】tsu⁵⁵

　〈張〉朱 tsu⁵⁵

　〈藍〉x

【江】kaŋ⁵⁵

　〈張〉江 kaŋ⁵⁵

　〈藍〉x

【伍】ŋɔ̃⁵¹ 伍子胥 ŋɔ̃₅₅ tsu₅₅ si⁵⁵

　〈張〉伍 ŋɔ̃⁵¹

　〈藍〉x

7 劃

【何】ho¹³ 何欣陽 ho₃₃ him₃₃ iaŋ¹³（發音合作人）

　〈張〉何 ho¹³

　〈藍〉x

【余】i¹³

　〈張〉余 i¹³

　〈藍〉x

【佘】sia⁵⁵ 佘太君 sia₃₃ tʰai₅₁ kun⁵⁵

　〈張〉x

　〈藍〉x

【呂】li³³ 呂洞賓 li₁₁ tɔŋ₁₁ pin⁵⁵

　〈張〉呂 li³³

　〈藍〉x

【宋】sɔŋ¹¹

　〈張〉宋 sɔŋ¹¹

　〈藍〉宋 sɔŋ¹¹

【李】li⁵¹

　〈張〉李 li⁵¹

　〈藍〉李 li⁵¹

【杜】tɔ³³

　〈張〉杜 tɔ³³

　〈藍〉x

【汪】ɔŋ⁵⁵

　〈張〉汪 ɔŋ⁵⁵

　〈藍〉x

【沈】sim⁵¹

　〈張〉沈 sim⁵¹

　〈藍〉x

【辛】sin⁵⁵

　〈張〉辛 sin⁵⁵

　〈藍〉x

【阮】uĩ⁵¹

　〈張〉阮 uĩ⁵¹

　〈藍〉x

【岳】gak³³ 岳飛 gak₁₁ hui⁵⁵

〈張〉岳 gak³³

〈藍〉x

8 劃

【吳】gɔ¹³ 吳沙 gɔ₃₃ sa⁵⁵ 字，沙成 sa₃₃ siŋ¹³（帶領漢人來頭城開墾的頭人），頭城有沙成路[sa₃₃ siŋ₃₃ lɔ³³]。

〈張〉吳 gɔ¹³

〈藍〉吳 gɔ¹³

【卓】toʔ³¹ 卓超群 to₅₁ tʰiau₃₃ kun¹³

〈張〉卓 toʔ³¹

〈藍〉x

【孟】biŋ³³ 孟麗君 biŋ₁₁ le₁₁ kun⁵⁵

〈張〉孟 biŋ³³

〈藍〉x

【周】tsiu⁵⁵

〈張〉周 tsiu⁵⁵

〈藍〉周 tsiu⁵⁵

【林】lim¹³

〈張〉林 lim¹³

〈藍〉林 lim¹³

【武】bu⁵¹ 武則天 bu₅₅ tsik₅₅ tian⁵⁵

〈張〉武 bu⁵¹

〈藍〉x

【花】hua⁵⁵ 花木蘭 hua₃₃ bɔk₁₁ lan¹³

〈張〉花 hua⁵⁵

〈藍〉x

【邱】kʰu⁵⁵ 邱寅次 kʰu₃₃ in₅₅ tsʰu¹¹（頭城人，里長）

〈張〉邱 kʰu⁵⁵

〈藍〉邱 kʰu⁵⁵

9 劃

【侯】hau¹³

〈張〉侯 hau¹³

〈藍〉x

【俞】i¹³ 俞國華 i₃₃ kɔk₅₅ hua¹³

〈張〉俞 i¹³

〈藍〉x

【姚】iau¹³ 姚榮松 iau₃₃ iŋ₃₃ siŋ¹³

〈張〉姚 iau¹³

〈藍〉x

【姜】kiŋ⁵⁵ 姜子牙 kiŋ₃₃ tsu₅₅ ge¹³

〈張〉姜 kʰiɔŋ⁵⁵

〈藍〉x

【施】si⁵⁵

〈張〉施 si⁵⁵

〈藍〉x

【柯】kua⁵⁵

〈張〉柯 kua⁵⁵

〈藍〉x

【洪】aŋ¹³

〈張〉洪 aŋ¹³

〈藍〉x

【紀】ki¹¹

〈張〉紀 ki⁵¹

〈藍〉X

【胡】ɔ¹³

〈張〉胡 ɔ¹³

〈藍〉胡 ɔ¹³

【范】huan³³

〈張〉范 huan³³

〈藍〉x

【祝】tsik^{31} 祝英台 tsik$_{55}$ iŋ$_{33}$ tai^{13}
　〈張〉x
　〈藍〉x

10 劃

【袁】uan^{13} 袁世凱 uan$_{33}$ se$_{51}$ k^{h}ai^{51}
　〈張〉袁 uan^{51}
　〈藍〉x

【耿】kiŋ^{51} 耿忠信 kiŋ$_{55}$ tiŋ$_{33}$ sin^{11}（頭城人）
　〈張〉耿 kiŋ^{51}
　〈藍〉x

【唐】tɔŋ^{13} 唐三藏 tɔŋ$_{33}$ sam$_{33}$ tsɔŋ^{33}
　〈張〉唐 tɔŋ^{13}
　〈藍〉x

【高】ko^{55}
　〈張〉x
　〈藍〉高 ko^{55}

【夏】he^{33}
　〈張〉夏 he^{33}
　〈藍〉x

【孫】sun^{55} 孫文 sun$_{33}$ bun^{13}
　〈張〉孫 sun^{55}
　〈藍〉孫 sun^{55}

【徐】ts^{h}i^{13}
　〈張〉徐 ts^{h}i^{13}
　〈張〉x

【殷】in^{55} 殷琪 in$_{33}$ ki^{13}
　〈張〉殷 in^{55}
　〈藍〉x

【翁】aŋ^{55}
　〈張〉翁 ɔŋ^{55}

　〈藍〉x

【馬】be^{51}/mã^{51} 馬俊 be$_{55}$ tsun^{11}（梁祝劇中人名）
　貓仔馬俊 niãu$_{33}$ ã$_{55}$ be$_{55}$ tsun^{11}
　馬英九 mã$_{55}$ iŋ$_{33}$ kiu^{51}
　〈張〉馬 mã^{51}
　〈藍〉x

【康】k^{h}ŋ̇^{55} 康灩泉 k^{h}ŋ̇$_{33}$ iam$_{11}$ tsuan^{13}（頭城名人）
　〈張〉康 k^{h}ŋ̇^{55}
　〈藍〉康 k^{h}ŋ̇^{55}

11 劃

【張】tĩu^{55} 張飛 tĩu$_{33}$ hui^{55}
　〈張〉張 tĩu^{55}
　〈藍〉張 tĩu^{55}

【曹】tso^{13} 曹操 tso$_{33}$ ts^{h}o^{11}
　〈張〉曹 tso^{13}
　〈藍〉曹 tso^{13}

【梁】liŋ^{13} 梁山伯 liŋ$_{33}$ san$_{33}$ p^{h}ik^{55}
　〈張〉梁 lĩu^{13}
　〈藍〉x

【章】tsĩu^{55} 章孝慈 tsĩu$_{33}$ hau$_{51}$ tsu^{13}
　〈張〉章 tsiaŋ^{55}
　〈藍〉x

【莊】tsŋ̇^{55} 莊秀枝 tsŋ̇$_{33}$ siu$_{51}$ ki^{55}
　〈張〉莊 tsŋ̇^{55}
　〈藍〉莊 tsŋ̇^{55}

【許】k^{h}ɔ^{51}
　〈張〉許 k^{h}ɔ^{51}
　〈藍〉x

【陳】tan^{13} 陳元光 tan$_{33}$ guan$_{33}$ kɔŋ^{55}

開漳聖王 k^hai_{33} $tsiŋ_{33}$ $siŋ_{51}$ $ɔŋ_{13}$

陳文琛 tan_{33} bun_{33} t^him_{55} （頭城人）

〈張〉陳 tan_{13}

〈藍〉陳 tan_{13}

【郭】$kue?_{31}$ 郭雨新 kue_{51} i_{55} sin_{55}（宜蘭名人）

〈張〉郭 $kue?_{31}$

〈藍〉郭 $kue?_{31}$

【陸】lik_{33}

〈張〉陸 $liɔk_{33}$

〈藍〉陸 lik_{55}

【連】$lian_{13}$ 連震東 $lian_{33}$ $tsin_{51}$ $tɔŋ_{55}$

〈張〉連 $lian_{13}$

〈藍〉x

12 劃

【傅】$pɔ_{11}$

〈張〉傅 $pɔ_{11}$

〈藍〉x

【游】iu_{13}

〈張〉x

〈藍〉游 iu_{13}

【彭】$p^hẽ_{13}$

〈張〉彭 $p^hẽ_{13}$

〈藍〉x

【曾】$tsan_{55}$

〈張〉曾 $tsan_{55}$

〈藍〉x

【湯】$t^hŋ̍_{55}$ 湯蘭花 $t^hŋ̍_{33}$ lan_{33} hue_{55}

〈張〉湯 $t^hŋ̍_{55}$

〈藍〉x

【程】$t^hiã_{13}$ 程金蘭 $t^hiã_{33}$ kim_{33} lan_{13}

〈張〉程 $t^hiã_{13}$

〈藍〉x

【童】$tɔŋ_{13}$

〈張〉童 $tɔŋ_{13}$

〈藍〉x

【馮】$paŋ_{13}$

〈張〉馮 $paŋ_{13}$

〈藍〉x

【黃】$uĩ_{13}$

〈張〉黃 $uĩ_{13}$

〈藍〉x

13 劃

【萬】ban_{33}

〈張〉萬 ban_{33}

〈藍〉x

【楊】$ĩu_{13}$ 楊麗花 $ĩu_{33}$ le_{11} hua_{55}

〈張〉楊 $ĩu_{13}$

〈藍〉楊 $ĩu_{13}$

【雷】lui_{13}

〈張〉雷 lui_{13}

〈藍〉x

【葉】iap_{33} 葉青 iap_{11} $ts^hiŋ_{55}$

〈張〉葉 iap_{55}

〈藍〉葉 iap_{55}

【董】$taŋ_{51}$

〈張〉董 $taŋ_{51}$

〈藍〉x

【詹】$tsiam_{55}$

〈張〉詹 $tsiam_{55}$

〈藍〉x

【鄒】$tsau^{55}$
　〈張〉鄒 $tsau^{55}$
　〈藍〉x

【廖】$liau^{33}$
　〈張〉廖 $liau^{33}$
　〈藍〉x

【熊】him^{13}
　〈張〉熊 him^{13}
　〈藍〉x

【諸葛】$tsu_{33} kak^{31}$ 諸葛亮 $tsu_{33} kak_{55} lin_{33}$
　〈張〉諸葛 $ti_{33} kak^{31}$
　〈藍〉x

14 劃

【趙】tio^{33} 趙子龍 $tio_{11} tsu_{55} lin^{13}$
　〈張〉趙 tio^{33}
　〈藍〉x

【劉】lau^{13} 劉備 $lau_{33} pi^{33}$
　〈張〉劉 lau^{13}
　〈藍〉劉 lau^{13}

15 劃

【樊】han^{13} 樊梨花 $han_{33} le_{33} hua^{11}$
　〈張〉樊 $huan^{13}$
　〈藍〉x

【歐】au^{55} 歐陽修 $au_{33} in_{33} siu^{55}$
　〈張〉歐 au^{55}
　〈藍〉x

【潘】$p^hu\tilde{a}^{55}$
　〈張〉潘 $p^hu\tilde{a}^{55}$
　〈藍〉潘 $p^hu\tilde{a}^{55}$

【蔡】ts^hua^{11}
　〈張〉蔡 ts^hua^{11}
　〈藍〉蔡 ts^hua^{11}

【蔣】$ts\tilde{\imath}u^{51}$
　〈張〉蔣 $ts\tilde{\imath}u^{51}$
　〈藍〉x

【鄧】tin^{33}
　〈張〉鄧 tin^{33}
　〈藍〉x

【鄭】$t\tilde{e}^{33}$ 鄭成功 $t\tilde{e}_{11} sin_{33} kon_{55}$
　〈張〉鄭 $t\tilde{e}^{33}$
　〈藍〉鄭 $t\tilde{e}^{33}$

【黎】le^{13}
　〈張〉黎 le^{13}
　〈藍〉x

16 劃

【盧】$lɔ^{13}$ 盧纘祥 $lɔ_{33} tsan_{51} sin^{13}$（頭城名人）
　〈張〉盧 $lɔ^{13}$
　〈藍〉盧 $lɔ^{13}$

【賴】lua^{33}
　〈張〉賴 lua^{33}
　〈藍〉賴 lua^{33}

【錢】$ts\tilde{\imath}^{13}$
　〈張〉錢 $ts\tilde{\imath}^{13}$
　〈藍〉x

17 劃

【應】in^{11}
　〈張〉應 in^{11}
　〈藍〉x

【戴】te¹¹ 戴浩哲 te₅₁ ho₁₁ tʰiat³¹（發音合作人）
　〈張〉戴 te¹¹
　〈藍〉x

【蕭】siau⁵⁵ 蕭萬長 siau₃₃ ban₁₁ tiaŋ¹³
　〈張〉蕭 siau⁵⁵
　〈藍〉蕭 siau⁵⁵

【薛】siʔ³¹ 薛榮燦 si₅₁ iŋ₃₃ tsʰan¹¹（頭城人，里長）
　〈張〉薛 siʔ³¹
　〈藍〉x

【謝】tsia³³ 謝長廷 tsia₁₁ tiaŋ₃₃ tiŋ¹³
　〈張〉謝 tsia³³
　〈藍〉x

【鍾】tsiŋ⁵⁵
　〈張〉鍾 tsiɔŋ⁵⁵
　〈藍〉鍾 tsiŋ⁵⁵

18 劃 以上

【簡】kan⁵¹ 簡朝松 kan₅₅ tiau₃₃ siŋ¹³（頭城人）
　〈張〉簡 kan⁵¹
　〈藍〉簡 kan⁵¹

【聶】liap³¹
　〈張〉聶 liap³¹
　〈藍〉x

【藍】nã¹³
　〈張〉藍 nã¹³
　〈藍〉藍 nã¹³

【顏】gan¹³
　〈張〉顏 gan³³
　〈藍〉x

【魏】ui³³
　〈張〉魏 gui³³
　〈藍〉x

【羅】lo¹³
　〈張〉羅 lo¹³
　〈藍〉x

【關】kuan⁵⁵ 關平 kuan₃₃ pʰiŋ¹³
　〈張〉關 kuan⁵⁵
　〈藍〉x

【蘇】sɔ⁵⁵
　〈張〉蘇 sɔ⁵⁵
　〈藍〉x

【顧】kɔ¹¹
　〈張〉顧 kɔ¹¹
　〈藍〉x

【龔】kiŋ⁵¹ 龔和順 kiŋ₅₅ ho₃₃ sun³³（頭城人）
　〈張〉龔 kiŋ⁵¹
　〈藍〉x

十六、人體部位

【頭殼】tʰau₃₃ kʰak³¹ 頭。
　〈張〉頭殼 tʰau₃₃ kʰak³¹
　〈藍〉頭殼 tʰau₃₃ kʰak³¹

【頭毛】tʰau₃₃ mɔ̃⁵⁵ 頭髮。
　〈張〉頭毛 tʰau₃₃ mɔ̃⁵⁵
　〈藍〉頭毛 tʰau₃₃ mɔ̃⁵⁵、
　　　頭鬃 tʰau₃₃ tsaŋ⁵⁵

【縛頭毛鬃仔】pak₁₁ tʰau₃₃ mɔ̃₃₃ tsaŋ₃₃ ŋã⁵¹ 綁辮子。
　〈張〉縛頭鬃尾仔 pak₁₁ tʰau₃₃ tsaŋ₃₃ bue₅₅ ã⁵¹

〈藍〉編頭鬃 pĩ₃₃ tʰau₃₃ tsaŋ₅₅

【頭麩】tʰau₃₃ pʰo⁵⁵ 頭皮屑。
　　〈張〉頭麩 tʰau₃₃ pʰɔ⁵⁵
　　〈藍〉頭麩 tʰau₃₃ pʰo⁵⁵

【囟】sin¹¹ 嬰兒的頭蓋骨未密合處。
　　〈張〉囟 sin¹¹
　　〈藍〉x

【頭腦】tʰau₃₃ nãu⁵¹ 頭腦。
　　〈張〉頭腦 tʰau₃₃ nãu⁵¹
　　〈藍〉頭腦 tʰau₃₃ nãu⁵¹

【頭髓】tʰau₃₃ tsʰue⁵¹ 腦髓。
　　〈張〉腦髓 nau₅₅ tsʰue⁵¹
　　〈藍〉頭殼髓 tʰau₃₃ kʰak₅₅ tsʰue⁵¹。

【鬢邊】pin₅₁ pĩ⁵⁵ 太陽穴的部分。
　　〈張〉鬢邊 pin₅₁ pĩ⁵⁵
　　〈藍〉鬢邊 pin₅₁ pĩ⁵⁵

【額頭】hia₁₁ tʰau¹³ 額頭。
　　〈張〉頭額 tʰau₃₃ hia³³
　　〈藍〉額頭 hia₁₁ tʰau¹³

【後頭殼仔】au₁₁ tʰau₃₃ kʰɔk₅₅ ga⁵¹ 後腦勺。
　　〈張〉x
　　〈藍〉後殼仔 au₁₁ kʰɔk₅₅ ga⁵¹

【面】bin³³ 臉。
　　〈張〉面 bin³³
　　〈藍〉面 bin³³

【面腔】bin₁₁ tsʰĩu⁵⁵ 臉色。
　　〈張〉面腔 bin₁₁ tsʰĩu⁵⁵
　　〈藍〉x

【目珠】bak₁₁ tsiu⁵⁵ 眼睛。
　　〈張〉目珠 bak₁₁ tsiu⁵⁵

〈藍〉目珠 bak₁₁ tsiu⁵⁵

【頂瞼】tiŋ₅₅ ham⁵⁵ 上眼皮。
　　〈張〉頂瞼 tiŋ₅₅ ham⁵⁵
　　〈藍〉x

【下瞼】e₁₁ ham⁵⁵ 下眼皮。
　　〈張〉下瞼 e₁₁ ham⁵⁵
　　〈藍〉x

【目珠仁】bak₁₁ tsiu₃₃ dzin¹³ 眼珠。
　　〈張〉目珠仁 bak₁₁ tsiu₃₃ dzin¹³
　　〈藍〉目珠仁 bak₁₁ tsiu₃₃ dzin¹³

【烏仁】ɔ₃₃ dzin¹³ 眼睛的黑色部分。
　　〈張〉烏仁 ɔ₃₃ dzin¹³
　　〈藍〉x

【白仁】pe₁₁ dzin¹³ 眼睛的白色部分。
　　〈張〉白仁 pe₁₁ dzin¹³
　　〈藍〉白仁 pe₁₁ dzin¹³
　　　　目珠白 bak₁₁ tsiu₃₃ pe³³

【目珠皮】bak₁₁ tsiu₃₃ pʰue¹³ 眼皮。
　　〈張〉目珠皮 bak₁₁ tsiu₃₃ pʰue¹³
　　〈藍〉目珠皮 bak₁₁ tsiu₃₃ pʰue¹³

【目珠毛】bak₁₁ tsiu₃₃ mɔ̃⁵⁵ 眼睫毛。
　　〈張〉目珠毛 bak₁₁ tsiu₃₃ mɔ̃⁵⁵
　　〈藍〉目珠毛 bak₁₁ tsiu₃₃ mɔ̃⁵⁵
　　　　目睫毛 bak₁₁ tsiap₅₅ mɔ̃⁵⁵

【目眉】bak₁₁ bai¹³ 眉毛。
　　〈張〉目眉 bak₁₁ bai¹³
　　〈藍〉目眉 bak₁₁ bai¹³

【重巡】tiŋ₃₃ sun¹³ 雙眼皮。
　　〈張〉重巡 tiŋ₃₃ sun¹³
　　〈藍〉有重巡 u₁₁ tiŋ₃₃ sun¹³

【目睭】bak_{11} $k^h\jmath\eta^{51}$ 眼眶。

　〈張〉目睭 bak_{11} $k^h\jmath^{55}$、目埏 bak_{11} $k\tilde{i}^{13}$

　〈藍〉目睭 bak_{11} $k^ha\eta^{55}$

【目油】bak_{11} iu^{13} 淚腺分泌的透明液
　體。

　〈張〉目油 bak_{11} iu^{13}

　〈藍〉目油 bak_{11} iu^{13}

【目屎】bak_{11} sai^{51} 眼淚。

　〈張〉目屎 bak_{11} sai^{51}

　〈藍〉目屎 bak_{11} sai^{51}

【目屎膏】bak_{11} sai_{55} ko^{55} 眼屎。

　〈張〉目屎膏 bak_{11} sai_{55} ko^{55}

　〈藍〉目珠屎 bak_{11} $tsiu_{33}$ sai^{51}

【鼻】$p^h\tilde{i}^{33}$ 鼻子。

　〈張〉鼻 $p^h\tilde{i}^{33}$

　〈藍〉鼻 $p^h\tilde{i}^{33}$

【鼻龍】$p^h\tilde{i}_{11}$ $li\eta^{13}$ 鼻樑。

　〈張〉鼻龍 $p^h\tilde{i}_{11}$ $li\eta^{13}$

　〈藍〉鼻龍 $p^h\tilde{i}_{11}$ $li\eta^{13}$

【鼻空】$p^h\tilde{i}_{11}$ $k^ha\eta^{55}$ 鼻孔。

　〈張〉鼻空 $p^h\tilde{i}_{11}$ $k^ha\eta^{55}$

　〈藍〉鼻空 $p^h\tilde{i}_{11}$ $k^ha\eta^{55}$

【擤鼻】$ts^hi\eta_{51}$ $p^h\tilde{i}^{33}$ 擤鼻涕。

　〈張〉x

　〈藍〉擤鼻 $ts^hi\eta_{51}$ $p^h\tilde{i}^{33}$

【耳仔】$h\tilde{i}_{33}$ $\tilde{a}^{51}$ 耳朵。

　〈張〉耳仔 $h\tilde{i}_{33}$ $\tilde{a}^{51}$

　〈藍〉耳仔 $h\tilde{i}_{33}$ $\tilde{a}^{51}$

【耳空】$h\tilde{i}_{33}$ $k^ha\eta^{55}$ 耳孔。

　〈張〉耳空 $h\tilde{i}_{33}$ $k^ha\eta^{55}$

　〈藍〉耳空 $h\tilde{i}_{33}$ $k^ha\eta^{55}$

【耳屎】$h\tilde{i}_{33}$ sai^{51} 耳屎。

　〈張〉x

　〈藍〉耳空屎 $h\tilde{i}_{33}$ $k^ha\eta_{33}$ sai^{51}

　　　　耳屎 $h\tilde{i}_{33}$ sai^{51}

【耳墜仔】$h\tilde{i}_{11}$ tui_{55} a^{51} 耳垂。

　〈張〉耳珠 $h\tilde{i}_{11}$ tsu^{55}、耳墜仔 $h\tilde{i}_{11}$ tui_{55} a^{51}

　〈藍〉耳墜仔 $h\tilde{i}_{11}$ tui_{55} a^{51}

【下斗】e_{11} tau^{51} 下巴。也稱「下頦」e_{11}
　hai^{13}

　〈張〉下頦 e_{11} hai^{13}

　〈藍〉下斗 e_{11} tau^{51}

【喙】ts^hui^{11} 嘴巴。

　〈張〉喙 ts^hui^{11}

　〈藍〉喙 ts^hui^{11}

【喙䫜】ts^hui_{51} p^he^{51} 臉頰、腮。

　〈張〉喙䫜 ts^hui_{51} p^he^{51}

　〈藍〉喙䫜 ts^hui_{51} p^he^{51}

【酒窟仔】$tsiu_{55}$ k^hut_{55} la^{51} 酒窩。

　〈張〉酒窟仔 $tsiu_{55}$ k^hut_{55} la^{51}

　〈藍〉酒窟仔 $tsiu_{55}$ k^hut_{55} la^{51}

【喙脣皮】ts^hui_{51} lun_{33} p^hue^{13} 嘴脣。
　也講「喙脣」ts^hui_{51} tun^{13}

　〈張〉喙脣 ts^hui_{51} tun^{13}

　〈藍〉喙脣 ts^hui_{51} tun^{13}

【喙齒】ts^hui_{51} k^hi^{51} 牙齒。

　〈張〉喙齒 ts^hui_{51} k^hi^{51}

　〈藍〉喙齒 ts^hui_{51} k^hi^{51}

【喙齒茸】ts^hui_{51} k^hi_{55} $dzi\eta^{13}$ 牙齦。

　〈張〉牙槽 ge_{33} tso^{13}、齒岸 k^hi_{55} $hu\tilde{a}^{33}$

　〈藍〉牙槽 ge_{33} tso^{13}

　　　　喙齒槽 ts^hui_{51} k^hi_{55} tso^{13}

【角齒】kak$_{55}$ k^{h}i^{51} 犬牙。
　〈張〉二齒 li$_{11}$ k^{h}i^{51}
　〈藍〉狗齒 kau$_{55}$ k^{h}i^{51}

【大齻】tua$_{11}$ tsan^{55} 臼齒。
　〈張〉後齻 au$_{11}$ tsan^{55}
　〈藍〉大齻 tua$_{11}$ tsan^{55}

【豬哥牙】ti$_{33}$ ko$_{33}$ ge^{13} 凸生出的犬齒。
　〈張〉豬哥牙 ti$_{33}$ ko$_{33}$ ge^{13}
　〈藍〉x

【舌】tsi^{33} 舌頭。
　〈張〉舌 tsi^{33}
　〈藍〉舌 tsi^{33}

【曨喉】nã$_{33}$ au^{13} 喉曨。
　〈張〉曨喉 nã$_{33}$ au^{13}
　〈藍〉曨喉 nã$_{33}$ au^{13}

【曨喉蒂仔】nã$_{33}$ au$_{33}$ ti$_{55}$ a^{51} 小舌。
　〈張〉曨喉蒂仔 nã$_{33}$ au$_{33}$ ti$_{55}$ a^{51}
　〈藍〉x

【喉結】au$_{33}$ kat^{33} 喉頭；喉結。
　〈張〉x
　〈藍〉頷核仔 am$_{11}$ hut$_{55}$ la^{51}

【頷頸】am$_{11}$ kun^{51} 脖子。
　〈張〉頷頸 am$_{11}$ kun^{51}
　〈藍〉頷頸仔 am$_{11}$ kun$_{55}$ nã^{51}

【吊脰】tiau$_{51}$ tau^{33} 上吊。
　〈張〉吊脰 tiau$_{51}$ tau^{33}
　〈藍〉吊脰 tiau$_{51}$ tau^{33}

【頷胿】am$_{11}$ kui^{55} 脖子的前面部分。
　〈張〉頷胿 am$_{11}$ kui^{55}
　〈藍〉x

【漢草】han$_{51}$ ts^{h}au^{51} 指男人的身材。
　〈張〉漢草 han$_{51}$ ts^{h}au^{51}
　〈藍〉x

【肩胛頭】kiŋ$_{33}$ ka$_{51}$ t^{h}au^{13} 肩膀。
　也講「肩胛」kiŋ$_{33}$ kaʔ^{31}
　〈張〉肩胛頭 kiŋ$_{33}$ ka$_{51}$ t^{h}au^{13}
　〈藍〉肩胛頭 kiŋ$_{33}$ tsia$_{51}$ t^{h}au^{13}
　　　肩胛頭 kiŋ$_{33}$ tsiaʔ$_{55}$ t^{h}au^{13}

【胸坎】hiŋ$_{33}$ k^{h}am^{51} 胸部。
　〈張〉胸坎 hiŋ$_{33}$ k^{h}am^{51}
　　　頂八卦 tiŋ$_{55}$ pat$_{55}$ kua^{11}
　〈藍〉胸 hiŋ^{55}

【心肝窟仔】sim$_{33}$ kuã$_{33}$ k^{h}ut$_{55}$ la^{51} 心
　窩。也講「心肝穎仔」sim$_{33}$ kuã$_{33}$ ĩ$_{55}$ ã^{51}
　〈張〉心肝窟仔 sim$_{33}$ kuã$_{33}$ k^{h}ut$_{55}$ la^{51}
　〈藍〉心肝窟仔 sim$_{33}$ kuã$_{33}$ k^{h}ut$_{55}$ la^{51}

【尻脊骿】k^{h}a$_{33}$ tsia$_{51}$ p^{h}iã^{55} 背脊。
　〈張〉尻脊骿 k^{h}a$_{33}$ tsia$_{51}$ p^{h}iã^{55}
　〈藍〉尻脊骿 k^{h}a$_{33}$ tsia$_{51}$ p^{h}iã^{55}
　　　尻脊骿 k^{h}a$_{33}$ tsiaʔ$_{55}$ p^{h}iã^{55}

【奶】liŋ^{55} 乳房。奶水
　〈張〉奶 liŋ^{55}
　〈藍〉奶 liŋ^{55}

【腰】io^{55} 腰部。
　〈張〉腰 io^{55}
　〈藍〉腰 io^{55}

【腹肚】puat$_{55}$ tɔ^{51} 肚子。
　〈張〉腹肚 pat$_{55}$ tɔ^{51}
　〈藍〉腹肚 pat$_{55}$ tɔ^{51}

【肚臍】tɔ$_{11}$ tsai^{13} 肚臍。
　〈張〉肚臍 tɔ$_{11}$ tsai^{13}

〈藍〉肚臍 $tɔ_{11}$ $tsai^{13}$

【丹田】tan_{33} $tian^{13}$ 指肚臍下三指寬處。

　　〈張〉丹田 tan_{33} $tian^{13}$

　　〈藍〉x

【過儂骹】kue_{51} $laŋ_{33}$ k^ha^{55} 腋下。

　　〈張〉過儂骹 kue_{51} $laŋ_{33}$ k^ha^{55}

　　〈藍〉過儂骹 kue_{51} $liŋ_{33}$ k^ha^{55}

【尾當骨】bue_{55} $taŋ_{33}$ kut^{31} 椎骨的尾端。發音人認爲「尾椎」指雞鴨的屁股。

　　〈張〉尾椎 bue_{55} $tsui^{55}$

　　〈藍〉x

【尻川】k^ha_{33} $ts^hu\tilde{i}^{55}$ 屁股。

　　〈張〉尻川 k^ha_{33} $ts^hu\tilde{i}^{55}$

　　〈藍〉尻川 k^ha_{33} $ts^hu\tilde{i}^{55}$

【尻川空】k^ha_{33} $ts^hu\tilde{i}_{33}$ $k^haŋ^{55}$ 肛門。

　　〈張〉尻川空 k^ha_{33} $ts^hu\tilde{i}_{33}$ tau^{51}

　　〈藍〉x

【尻川髀】k^ha_{33} $ts^hu\tilde{i}_{33}$ p^he^{51} 臀部兩側肉多的部分。

　　〈張〉尻川髀 k^ha_{33} $ts^hu\tilde{i}_{33}$ p^he^{51}

　　〈藍〉x

【羼鳥】lan_{11} $tsiau^{51}$ 男性生殖器。

　　〈張〉羼鳥 lan_{11} $tsiau^{51}$

　　〈藍〉羼鳥 lan_{11} $tsiau^{51}$

　　　　　羼鳥仔 lan_{11} $tsiau_{55}a^{51}$

　　　　　茶壺 te_{33} $kɔ^{51}$（隱）

【羼鳥頭】lan_{11} $tsiau_{55}$ t^hau^{13} 陰莖龜頭。

　　〈張〉羼罐 lan_{11} sui^{55}

　　〈藍〉x

【羼核仔】lan_{11} hut^{33} la^{51} 睾丸。

　　〈張〉羼核 lan_{11} hut^{33}

〈藍〉羼核仔 lan_{11} hut^{33} la^{51}

【羼脬】lan_{11} p^ha^{55} 陰囊。

　　〈張〉羼脬 lan_{11} p^ha^{55}

　　〈藍〉羼脬 lan_{11} p^ha^{55}

【膣腓】tsi_{33} bai^{55} 女性生殖器。

　　〈張〉膣腓 tsi_{33} bai^{55}

　　〈藍〉膣腓 tsi_{33} bai^{55}、腓 bai_{55} a^{51}

【蟯仔】gio_{33} a^{51} 女性生殖器的隱喻。

　　〈張〉膣蚶 ts^han_{33} pe^{55}

　　〈藍〉蟯蚶 gio_{33} pe^{55}

【手】ts^hiu^{51} 手。

　　〈張〉手 ts^hiu^{51}

　　〈藍〉手 ts^hiu^{51}

【手脈仔】ts^hiu_{55} $meʔ_{33}$ $\tilde{a}^{51}$ 手腕。

　　〈張〉手腕 ts^hiu_{55} uan^{51}

　　〈藍〉手脈仔 ts^hiu_{55} $meʔ_{33}$ $\tilde{a}^{51}$

【正手】$tsi\tilde{a}_{51}$ ts^hiu^{51} 右手。

　　〈張〉正手 $tsi\tilde{a}_{51}$ ts^hiu^{51}

　　〈藍〉正手 $tsi\tilde{a}_{51}$ ts^hiu^{51}

【倒手】to_{51} ts^hiu^{51} 左手。

　　〈張〉倒手 to_{51} ts^hiu^{51}

　　〈藍〉倒手 to_{51} ts^hiu^{51}

【倒手歪仔】to_{51} ts^hiu_{55} $u\tilde{a}i_{55}$ $\tilde{a}^{51}$ 左撇子。

　　〈張〉倒手拐仔 to_{51} ts^hiu_{55} $ku\tilde{a}i_{55}$ $\tilde{a}^{51}$

　　〈藍〉倒手歪仔 to_{51} ts^hiu_{55} $u\tilde{a}i_{55}$ $\tilde{a}^{51}$

【手盤】ts^hiu_{55} $pu\tilde{a}^{13}$ 手掌背面。

　　〈張〉手盤 ts^hiu_{55} $pu\tilde{a}^{13}$

　　〈藍〉手面 ts^hiu_{55} bin^{33}

　　　　　手背 ts^hiu_{55} pue^{33}（書）

【手心】$ts^hiu_{55} sim^{55}$ 手掌正面。
〈張〉x
〈藍〉手底 $ts^hiu_{55} te^{51}$（口）
　　　手掌 $ts^hiu_{55} tsiŋ^{51}$（書）

【手目】$ts^hiu_{55} bak^{33}$ 手掌背和小臂交接處，外側突起的骨。
〈張〉手目 $ts^hiu_{55} bak^{33}$
〈藍〉掌頭仔節 $tsiŋ_{55} t^hau_{33} a_{55} tsat^{31}$

【拳頭母】$kun_{33} t^hau_{33} bo^{51}$ 拳頭。
〈張〉拳頭母 $kun_{33} t^hau_{33} bo^{51}$
〈藍〉拳頭母 $kun_{33} t^hau_{33} bo^{51}$

【斷掌】$tuĩ_{11} tsĩu^{51}$ 手紋橫斷手掌。
〈張〉斷掌 $tuĩ_{11} tsĩu^{51}$
〈藍〉斷掌 $tuĩ_{11} tsiŋ^{51}$

【鼓掌】$kɔ_{55} tsiŋ^{51}$ 鼓掌（書）。
拍噗仔 $p^ha_{51} p^hɔk_{33} ga^{51}$（口）
〈張〉x
〈藍〉拍噗仔 $p^ha_{51} p^hɔ_{33} ga^{51}$
　　　拍噗仔 $p^ha_{51} p^hɔk_{55} ga^{51}$

【掌頭仔】$tsiŋ_{55} t^hau_{33} a^{51}$ 手指頭。
〈張〉掌頭仔 $tsiŋ_{55} t^hau_{33} a^{51}$
〈藍〉手掌頭仔 $ts^hiu_{55} tsiŋ_{55} t^hau_{33} a^{51}$

【大捗翁】$tua_{11} pu_{33} ɔŋ^{55}$ 大拇指。
〈張〉大捗翁 $tua_{11} pu_{33} ɔŋ^{55}$
〈藍〉大捗母 $tua_{11} pu_{33} bo^{51}$

【第二指】$te_{11} dzi_{11} tsãi^{51}$ 食指。
〈張〉指指 $ki_{55} tsãi^{51}$
〈藍〉二指 $dzi_{11} tsãi^{51}$

【中指】$tiŋ_{33} tsãi^{51}$ 手的第三個手指頭。
〈張〉中指 $tiɔŋ_{33} tsãi^{51}$
〈藍〉中央指 $tiŋ_{33} ŋ_{33} tsãi^{51}$

【尾仔第二指】$bue_{55} a_{55} te_{11} dzi_{11} tsãi^{51}$ 無名指。
〈張〉x
〈藍〉尾仔二指 $bue_{55} a_{55} dzi_{11} tsãi^{51}$

【尾掌指仔】$bue_{55} tsiŋ_{55} tsãi_{55} a^{51}$ 小指。
〈張〉尾指 $bue_{55} tsãi^{51}$
〈藍〉尾掌指仔 $bue_{55} tsiŋ_{55} tsãi_{55} a^{51}$

【掌甲】$tsiŋ_{55} ka?^{31}$ 指甲。
〈張〉掌甲 $tsiŋ_{55} ka?^{31}$
〈藍〉掌甲 $tsiŋ_{55} ka?^{31}$

【結跧】$kiat_{55} lan^{55}$ 結繭。
〈張〉結跧 $kiat_{55} lan^{55}$
〈藍〉結跧 $kiat_{55} lam^{55}$

【膫仔】$le_{33} a^{51}$ 指紋的圓形紋路。
〈張〉膫 le^{13}
〈藍〉膫仔旋 $le_{33} a_{55} tsuĩ^{33}$

【畚箕】$pun_{51} ki^{55}$ 指紋的非圓形紋路。
〈張〉箕 ki^{55}
〈藍〉畚箕旋 $pun_{51} ki_{55} tsuĩ^{33}$

【骹】k^ha^{55} 腳。
〈張〉骹 k^ha^{55}
〈藍〉骹 k^ha^{55}

【正骹】$tsiã_{51} k^ha^{55}$ 右腳。
〈張〉正骹 $tsiã_{51} k^ha^{55}$
〈藍〉正骹 $tsiã_{51} k^ha^{55}$

【倒骹】$to_{51} k^ha^{55}$ 左腳。
〈張〉倒骹 $to_{51} k^ha^{55}$
〈藍〉倒骹 $to_{51} k^ha^{55}$

【骹腿】$k^ha_{33} t^hui^{51}$ 由臀部到踝關節部分。
〈張〉骹腿 $k^ha_{33} t^hui^{51}$

〈藍〉骹腿 k^ha_{33} t^hui^{51}

【腿】t^hui^{51} 大腿。
　〈張〉腿 t^hui^{51}
　〈藍〉骹大腿 k^ha_{33} tua_{11} t^hui^{51}

【骹縫】k^ha_{33} $p^haŋ^{33}$ 跨下。
　〈張〉骹縫 k^ha_{33} $p^haŋ^{33}$
　〈藍〉x

【內拐】lai_{11} $kuãi^{51}$ 鼠蹊部。
　也稱「骹邊」kai_{55} $pĩ^{55}$。
　〈張〉骹邊 kai_{55} $pĩ^{55}$
　〈藍〉x

【骹後肚仁】k^ha_{33} au_{11} $tɔ_{55}$ $dzin^{13}$ 腿肚。
　〈張〉骹後肚 k^ha_{33} au_{11} $tɔ^{51}$
　〈藍〉骹後肚 k^ha_{33} au_{11} $tɔ^{51}$

【骹頭趺】k^ha_{33} t^hau_{33} u^{55} 膝蓋。
　〈張〉骹頭趺 k^ha_{33} t^hau_{33} u^{55}
　〈藍〉骹頭趺 k^ha_{33} t^hau_{33} u^{55}

【骹頭趺尪仔】k^ha_{33} t^hau_{33} u_{33} $aŋ_{33}$ $ŋã^{51}$
　膝蓋骨。
　〈張〉骹頭腕 k^ha_{33} t^hau_{33} $uã^{51}$
　〈藍〉x

【骹後蹬】k^ha_{33} au_{11} $tẽ^{55}$ 腳後跟。
　〈張〉骹後蹬 k^ha_{33} au_{11} $tẽ^{55}$
　〈藍〉骹後蹬 k^ha_{33} au_{11} $tẽ^{55}$、
　　　　後蹬 au_{11} $tẽ^{55}$

【骹筋】k^ha_{33} kin^{55} 腳筋。
　〈張〉骹筋 k^ha_{33} kin^{55}
　〈藍〉骹筋 k^ha_{33} kin^{55}

【骹目核仔】k^ha_{33} bak_{11} hut^{33} la^{51} 腳踝兩
　側突起的骨。
　〈張〉骹目 k^ha_{33} bak^{33}

〈藍〉骹目核仔 k^ha_{33} bak_{11} hut^{55} la^{51}

【鴨母骹蹄】a_{51} bo_{55} k^ha_{33} te^{13} 扁平足。
　〈張〉鴨母蹄 a_{51} bo_{55} te^{13}
　〈藍〉x

【骹盤】k^ha_{33} $puã^{13}$ 腳背。
　〈張〉骹盤 k^ha_{33} $puã^{13}$
　〈藍〉骹盤 k^ha_{33} $puã^{13}$

【骹刀】k^ha_{33} to^{55}
　〈張〉骹刀 k^ha_{33} to^{55}
　〈藍〉x

【骹底】k^ha_{33} te^{51} 腳底。
　〈張〉骹底 k^ha_{33} te^{51}
　〈藍〉骹底 k^ha_{33} te^{51}

【骹連仔】k^ha_{33} $liam_{33}$ $mã^{51}$ 小腿前面脛
　骨凸起的部分。
　〈張〉骹連 k^ha_{33} $liam^{13}$
　〈藍〉x

【心】sim^{55} 心臟。
　〈張〉心 sim^{55}
　〈藍〉心 sim^{55}

【肺】hi^{11} 肺臟。
　〈張〉肺 hi^{11}
　〈藍〉肺 hi^{11}

【肺管】hi_{51} $kuĩ^{51}$ 氣管。
　〈張〉肺管 hi_{51} $kuĩ^{51}$
　〈藍〉x

【胃】ui^{33} 胃。
　〈張〉胃 ui^{33}
　〈藍〉胃 ui^{33}

【肝】$kuã^{55}$ 肝。

〈張〉肝 kua^{55}

〈藍〉肝 kua^{55}

【腰子】 io_{33} tsi^{51} 腎臟。

〈張〉腰子 io_{33} tsi^{51}

〈藍〉腰子 io_{33} tsi^{51}

【膀胱】 p^hon_{11} kon^{55} 膀胱。

〈張〉膀胱 p^hon_{11} kon^{55}

〈藍〉膀胱 p^hon_{11} kon^{55}

【腰尺】 io_{33} $ts^hioʔ^{31}$ 胰臟。

〈張〉腰尺 io_{33} $ts^hioʔ^{31}$

〈藍〉胰 i^{13}

【脾】 pi^{13} 脾臟。

〈張〉脾 pi^{13}

〈藍〉x

【脾土】 pi_{33} $t^hɔ^{51}$ 胃口。

〈張〉脾土 pi_{33} $t^hɔ^{51}$

〈藍〉x

【膽】 ta^{51} 膽。

〈張〉膽 ta^{51}

〈藍〉膽 ta^{51}

【膽量】 tam_{55} $lian^{33}$ 勇氣。

〈張〉膽量 tam_{55} $lian^{33}$

〈藍〉x

【腸】 $tŋ^{13}$ 腸道。

〈張〉腸 $tŋ^{13}$

〈藍〉腸 $tŋ^{13}$、腸 $tŋ_{33}$ $ŋã^{51}$

【大腸】 tua_{11} $tŋ^{13}$ 大腸。

〈張〉大腸 tua_{11} $tŋ^{13}$

〈藍〉x

【小腸】 sio_{55} $tŋ^{13}$ 小腸。

〈張〉小腸 sio_{55} $tŋ^{13}$

〈藍〉x

【腸仔滫】 $tŋ_{33}$ $ŋã_{55}$ $sĩu^{13}$ 腸液。

〈張〉腸仔滫 $tŋ_{33}$ $ŋã_{55}$ $sĩu^{13}$

〈藍〉x

【盲腸】 $mõ_{33}$ $tŋ^{13}$

〈張〉盲腸 $mõ_{33}$ $tŋ^{13}$

〈藍〉盲腸 $mõ_{33}$ $tŋ^{13}$

【龍骨】 lin_{33} kut^{31} 脊椎骨。

〈張〉龍骨 $lion_{33}$ kut^{31}

〈藍〉背骨 $p^hĩã_{33}$ $ã_{55}$ kut^{31}

【飯匙骨】 $puĩ_{11}$ si_{33} kut^{31} 肩胛骨。

〈張〉飯匙骨 $pŋ_{11}$ si_{33} kut^{31}

〈藍〉白鴿鷥骨 $peʔ_{31}$ lin_{33} si_{33} kut^{31}

【腰脊骨】 io_{33} $tsia_{51}$ kut^{31} 腰骨。

〈張〉腰脊骨 io_{33} $tsia_{51}$ kut^{31}

〈藍〉x

【骹骨】 k^ha_{33} kut^{31} 腳骨。

〈張〉骹骨 k^ha_{33} kut^{31}

〈藍〉x

【手骨】 ts^hiu_{55} kut^{31} 手骨。

〈張〉手骨 ts^hiu_{55} kut^{31}

〈藍〉x

【排仔骨】 pai_{33} a_{55} kut^{31} 肋骨。

〈張〉髀仔骨 pin_{33} $nã_{55}$ kut^{31}
　　　排仔骨 pai_{33} a_{55} kut^{31}

〈藍〉排骨 pai_{33} kut^{31}、胸仔骨 hin_{33} $ŋã_{55}$ kut^{31}

【身軀】 sin_{33} k^hu^{55} 身體。

也講「身軀」 hun_{33} su^{55}、「身軀」 hin_{33} k^hu^{55}

〈張〉身軀 hun$_{33}$ su^{55}

〈藍〉身軀 hun$_{33}$ su^{55}

【皮】p^{h}ue^{13} 皮。

　〈張〉皮 p^{h}ue^{13}

　〈藍〉皮 p^{h}ue^{13}

【皮膚】p^{h}ue$_{33}$ hu^{55} 皮膚。

　〈張〉皮膚 p^{h}ue$_{33}$ hu^{55}

　〈藍〉皮膚 p^{h}ue$_{33}$ hu^{55}

【神經】sin$_{33}$ kiŋ^{55} 神經。

　〈張〉神經 sin$_{33}$ kiŋ^{55}

　〈藍〉x

【精神】tsiŋ$_{33}$ sin^{13} 表現出來的神智活力。

　〈張〉精神 tsiŋ$_{33}$ sin^{13}

　〈藍〉精神 tsiŋ$_{33}$ sin^{13}

【血筋】hue$_{51}$ kin^{55} 血管。

　〈張〉血筋 hue$_{51}$ kin^{55}

　〈藍〉x

【筋】kin^{55} 肌腱或附在骨頭上面的韌帶。

　〈張〉筋 kin^{55}

　〈藍〉筋 kin^{55}

【喙瀾】ts^{h}ui$_{51}$ nuã^{33} 口水、唾液。

　〈張〉喙瀾 ts^{h}ui$_{51}$ nuã^{33}

　〈藍〉喙瀾 ts^{h}ui$_{51}$ nuã^{33}

　　　喙瀾水 ts^{h}ui$_{51}$ nuã$_{11}$ tsui^{51}

【痰】t^{h}am^{13} 痰。

　〈張〉痰 t^{h}am^{13}

　〈藍〉痰 t^{h}am^{13}

【汗】kuã^{33} 從皮膚排泄出來的液體。

　〈張〉汗 kuã^{33}

〈藍〉汗 kuã^{33}

【清汗】ts^{h}in$_{51}$ kuã^{33} 冷汗。

　〈張〉清汗 ts^{h}in$_{51}$ kuã^{33}

　〈藍〉x

【鼻】p^{h}ĩ^{33} 鼻涕。

　〈張〉鼻 p^{h}ĩ^{33}

　〈藍〉鼻 p^{h}ĩ^{33}

【尿】dzio^{33} 尿、小便。

　〈張〉尿 dzio^{33}

　〈藍〉尿 dzio^{33}

【屎】sai^{51} 大便。

　〈張〉屎 sai^{51}

　〈藍〉屎 sai^{51}

【潲】siau^{13} 精液。

　也講「精水」tsiŋ$_{33}$ tsui^{51}

　〈張〉潲 siau^{13}

　〈藍〉精水 tsiŋ$_{33}$ tsui^{51}、潲 siau^{13}

【子宮】tsu$_{55}$ kiŋ^{55} 子宮。

　〈張〉x

　〈藍〉子宮 tsu$_{55}$ kiŋ^{55}

【屁】p^{h}ui^{11} 屁。

　〈張〉屁 p^{h}ui^{11}

　〈藍〉屁 p^{h}ui^{11}

【手液】ts^{h}iu$_{55}$ sio^{33} 手汗。

　〈張〉手液 ts^{h}iu$_{55}$ sio^{33}

　〈藍〉x

【鉎】sian^{55} 身上的污垢。

　〈張〉鉎 sian^{55}

　〈藍〉鉎 sian^{55}

【苦毛仔】k^{h}ɔ$_{55}$ mɔ̃$_{33}$ ã^{51} 汗毛。

〈張〉苦毛仔 kho_{55} $m\tilde{o}_{33}$ $\tilde{a}^{51}$

〈藍〉x

【旋】$tsui^{33}$ 頭髮的旋渦。

〈張〉旋 $tsui^{33}$

〈藍〉旋 $tsui^{33}$

【喙鬚】$tshiu_{51}$ $tshiu^{55}$ 指嘴唇上方與鼻孔之間部位的毛。

〈張〉喙鬚 $tshiu_{51}$ $tshiu^{55}$

〈藍〉喙鬚 $tshiu_{51}$ $tshiu^{55}$

【鬍鬚】ho_{33} $tshiu^{55}$ 臉頰連著鬢角的鬍子。

〈張〉鬍鬚 ho_{33} $tshiu^{55}$

〈藍〉喙鬚 $tshiu_{51}$ $tshiu^{55}$

【褪腹裼】$thui_{51}$ bak_{55} $the?^{31}$ 赤裸上身。

〈張〉褪腹裼 $thui_{51}$ pak_{55} $the?^{31}$

〈藍〉赤腹格 $tshia_{51}$ bak_{55} $ke?^{31}$

【褪褲屩】$thui_{51}$ kho_{51} lan^{33} 赤裸全身。

〈張〉x

〈藍〉赤骹川 $tshia_{51}$ kha_{33} $tshui^{55}$

【痣】ki^{11} 痣。

〈張〉痣 ki^{11}

〈藍〉痣 ki^{11}

【鳥母仔做記號】$tsiau_{55}$ bo_{55} a_{51} tso_{51} ki_{51} ho^{33} 胎記。

〈張〉x

〈藍〉鳥母仔做記號 $tsiau_{55}$ bo_{55} a_{51} tso_{51} ki_{51} ho^{33}

【疕仔】$thiau_{33}$ a^{51} 青春痘。

〈張〉疕仔 $thiau_{33}$ a^{51}

〈藍〉x

【老儂斑】lau_{11} lan_{33} pan^{55} 老人才有的黑斑。

〈張〉老儂斑 lau_{11} lan_{33} pan^{55}

〈藍〉x

十七、交際應酬

【熟似儂】sik_{11} sai_{11} lan^{13} 彼此熟識的人。

〈張〉熟似儂 sik_{11} sai_{11} lan^{13}

〈藍〉x

【生份儂】$s\tilde{e}_{33}$ hun_{11} lan^{13} 彼此不熟識的人。

〈張〉生份儂 $s\tilde{e}_{33}$ hun_{11} lan^{13}

〈藍〉生份儂 $s\tilde{e}_{33}$ hun_{11} lan^{13}

【生疏】$tsh\tilde{e}_{33}$ so^{55} 對人或事知道，但不熟悉的關係。

〈張〉生疏 $tsh\tilde{e}_{33}$ so^{55}

〈藍〉x

【相借問】sio_{33} $tsio_{51}$ mui^{33} 打招呼、問候。

〈張〉相借問 sio_{33} $tsio_{51}$ $m\dot{n}^{33}$

〈藍〉相借問 sio_{33} $tsio_{51}$ mui^{33}
招呼 $tsio_{33}$ ho^{55}

【食飽未】$tsia_{11}$ pa^{51} bue^{11} 你吃飽了沒？

〈張〉食飽未 $tsia_{11}$ pa^{51} bue^{11}

〈藍〉x

【汝欲去佗位】li_{55} be_{55} $khit_{55}$ ta_{55} ui^{33} 你要去哪裏？

〈張〉汝欲去佗 li_{55} be_{55} $khit_{51}$ $ta?^{31}$

〈藍〉x

【勢早】gau_{33} tsa^{51} 真早啊！

〈張〉勢早 gau_{33} tsa^{51}

〈藍〉x

【猶未睏】iau$_{55}$ bue$_{11}$ k^{h}un^{11} 還沒睡啊！
　〈張〉猶未睏 iau$_{55}$ be$_{11}$ k^{h}un^{11}
　〈藍〉x

【入來坐】dzip$_{11}$ lai$_{33}$ tse^{33} 進來坐！
　〈張〉x
　〈藍〉x

【行踏】kiã$_{33}$ ta^{33} 到他人處走動拜訪！
　例：「伊定定去媽祖宮行踏！」（他常
　常到媽祖廟走動）
　〈張〉行踏 kiã$_{33}$ ta^{33}
　〈藍〉x

【順行】sun$_{11}$ kiã^{13} 順走、慢走。
　〈張〉順行 sun$_{11}$ kiã^{13}
　〈藍〉x

【攪擾】kiau$_{55}$ dziau^{51} 打擾。
　或講「齪嘈」tsak$_{55}$ tso^{33}
　〈張〉攪擾 kiau$_{55}$ dziau^{51}
　〈藍〉x

【免送】bian$_{55}$ saŋ^{11} 免送、留步
　客人要離開時對主人說的話。
　〈張〉免送 bian$_{55}$ saŋ^{11}
　〈藍〉免送 bian$_{55}$ saŋ^{11}

【無送】bo$_{33}$ saŋ^{11}
　客人要離開時，主人對客人說的話。
　〈張〉無送 bo$_{33}$ saŋ^{11}
　〈藍〉x

【再擱來】tsia$_{55}$ ko$_{51}$ lai^{13} 再來...。
　〈張〉再擱來 tsiaʔ$_{55}$ koʔ$_{55}$ lai^{13}
　〈藍〉x

【失禮】sit$_{55}$ le^{51} 對不起、失禮。
　〈張〉失禮 sit$_{55}$ le^{51}
　〈藍〉失禮 sit$_{55}$ le^{51}

【無要緊】bua$_{35}$ kin^{51} 沒關係。
　也可以清楚的說[bo$_{33}$ iau$_{55}$ kin^{51}]。
　〈張〉無要緊 bo$_{33}$ a$_{55}$ kin^{51}
　　　沒關係 bo$_{33}$ kuan$_{33}$ he^{33}
　〈藍〉無要緊 bo$_{33}$ iau$_{55}$ kin^{51}
　　　無要緊 bo$_{33}$ iau$_{51}$ kin^{51}
　　　無要緊 bua$_{35}$ kin^{51}

【歹勢】p^{h}ãi$_{55}$ se^{11} 不好意思。
　〈張〉歹勢 p^{h}ãi$_{55}$ se^{11}
　〈藍〉x

【勞力】lo$_{55}$ lat^{33} 謝謝。
　也講「多謝」to$_{33}$ sia^{33}。
　〈張〉勞力 lo$_{55}$ lat^{33}、多謝 to$_{33}$ sia^{33}
　　　感恩 gam$_{55}$ un^{55}
　〈藍〉勞力 lo$_{55}$ lat^{55}、多謝 to$_{33}$ sia^{33}

【免歹勢】bian$_{55}$ p^{h}ãi$_{55}$ se^{11} 甭不好意思。
　〈張〉x
　〈藍〉x

【免客氣】bian$_{55}$ k^{h}e$_{51}$ k^{h}i^{11} 別客氣。
　〈張〉免客氣 bian$_{55}$ k^{h}e$_{51}$ k^{h}i^{11}
　〈藍〉免客氣 bian$_{55}$ k^{h}e$_{51}$ k^{h}i^{11}
　　　莫細膩 mãi$_{51}$ se$_{51}$ dzi^{33}

【等路】tan$_{55}$ lo^{33} 探訪時，攜帶的禮物。
　也有人講「伴手」p^{h}uã$_{11}$ ts^{h}iu^{51}。
　〈張〉等路 tan$_{55}$ lo^{33}、伴手 p^{h}uã$_{11}$
　　　ts^{h}iu^{51}
　〈藍〉等路 tan$_{55}$ lo^{33}

【面子】bin$_{11}$ tsu^{51} 面子。
　一種交際上被尊重或不被尊重的感
　覺。
　〈張〉面子 bin$_{11}$ tsu^{51}
　〈藍〉面子 bin$_{11}$ tsu^{51}

【交陪】kau$_{33}$ pue^{13} 交往、往來。
　〈張〉交陪 kau$_{33}$ pue^{13}
　〈藍〉相交家 sio$_{33}$ kau$_{33}$ ke^{55}
　　　　往來 ɔŋ$_{55}$ lai^{13}

【手腕】tsʰiu$_{55}$ uan^{51} 指交際的能力。
　〈張〉x
　〈藍〉x

【細膩】se$_{51}$ dzi^{33} 禮貌周到、客氣。
　〈張〉細膩 se$_{51}$ dzi^{33}
　〈藍〉細膩 se$_{51}$ dzi^{33}、客氣 kʰeʔ$_{55}$ kʰi^{11}

【點陳】tiam$_{55}$ tin^{13} 辦事謹慎、細心。
　〈張〉x
　〈藍〉點陳 tiam$_{55}$ tin^{13}、功夫 kaŋ$_{33}$ hu^{55}

【儂客】laŋ$_{33}$ kʰeʔ^{31} 客人。
　〈張〉儂客 laŋ$_{33}$ kʰeʔ^{31}
　〈藍〉儂客 laŋ$_{33}$ kʰeʔ^{31}

【客儂】kʰe$_{51}$ laŋ^{13} 客家人。
　〈張〉客儂 kʰe$_{51}$ laŋ^{13}
　〈藍〉x

【未啦】be^{33} ·la$_{11}$ 不..、不用客氣。
　〈張〉未啦 be^{33} ·la$_{11}$
　〈藍〉x

【稱采】tsʰin$_{51}$ tsʰai^{51} 隨你的便。
　目前公佈書面漢字爲「清彩」。
　〈張〉x
　〈藍〉稱采 tsʰin$_{51}$ tsʰai^{51}、隨便 sui$_{33}$
　　　　pian^{33}

【隨在汝】sui$_{33}$ tsai^{33} ·li$_{33}$ 隨便你。
　也可講 sui$_{33}$ tsai$_{11}$ li^{51}
　〈張〉隨在汝 sui$_{33}$ tsai^{33} ·li$_{33}$
　　　　或音 su$_{33}$ tsai^{33} ·li$_{33}$
　〈藍〉在汝 tsai$_{11}$ li^{51}

【麻煩】mãu$_{33}$ huan^{13} 麻煩。
　〈張〉麻煩 mã$_{33}$ huan^{13}
　〈藍〉麻煩 mã$_{33}$ huan^{13}

【做伙】tso$_{51}$ hue^{51} 在一起。
　也講「鬮陣」tau$_{51}$ tin^{33}。
　〈張〉做伙 tso$_{51}$ hue^{51}、鬮陣 tau$_{51}$ tin^{33}
　　　　同齊 taŋ$_{33}$ tse^{13}
　〈藍〉做伙 tso$_{51}$ hue^{51}、同齊 taŋ$_{33}$ tse^{13}
　　　　做一个 tso$_{51}$ tsit$_{11}$ le^{13}

【應酬】iŋ$_{51}$ siu^{13} 交際應酬。
　〈張〉應酬 iŋ$_{51}$ siu^{13}
　〈藍〉應酬 iŋ$_{51}$ siu^{13}

【厚禮數】kau$_{11}$ le$_{55}$ sɔ^{11} 禮數周到。
　〈張〉厚禮數 kau$_{11}$ le$_{55}$ sɔ^{11}
　〈藍〉x

【接待】tsip$_{55}$ tʰai^{33} 招待。
　也講「招待」tsiau$_{33}$ tʰai^{33}
　〈張〉x
　〈藍〉招待 tsiau$_{33}$ tai^{33}

【款待】kʰuan$_{55}$ tʰai^{33} 指對待某人。
　〈張〉款待 kʰuan$_{55}$ tʰai^{33}、
　　　　招待 tsiau$_{33}$ tʰai^{33}
　〈藍〉款待 kʰuan$_{55}$ tai^{33}

【謙虛】kʰiam$_{33}$ hi^{55} 謙虛。
　〈張〉顧謙 kɔ$_{51}$ kʰiam^{55}
　〈藍〉顧謙 kɔ$_{51}$ kʰiam^{55}

【顧謙】kɔ$_{51}$ kʰiam^{55}
　指一個人較「秘肆」pi$_{51}$ su^{11}，較注意
　隱私。
　〈張〉x
　〈藍〉x

【吵家捔枷】$tsh a_{55} ke_{33} la_{11} ke^{13}$
家人常常吵鬧失和。
或講「吵家捔計」$tsh a_{55} ke_{33} la_{11} ke^{11}$。
〈張〉吵家捔計 $tsh a_{55} ke_{33} la_{11} ke^{11}$
〈藍〉x

【費氣費觸】$hui_{51} kh i_{51} hui_{51} tak^{31}$ 很麻
煩、浪費精神力氣。
〈張〉費氣費觸 $hui_{51} kh i_{51} hui_{51} tak^{31}$
〈藍〉x

【軁燒】$kh e_{51} sio^{55}$ 相擠在一起取暖。
或講「相挨相軁」$sio_{33} e_{55} sio_{33} kh e\text{?}^{31}$
〈張〉軁燒 $kh e_{51} sio^{55}$
〈藍〉x

【斷路】$tui\tilde{}_{11} lo^{33}$ 不再相互來往。
例:「伊已經佮外家斷路矣」$I_{33} i_{55} kiŋ_{33}$
$ka\text{?}_{55} gue_{11} ke_{55} tui\tilde{}_{11} lo^{33}\cdot a_{33}$ (她已和娘
家斷絕來往)
〈張〉斷路 $tui\tilde{}_{11} lo^{33}$
〈藍〉x

【無細膩矣】$bo_{33} se_{51} dzi_{33} a^{33}$ 表示接受
邀請,不再拘束客氣了。
〈張〉無細膩矣 $bo_{33} se_{51} dzi_{33} a^{33}$
〈藍〉x

【牽拕】$kh an_{33} kh io\text{?}^{31}$ 提攜、指導(好
意、壞意,依口氣而定)。或講「牽教」
$kh an_{33} ka^{11}$。
〈張〉牽拕 $kh an_{33} kh io\text{?}^{31}$
(不懷好意的)抬舉
〈藍〉x

【靠俗】$kh o_{51} sik^{33}$ 因彼此極為熟識而不
拘禮節。
〈張〉靠俗 $kh o_{51} siok^{33}$
〈藍〉x

【有影】$ui\tilde{}_{33} ia\tilde{}^{51}$ 有這回事?真的?
〈張〉x
〈藍〉x

【無影】$mue\tilde{}_{33} ia\tilde{}^{51}$ 沒這回事。
〈張〉x
〈藍〉x

【失約】$sit_{55} ik_{11}$ 失約。
〈張〉失約 $sit_{55} iok_{11}$
〈藍〉失約 $sit_{55} ik_{11}$

十八、婚　喪

【緣份】$ian_{33} hun_{33}$ 人之間能在一起當
夫妻、師生、同學、親屬等等關係的
機會。
〈張〉x
〈藍〉緣份 $ian_{33} hun_{33}$

【姻緣】$im_{33} ian^{13}$ 結為夫妻的緣分。
〈張〉姻緣 $im_{33} ian^{13}$
〈藍〉姻緣 $in_{33} ian^{13}$

【婚姻】$hun_{33} in^{55}$ 男女結婚關係。
〈張〉婚姻 $hun_{33} in^{55}$
〈藍〉x

【娶某】$tsh ua_{11} bo^{51}$ 娶妻。
〈張〉娶某 $tsh ua_{11} bo^{51}$
〈藍〉娶某 $tsh ua_{11} bo^{51}$
娶牽手 $tsh ua_{11} kh an_{33} tsh iu^{51}$

【娶新婦】$tsh ua_{11} sim_{33} pu^{33}$ 娶媳婦。
〈張〉娶新婦 $tsh ua_{11} sim_{33} pu^{33}$
〈藍〉娶新婦 $tsh ua_{11} sim_{33} pu^{33}$

【嫁查某团】$ke_{51} tsa_{33} bo_{55} kia\tilde{}^{51}$ 嫁女兒。
〈張〉嫁查某团 $ke_{51} tsa_{33} bo_{55} kia\tilde{}^{51}$
〈藍〉嫁查某团 $ke_{51} tsa_{33} bo_{55} kia\tilde{}^{51}$

【嫁翁】ke$_{51}$ aŋ^{55} 嫁人。
〈張〉嫁翁 ke$_{51}$ aŋ^{55}
〈藍〉嫁翁 ke$_{51}$ aŋ^{55}

【媒儂】muẽ$_{33}$ laŋ^{13} 媒人。
也講「媒儂婆」muẽ$_{33}$ laŋ$_{33}$ po^{13}。
〈張〉媒儂 muẽ$_{33}$ laŋ^{13}
〈藍〉媒儂 muẽ$_{33}$ laŋ^{13}

【講親情】kɔŋ$_{55}$ tsʰin$_{33}$ tsiã^{13} 男方向女方
提親。
〈張〉講親情 kɔŋ$_{55}$ tsʰin$_{33}$ tsiã^{13}
〈藍〉講親情 kɔŋ$_{55}$ tsʰin$_{33}$ tsiã^{13}
講親 kɔŋ$_{55}$ tsʰin^{55}
做親情 tso$_{51}$ tsʰin$_{33}$ tsiã^{13}

【過定】kue$_{51}$ tiã^{33} 下聘。
也講「送定」saŋ$_{51}$ tĩã^{33}
〈張〉送定 saŋ$_{51}$ tiã^{33}、過定 kue$_{51}$ tiã^{33}
〈藍〉送定 saŋ$_{51}$ tiã^{33}

【予儂招】hɔ$_{11}$ laŋ$_{33}$ tsio^{55} 男人入贅改
姓，成為女姓家中的成員。
又講：去[予儂]招 kʰi$_{51}$[hɔŋ$_{13}$]tsio^{55}。
「予儂」hɔ$_{11}$ laŋ$_{33}$，合音成 hɔŋ$_{13}$
〈張〉予儂招 hɔ$_{11}$ laŋ$_{33}$ tsio^{55}
〈藍〉x

【抽豬母稅】tʰiu$_{33}$ ti$_{33}$ bo$_{55}$ sue^{11} 指入贅
生的頭一胎小孩必須冠母姓。嫁出
者，未嫁前也可先講好，幾胎要姓女
家的姓，一樣叫「抽豬母稅」。
講「還外家」han$_{33}$ gua$_{11}$ ke^{55}。
〈張〉抽豬母稅 tʰiu$_{33}$ ti$_{33}$ bo$_{55}$ sue^{11}
還外家 hiŋ$_{11}$ gua$_{11}$ ke^{55}
〈藍〉x

【傳】tʰuĩ^{13} 延續子嗣。

〈張〉x
〈藍〉x

【緣錢】ian$_{33}$ tsĩ^{13} 象徵緣分的錢。
因為「鉛」和「緣」同音。將鉛片剪
成做圓形錢的樣子，一種象徵性的祝
福信物，人未到緣錢先到，表示新郎
新娘有好姻緣。
〈張〉緣粉 ian$_{33}$ hun^{51}、錢仔 tsĩ$_{33}$ ã^{51}
〈藍〉x

【揀做堆】sak$_{55}$ tso$_{51}$ tui^{55} 使童養媳和兒
子結婚。
〈張〉揀做堆 sak$_{55}$ tso$_{51}$ tui^{55}
〈藍〉x

【做大儂】tso$_{51}$ tua$_{11}$ laŋ^{13} 行十六歲成年
禮。
〈張〉做大儂 tso$_{51}$ tua$_{11}$ laŋ^{13}
〈藍〉x

【嫁妝】ke$_{51}$ tsŋ^{55} 嫁妝。
〈張〉嫁妝 ke$_{51}$ tsŋ^{55}
〈藍〉嫁妝 ke$_{51}$ tsŋ^{55}

【大餅】tua$_{11}$ piã^{51} 訂婚用的大餅。
〈張〉大餅 tua$_{11}$ piã^{51}
〈藍〉x

【手指】tsʰiu$_{55}$ tsi^{51} 戒指。
〈張〉手指 tsʰiu$_{55}$ tsi^{51}
〈藍〉手指 tsʰiu$_{55}$ tsi^{51}

【手鍊仔】tsʰiu$_{55}$ lian$_{33}$ nã^{51} 手鍊子。
〈張〉x
〈藍〉x

【手鐲】tsʰiu$_{55}$ so^{11} 手鐲、手環。
也講「手環」tsʰiu$_{55}$ kʰuan^{13}

〈張〉手環 $ts^hiu_{55} k^huan^{13}$

〈藍〉手鐲 $ts^hiu_{55} so^{11}$、
手環 $ts^hiu_{55} k^huan^{13}$

【聘金】$p^hian_{51} kim^{55}$ 聘金。

〈張〉聘金 $p^hian_{51} kim^{55}$

〈藍〉x

【砑紅包】$te_{51} an_{33} pau^{55}$ 壓紅包。
新郎一行人到新娘家娶親,在新娘家
坐定,新娘捧茶盤請喝茶,一行人取
茶並將紅包置於茶盤上給新娘,稱「砑
紅包」。

〈張〉砑紅包 $te_{51} an_{33} pau^{55}$

〈藍〉砑紅包 $te_{51} an_{33} pau^{55}$

【添妝】$t^hiam_{33} tsn^{55}$ 長輩為女兒辦嫁妝。

〈張〉添妝 $t^hiam_{33} tsn^{55}$

〈藍〉x

【炱路雞】$ts^hua_{11} lo_{11} ke^{55}$ 帶路雞。
新娘第一次回娘家作客後,娘家會送
甘蔗和帶路雞。甘蔗祝福新人有頭有
尾;帶路雞表示希望常常帶新娘回家。

〈張〉炱路雞 $ts^hua_{11} lo_{11} ke^{55}$

〈藍〉x

【送日仔】$san_{51} dzit_{33} la^{51}$ 男方通知女方
娶親的日期時辰。
先請相命先生選定適合男女兩家的吉
祥日子,然後由男方擇日正式送到女
方家。

〈張〉送日仔 $san_{51} dzit_{33} la^{51}$

〈藍〉x

【送日單】$san_{51} dzit_{11} tua^{55}$ 送日單。
寫有選定結婚日子的紙張。

〈張〉x

〈藍〉x

【送日餅】$san_{51} dzit_{11} pia^{51}$ 送日餅。
通知女方結婚日同時,送約定數量的
大餅到女方。該大餅稱「送日餅」。

〈張〉x

〈藍〉送禮 $san_{51} le^{51}$

【洞房】$ton_{11} pon^{13}$ 洞房花燭夜的新房。

〈張〉洞房 $ton_{11} pon^{13}$

〈藍〉洞房 $ton_{11} pan^{13}$
新娘房 $sin_{33} niu_{33} pan^{13}$

【舅仔探房】$ku_{33} a^{51} t^ham_{51} pan^{13}$
結婚之日新娘的弟弟或妹妹來看新
娘。

〈張〉舅仔探房 $ku_{33} a^{51} t^ham_{51} pan^{13}$

〈藍〉x

【外家厝】$gue_{11} ke_{33} ts^hu^{11}$ 娘家。
也講「外家」$gue_{11} ke^{55}$
「後頭厝」$au_{11} t^hau_{33} ts^hu^{11}$

〈張〉後頭厝 $au_{11} t^hau_{33} ts^hu^{11}$
外家 $gua_{11} ke^{55}$
外家厝 $gue_{11} ke_{33} ts^hu^{11}$

〈藍〉x

【轉外家頭】$tui_{55} gue_{11} ke_{33} t^hau^{13}$ 回娘
家。
也講「做客」$tso_{51} k^he?^{31}$。

〈張〉轉外家頭 $tui_{55} gua_{11} ke_{33} t^hau^{13}$

〈藍〉做客 $tso_{51} k^he?^{31}$

【結婚】$kiat_{55} hun^{55}$ 結婚。

〈張〉結婚 $kiat_{55} hun^{55}$

〈藍〉x

【新郎】$sin_{33} lon^{13}$ 新郎。

〈張〉新郎 $sin_{33} lon^{13}$

〈藍〉囝婿 $kia_{55} sai^{11}$

【新娘】sin$_{33}$ nĩu^{13} 新娘。
　〈張〉新娘 sin$_{33}$ nĩu^{13}
　〈藍〉新娘 sin$_{33}$ nĩu^{13}

【团婿伴】x 伴郎；現代名詞。
　〈張〉团婿伴 kiã$_{55}$ sai$_{51}$ p^{h}uã^{33}
　〈藍〉x

【伴娘】x 伴娘；現代名詞。
　或講「伴嫁」p^{h}uã$_{11}$ ke^{11}
　〈張〉伴娘 p^{h}uã$_{11}$ nĩu^{13}
　〈藍〉x

【在織女】tsai$_{11}$ tsit$_{55}$ li^{51} 年輕的處女。
　現今也講「在室女」tsai$_{11}$ sik$_{55}$ li^{51}
　〈張〉在織女 tsai$_{11}$ tsit$_{55}$ li^{51}
　〈藍〉x

【離緣】li$_{33}$ ian^{13} 離婚。
　〈張〉離緣 li$_{33}$ ian^{13}
　〈藍〉x

【大某】tua$_{11}$ bɔ^{51} 元配。
　〈張〉大某 tua$_{11}$ bɔ^{51}
　〈藍〉大某 tua$_{11}$ bɔ^{51}

【細姨】se$_{51}$ i^{13} 元配以外的妻子。
　〈張〉細姨 se$_{51}$ i^{13}
　〈藍〉細姨 se$_{51}$ i^{13}

【後岫】au$_{11}$ siu^{33} 男子喪妻再娶的太
太。
　〈張〉後岫 au$_{11}$ siu^{33}
　〈藍〉添房 t^{h}iam$_{33}$ paŋ^{13}

【有身】u$_{11}$ sin^{55} 懷孕。
　「有囡仔」u$_{11}$ gin$_{55}$ nã^{51}
　「大腹肚」tua$_{11}$ put$_{55}$ tɔ^{51}
　〈張〉有身 u$_{11}$ sin^{55}、病团 pẽ$_{11}$ kiã^{51}
　　　　大腹肚 tua$_{11}$ pat$_{55}$ tɔ^{51}

　〈藍〉有身 u$_{11}$ sin^{55}、
　　　　有囡仔 u$_{11}$ gin$_{55}$ nã^{51}
　　　　大腹肚 tua$_{11}$ pat$_{55}$ tɔ^{51}、
　　　　病团 pẽ$_{11}$ kiã^{51}

【落胎】lau$_{51}$ t^{h}e^{55} 流產。
　〈張〉落胎 lau$_{51}$ t^{h}e^{55}
　〈藍〉落胎 lau$_{51}$ t^{h}e^{55}

【生团】sẽ$_{33}$ kiã^{51} 生小孩。
　也講「生囡仔」sẽ$_{33}$ gin$_{55}$ nã^{51}
　〈張〉生团 sẽ$_{33}$ kiã^{51}
　〈藍〉生团 sẽ$_{33}$ kiã^{51}、生囡仔 sẽ$_{33}$ gin$_{55}$
　　　　nã^{51}

【抾囡仔】k^{h}io$_{51}$ gin$_{55}$ nã^{51} 接生小孩。
　早期請產婆到家裡來「抾囡仔」。
　〈張〉抾囡仔 k^{h}io$_{51}$ gin$_{55}$ nã^{51}
　〈藍〉接生 tsiap$_{55}$ sẽ^{55}

【做月】tso$_{51}$ gue^{33} 做月子。
　也講「做月內」tso$_{51}$ gue$_{11}$ lai^{33}
　〈張〉做月內 tso$_{51}$ gue$_{11}$ lai^{33}
　〈藍〉做月內 tso$_{51}$ gue$_{11}$ lai^{33}

【滿月】muã$_{55}$ gue^{33} 小孩出生滿一個月。
　〈張〉滿月 muã$_{55}$ gue^{33}
　〈藍〉滿月 muã$_{55}$ gue^{33}

【斷奶】tuĩ$_{11}$ liŋ^{55} 讓小孩停止喝奶。
　〈張〉斷奶 tuĩ$_{11}$ liŋ^{55}
　〈藍〉x

【度晬】tɔ$_{11}$ tse^{11} 小孩滿周歲。
　〈張〉度晬 tɔ$_{11}$ tse^{11}
　〈藍〉x

【轉臍】tuĩ$_{55}$ tsai^{13} 剪斷臍帶做一個結。
　〈張〉轉臍 tuĩ$_{55}$ tsai^{13}
　〈藍〉x

【衣】ui^{55} 胎盤。
漢藥稱處理過的胎盤爲
「紫河車」$tsi^{55} ho^{33} ts^hia^{55}$
也講「胎盤」$t^hai^{33} pan^{13}$
〈張〉衣 ui^{55}
〈藍〉衣 ui^{55}、胎盤 $t^hai^{33} pu\tilde{a}^{13}$

【喪事】$sɔŋ_{33} su^{33}$ 在人死後，所要辦的
一切事宜。
〈張〉喪事 $sɔŋ_{33} su^{33}$
〈藍〉喪事 $sɔŋ_{33} su^{33}$

【死去】$si^{51} \cdot k^hi_{11}$ 人過世了。
〈張〉死去 $si^{51} \cdot k^hi_{11}$
〈藍〉死去 $si^{51} \cdot k^hi_{11}$

【轉去】$tu\tilde{i}^{51} \cdot k^hi_{11}$ 回家，婉稱人過世了。
〈張〉轉去 $tu\tilde{i}^{51} \cdot k^hi_{11}$
〈藍〉x

【過身】$kue_{51} sin^{55}$ 逝世
也講「無直裡」$bo_{33} tit^{33} \cdot li_{33}$、「往生」
$ɔŋ_{55} sin^{55}$
〈張〉x
〈藍〉x

【翹去】$k^hiau^{55} \cdot k^hi_{11}$ 對人死去較不敬的
說法。
〈張〉翹去 $k^hiau^{55} \cdot k^hi_{11}$
〈藍〉x

【靈厝】$liŋ_{33} ts^hu^{11}$ 紙糊的模型屋，裡面
有紙糊的傢俱、紙糊的奴婢。
〈張〉靈厝 $liŋ_{33} ts^hu^{11}$
〈藍〉x

【訃音】$hu_{51} im^{55}$ 訃聞。
〈張〉訃音 $hu_{51} im^{55}$
〈藍〉x

【放訃音】$paŋ_{51} hu_{51} im^{55}$ 發訃聞。
也講「放白帖」$paŋ_{51} pe_{11} t^hiap^{31}$
〈張〉放白帖 $paŋ_{51} pe_{11} t^hiap^{31}$
〈藍〉x

【出山】$ts^hut_{55} su\tilde{a}^{55}$ 出殯。
〈張〉出山 $ts^hut_{55} su\tilde{a}^{55}$
〈藍〉出山 $ts^hut_{55} su\tilde{a}^{55}$

【送山】$saŋ_{51} su\tilde{a}^{55}$ 送殯。
〈張〉送山頭 $saŋ_{51} su\tilde{a}_{33} t^hau^{13}$
〈藍〉送山 $saŋ_{51} su\tilde{a}^{55}$

【地理】$te_{11} li^{51}$
先看地理—山勢，選定墓地位置後，
再看墓的方位（風水）。所以說：『「看」
地理，「做」風水』。地理已存在，用
看的。墓由無到有，風水必須用做的，
以庇蔭子孫。
〈張〉地理 $te_{11} li^{51}$
〈藍〉地理 $te_{11} li^{51}$

【風水】$hɔŋ_{33} sui^{51}$ 墓的方位。
〈張〉風水 $hɔŋ_{33} sui^{51}$
〈藍〉風水 $hɔŋ_{33} sui^{51}$

【墓】$bɔŋ^{33}$ 墳墓；埋葬死人的地方。
〈張〉墓 $bɔŋ^{33}$
〈藍〉墓仔 $bɔŋ^{33} ŋ\tilde{a}^{51}$

【墓仔埔】$bɔŋ_{33} ŋ\tilde{a}_{55} pɔ^{55}$ 墳場。
〈張〉墓仔埔 $bɔŋ_{33} ŋ\tilde{a}_{55} pɔ^{55}$
〈藍〉x

【塚仔埔】$t^hiŋ_{55} ŋ\tilde{a}_{55} pɔ^{55}$ 墳場。
〈張〉塚仔埔 $t^hiɔŋ_{55} ŋ\tilde{a}_{55} pɔ^{55}$
〈藍〉塚仔埔 $t^hiŋ_{55} ŋ\tilde{a}_{55} pɔ^{55}$

【民政埔】$bin_{33} tsiŋ_{51} pɔ^{55}$ 公有墳場。

〈張〉x

〈藍〉x

【棺柴】kuã$_{33}$ tsʰa^{13} 棺柴。

　也講「棺木」kuan$_{33}$ bɔk^{33}

　〈張〉棺柴 kuã$_{33}$ tsʰa^{13}

　〈藍〉棺柴 kuã$_{33}$ tsʰa^{13}

【大厝】tua$_{11}$ tsʰu^{11} 棺木的尊稱，較常用。

　〈張〉大壽 tua$_{11}$ siu^{33}

　〈藍〉x

【壽板】siu$_{11}$ pan^{51} 棺木的雅稱。

　〈張〉壽板 siu$_{11}$ pan^{51}

　〈藍〉x

【薄板仔】po$_{11}$ pan$_{55}$ nã^{51} 簡陋的棺材。

　〈張〉薄板仔 po$_{11}$ pan$_{33}$ nã^{51}

　〈藍〉x

【守寡】tsiu$_{55}$ kuãi^{51} 夫死未再嫁。

　一般台閩語講[tsiu$_{55}$ kuã^{51}]

　〈張〉守寡 tsiu$_{55}$ kuã^{51}

　〈藍〉守空房 siu$_{55}$ kʰaŋ$_{33}$ paŋ^{13}

【寡婦】kuãi$_{55}$ hu^{33} 丈夫去世的女人。

　〈張〉x

　〈藍〉寡婦 kua$_{55}$ hu^{33}、

　　　死翁仔 si$_{55}$ aŋ^{55} ·e$_{55}$

【孝男】hau$_{51}$ lam^{13} 喪家的兒子。

　〈張〉孝男 hau$_{51}$ lam^{13}

　〈藍〉孝子 hau$_{51}$ tsu^{51} （書）

【孝女】hau$_{51}$ li^{51} 喪家的女兒。

　〈張〉孝女 hau$_{51}$ li^{51}

【捧斗】pʰaŋ$_{33}$ tau^{51} 一種祭奠的儀式，在出殯的時候，由孝男或長孫捧著裝神祇、煙耙仔、米、錢仔和子孫釘的容器，用來象徵發財、添丁和豐收以庇蔭子孫。

　也講「捧米斗」pʰaŋ$_{33}$ bi$_{55}$ tau^{51}

　〈張〉捧斗 pʰaŋ$_{33}$ tau^{51}

　〈藍〉x

【神祇】sin$_{33}$ tsi^{51} 死後 3 年，紙做的牌位。

　〈張〉x

　〈藍〉x

【公媽牌】kɔŋ$_{33}$ mã$_{55}$ pai^{13} 祖先牌位。死後滿三年，燒棄神祇牌，名列公媽牌。

　〈張〉x

　〈藍〉公媽箱 kɔŋ$_{33}$ mã$_{55}$ sĩu^{55}

【金斗甕仔】kim$_{33}$ tau$_{55}$ aŋ$_{55}$ ŋã^{51} 骨灰罈子。

　也稱「封金甕仔」hɔŋ$_{33}$ kim$_{33}$ aŋ$_{55}$ ŋã^{51}

　〈張〉金斗甕仔 kim$_{33}$ tau$_{55}$ aŋ$_{55}$ ŋã^{51}

　〈藍〉x

【帶孝】tua$_{51}$ ha^{11} 帶孝。死者的親屬和親戚在一定時間內在袖子別上麻紗，表示哀悼。

　〈張〉帶孝 tua$_{51}$ ha^{11}

　〈藍〉帶孝 tua$_{51}$ ha^{11}

　　　穿苧仔衫 tsʰiŋ$_{11}$ te$_{33}$ a$_{55}$ sã^{55}

【手尾錢】tsʰiu$_{55}$ bue$_{55}$ tsĩ^{13} 亡者留給後輩財富，象徵性的錢幣。

　〈張〉x

　〈藍〉x

【哭路頭】k^hau_{51} lo_{11} t^hau^{13} 當出嫁的女子接獲通知自己的父母去逝時，於頭七回家奔喪，在還沒有進入家門前就必須一面大聲哭，一面唸唸有詞，以示哀悼及孝心。

〈張〉哭路頭 k^hau_{51} lo_{11} t^hau^{13}

〈藍〉x

【弄鐃】lan_{11} lau^{13} 專門為喪家表演的民間雜耍。有錢人家女兒回家做「三七」$sã_{33}$ ts^hit^{31} 時才會有。

所以說：查某孫牽猴，查某囝弄鐃。

$tsa_{33}mo_{55}$ sun^{55} k^han_{33} kau^{13}，tsa_{33} mo_{55} $kiã^{51}$ lan_{11} lau^{13}。

〈張〉弄鐃 lan_{11} lau^{13}

〈藍〉x

【做七】tso_{51} ts^hit^{31} 人死後七天，每七天做一次道教超渡儀式。

〈張〉x

〈藍〉做七 tso_{51} ts^hit^{31}

【做滿七】tso_{51} $buan_{55}$ ts^hit^{31} 死者死後四十九天，做滿七的儀式。

〈張〉x

〈藍〉x

【做旬】tso_{51} sun^{13} 做滿七後，換做初一十五，稱「做旬」。

〈張〉做旬 tso_{51} sun^{13}

〈藍〉x

【做功德】tso_{51} kon_{33} tik^{31} 請和尚道士誦經念佛以超渡亡魂。

〈張〉做功德 tso_{51} kon_{33} tik^{31}

〈藍〉x

【超渡】t^hiau_{33} to^{33} 超渡。

祈使亡魂安心通往極樂世界的儀式。

〈張〉x

〈藍〉x

【打桶】$tã_{55}$ t^han^{51} 將棺材密封防漏的處理，稱「打桶」$tã_{55}$ t^han^{51}。為使埋葬後，屍體的腐水和臭味不致溢出，外物不入侵。

〈張〉打桶 $tã_{55}$ t^han^{51}

〈藍〉x

【封釘】hon_{33} tin^{55} 封棺最後一道儀式。男亡由兄弟封釘，女亡由外家封釘（由阿舅或外甥封釘）。

〈張〉x

〈藍〉x

【培墓】pue_{11} bon^{33} 人死後三年內的掃墓活動。掃墓時，必須備有牲禮祭拜。

〈張〉x

〈藍〉培墓 pue_{11} bon^{33}

【哲紙】te_{51} $tsua^{51}$ 人死三年後的掃墓活動。掃墓時，首先除去墓場四周的雜草，長方形的冥紙用小石子壓在墓碑上方和墓身上方，叫「哲紙」。

〈張〉哲墓紙 te_{51} bon_{11} $tsua^{51}$

〈藍〉x

【拜墓仔】pai_{51} bon^{33} $ŋã^{51}$ 掃墓。

也講「掃墓」sau_{51} bon^{33}

〈張〉拜墓 pai_{51} bon^{33}

〈藍〉x

【割鬮】kua_{51} k^hau^{55} 小孩受到驚嚇、或有壞運氣，才會到「師公店」做法解厄，做「割鬮」的法事。

〈張〉割鬮 kua_{51} k^hau^{55}

〈藍〉x

【做忌】tso₅₁ ki³³ 已故先輩去世的日子。
　〈張〉做忌 tso₅₁ ki³³
　〈藍〉x

【挹墓粿】io₅₁ bɔŋ₁₁ kue⁵¹ 要墓粿。
　農業社會，貧苦小孩到墓地，向掃墓
　人家分食祭拜的祭品。有錢人祭拜祖
　先後，祭祀後的食品分給旁觀的貧苦
　小孩，以做功德。
　〈張〉挹墓粿 io₅₁ bɔŋ₁₁ kue⁵¹
　〈藍〉挹墓粿 io₅₁ bɔŋ₁₁ kue⁵¹

【坮】tai¹³ 埋。《教典》埋
　也講「埋葬」bai₃₃ tsɔŋ₁₁（書）
　〈張〉坮 tai¹³
　〈藍〉入塗 dzip₁₁ tʰɔ¹³

十九、各色人稱、活動

【百姓】pe₅₁ sẽ¹¹ 一般的民眾、人民。
　〈張〉百姓 pe₅₁ sẽ¹¹
　〈藍〉人民 dzin₃₃ bin¹³

【頭路】tʰau₃₃ lɔ³³ 職業，工作。
　也講「工課」kʰaŋ₃₃ kʰue¹¹。
　〈張〉頭路 tʰau₃₃ lɔ³³、工課 kʰaŋ₃₃ kʰue¹¹
　〈藍〉頭路 tʰau₃₃ lɔ³³、行業 haŋ₃₃ giap⁵⁵

【職業】tsit₅₅ giap³³ 職業。
　〈張〉職業 tsit₅₅ giap³³
　〈藍〉職業 tsit₅₅ giap⁵⁵

【手路】tsʰiu₅₅ lɔ³³ 手藝。
　〈張〉手路 tsʰiu₅₅ lɔ³³
　〈藍〉x

【做穡】tso₅₁ sit³¹ 工作。
　〈張〉做穡 tso₅₁ sit³¹ ·le₁₁

〈藍〉做工 tso₅₁ kaŋ⁵⁵
　　　做工課 tso₅₁ kʰaŋ₃₃ kʰue¹¹

【倩个】tsʰiã¹¹ ·ẽ₁₁ 受雇的人。
　〈張〉倩个 tsʰiã¹¹ ·ẽ₁₁
　〈藍〉僱倩个 hon¹³ tsʰiã¹¹ ·ẽ₁₁
　　　食儂个頭路 tsia₁₁ laŋ₃₃ e₃₃ tʰau₃₃ lɔ³³

【薪勞仔】sin₃₃ lo₃₃ a⁵¹ 領薪的受雇者。
　〈張〉薪勞 sin₃₃ lo¹³
　〈藍〉薪勞仔 sin₃₃ lo₃₃ a⁵¹、
　　　薪勞 sin₃₃ lo¹³

【食月仔】tsia₁₁ gue₃₃ a⁵¹ 領月薪的受雇
　者。
　〈張〉x
　〈藍〉x

【長工仔】tŋ̍₃₃ kaŋ₃₃ ŋã⁵¹ 長工。
　早期固定在一僱主家工作的人。講話
　不想被知道，長工間有暗話。
　長工口白：鰗溜藏沙，利鴉夾蛇。hɔ₃₃
　liu⁵⁵ tsʰan₅₁ sua⁵⁵，指食「番薯籤」lai₁₁
　hio₃₃ giap₁₁ tsua¹³。指配「鹹茱」
　死豬鎮站 si₅₅ ti⁵⁵ tin₅₁ tiam⁵⁵ 指「頭家
　在場」
　〈張〉長工 tŋ̍₃₃ kaŋ⁵⁵
　〈藍〉長工 tŋ̍₃₃ kaŋ⁵⁵、長工仔 tŋ̍₃₃ kaŋ₃₃
　　　ŋã⁵¹

【拍鐵仔】pʰa₅₁ tʰi₅₅ a⁵¹ 鐵匠。
　〈張〉拍鐵仔 pʰa₅₁ tʰi₅₅ a⁵¹
　〈藍〉拍鐵仔 pʰa₅₁ tʰi₅₅ a⁵¹

【拍石仔師傅】pʰa₅₁ tsio₃₃ a₅₅ sai₃₃ hu³³
　例如：以雕刻墓碑、廟的龍柱為職業
　的人。「拍墓牌」pʰa₅₁ bɔŋ₁₁ pai¹³

「拍龍柱」pha_{51} lin_{33} $thiau^{33}$

〈張〉拍石仔師傅 pha_{51} $tsio_{33}$ a_{55} sai_{33} hu^{33}

〈藍〉x

【翻砂】$huan_{33}$ sua^{55} 鑄造模具。

〈張〉翻砂 $huan_{33}$ sua^{55}

〈藍〉x

【做木个】tso_{51} bak^{33} ·ge_{33} 木匠。

也講「木匠」bak_{11} $tsh\tilde{i}u^{33}$。

〈張〉做木个 tso_{51} bak^{55} ·ge_{11}

木匠 bak_{11} $tsh\tilde{i}u^{33}$

〈藍〉木匠師 bak_{11} $tsh\tilde{i}u_{11}$ sai^{55}

做木匠个 tso_{51} bak_{11} $tsh\tilde{i}u^{33}$ ·e_{33}

【塗水師】tho_{33} $tsui_{55}$ sai^{55} 泥水匠。

〈張〉塗水師 tho_{33} $tsui_{55}$ sai^{55}

〈藍〉塗水師 tho_{33} $tsui_{55}$ sai^{55}

做塗水个 tso_{51} tho_{33} $tsui^{51}$ ·e_{11}

【種塍个】$tsin_{51}$ $tshan^{13}$ ·$n\tilde{e}_{33}$ 種田的農夫。

或講「做塍个」tso_{51} $tshan^{13}$ ·$n\tilde{e}_{33}$

〈張〉做穡个 tso_{51} sit^{31}·le_{11}

〈藍〉做塍儂 tso_{51} $tshan_{33}$ lan^{13}

【種菜个】$tsin_{51}$ $tshai_{11}$·e_{11} 經營菜園的農夫。

也講「做園个」tso_{51} $hu\tilde{i}^{13}$·$\tilde{e}_{33}$

〈張〉做園个 tso_{51} $hu\tilde{i}_{11}$·$\tilde{e}_{33}$

〈藍〉x

【討海个】tho_{55} hai^{51} ·e_{11} 漁夫。

也講「掠魚仔儂」lia_{11} hi_{33} a_{55} lan^{13}

〈張〉討海个 tho_{55} hai^{51} ·e_{11}

掠魚个 lia_{11} hi_{11}·e_{33}

〈藍〉掠魚个 lia_{11} hi_{11}·e_{33}

【提批仔】the_{11} phe_{33} a^{51} 郵差。

也講「提批个」the_{11} phe^{55} ·e_{55}。

〈張〉提批个 the_{11} phe^{55} ·e_{55}

〈藍〉x

【消防隊】$siau_{33}$ hon_{33} tui^{33} 消防隊。

「消防个」$siau_{33}$ hon^{13} ·e_{33}

也講「拍火兄弟」pha_{51} hue_{55} $hi\tilde{a}_{33}$ ti_{11}

〈張〉消防組 $siau_{33}$ hon_{33} tso^{55}

拍火个 pha_{51} hue^{51}·e_{11}

〈藍〉x

【總鋪師】$tson_{55}$ pho_{51} sai^{55} 廚師。

也講「總鋪」$tson_{55}$ pho^{11}

〈張〉總鋪師 $tson_{55}$ pho_{51} sai^{55}

煮食个 tsu_{55} $tsia_{51}$·e_{11}

廚子 to_{33} tsi^{51}

〈藍〉總鋪 $tson_{55}$ pho^{11}

【撐船仔】the_{33} $tsun_{33}$ $n\tilde{a}^{51}$ 用一枝長竹竿撐船的船夫。

〈張〉撐渡船个 the_{33} to_{11} $tsun_{11}$ $n\tilde{e}_{33}$

〈藍〉撐船个 the_{33} $tsun^{13}$·$n\tilde{e}_{33}$

【舵公】tai_{11} kon^{55} 船長舊稱。

〈張〉舵公 tai_{11} kon^{55}

〈藍〉x

【捧菜个】$phan_{33}$ $tshai_{11}$·e_{11} 跑堂或叫店小二，專門負責招呼客人的伙計。

〈張〉走桌仔 $tsau_{55}$ $to?^{31}$·e_{11}

〈藍〉x

【庄里儂】$tsin_{33}$ li_{55} lan^{13} 鄉下人。

〈張〉x

〈藍〉庄骹儂 $tsin_{33}$ kha_{33} lan^{13}

草地儂 $tshau_{55}$ te_{11} lan^{13}

【律師】lut_{11} su^{55} 律師。

〈張〉律師 lut_{11} su^{55}

〈藍〉x

【日師】dzit₁₁ su⁵⁵ 幫人選好日子的人。
〈張〉日師 dzit₁₁ su⁵⁵
〈藍〉x

【代書】tai₁₁ si⁵⁵ 受人請託，幫人代寫
訴訟狀書或土地契約爲職業的人。
〈張〉代書 tai₁₁ su⁵⁵
〈藍〉x

【秀才】siu₅₁ tsai¹³ 秀才，考取鄉試的
人。
〈張〉秀才 siu₅₁ tsai¹³
〈藍〉x

【舉人】ki₅₅ dzin¹³
〈張〉舉人 ki₅₅ dzin¹³
〈藍〉x

【進士】tsin₅₁ su³³
〈張〉進士 tsin₅₁ su³³
〈藍〉x

【狀元】tsiŋ₁₁ guan¹³
〈張〉狀元 tsiɔŋ₁₁ guan¹³
〈藍〉x

【榜眼】pɔŋ₅₅ gan⁵¹
〈張〉榜眼 pɔŋ₅₅ gan⁵¹
〈藍〉x

【探花】tʰam₅₁ hue⁵⁵
〈張〉探花 tʰam₅₁ hue⁵⁵
〈藍〉x

【員外】uan₃₃ gue³³ 員外。
舊時靠收田租的有錢人家的老爺。
〈張〉員外 guan₃₃ gue³³
〈藍〉x

【好額人】ho₅₅ gia₁₁ laŋ¹³ 有錢人。
也講「有錢儂」u₁₁ tsĩ₃₃ laŋ¹³。
〈張〉好額人 ho₅₅ gia₁₁ laŋ¹³
有錢儂 u₁₁ tsĩ₃₃ laŋ¹³
〈藍〉好額人 ho₅₅ gia₁₁ laŋ¹³
有錢儂 u₁₁ tsĩ₃₃ laŋ¹³

【散憐儂仔】san₅₁ lian₃₃ laŋ₃₃ ŋã⁵¹ 窮人。
或講「散赤儂」san₅₁ tsʰia₅₁ laŋ¹³
〈張〉散赤儂 san₅₁ tsʰia₅₁ laŋ¹³
散凶儂 san₅₁ hiŋ₅₁ laŋ¹³
〈藍〉散赤儂 san₅₁ tsʰia₅₁ laŋ¹³

【奴才仔】lɔ₃₃ tsai₃₃ a⁵¹ 奴才。
封建時代專門聽命僱主做事的男性僕
人，或官員在皇族前的卑稱。
〈張〉奴才 lɔ₃₃ tsai¹³
〈藍〉奴才 lɔ₃₃ tsai¹³

【呼勞】kʰɔ₃₃ lo³³ 做粗活賺錢的人。
〈張〉呼勞 kʰɔ₃₃ lo³³ （口）
〈藍〉苦力 ku₃₃ li⁵¹ （書）

【使用人】su₅₅ iŋ₁₁ dzin¹³ 僕人。
〈張〉使用儂 su₅₅ iɔŋ₁₁ laŋ¹³
〈藍〉煮飯仔 tsi₅₅ puĩ₃₃ ã⁵¹

【下骸手仔】e₁₁ kʰa₃₃ tsʰiu₅₅ a⁵¹ 僕人、
佣人或部屬。
〈張〉下骸手仔 e₁₁ kʰa₃₃ tsʰiu₅₅ a⁵¹
〈藍〉x

【查某嫺仔】tsa₃₃ bɔ₅₅ kan₅₅ nã⁵¹ 舊時代
專門聽命僱主做事的女性僕人。
〈張〉查某嫺 tsa₃₃ bɔ₅₅ kan⁵¹
〈藍〉查某嫺仔 tsa₃₃ bɔ₅₅ kan₅₅ nã⁵¹

【半公母仔】puã₅₁ kaŋ₃₃ bɔ₅₅ a⁵¹ 生理上
有雌雄特徵的男體或女體的人。

〈張〉半陰陽仔 puã$_{51}$ iam$_{33}$ muĩ$_{55}$ a^{51}

〈藍〉x

【王祿仔仙】ɔŋ$_{33}$ lɔk$_{33}$ ga$_{55}$ sian^{55} 形容
講話不實在的人。

〈張〉王祿仔仙 ɔŋ$_{33}$ lɔk$_{33}$ ga$_{55}$ sian^{55}

〈藍〉x

【拳頭師】kun$_{33}$ t^{h}au$_{33}$ sai^{55} 打拳賣膏
藥，教拳術的人。

〈張〉拳頭師 kun$_{33}$ t^{h}au$_{33}$ sai^{55}

〈藍〉x

【接骨師】tsiap$_{55}$ kut$_{55}$ sai^{55} 幫人接骨的
師傅。

〈張〉接骨師 tsiap$_{55}$ kut$_{55}$ sai^{55}

〈藍〉x

【鳳陽婆】hɔŋ$_{11}$ iŋ$_{33}$ po^{13} 有法術的巫
婆。（只聽說）

〈張〉鳳陽婆 hɔŋ$_{11}$ iaŋ$_{33}$ po^{13}

〈藍〉x

【羅漢骸仔】lo$_{33}$ han$_{51}$ k^{h}a$_{33}$ a^{51} 單身
漢；超過適婚年齡，而還沒有妻室的
男人。

也講「獨身仔」tɔk$_{11}$ sin$_{33}$ nã^{51}

「十一哥」tsap$_{11}$ it$_{55}$ ko^{55}

〈張〉羅漢骸仔 lo$_{33}$ han$_{51}$ k^{h}a$_{33}$ a^{51}

獨身仔 tɔk$_{11}$ sin$_{33}$ nã^{51}

十一哥 tsap$_{11}$ it$_{55}$ ko^{55}

〈藍〉羅漢骸仔 lo$_{33}$ han$_{51}$ k^{h}a$_{33}$ a^{51}

獨身仔 tɔk$_{11}$ sin$_{33}$ nã^{51}

【老姑婆】lau$_{11}$ kɔ$_{33}$ po^{13} 老的單身女
子；超過適婚年齡，還未結婚的女人。

〈張〉老姑婆 lau$_{11}$ kɔ$_{33}$ po^{13}

〈藍〉老姑婆 lau$_{11}$ kɔ$_{33}$ po^{13}

老嬸婆仔 lau$_{11}$ tsim$_{55}$ po$_{33}$ a^{51}

【趁食查某】t^{h}an$_{51}$ tsia$_{11}$ tsa$_{33}$ bɔ^{51} 妓女。

〈張〉趁食查某 t^{h}an$_{51}$ tsia$_{11}$ tsa$_{33}$ bɔ^{51}

菜店查某 ts^{h}ai$_{51}$ tiam$_{51}$ tsa$_{33}$ bɔ^{51}

〈藍〉妓女 ki$_{33}$ li^{51}（書）

趁食查某 t^{h}an$_{51}$ tsia$_{11}$ tsa$_{33}$ bɔ^{51}

（口）

【老娼頭】lau$_{11}$ ts^{h}aŋ$_{33}$ t^{h}au^{13} 鴇母。

也講「老娼」lau$_{11}$ ts^{h}aŋ^{55}

〈張〉老娼頭 lau$_{11}$ ts^{h}aŋ$_{33}$ t^{h}au^{13}

〈藍〉老娼 lau$_{11}$ ts^{h}aŋ^{55}

老娼頭 lau$_{11}$ ts^{h}aŋ$_{33}$ t^{h}au^{13}

【算命仙仔】suĩ$_{51}$ miã$_{11}$ sian$_{33}$ nã^{51} 相命
師。

〈張〉看命个 k^{h}uã$_{51}$ miã^{33} ·e$_{33}$

相命个 siɔŋ$_{51}$ miã^{33} ·e$_{33}$

〈藍〉算命 suĩ$_{51}$ miã^{33}

【拆字數】t^{h}ia$_{51}$ dzi$_{11}$ sɔ^{11} 測字。

〈張〉x

〈藍〉x

【地理師】te$_{11}$ li$_{55}$ su^{55} 看風水的人。

或講「地理仙仔」te$_{11}$ li$_{55}$ sian$_{33}$ nã^{51}。

〈張〉地理師 te$_{11}$ li$_{55}$ su^{55}

〈藍〉x

【看風水】k^{h}uã$_{51}$ hɔŋ$_{33}$ sui^{51} 看風水。

〈張〉看風水 k^{h}uã$_{51}$ hɔŋ$_{33}$ sui^{51}

〈藍〉看風水 k^{h}uã$_{51}$ hɔŋ$_{33}$ sui^{51}

【牽羅經】k^{h}an$_{33}$ lo$_{33}$ kẽ^{55} 幫人看風水的
人，「牽羅經索仔」k^{h}an$_{33}$ lo$_{33}$ kẽ$_{33}$ sɔ$_{55}$
a^{51}，拉羅盤繩，查看方位。

〈張〉牽羅經 k^{h}an$_{33}$ lo$_{33}$ kẽ^{55}

〈藍〉x

【和尚】hue$_{33}$ sĩu^{33} 和尚。

〈張〉和尙 hue₃₃ siu₃₃

〈藍〉和尙 hue₃₃ siu₃₃

【尼姑】 nĩ₃₃ kɔ⁵⁵ 尼姑。

　　〈張〉尼姑 nĩ₃₃ kɔ⁵⁵

　　〈藍〉尼姑 nĩ₃₃ kɔ⁵⁵

【菜姑】tsʰai₅₁ kɔ⁵⁵ 出家修行未落髮的
女佛教徒。

　　〈張〉菜姑 tsʰai₅₁ kɔ⁵⁵

　　〈藍〉x

【師公】sai₃₃ kɔŋ⁵⁵ 道士。

　　〈張〉師公 sai₃₃ kɔŋ⁵⁵

　　〈藍〉師公 sai₃₃ kɔŋ⁵⁵

【土公仔】tʰɔ₅₅ kɔŋ₃₃ ŋã⁵¹ 專業埋去逝小
孩、撿屍骨、扛棺木的人。
台南稱「阿兄仔」a₃₃ hĩã₃₃ ã⁵¹。

　　〈張〉土公 tʰɔ₅₅ kɔŋ⁵⁵

　　〈藍〉扛棺材个 kŋ̃₃₃ kuã₃₃ tsʰa¹³ ·e₃₃

【尪姨】aŋ₃₃ i¹³ 女祭師，爲人祈福消災
的婦女。

　　〈張〉尪姨 aŋ₃₃ i¹³

　　〈藍〉尪姨 aŋ₃₃ i¹³

【牽尪姨】kʰan₃₃ aŋ₃₃ i¹³ 一種牽魂的行
業。

　　〈張〉牽尪姨 kʰan₃₃ aŋ₃₃ i¹³

　　〈藍〉x

【牽亡】kʰan₃₃ bɔŋ¹³ 一種牽魂的行業，
在神明面前進行。

　　〈張〉牽亡 kʰan₃₃ bɔŋ¹³

　　〈藍〉x

【關落陰】kuan₃₃ lo₁₁ im⁵⁵ 觀靈術的一
種。

　　〈張〉關落陰 kuan₃₃ lo₁₁ im⁵⁵

〈藍〉x

【牽豬哥】kʰan₃₃ ti₃₃ ko⁵⁵ 早期專門飼養
種豬爲母豬配種的行業。在完成交配
以後，牽豬哥的人就用冷水往豬的身
上灑，嘴裏講「淋一个冷水，予汝生
十二隻嬌嬌」「lam₃₃ tsit₁₁ le₃₃ liŋ₅₅
tsui₅₁，hɔ₁₁ li₅₅ sẽ₃₃ tsap₁₁ dzi₁₁ tsiaʔ³¹
sui₅₅ sui₅₁」（潑個冷水，讓你生十二隻
都漂亮）

　　〈張〉牽豬哥 kʰan₃₃ ti₃₃ ko⁵⁵

　　〈藍〉x

【乞食】kʰit₅₅ tsia³³ 乞丐。

　　〈張〉乞食 kʰit₅₅ tsia³³

　　〈藍〉乞食 kʰit₅₅ tsia³³

【查某囡仔】tsa₃₃ bɔ₅₅ gin₅₅ nã⁵¹ 女孩。

　　〈張〉查某囡仔 tsa₃₃ bɔ₅₅ gin₅₅ nã⁵¹

　　〈藍〉查某囡仔 tsa₃₃ bɔ₅₅ gin₅₅ nã⁵¹

【醫生】i₃₃ siŋ⁵⁵ 醫生。
或稱「先生」sin₃₃ sẽ⁵⁵

　　〈張〉醫生 i₃₃ siŋ⁵⁵、先生 sin₃₃ sẽ⁵⁵

　　〈藍〉醫生 i₃₃ siŋ⁵⁵、先生 sin₃₃ sẽ⁵⁵

【赤骹仙仔】tsʰia₅₁ kʰa₃₃ sian₃₃ nã⁵¹
沒有受過專業醫學訓練，以民俗療
法，在民間行醫的人。

　　〈張〉赤骹仙仔 tsʰia₅₁ kʰa₃₃ sian₃₃ nã⁵¹

　　〈藍〉x

【產婆】san₅₅ po¹³ 接生婆
日治時代，受過短期訓練，有執照可
幫助產婦分娩的婦女。

　　〈張〉產婆 sam₅₅ po¹³

　　〈藍〉產婆 sam₅₅ po¹³

【藥劑師】io₁₁ tse₅₁ su⁵⁵ 藥劑師。

〈張〉藥劑師 io_{11} tse_{51} su^{55}
〈藍〉x

【護士】$h\mathrm{ɔ}_{11}$ su^{33} 護士。
　〈張〉護士 $h\mathrm{ɔ}_{11}$ su^{33}
　〈藍〉x

【先生媽】sin^{33} $s\tilde{e}_{33}$ $m\tilde{a}^{51}$ 早期專門醫治小孩一些小疾病的老婦人。
　〈張〉先生媽 sin^{33} $s\tilde{e}_{33}$ $m\tilde{a}^{51}$
　〈藍〉x

【收驚】siu_{33} $ki\tilde{a}^{55}$ 是指小孩或大人受到驚嚇或生病，認爲是鬼魂作祟，而到廟裡收驚。主要是心理治療。
　〈張〉收驚 siu_{33} $ki\tilde{a}^{55}$
　〈藍〉x

【師傅】sai_{33} hu^{33} 師傅，有專門手藝的人。
　〈張〉師傅 sai_{33} hu^{33}
　〈藍〉師傅 sai_{33} hu^{33}

【師父】su_{33} hu^{33}
專指出家人，或是徒弟對傳藝者的尊稱。
　〈張〉師父 su_{33} hu^{33}
　〈藍〉出家儂 ts^hut_{55} ke_{33} $la\eta^{13}$
　　　食菜儂 $tsia_{11}$ ts^hai_{51} $la\eta^{13}$

【師仔】sai_{33} a^{51} 徒弟。
　〈張〉師仔 sai_{33} a^{51}
　〈藍〉師仔 sai_{33} a^{51}、徒弟 $t\mathrm{ɔ}_{33}$ te^{33}

【工頭】$ka\eta_{33}$ t^hau^{13} 工頭。
數位乃至數十位工人的領導人。
　〈張〉工頭 $ka\eta_{33}$ t^hau^{13}
　〈藍〉工頭 $ka\eta_{33}$ t^hau^{13}
　　　監督仔 kam_{33} $t\mathrm{ɔ}k_{55}$ ga^{51}

【查某儂】tsa_{33} $\mathrm{ɔ}_{55}$ $la\eta^{13}$ 女人。
通常清楚的講是[tsa_{33} $b\mathrm{ɔ}_{55}$ $la\eta^{13}$]
　〈張〉查某儂 $ts\mathrm{ɔ}_{35}$ $la\eta^{13}$、或音 $tsau_{35}$ $la\eta^{13}$
　〈藍〉查某儂 tsa_{33} $b\mathrm{ɔ}_{55}$ $la\eta^{13}$

【查埔儂】tsa_{33} $p\mathrm{ɔ}_{33}$ $la\eta^{13}$ 男人。
　〈張〉查埔儂 tsa_{33} $p\mathrm{ɔ}_{33}$ $la\eta^{13}$
　〈藍〉查埔儂 tsa_{33} $p\mathrm{ɔ}_{33}$ $la\eta^{13}$

【同事】$to\eta_{33}$ su^{33} 同事。
　〈張〉同事 $to\eta_{33}$ su^{33}
　〈藍〉同事 $to\eta_{33}$ su^{33}

【老大儂】lau_{11} tua_{11} $la\eta^{13}$ 自己家族的長輩。
　〈張〉老大儂 lau_{11} tua_{11} $la\eta^{13}$
　〈藍〉x

【老歲仔儂】lau_{11} hue_{55} a_{55} $la\eta^{13}$ 泛指一般老年人。
　〈張〉老歲仔 lau_{11} hue_{55} a^{51}
　〈藍〉老歲仔 lau_{11} hue_{55} a^{51}
老儂 lau_{11} $la\eta^{13}$

【少年儂】$siau_{51}$ $lian_{33}$ $la\eta^{13}$ 年輕人。
　〈張〉少年儂 $siau_{51}$ $lian_{33}$ $la\eta^{13}$
　〈藍〉少年家仔 $siau_{51}$ $lian_{33}$ ke_{33} a^{51}

【囡仔儂】gin_{55} $n\tilde{a}_{55}$ $la\eta^{13}$ 小孩。
　〈張〉囡仔儂 gin_{55} $n\tilde{a}_{55}$ $la\eta^{13}$
　〈藍〉囡仔儂 gin_{55} $n\tilde{a}_{55}$ $la\eta^{13}$

【隔壁】ke_{51} $pia\mathrm{ʔ}^{31}$ 隔牆的鄰居。
　〈張〉隔壁 ke_{51} $pia\mathrm{ʔ}^{31}$、
　　　厝邊仔 ts^hu_{51} $p\tilde{i}_{33}$ $\tilde{a}^{51}$
　〈藍〉隔壁 ke_{51} $pia\mathrm{ʔ}^{31}$、ke_{51} $pia\mathrm{ʔ}_{55}$ a^{51}
　　　厝邊仔 ts^hu_{51} $p\tilde{i}_{33}$ $\tilde{a}^{51}$

【厝邊仔】ts^hu_{51} $pĩ_{33}$ $ã^{51}$ 非隔壁的鄰居。
〈張〉厝邊仔 ts^hu_{51} $pĩ_{33}$ $ã^{51}$、
　　　隔壁 ke_{51} $piaʔ^{31}$
〈藍〉厝邊仔 ts^hu_{51} $pĩ_{33}$ $ã^{51}$、
　　　隔壁 ke_{51} $piaʔ^{31}$

【警察仔】$kiŋ_{55}$ ts^hat_{55} la^{51} 警察。
也講「警察」$kiŋ_{55}$ ts^hat^{31}。
〈張〉警察 $kiŋ_{55}$ ts^hat^{31}
〈藍〉警察 $kiŋ_{55}$ ts^hat^{31}

【食教个】$tsia_{11}$ kau_{11} $·e_{11}$ 基督教的傳教士，牧師。
〈張〉牧師 $bɔk_{11}$ su^{55}
〈藍〉x

【修女】siu_{33} li^{51} 天主教中修道的女子。
〈張〉修女 siu_{33} li^{51}
〈藍〉x

【柱仔骹】t^hiau_{33} a_{55} k^ha^{55} 椿腳。
〈張〉柱仔骹 t^hiau_{33} a_{55} k^ha^{55}
〈藍〉x

【公親】$kɔŋ_{33}$ ts^hin^{55} 和事佬，調解人。
〈張〉公親 $kɔŋ_{33}$ ts^hin^{55}
〈藍〉公親 $kɔŋ_{33}$ ts^hin^{55}

【烏狗兄】$ɔ_{33}$ kau_{55} $hiã^{55}$ 時髦的男人。
〈張〉烏狗兄 $ɔ_{33}$ kau_{55} $hiã^{55}$
〈藍〉x

【落翅仔】lau_{51} sit_{33} la^{51} 在外混的女孩。
〈張〉烏貓 $ɔ_{33}$ $niau^{55}$
〈藍〉x

【番仔】$huan_{33}$ $nã^{51}$ 指原住民的蔑稱。
〈張〉番仔 $huan_{33}$ $nã^{51}$
〈藍〉x

【外省人】gua_{11} $sẽ_{55}$ $laŋ^{13}$ 外省人。
也講「外省仔」gua_{11} $sẽ_{55}$ $ã^{51}$
〈張〉外省仔猴 gua_{11} $siŋ_{55}$ $ŋã_{55}$ gau^{13}
　　　老芋仔 lau_{11} $ɔ_{33}$ a^{51}
〈藍〉外省人 gua_{11} $siŋ_{55}$ $laŋ^{13}$
　　　外省仔 gua_{11} $siŋ_{55}$ $ŋã^{51}$

【厝頭家】ts^hu_{51} t^hau_{33} ke^{55} 房東。
也講「厝主」ts^hu_{51} tsu^{51}。
〈張〉厝主 ts^hu_{51} tsu^{51}
　　　厝頭家 ts^hu_{51} t^hau_{33} ke^{55}
〈藍〉厝主 ts^hu_{51} tsu^{51}
　　　厝頭家 ts^hu_{51} t^hau_{33} ke^{55}

【厝骹】ts^hu_{51} k^ha^{55} 房客。
〈張〉厝骹 ts^hu_{51} k^ha^{55}
　　　稅厝个 sue^{51} ts^hu^{11} $·e_{11}$
〈藍〉x

【組仔頭】$tsɔ_{33}$ a_{55} t^hau^{13} 組頭。
〈張〉組仔頭 $tsɔ_{33}$ a_{55} t^hau^{13}
〈藍〉x

【烏手个】$ɔ_{33}$ ts^hiu^{51} $·e_{11}$ 修理機車、汽車技工的俗稱。
〈張〉烏手 $ɔ_{33}$ ts^hiu^{51}
〈藍〉x

【英雄】$iŋ_{33}$ $iŋ^{13}$ 英雄。
也音 $iŋ_{33}$ $hiŋ^{13}$
〈張〉x
〈藍〉英雄 $iŋ_{33}$ $hiŋ^{13}$

二十、商業活動

【營業】$iŋ_{33}$ $giap^{33}$ 營業。
〈張〉營業 $iŋ_{33}$ $giap^{33}$
〈藍〉x

【做商理】tso$_{51}$ sin$_{33}$ li^{51} 做生意、行商。
　〈張〉做商理 tso$_{51}$ sin$_{33}$ li^{51}
　〈藍〉做商理 tso$_{51}$ sin$_{33}$ li^{51}

【商理儂】sin$_{33}$ li$_{55}$ lan^{13} 生意人。
　〈張〉商理儂 sin$_{33}$ li$_{55}$ lan^{13}
　〈藍〉商理儂 sin$_{33}$ li$_{55}$ lan^{13}

【青商會】ts^{h}in$_{33}$ sin$_{33}$ hue^{33} 國際青年商
　會。
　〈張〉x
　〈藍〉x

【廠商】ts^{h}in$_{55}$ sin^{55} 廠商。
　〈張〉x
　〈藍〉x

【頭家】t^{h}au$_{33}$ ke^{55} 老板、老闆。
　商店主人，直屬上司。
　〈張〉頭家 t^{h}au$_{33}$ ke^{55}
　〈藍〉頭家 t^{h}au$_{33}$ ke^{55}

【老闆】lau$_{55}$ pan^{51} 老板、老闆。
　〈張〉老闆 lau$_{55}$ pan^{51}
　〈藍〉x

【頭家娘】t^{h}au$_{33}$ ke$_{33}$ niu^{13} 老板娘。
　〈張〉頭家娘 t^{h}au$_{33}$ ke$_{33}$ niu^{13}
　〈藍〉x

【薪勞仔】sin$_{33}$ lo$_{33}$ a^{51} 僱員。
　〈張〉薪勞 sin$_{33}$ lo^{13}
　〈藍〉薪勞仔 sin$_{33}$ lo$_{33}$ a^{51}

【月給】gue$_{11}$ kip^{31} 月薪；日語詞彙。
　〈張〉月給 gue$_{11}$ kip^{31}、月俸 gue$_{11}$ hon^{33}
　〈藍〉x

【薪水】sin$_{33}$ sui^{51} 薪資。
　〈張〉薪水 sin$_{33}$ sui^{51}

　〈藍〉薪水 sin$_{33}$ sui^{51}

【揣頭路】ts^{h}ue$_{11}$ t^{h}au$_{33}$ lɔ^{33} 找工作。
　〈張〉x
　〈藍〉覓頭路 ba$_{11}$ t^{h}au$_{33}$ lɔ^{33}

【數】siau^{11} 帳；有關金錢、財物的借貸。
　〈張〉數 siau^{11}
　〈藍〉x

【數櫃】siau$_{51}$ kui^{33} 掌櫃。
　〈張〉數櫃 siau$_{51}$ kui^{33}
　〈藍〉數櫃 siau$_{51}$ kui^{33}

【捆豬】k^{h}un$_{55}$ ti^{55} 買豬。
　買賣雙方談豬價，稱「捆」k^{h}un^{51}。
　〈張〉x
　〈藍〉x

【欠數】k^{h}iam$_{51}$ siau^{11} 欠帳。
　買東西時暫不付款，賣方將貨款記在
　帳目上，以後再結算。
　〈張〉欠數 k^{h}iam$_{51}$ siau^{11}
　〈藍〉賒欠 sia$_{33}$ k^{h}iam^{11}

【儂客】lan$_{33}$ k^{h}eʔ^{31} 客人。
　〈張〉儂客 lan$_{33}$ k^{h}eʔ^{31}
　〈藍〉儂客 lan$_{33}$ k^{h}eʔ^{31}

【客儂仔】k^{h}e$_{51}$ lan$_{33}$ ŋã^{51} 客家人。
　也講「客儂」k^{h}e$_{51}$ lan^{13}
　〈張〉客儂 k^{h}e$_{51}$ lan^{13}
　〈藍〉x

【市場】ts^{h}i$_{11}$ tĩu^{13} 市場。
　〈張〉市場 ts^{h}i$_{11}$ tĩu^{13}
　〈藍〉市場 ts^{h}i$_{11}$ tĩu^{13}

【籤仔店】kam$_{55}$ mã$_{55}$ tiam^{11} 雜貨店。
　現講「雜貨仔店」tsap$_{11}$ hue$_{55}$ a$_{55}$ tiam^{11}

〈張〉籤仔店 kam$_{55}$ mã$_{55}$ tiam^{11}

雜貨仔店 tsap$_{11}$ hue$_{55}$ a$_{55}$ tiam^{11}

〈藍〉雜貨仔店 tsap$_{11}$ hue$_{55}$ a$_{55}$ tiam^{11}

【菜市仔】ts^{h}ai$_{51}$ ts^{h}i^{33} a^{51} 菜市場。

〈張〉菜市仔 ts^{h}ai$_{51}$ ts^{h}i^{33} a^{51}

〈藍〉x

【早市】tsa$_{55}$ ts^{h}i^{33} 早上開市的傳統市場。

〈張〉早市 tsa$_{55}$ ts^{h}i^{33}

〈藍〉x

【暗市】am$_{51}$ ts^{h}i^{33} 黃昏市場。

〈張〉x

〈藍〉x

【賊仔市】ts^{h}at$_{33}$ la$_{55}$ ts^{h}i^{33} 二手貨市場。

〈張〉賊仔市 ts^{h}at$_{33}$ la$_{55}$ ts^{h}i^{33}

〈藍〉x

【超市】ts^{h}iau$_{33}$ ts^{h}i^{33} 超級市場。

也講「超級市場」ts^{h}iau$_{33}$ kip$_{55}$ ts^{h}i$_{33}$ tĩu^{13}

〈張〉超級市場 ts^{h}iau$_{33}$ kip$_{55}$ ts^{h}i$_{33}$ tĩu^{13}

〈藍〉x

【百貨公司】pa$_{51}$ hue$_{51}$ kɔŋ$_{33}$ si^{55}

〈張〉百貨公司 pa$_{51}$ hue$_{51}$ kɔŋ$_{33}$ si^{55}

〈藍〉x

【裁縫店】tsai$_{33}$ hoŋ$_{33}$ tiam^{11} 訂製女裝洋服的店。

〈張〉裁縫店 ts^{h}ai$_{33}$ hoŋ$_{33}$ tiam^{11}

〈藍〉裁縫店 tsai$_{33}$ hoŋ$_{33}$ tiam^{11}

【西裝店】se$_{33}$ tsoŋ$_{33}$ tiam^{11} 訂製男性西裝的店。

〈張〉洋服店 ĩu$_{33}$ hɔk$_{11}$ tiam^{11}

〈藍〉x

【金仔店】kim$_{33}$ mã$_{55}$ tiam^{11} 銀樓。

〈張〉金仔店 kim$_{33}$ mã$_{55}$ tiam^{11}

〈藍〉金仔店 kim$_{33}$ mã$_{55}$ tiam^{11}

【銀行】gin$_{33}$ haŋ^{13} 銀行。

〈張〉銀行 gin$_{33}$ haŋ^{13}

〈藍〉銀行 gin$_{33}$ haŋ^{13}

【所得稅】se$_{55}$ tik$_{55}$ sui^{11} 所得稅。

〈張〉x

〈藍〉x

【母金】bo$_{55}$ kim^{55} 用來存款、放款或做生意的本金。

〈張〉母金 bo$_{55}$ kim^{55}

〈藍〉x

【利息】li$_{11}$ sit^{31} 利息。

〈張〉利息 li$_{11}$ sik^{31}

〈藍〉利息 li$_{11}$ sit^{31}

【放重利】paŋ$_{51}$ taŋ$_{11}$ lai^{33} 放高利貸。

〈張〉放重利 paŋ$_{51}$ taŋ$_{11}$ lai^{33}

〈藍〉放利 paŋ$_{51}$ lai^{33}

【地下錢莊】te^{11} ha^{11} tsĩ^{33} tsŋ^{55} 非法經營金融業務的組織或店家。

〈張〉錢桌仔 tsĩ$_{33}$ to$_{55}$ a^{51}

〈藍〉x

【寄金簿仔】kia$_{51}$ kim$_{33}$ p^{h}ɔ^{33} a^{51} 存款簿。

〈張〉寄金簿仔 kia$_{51}$ kim$_{33}$ p^{h}ɔk$_{33}$ ga^{51}

〈藍〉x

【手誌簿仔】ts^{h}iu$_{55}$ tsi$_{55}$ p^{h}ɔ^{33} a^{51} 隨身攜帶的小筆記本。

〈張〉手誌簿仔 ts^{h}iu$_{55}$ tsi$_{55}$ p^{h}ɔk$_{33}$ ga^{51}

〈藍〉簿仔 p^{h}ɔk$_{55}$ ga^{51}

【口座】k^hau_{55} tso^{33} 存款戶頭，日語詞彙。
　〈張〉口座 k^hau_{55} tso^{33}
　〈藍〉x

【銀角仔】gin_{33} kak_{55} ga^{51} 硬幣。
　〈張〉銀角仔 gin_{33} kak_{55} ga^{51}
　〈藍〉銀角仔 gin_{33} kak_{55} ga^{51}

【旅社】li_{55} sia^{33} 旅館。
　〈張〉旅社 li_{55} sia^{33}
　〈藍〉旅社 li_{55} sia^{33}

【曲盤】k^hik_{55} pua^{13} 唱片。
　也講「唱片」$ts^h\tilde{i}u_{51}$ $p^h\tilde{i}^{11}$
　〈張〉曲盤 k^hik_{55} pua^{13}、唱片 $ts^h\tilde{i}u_{51}$ $p^h\tilde{i}^{11}$
　〈藍〉x

【錄音帶】$lɔk_{11}$ im_{33} tua^{11} 錄音帶。
　〈張〉錄音帶 $lɔk_{11}$ im_{33} tua^{11}
　〈藍〉x

【當店】$tŋ_{51}$ $tiam^{11}$ 當舖。
　〈張〉當店 $tŋ_{51}$ $tiam^{11}$
　〈藍〉當店 $tŋ_{51}$ $tiam^{11}$、當店仔 $tŋ_{51}$ $tiam_{55}$ $m\tilde{a}^{51}$

【洗衫仔店】se_{55} $s\tilde{a}_{33}$ $\tilde{a}_{55}$ $tiam^{11}$ 洗衣店。
　〈張〉洗衫店 se_{55} $s\tilde{a}_{33}$ $tiam^{11}$
　〈藍〉x

【布店】$pɔ_{51}$ $tiam^{11}$ 賣布的店。
　〈張〉布店 $pɔ_{51}$ $tiam^{11}$
　〈藍〉布店 $pɔ_{51}$ $tiam^{11}$

【布市】$pɔ_{51}$ ts^hi^{33} 賣布店集中的市街或區域。
　〈張〉布市仔 $pɔ_{51}$ ts^hi^{33} a^{51}
　〈藍〉x

【冊店】ts^he_{51} $tiam^{11}$ 書店。
　〈張〉冊店 ts^he_{51} $tiam^{11}$
　〈藍〉冊店 ts^he_{51} $tiam^{11}$

【藥店】io_{11} $tiam^{11}$
　〈張〉藥店 io_{11} $tiam^{11}$
　〈藍〉藥房 io_{11} $paŋ^{13}$

【漢藥店】han_{51} io_{11} $tiam^{11}$
　多講「中藥店」$tiŋ_{33}$ io_{11} $tiam^{11}$
　〈張〉漢藥店 han_{51} io_{11} $tiam^{11}$
　〈藍〉x

【西藥店】se_{33} io_{11} $tiam^{11}$
　也講西藥房 se_{33} io_{11} $paŋ^{13}$
　〈張〉西藥房 se_{33} io_{11} $paŋ^{13}$
　〈藍〉x

【青草仔店】$ts^h\tilde{e}_{33}$ ts^hau_{55} a_{55} $tiam^{11}$ 專賣新鮮草藥的店。
　〈張〉青草仔店 $ts^h\tilde{e}_{33}$ ts^hau_{55} a_{55} $tiam^{11}$
　〈藍〉x

【五金行】$ŋ\tilde{ɔ}_{55}$ kim_{33} $haŋ^{13}$
　〈張〉五金行 $ŋ\tilde{ɔ}_{55}$ kim_{33} $haŋ^{13}$
　〈藍〉x

【麵店仔】$m\tilde{i}_{11}$ $tiam_{55}$ $m\tilde{a}^{51}$ 賣麵小吃店。
　〈張〉麵店 $m\tilde{i}_{11}$ $tiam^{11}$
　〈藍〉x

【麭店】$p^haŋ_{55}$ $tiam^{11}$ 麵包的店。
　〈張〉麭店 $p^haŋ_{55}$ $tiam^{11}$
　〈藍〉x

【餅店】$pi\tilde{a}_{55}$ $tiam^{11}$ 糕餅店。
　〈張〉餅店 $pi\tilde{a}_{55}$ $tiam^{11}$
　〈藍〉x

【路邊擔仔】$lɔ_{11}$ $p\tilde{i}_{33}$ $t\tilde{a}_{55}$ $\tilde{a}^{51}$ 路邊攤。

〈張〉路邊擔仔 lɔ$_{11}$ pĩ$_{33}$ tã$_{55}$ ã^{51}

〈藍〉擔仔 tã$_{55}$ ã^{51}

【冰果店】piŋ$_{33}$ ko$_{55}$ tiam^{11} 販賣果汁冰品的冰店。

　〈張〉冰果室 piŋ$_{33}$ ko$_{55}$ sik^{31}

　〈藍〉x

【霜仔宮】sŋ$_{33}$ ŋã$_{55}$ kiŋ^{55} 製冰，賣冰塊的小工廠。

　〈張〉x

　〈藍〉x

【剃頭店】tʰi$_{51}$ tʰau$_{33}$ tiam^{11} 理髮廳。

　〈張〉剃頭店 tʰi$_{51}$ tʰau$_{33}$ tiam^{11}

　〈藍〉剃頭店 tʰi$_{51}$ tʰau$_{33}$ tiam^{11}

【剃頭婆仔】tʰi$_{51}$ tʰau$_{33}$ po$_{33}$ a^{51} 理髮店的女性服務員。

　〈張〉剃頭婆仔 tʰi$_{51}$ tʰau$_{33}$ po$_{33}$ a^{51}

　〈藍〉x

【電頭毛店】tian$_{11}$ tʰau$_{33}$ mɔ̃$_{33}$ tiam^{11} 專為女性做頭髮的美髮院。

　〈張〉電頭毛店 tian$_{11}$ tʰau$_{33}$ mɔ̃$_{33}$ tiam^{11}

　〈藍〉x

【翕相館】hip$_{55}$ siŋ$_{51}$ kuan^{51} 照像館。

　〈張〉翕相宮仔 hip$_{55}$ siaŋ$_{11}$ kiŋ$_{33}$ ŋã^{51}

　〈藍〉翕相館 hip$_{55}$ siŋ$_{51}$ kuan^{51}

【相片】siŋ$_{51}$ pʰĩ^{11} 相片。

　〈張〉x

　〈藍〉相片 siŋ$_{51}$ pʰĩ^{11}

【洗身軀宮仔】se$_{55}$ hiŋ$_{33}$ kʰu$_{33}$ kiŋ$_{33}$ ŋã^{51} 澡堂、浴室。

　〈張〉洗身軀宮 se$_{55}$ hun$_{33}$ su$_{33}$ kiŋ^{55}

　〈藍〉洗身軀宮 se$_{55}$ hun$_{33}$ su$_{33}$ kiŋ^{55}

【金紙店】kim$_{33}$ tsua$_{55}$ tiam^{11} 專門賣香、冥紙的店。

　〈張〉金紙店 kim$_{33}$ tsua$_{55}$ tiam^{11}

　〈藍〉x

【餐廳】tsʰan$_{33}$ tʰiã^{55} 餐館。

　〈張〉餐廳 tsʰan$_{33}$ tʰiã^{55}

　〈藍〉飯店仔 puĩ$_{11}$ tiam$_{55}$ mã^{51}

【妓女戶】ki$_{33}$ li$_{55}$ hɔ^{33} 妓院。

　或講「查某宮」tsa$_{33}$ bɔ$_{55}$ kiŋ^{33}

　「暗宮仔」am$_{51}$ kiŋ$_{33}$ ŋã^{51}

　〈張〉x

　〈藍〉x

【茶店仔】te$_{33}$ tiam$_{55}$ mã^{51} 設有座位，供人泡茶、聊天、下棋的場所。後來變成有色情交易的場所。

　〈張〉茶店仔 te$_{33}$ tiam$_{55}$ mã^{51}

　〈藍〉x

【牛販仔】gu$_{33}$ huan$_{55}$ nã^{51} 經營牛隻買賣的生意人。

　〈張〉牛販仔 gu$_{33}$ huan$_{55}$ nã^{51}

　〈藍〉x

【估物商】kɔk$_{55}$ but$_{11}$ siŋ^{55} 專門收集買賣中古舊貨的商人。

　〈張〉估物商 kɔk$_{55}$ but$_{11}$ siaŋ^{55}

　〈藍〉x

【較有銷】kʰa$_{51}$ u$_{11}$ siau^{55} 銷路較好。

　也講「有銷」u$_{11}$ siau^{55}

　〈張〉有銷 u$_{11}$ siau^{55}

　〈藍〉有銷 u$_{11}$ siau^{55}、好賣 ho$_{55}$ be^{33}

【較無銷】kʰa$_{51}$ bo$_{33}$ siau^{55} 銷路較差。

　〈張〉無銷 bo$_{33}$ siau^{55}

　〈藍〉x

【大月】tua_{11} gue^{33} 銷路好的月分。
　〈張〉大月 tua_{11} gue^{33}
　〈藍〉x

【小月】sio_{55} gue^{33} 銷路差的月分。
　〈張〉小月 sio_{55} gue^{33}
　〈藍〉x

【大盤】tua_{11} puã^{13} 大盤商。
　〈張〉大盤 tua_{11} puã^{13}
　〈藍〉大賣 tua_{11} be^{33}

【中盤】tiŋ_{33} puã^{13} 中盤商。
　〈張〉中盤 tioŋ_{33} puã^{13}
　〈藍〉x

【小賣】sio_{55} be^{33} 零售商（有店面）。
　〈張〉小賣 sio_{55} be^{33}
　〈藍〉x

【販仔】huan_{55} nã^{51} 無店面的小中間商。
　〈張〉販仔 huan_{55} nã^{51}
　〈藍〉販仔 huan_{55} nã^{51}

【割】kuaʔ^{31} 批（貨）。
　〈張〉割 kuaʔ^{31}
　〈藍〉x

【囤貨】tun_{55} hue^{11} 囤積貨物。
　〈張〉囤貨 tun_{55} hue^{11}
　〈藍〉x

【總割】tsoŋ_{55} kuaʔ^{31} 整批買進。
　也講「總食」tsoŋ_{55} tsia^{33}。
　這批貨，我 kā 汝總食起來。
　tsit_{55} pʰit_{55} hue^{11}，gua_{55} ka_{11} li_{55} tsoŋ_{55}
　tsia^{33} ·kʰit_{11} ·lai_{11}。
　〈張〉x
　〈藍〉x

【零星仔】lan_{33} san_{33} nã^{51} 不是完整的、
　剩餘的、少量的。
　〈張〉零星 lan_{33} san^{55}
　〈藍〉x

【偆个】tsʰun^{55} ·nẽ_{55} 剩下的。
　〈張〉偆个 tsʰun^{55} ·nẽ_{55}
　〈藍〉x

【所費】sɔ_{55} hui^{11} 費用。
　〈張〉所費 sɔ_{55} hui^{11}
　〈藍〉所費 sɔ_{55} hui^{11}

【本錢】pun_{55} tsĩ^{13} 經營事業所投下的資
　本。
　〈張〉本錢 pun_{55} tsĩ^{13}
　〈藍〉本錢 pun_{55} tsĩ^{13}

【趁錢】tʰan_{51} tsĩ^{13} 賺錢。
　〈張〉趁錢 tʰan_{51} tsĩ^{13}
　〈藍〉趁錢 tʰan_{51} tsĩ^{13}

【利純】li_{11} sun^{13} 利潤。
　〈張〉利純 li_{11} sun^{13}
　〈藍〉x

【好趁】ho_{55} tʰan^{11} 利潤好、好賺。
　〈張〉好趁 ho_{55} tʰan^{11}
　〈藍〉x

【歹趁】pʰãi_{55} tʰan^{11} 利潤差。
　〈張〉歹趁 pʰãi_{55} tʰan^{11}
　〈藍〉x

【長銷】tŋ_{33} siau^{55} 商品長期陸續能夠銷
　售。
　〈張〉長銷 tŋ_{33} siau^{55}
　〈藍〉x

【儉錢】kʰiam_{11} tsĩ^{13} 存錢，或節約用錢。

宜蘭頭城台語語音語彙之調查研究

〈張〉儉錢 k^hiam_{11} $tsĩ^{13}$
〈藍〉儉錢 k^hiam_{11} $tsĩ^{13}$

【還錢】han_{33} $tsĩ^{13}$ 還錢。
　〈張〉還錢 han_{33} $tsĩ^{13}$ 、$hiŋ_{33}$ $tsĩ^{13}$
　〈藍〉還錢 han_{33} $tsĩ^{13}$ 、$hiŋ_{33}$ $tsĩ^{13}$

【了錢】 $liau_{55}$ $tsĩ^{13}$ 虧本。
　〈張〉了錢 $liau_{55}$ $tsĩ^{13}$、蝕本 si_{11} pun^{51}
　〈藍〉了錢 $liau_{55}$ $tsĩ^{13}$、
　　　　填本 t^hiam_{11} pun^{51}

【倒店】to_{55} $tiam^{11}$ 倒閉。
　〈張〉倒店 to_{55} $tiam^{11}$
　〈藍〉x

【找錢】$tsau_{11}$ $tsĩ^{13}$ 收到超值的錢幣、
紙鈔時，從中扣除應得的金額，退還
剩餘的錢數給交易對象，稱之。
　〈張〉找錢 $tsau_{11}$ $tsĩ^{13}$
　〈藍〉x

【交關】kau_{33} $kuan^{55}$ 交易。
　〈張〉交關 kau_{33} $kuan^{55}$
　〈藍〉x

【數簿】$siau_{51}$ $p^hɔ^{33}$ 賬簿
記載金錢貨物出入的簿冊。
　〈張〉數簿 $siau_{51}$ $p^hɔ^{33}$
　〈藍〉x

【記數】ki_{51} $siau^{11}$ 記賬。
　〈張〉記數 ki_{51} $siau^{11}$
　〈藍〉記數 ki_{51} $siau^{11}$

【算數】$suĩ_{51}$ $siau^{11}$ 算賬。
　〈張〉算數 $suĩ_{51}$ $siau^{11}$
　〈藍〉算數 $suĩ_{51}$ $siau^{11}$、
　　　　清數 $ts^hiŋ_{33}$ $siau^{11}$

【拄數】tu_{55} $siau^{11}$ 抵賬。
　〈張〉拄數 tu_{55} $siau^{11}$
　〈藍〉x

【行情】$haŋ_{33}$ $tsiŋ^{13}$ 時價。
也會講「價數」ke_{51} $siau^{11}$。
　〈張〉行情 $haŋ_{33}$ $tsiŋ^{13}$、價數 ke_{51} $siau^{11}$
　〈藍〉x

【開價】k^hui_{33} ke^{11} 定價。
　〈張〉開價 k^hui_{33} ke^{11}
　〈藍〉開價 k^hui_{33} ke^{11}

【出價】ts^hut_{55} ke^{11} 殺價。
也講「刣價」t^hai_{33} ke^{11}、
「切價」ts^hiat_{55} ke^{11}
　〈張〉出價 ts^hut_{55} ke^{11}
　〈藍〉出價 ts^hut_{55} ke^{11}

【起價】k^hi_{55} ke^{11} 漲價。
　〈張〉起價 k^hi_{55} ke^{11}
　〈藍〉x

【落價】lo_{11} ke^{11} 跌價。
　〈張〉落價 lak_{55} ke^{11}
　〈藍〉x

【拍折】p^ha_{51} $tsiat^{31}$ 打折，降低商品售
價。
　〈張〉拍折 p^ha_{51} $tsiat^{31}$
　〈藍〉x

【貴】kui^{11} 價錢高。
也講「懸」$kuan^{13}$
　〈張〉貴 kui^{11}
　〈藍〉貴 kui^{11}

【俗】sik^{33} 價錢低。
也講「便宜」pan_{33} gi^{13}

〈張〉俗 $siok^{33}$

〈藍〉俗 sik^{33}、便宜 $pan_{33} gi^{13}$

【秤頭】$ts^hin_{51} t^hau^{13}$ 秤量足不足的程
度。

　〈張〉秤頭 $ts^hin_{51} t^hau^{13}$

　〈藍〉x

【有夠】$u_{11} kau^{11}$ 秤量夠或超過所值。

　〈張〉有額 $u_{11} gia^{33}$

　〈藍〉有夠額 $u_{11} kau_{51} gia^{33}$

　　有夠斤兩 $u_{11} kau_{51} kin_{33} ni\tilde{u}^{51}$

【無夠】$bo_{33} kau^{11}$ 秤量不足所值。

　〈張〉無額 $bo_{33} gia^{33}$

　〈藍〉無夠額 $bo_{33} kau_{51} gia^{33}$

　　　　無夠斤兩 $bo_{33} kau_{51} kin_{33} ni\tilde{u}^{51}$

【招牌】$tsiau_{33} pai^{13}$ 商店的標誌。
也講「看板」$k^ham_{35} pa\eta^{51}$，日語詞
彙。

　「店牌」$tiam_{51} pai^{13}$

　〈張〉招牌 $tsiau_{33} pai^{13}$、
　　　　看板 $k^ham_{35} pa\eta^{51}$

　〈藍〉店牌 $tiam_{51} pai^{13}$

【標頭】$p^hiau_{33} t^hau^{13}$ 商標，牌子。

　〈張〉標頭 $p^hiau_{33} t^hau^{13}$

　〈藍〉x

【中儂】$ti\eta_{33} lan^{13}$ 仲介人。
也會講「牽猴仔」。

　〈張〉中儂 $tio\eta_{33} lan^{13}$

　〈藍〉中儂 $ti\eta_{33} lan^{13}$

【牽猴仔】$k^han_{33} kau_{33} a^{51}$ 掮客的蔑稱。
主指替嫖客和娼妓牽線，從中賺錢的
人。

　〈張〉牽猴仔 $k^han_{33} kau_{33} a^{51}$

　〈藍〉x

【算未和】$su\tilde{i}_{51} be_{11} ho^{13}$ 划不來。

　〈張〉算未和 $su\tilde{i}_{51} be_{11} ho^{13}$

　〈藍〉x

【叫客】$kio_{51} k^he?^{31}$ 招攬客人。
如早期野雞車，招攬乘客。

　〈張〉叫客 $kio_{51} k^he?^{31}$

　〈藍〉x

【警察局】$ki\eta_{55} ts^hat_{55} kik^{33}$ 警察局。
日治時期稱「衙門」$ge_{33} mu\tilde{i}^{13}$

　〈張〉警察局 $ki\eta_{55} ts^hat_{55} kik^{33}$

　〈藍〉x

【派出所】$p^huat_{55} ts^hut_{55} so^{51}$ 派出所。

　〈張〉派出所 $p^hai_{51} ts^hut_{55} so^{51}$

　〈藍〉x

【管區個】$kuan_{55} k^hu^{55} \cdot e_{55}$ 管區內的警
察。

　〈張〉管區個 $kuan_{55} k^hu^{55} \cdot e_{55}$

　〈藍〉x

【電信局】$tian_{11} sin_{51} kik^{33}$ 電信局。

　〈張〉x

　〈藍〉x

【郵局】$iu_{33} kik^{33}$ 郵局。

　〈張〉x

　〈藍〉郵局 $iu_{33} kik^{55}$

　　　　郵便局 $iu_{33} pian_{11} kik^{55}$

【厝契】$ts^hu_{51} k^he?^{31}$ 房子所有權狀。

　〈張〉x

　〈藍〉x

【厝稅錢】$ts^hu_{51} sue_{51} ts\tilde{i}^{13}$ 房租租金。

　〈張〉厝稅錢 $ts^hu_{51} sue_{51} ts\tilde{i}^{13}$

　〈藍〉x

【糴米】tia_{11} bi^{51} 買米。
　〈張〉糴米 tia_{11} bi^{51}
　〈藍〉糴米 tia_{11} bi^{51}

【糶米】t^hio_{51} bi^{51} 賣米。
　〈張〉糶米 t^hio_{51} bi^{51}
　〈藍〉糶米 t^hio_{51} bi^{51}

【油車】iu_{33} ts^hia_{55} 炸油的設施。
　用油車「擠油」$ts\tilde{i}_{33}$ iu^{13}，早期擠花生
　油，稱「火油」hue_{55} iu^{13}
　〈張〉油車 iu_{33} ts^hia_{55}
　〈藍〉x

【工廠】kan_{33} ts^hin_{51}。
　〈張〉x
　〈藍〉工廠 kan_{33} ts^hin_{51}、工廠 kan_{33}
　　　$ts^h\tilde{i}u_{51}$

【撩仔行】$liau_{33}$ a_{55} han^{13} 裁鋸原木的工
　廠。「撩仔間」指「撩仔行」內裁鋸原
　木的地方。
　〈張〉撩仔間 $liau_{33}$ a_{55} kin^{55}
　〈藍〉x

【食市】$tsia_{11}$ ts^hi^{33} 容易吸引客人的生
　意地點。
　〈張〉食市 $tsia_{11}$ ts^hi^{33}
　〈藍〉x

二十一、交通科技

【路】lo^{33} 道路。
　〈張〉路 lo^{33}
　〈藍〉路 lo^{33}

【打馬膠路】tam_{55} $m\tilde{a}_{55}$ ka_{33} lo^{33} 柏油
　路。

　〈張〉打馬膠路 tam_{55} $m\tilde{a}_{55}$ ka_{33} lo^{33}
　〈藍〉x

【鐵路】t^hi_{51} lo^{33} 鐵路。
　〈張〉鐵枝路 t^hi_{51} ki_{33} lo^{33}
　〈藍〉鐵枝路 t^hi_{51} ki_{33} lo^{33}
　　　鐵枝路 $t^hi?_{55}$ ki_{33} lo^{33}

【巷仔】han_{33} $\eta\tilde{a}^{51}$ 巷子。
　〈張〉巷仔 han_{33} $\eta\tilde{a}^{51}$
　〈藍〉x

【橋】kio^{13} 橋。
　〈張〉橋 kio^{13}
　〈藍〉x

【三輦車】$s\tilde{a}_{33}$ $lian_{55}$ ts^hia_{55} 三輪車。
　〈張〉三輦車 $s\tilde{a}_{33}$ $lian_{55}$ ts^hia_{55}
　〈藍〉x

【吉普仔】dzi_{55} pu_{55} a^{51} 吉普車。
　〈張〉吉普仔 dzi_{55} pu_{55} a^{51}
　〈藍〉x

【輕便車】k^hin_{33} $pian_{11}$ ts^hia_{55} 手動，運
　土做磚的工作車。
　〈張〉輕便車 k^hin_{33} $pian_{11}$ ts^hia_{55}
　〈藍〉x

【戽斗仔車】ho_{51} tau_{55} a_{55} ts^hia_{55} 載沙石
　卡車，有油壓千斤頂「ジャッキ」，可
　將車斗抬起，倒出沙石。
　〈張〉戽斗仔車 ho_{51} tau_{55} a_{55} ts^hia_{55}
　〈藍〉x

【ジャッキ】$dziak_{55}$ $k^hi?^{31}$ 千斤頂。
　日語詞彙。來自英語「jack」
　〈張〉x
　〈藍〉x

【五分仔車】go_{11} hun_{33} $nã_{55}$ ts^hia^{55} 在山上載運木材或甘蔗園載甘蔗的小火車。
〈張〉五分仔車 go_{11} hun_{33} $nã_{55}$ ts^hia^{55}
〈藍〉x

【公路局】kon_{33} lo_{11} kik^{33}
〈張〉公路局 kon_{33} lo_{11} kik^{33}
〈藍〉x

【リアカー】li_{33} a_{55} k^hak^{31} 手推車。
日語詞彙，來自英文「rear car」。
〈張〉リアカー li_{33} a_{55} $k^ha?^{31}$
〈藍〉リアカー li_{33} a_{55} $k^ha?^{31}$

【オートバイ】o_{33} to_{55} bai^{51} 摩托車。
日語詞彙。
〈張〉オートバイ o_{33} to_{55} bai^{51}
〈藍〉x

【自動車】tsu_{11} ton_{11} ts^hia^{55} 公共汽車。
〈張〉自動車 tsu_{11} ton_{11} ts^hia^{55}
〈藍〉自動車 tsu_{11} ton_{11} ts^hia^{55}

【計程仔】ke_{51} tin_{33} $ŋã^{51}$ 計程車。
〈張〉計程車 k^he_{51} tin_{33} ts^hia^{55}
　　　タクシー t^ha_{33} k^hu_{55} $si?^{31}$
　　　日語詞彙，來自英語「taxi」
〈藍〉x

【公車】kon_{33} ts^hia^{55} 公共汽車，巴士。
〈張〉公車 kon_{33} ts^hia^{55}、バス ba_{55} $su?^{31}$
〈藍〉x

【烏頭仔車】o_{33} t^hau_{33} a_{55} ts^hia^{55} 黑色公務轎車。
〈張〉烏頭仔 o_{33} t^hau_{33} a^{51}、轎車 $kiau_{33}$ ts^hia^{55}
〈藍〉x

【トラック】t^ho_{33} la_{55} $ku?^{31}$ 卡車。
日語詞彙，來自英語「truck」；供運貨用的大型汽車。
也講「卡車」k^ha_{51} ts^hia^{55}
「貨車」hue_{51} ts^hia^{55}
〈張〉トラック t^ho_{33} la_{55} $ku?^{31}$
　　　卡車 k^ha_{51} ts^hia^{55}
〈藍〉x

【火車】hue_{55} ts^hia^{55}
〈張〉火車 hue_{55} ts^hia^{55}
〈藍〉火車 hue_{55} ts^hia^{55}

【尾班車】bue_{55} pan_{33} ts^hia^{55} 夜快車。
也有人講「暝車」$mẽ_{33}$ ts^hia^{55}
〈張〉暝車 $mẽ_{33}$ ts^hia^{55}、
　　　暗車 am_{51} ts^hia^{55}
〈藍〉x

【火車頭】hue_{55} ts^hia_{33} t^hau^{13} 火車站。
〈張〉車頭 hue_{55} ts^hia_{33} t^hau^{13}
〈藍〉x

【火車母】hue_{55} ts^hia_{33} bo^{51} 火車頭。
〈張〉x
〈藍〉火車母 hue_{55} ts^hia_{33} bo^{51}

【車站】ts^hia_{33} $tsam^{33}$ 公車站。
〈張〉車站 ts^hia_{33} $tsam^{33}$
〈藍〉車站 ts^hia_{33} $tsam^{33}$

【前驛】$tsin_{33}$ ia^{33} 前火車站。日語詞彙。
〈張〉前驛 $tsin_{33}$ ia^{33}
〈藍〉x

【後驛】au_{11} ia^{33} 後火車站。日語詞彙。
〈張〉後驛 au_{11} ia^{33}
〈藍〉x

【港口】kaŋ$_{55}$ k^{h}au^{51}
　〈張〉港口 kaŋ$_{55}$ k^{h}au^{51}
　〈藍〉x

【碼頭】be$_{55}$ t^{h}au^{13}
　〈張〉碼頭 be$_{55}$ t^{h}au^{13}
　〈藍〉碼頭 be$_{55}$ t^{h}au^{13}

【骹踏車】k^{h}a$_{33}$ ta$_{11}$ ts^{h}ia^{55} 腳踏車。
　也講「自轉車」tsu$_{11}$ tsuan$_{55}$ ts^{h}ia^{55}。
　〈張〉骹踏車 k^{h}a$_{33}$ ta$_{11}$ ts^{h}ia^{55}
　　　　自轉車 tsu$_{11}$ tsuan$_{55}$ ts^{h}ia^{55}
　　　　鐵馬 t^{h}i$_{51}$ be^{51}
　〈藍〉骹踏車 k^{h}a$_{33}$ ta$_{11}$ ts^{h}ia^{55}
　　　　自轉車 tsu$_{11}$ tsuan$_{55}$ ts^{h}ia^{55}

【車仔手】ts^{h}ia$_{33}$ a$_{55}$ ts^{h}iu^{51} 把手。
　〈張〉車仔手 ts^{h}ia$_{33}$ a$_{55}$ ts^{h}iu^{51}
　〈藍〉x

【鈴仔】liŋ$_{33}$ ŋã^{51} 腳踏車把手上的吟噹。
　〈張〉鈴仔 liaŋ$_{33}$ ŋã^{51}
　〈藍〉x

【尻川座仔】k^{h}a$_{33}$ ts^{h}uĩ$_{33}$ tse$_{33}$ a^{51} 腳踏車上的椅座。
　〈張〉尻川座仔 k^{h}a$_{33}$ ts^{h}uĩ$_{33}$ tse$_{33}$ a^{51}
　〈藍〉x

【橫桿仔】huãi$_{33}$ kuãi$_{33}$ ã^{51} 在車把和椅墊之間的車架。
　〈張〉x
　〈藍〉x

【虎骨】hɔ$_{55}$ kut^{31} 將車把和前輪相連的骨架。
　〈張〉虎骨 hɔ$_{55}$ kut^{31}
　〈藍〉x

【後座仔】au$_{11}$ tse$_{33}$ a^{51} 腳踏車上的後座。
　〈張〉貨架仔 hue$_{51}$ ke$_{55}$ a^{51}
　〈藍〉x

【骹倚仔】k^{h}a$_{33}$ k^{h}ia$_{33}$ a^{51} 停立腳踏車的附件。
　〈張〉骹倚仔 k^{h}a$_{33}$ k^{h}ia$_{33}$ a^{51}
　〈藍〉x

【骹踏仔】k^{h}a$_{33}$ ta$_{33}$ a^{51} 腳踏板。
　〈張〉骹踏仔 k^{h}a$_{33}$ ta$_{33}$ a^{51}
　〈藍〉x

【車仔輦】ts^{h}ia$_{33}$ a$_{55}$ lian^{51} 輪子。
　〈張〉車仔輦 ts^{h}ia$_{33}$ a$_{55}$ lian^{51}
　〈藍〉車輦仔 ts^{h}ia$_{33}$ lian$_{55}$ nã^{51}

【輦框】lian$_{55}$ k^{h}iŋ^{55} 輪子的外框。
　〈張〉輦框 lian$_{55}$ k^{h}iŋ^{55}
　〈藍〉x

【鐵線】t^{h}i$_{51}$ suã$_{11}$ 輪框上的輻射鋼條。
　〈張〉鋼線 kŋ$_{51}$ suã$_{11}$
　〈藍〉x

【手擋仔】ts^{h}iu$_{55}$ tɔŋ$_{55}$ ŋã^{51} 手煞車。
　〈張〉手擋 ts^{h}iu$_{55}$ tɔŋ^{11}
　〈藍〉x

【骹擋仔】k^{h}a$_{33}$ tɔŋ$_{55}$ ŋã^{51} 腳煞車。
　〈張〉骹擋 k^{h}a$_{33}$ tɔŋ^{11}
　〈藍〉x

【風喙仔】hɔŋ$_{33}$ ts^{h}ui$_{55}$ a^{51} 打氣孔。
　〈張〉風喙仔 hɔŋ$_{33}$ ts^{h}ui$_{55}$ a^{51}
　〈藍〉x

【換速】uã$_{11}$ sɔk^{31} 換檔。

〈張〉x

〈藍〉x

【變速器】pian$_{51}$ sɔk$_{55}$ k^{h}i$_{11}$ 腳踏車的換
速器。

　〈張〉クラッチ k^{h}u$_{33}$ la$_{55}$ tsiʔ^{31}

　〈藍〉x

【クラッチ】k^{h}u$_{33}$ la$_{55}$ tsiʔ^{31} 離合器。
日語詞彙。來自英語 clutch。

　〈張〉クラッチ k^{h}u$_{33}$ la$_{55}$ tsiʔ^{31}

　〈藍〉x

【飛行機】hue$_{33}$ liŋ$_{33}$ ki^{55} 飛機。
「ひこうき」日語詞彙。

　〈張〉飛行機 hue$_{33}$ liŋ$_{33}$ ki^{55}

　〈藍〉x

【噴射機】p^{h}un$_{51}$ sia$_{11}$ ki^{55} 噴射機。

　〈張〉噴射機 p^{h}un$_{51}$ sia$_{11}$ ki^{55}

　〈藍〉x

【直升機】tit$_{11}$ siŋ$_{33}$ ki^{55} 直升機。

　〈張〉プロペラ p^{h}i$_{33}$ lɔ$_{55}$ p^{h}iat$_{55}$ la^{51}

　〈藍〉x

【プロペラ】p^{h}i$_{33}$ lɔ$_{55}$ p^{h}iat$_{55}$ la^{51} 螺旋
槳。日語詞彙。來自英語 propeller

　〈張〉x

　〈藍〉x

【轟炸機】hɔŋ$_{33}$ tsa$_{51}$ ki^{55} 轟炸機。

　〈張〉x

　〈藍〉x

【藏水艦】ts^{h}aŋ$_{51}$ tsui$_{55}$ kam$_{11}$ 潛水艇。

　〈張〉x

　〈藍〉x

【牛車】gu$_{33}$ ts^{h}ia^{55}

〈張〉牛車 gu$_{33}$ ts^{h}ia^{55}

〈藍〉x

【消防車】siau$_{33}$ hɔŋ$_{33}$ ts^{h}ia^{55} 消防車。

　〈張〉消防車 siau$_{33}$ hɔŋ$_{33}$ ts^{h}ia^{55}

　〈藍〉x

【遊覽車】iu$_{33}$ lam$_{55}$ ts^{h}ia^{55}

　〈張〉遊覽車 iu$_{33}$ lam$_{55}$ ts^{h}ia^{55}

　〈藍〉x

【青紅燈】ts^{h}ẽ$_{33}$ aŋ$_{33}$ tiŋ^{55} 紅綠燈。

　〈張〉青紅燈 ts^{h}ẽ$_{33}$ aŋ$_{33}$ tiŋ^{55}

　〈藍〉x

【救護車】kiu$_{51}$ hɔ$_{11}$ ts^{h}ia^{55} 救護車。

　〈張〉救護車 kiu$_{51}$ hɔ$_{11}$ ts^{h}ia^{55}

　〈藍〉x

【船】tsun^{13} 船。

　〈張〉船 tsun^{13}

　〈藍〉船 tsun^{13}

【渡船】tɔ$_{11}$ tsun^{13} 渡船。

　〈張〉渡船 tɔ$_{11}$ tsun^{13}

　〈藍〉渡船 tɔ$_{11}$ tsun^{13}

【龍船】liŋ$_{33}$ tsun^{13} 刻飾成龍形的船，
一般都是在端午節的時候，用來競賽。

　〈張〉龍船 liɔŋ$_{33}$ tsun^{13}

　〈藍〉x

【帆仔船】p^{h}aŋ$_{33}$ ŋã$_{55}$ tsun^{13} 帆船。

　〈張〉帆船 p^{h}aŋ$_{33}$ tsun^{13}

　〈藍〉帆船 p^{h}aŋ$_{33}$ tsun^{13}

【竹排仔】tik$_{55}$ pai$_{33}$ a^{51} 竹筏。
已改成塑膠筏加推進馬達，仍講「竹
排仔」。

　〈張〉竹排仔 tik$_{55}$ pai$_{33}$ a^{51}

　〈藍〉x

【船栿】tsun$_{33}$ pe^{55} 槳。
　也講「划槳」ko$_{51}$ tsĩu^{51}。
　〈張〉划槳 ko$_{51}$ tsĩu^{51}、船栿 tsun$_{33}$ pue^{55}
　〈藍〉槳 tsĩu^{51}、船栿 tsun$_{33}$ pe^{55}

【壓尾槳】a$_{51}$ bue$_{55}$ tsĩu^{51} 船的方向舵。
　〈張〉尾槳 bue$_{55}$ tsĩu^{51}
　〈藍〉尾栿 bue$_{55}$ pue^{55}、舵 tua^{55}

【敲電話】k^{h}a$_{51}$ tian$_{11}$ ue^{33} 打電話。
　〈張〉敲電話 k^{h}a$_{51}$ tian$_{11}$ ue^{33}
　〈藍〉拍電話 p^{h}a$_{51}$ tian$_{11}$ ue^{33}
　　　拍電話 p^{h}aʔ$_{55}$ tian$_{11}$ ue^{33}
　　　搤電話 kɔŋ$_{51}$ tian$_{11}$ ue^{33}

【熅弓蕉】un$_{55}$ kin$_{33}$ tsio^{55} 藉電土（礦）所施放的熱氣把香蕉熅熟，紅柿、荔枝亦然。
　〈張〉熅弓蕉 un$_{55}$ kin$_{33}$ tsio^{55}
　〈藍〉x

【電線】tian$_{11}$ suã^{11}
　〈張〉電線 tian$_{11}$ suã^{11}
　〈藍〉x

【插頭】ts^{h}a$_{51}$ t^{h}au^{13}
　〈張〉插頭 ts^{h}a$_{51}$ t^{h}au^{13}
　〈藍〉x

【開關】k^{h}ai$_{33}$ kuan^{55}
　〈張〉開關 k^{h}ai$_{33}$ kuan^{55}
　〈藍〉x

【米絞】bi$_{55}$ ka^{51} 碾米機。
　〈張〉米絞 bi$_{55}$ ka^{51}
　〈藍〉x

【收音機】siu$_{33}$ im$_{33}$ ki^{55} 收音機
　也講「ラジオ」la$_{33}$ dzi$_{55}$ oʔ^{31}
　〈張〉ラジオ la$_{33}$ dzi$_{55}$ oʔ^{31}

　〈藍〉x

【廣播】kɔŋ$_{55}$ po^{11} 廣播。
　「放送」hɔŋ$_{51}$ saŋ^{11} 日語詞彙（已很少使用）
　〈張〉放送 hɔŋ$_{51}$ saŋ^{11}
　〈藍〉x

【加油站】ka$_{33}$ iu$_{33}$ tsam^{33} 加油站。
　〈張〉加油站 ka$_{33}$ iu$_{33}$ tsam^{33}
　〈藍〉x

【內奶】lai$_{11}$ liŋ^{55} 橡膠車輪的內胎。
　〈張〉x
　〈藍〉x

【胎仔】t^{h}ai^{55} a^{51} 橡膠輪胎，日語詞彙「タイヤ」。英語「tire」。
　〈張〉x
　〈藍〉x

【轎】kio^{33} 轎子。
　〈張〉轎 kio^{33}
　〈藍〉轎 kio^{33}

【スターター】sɯ$_{33}$ ta$_{51}$ taʔ^{31} 變電器。日光燈的啓動器，日語詞彙。
　也講「變電仔」pian$_{51}$ tian$_{33}$ nã^{51}
　〈張〉スターター sɯ$_{33}$ ta$_{51}$ taʔ^{31}
　〈藍〉x

【喇叭頭】lap$_{55}$ pa$_{51}$ t^{h}au^{13} 喇叭。擴音器（室外）。
　〈張〉x
　〈藍〉x

【放送頭】hɔŋ$_{51}$ saŋ$_{51}$ t^{h}au^{13} 擴音機（室內）。
　〈張〉x
　〈藍〉x

【天橋】t^hian_{33} kio^{13} 爲了便於行人或車輛穿越鐵道或馬路所架設的高架橋梁。

〈張〉x

〈藍〉x

【曲痀仔橋】k^hiau_{33} ku_{33} a_{55} kio^{13} 拱橋。

也講「癮痀仔橋」un_{55} ku_{33} a_{55} kio^{13}

〈張〉癮痀仔橋 un_{55} ku_{33} a_{55} kio^{13}

曲痀仔橋 k^hiau_{33} ku_{33} a_{55} kio^{13}

〈藍〉x

【地下道】te_{11} ha_{11} to^{33} 地下通道。

〈張〉地下道 te_{11} ha_{11} to^{33}

〈藍〉x

【吊橋】$tiau_{51}$ kio^{13}

〈張〉吊橋 $tiau_{51}$ kio^{13}

〈藍〉x

【磺】$hɔŋ^{13}$ 電石，與水作用後產生乙炔。

也講「磺藥」$hɔŋ_{33}$ io^{33}，

〈張〉電塗 $tian_{11}$ $t^hɔ^{13}$

〈藍〉x

二十二、疾 病

【發病】p^hua_{51} $pẽ^{33}$ 生病。

《康熙字典》撥—北末切音鉢，又普活切音潑芟草也與發同。因此，發應亦可讀潑！

《史記》卷四十，〈楚世家第十〉，趙……遂與秦使復之秦。懷王遂發病。……。

〈張〉發病 p^hua_{51} $pẽ^{33}$、

艱苦 kan_{33} $k^hɔ^{51}$

〈藍〉發病 p^hua_{51} $pẽ^{33}$、

儂毋好 $laŋ^{13}$ $m̩_{11}$ ho^{51}

儂毋好 $laŋ^{13}$ $m̩_{11}$ $hɔ^{51}$

【症頭】$tsin_{51}$ t^hau^{13} 病的癥狀。

〈張〉症頭 $tsin_{51}$ t^hau^{13}

〈藍〉x

【內科】lai_{11} k^ho^{55} 內科。

〈張〉內科 lai_{11} k^ho^{55}

〈藍〉x

【外科】gua_{11} k^ho^{55} 外科。

〈張〉外科 gua_{11} k^ho^{55}

〈藍〉x

【痛】$t^hiã^{11}$ 痛。

〈張〉痛 $t^hiã^{11}$

〈藍〉痛 $t^hiã^{11}$

【跂】$sĩ^{33}$ 傷口受鹽或藥物引起的刺痛感。

〈張〉跂 $sĩ^{33}$

〈藍〉x

【寒著】$kuã^{13}$ $\cdot tio_{11}$ 著涼。

〈張〉寒著 $kuã^{13}$ $\cdot tio_{11}$

〈藍〉寒著 $kuã^{13}$ $\cdot tio_{11}$、冷著 $liŋ^{51}$ $\cdot tio_{11}$

【感冒】kam_{55} $mɔ̃^{33}$ 感冒。

〈張〉感冒 kam_{55} $mɔ̃^{33}$

〈藍〉寒著 $kuã^{13}$ $\cdot tio_{11}$、冷著 $liŋ^{51}$ $\cdot tio_{11}$

【發燒】$huat_{55}$ sio^{55} 發燒。

〈張〉發燒 $huat_{55}$ sio^{55}

〈藍〉發燒 $huat_{55}$ sio^{55}、

發熱 $huat_{55}$ $dziat^{55}$

【交懍恂】ka_{33} lun_{55} sun^{51} 打冷顫。

〈張〉交懍恂 ka_{33} lun_{55} sun^{51}

〈藍〉交懍恂 ka_{33} lun_{55} sun^{51}

【熱著】$dzua^{33}$ $\cdot tio_{11}$ 因熱而生病。

〈張〉熱著 $dzua^{33}$ $\cdot tio_{11}$

〈藍〉x

【著痧】tio$_{11}$ sua^{55} 中暑。
　〈張〉著痧 tio$_{11}$ sua^{55}
　〈藍〉著痧 tio$_{11}$ sua^{55}

【吐瀉】tɔ$_{51}$ sia^{11} 霍亂。
　〈張〉コレラ　k^{h}o$_{33}$ le$_{55}$ la$ʔ^{31}$
　〈藍〉コレラ　k^{h}o$_{33}$ le$_{55}$ la$ʔ^{31}$

【暈去】hun^{33} ·k^{h}i^{11} 昏倒。
　〈張〉暈去 hun^{33} ·k^{h}i^{11}
　〈藍〉x

【拍咳啾】p^{h}a$_{51}$ k^{h}a$_{33}$ ts^{h}ĩu^{11} 打噴嚏。
　〈張〉x
　〈藍〉拍咳啾 p^{h}a$_{51}$ k^{h}a$_{33}$ ts^{h}ĩu^{11}

【嗽】sau^{11} 咳嗽。
　〈張〉嗽 sau^{11}
　〈藍〉x

【咳嗽】ka$_{33}$ sau^{11} 咳嗽。
　〈張〉咳嗽 ka$_{33}$ sau^{11}
　〈藍〉x

【欬嗽】kɔm$_{51}$ sau^{11} 一般的咳嗽。
　〈張〉x
　〈藍〉x

【冷嗽】liŋ$_{55}$ sau^{11} 時咳時停，有痰稱之。
　〈張〉冷嗽 liŋ$_{55}$ sau^{11}
　〈藍〉x

【熱嗽】dziat$_{11}$ sau^{11} 咳不停，無痰稱之。
　〈張〉熱嗽 dziat$_{11}$ sau^{11}
　〈藍〉x

【痀痀嗽】k^{h}u$_{51}$ k^{h}u$_{51}$ sau^{11} 由感冒所引起的咳嗽。
　〈張〉痀痀嗽 k^{h}u$_{51}$ k^{h}u$_{51}$ sau^{11}
　〈藍〉x

【痎呴嗽】he$_{33}$ ku$_{33}$ sau^{11} 由氣喘所引起的咳嗽。
　〈張〉痎呴嗽 he$_{33}$ ku$_{33}$ sau^{11}
　〈藍〉x

【痎呴喘】he$_{33}$ ku$_{33}$ ts^{h}uan^{51} 氣喘。也講「氣喘」k^{h}i$_{51}$ ts^{h}uan^{51}
　〈張〉x
　〈藍〉氣喘 k^{h}i$_{51}$ ts^{h}uan^{51}

【痎呴】he$_{33}$ ku^{55} 氣喘病氣喘 k^{h}i$_{51}$ ts^{h}uan^{51}
　〈張〉痎呴 he$_{33}$ ku^{55}
　〈藍〉x

【百日嗽】pa$_{51}$ dzit$_{11}$ sau^{11} 百日咳。
　〈張〉百日嗽 pa$_{51}$ dzit$_{11}$ sau^{11}
　〈藍〉x

【肺癆】hi$_{51}$ lo^{13} 肺結核。
　〈張〉肺癆 hi$_{51}$ lo^{13}
　〈藍〉肺癆 hui$_{51}$ lo^{13}、肺病 hi$_{51}$ pẽ^{33}

【肺炎】hi$_{51}$ iam^{33} 肺部發炎。
　〈張〉肺炎 hi$_{51}$ iam^{33}
　〈藍〉x

【頭眩】t^{h}au^{13} hin^{13} 頭暈。
　〈張〉頭眩 t^{h}au^{13} hin^{13}
　〈藍〉頭眩 t^{h}au^{13} hin^{13}

【烏暗眩】ɔ$_{33}$ am$_{51}$ hin^{13} 頭暈目眩。
　〈張〉烏暗眩 ɔ$_{33}$ am$_{51}$ hin^{13}
　〈藍〉x

【火大】hue^{51} tua^{33} 火氣大。
　〈張〉火大 hue^{51} tua^{33}
　〈藍〉x

【發炎】huat₅₅ iam³³ 發炎統稱。
　〈張〉發炎 huat₅₅ iam³³
　〈藍〉x

【發癀】huat₅₅ hɔŋ¹³ 外傷發炎。
　〈張〉發癀 huat₅₅ hɔŋ¹³
　〈藍〉x

【著傷】tio₁₁ siŋ⁵⁵ 受傷。
　〈張〉x
　〈藍〉著傷 tio₁₁ siŋ⁵⁵

【腦膜炎】nãu₅₅ mɔ̃₁₁ iam³³ 腦膜炎。
　〈張〉腦膜炎 nãu₅₅ mɔ̃₁₁ iam³³
　〈藍〉x

【中風】tiŋ₅₁ hɔŋ⁵⁵ 中風。
　〈張〉斷腦筋 tuĩ₁₁ nãu₅₅ kin⁵⁵
　　　　中風 tiŋ₅₁ hɔŋ⁵⁵
　〈藍〉腦充血 nãu₅₅ tsʰiŋ₃₃ hiat³¹

【關節炎】kuan₃₃ tsat₅₅ iam³³ 關節發炎。
　〈張〉關節炎 kuan₃₃ tsat₅₅ iam³³
　〈藍〉x

【風濕】hɔŋ₃₃ sip³¹ 風濕症。
　〈張〉風濕 hɔŋ₃₃ sip³¹
　〈藍〉x

【倒陽】to₅₅ iŋ¹³ 性無能。
　〈張〉x
　〈藍〉x

【盲腸炎】mɔ̃₁₁ tŋ̇₃₃ iam³³
　〈張〉盲腸炎 mɔ̃₃₃ tŋ̇₃₃ iam³³
　〈藍〉x

【肝炎】kuã₃₃ iam³³
　〈張〉肝炎 kuã₃₃ iam³³
　〈藍〉x

【拍寒拍熱】pʰa₅₁ kuã₃₃pʰa₅₁dziat³³ 瘧疾。
　〈張〉拍寒熱 pʰa₅₁ kuã₃₃ dziat³³
　　　　マラリヤ mã₃₃ la₅₅ li₅₅ a⁵¹ 日語
　　　　詞彙，來自英文 malaria
　〈藍〉muã₃₃ lau₅₅ bi₅₅ a⁵¹

【塞鼻】sat₅₅ pʰĩ³³ 鼻塞。
　〈張〉塞鼻 sat₅₅ pʰĩ³³
　〈藍〉塞鼻 sat₅₅ pʰĩ³³

【腰子病】io₃₃ tsi₅₅ pẽ³³ 腎臟病。
　也講「腎病」sin₁₁ pẽ³³
　〈張〉腰子病 io₃₃ tsi₅₅ pẽ³³
　〈藍〉x

【心臟病】sim₃₃ tsɔŋ₁₁ pẽ³³ 心臟病。
　〈張〉心臟病 sim₃₃ tsɔŋ₁₁ pẽ³³
　〈藍〉心臟病 sim₃₃ tsɔŋ₁₁ pẽ³³

【糖尿病】tʰŋ̇₃₃ dzio₁₁ pẽ³³ 糖尿病。
　〈張〉糖尿病 tʰŋ̇₃₃ dzio₁₁ pẽ³³
　〈藍〉x

【痟个】siau⁵¹ ·e₁₁ 瘋子。
　〈張〉痟个 siau⁵¹ ·e₁₁
　〈藍〉痟个 siau⁵¹ ·e₁₁、痟儂 siau₅₅ laŋ¹³

【血崩山】hueʔ³¹ paŋ₃₃ suã⁵⁵ 血崩。
　〈張〉摒血 piã₅₁ hiat³¹
　〈藍〉x

【欠血】kʰiam₅₁ hueʔ³¹ 貧血、欠血。
　〈張〉欠血 kʰiam₅₁ hueʔ³¹
　〈藍〉x

【腹肚痛】puat₅₅ tɔ₅₁ tʰiã¹¹ 肚子痛。
　〈張〉腹肚痛 pat₅₅ tɔ₅₁ tʰiã¹¹
　〈藍〉腹肚痛 pat₅₅ tɔ₅₁ tʰiã¹¹

【絞痛】ka$_{55}$ t^{h}iã^{11} 肚子絞痛。
〈張〉絞痛 ka$_{55}$ t^{h}iã^{11}
〈藍〉x

【腹肚脹脹】puat$_{55}$ tɔ$_{51}$ tĩu$_{51}$ tĩu^{11} 肚子有點脹氣。
〈張〉腹肚脹脹 pat$_{55}$ tɔ$_{51}$ tĩu$_{51}$ tĩu^{11}
〈藍〉x

【脹風】tĩu$_{51}$ hɔŋ^{55} 肚子脹氣。
〈張〉膨風 p^{h}ɔŋ$_{51}$ hɔŋ^{55}、脹 tĩu^{11}
〈藍〉脹肚 tĩu$_{51}$ tɔ^{33}

【溢刺酸】ik$_{55}$ ts^{h}ia$_{51}$ suĩ^{55} 胃酸逆流。
〈張〉溢酸 ik$_{55}$ sŋ^{55}
〈藍〉溢酸 ik$_{55}$ sŋ^{55}

【落屎】lau$_{51}$ sai^{51} 拉肚子。
〈張〉落屎 lau$_{51}$ sai^{51}
〈藍〉落屎 lau$_{51}$ sai^{51}

【秘結】pi$_{51}$ kiat^{31} 便秘。
〈張〉秘結 pi$_{51}$ kiat^{31}
〈藍〉便秘 pian$_{11}$ pi^{33}（書）

【放屁】paŋ$_{51}$ p^{h}ui^{11} 放屁。
〈張〉放屁 paŋ$_{51}$ p^{h}ui^{11}
〈藍〉放屁 paŋ$_{51}$ p^{h}ui^{11}

【中毒】tiŋ$_{51}$ tɔk^{33}
〈張〉中毒 tiɔŋ$_{51}$ tɔk^{33}
〈藍〉中毒 tiŋ$_{51}$ tɔk^{33}

【破傷風】p^{h}o$_{51}$ siŋ$_{33}$ hɔŋ^{55}
〈張〉破傷風 p^{h}o$_{51}$ siɔŋ$_{33}$ hɔŋ^{55}
〈藍〉x

【癩寫】t^{h}ai$_{55}$ ko^{55} 一個人常生芥瘡，或長年有皮膚病。
〈張〉癩寫 t^{h}ai$_{55}$ ko^{55}

〈藍〉x

【痲瘋病】muã$_{33}$ hɔŋ$_{33}$ pẽ^{33} 痲瘋病。
〈張〉癩寫 t^{h}ai$_{55}$ ko^{55}
〈藍〉帶癩寫 tai$_{51}$ t^{h}ai$_{55}$ ko^{55}

【生癬】sẽ$_{33}$ sian^{51} 皮膚癬。
〈張〉生癬 sẽ$_{33}$ sian^{51}
〈藍〉生癬 sẽ$_{33}$ sian^{51}

【白瘹】pe$_{11}$ tio?^{31} 白斑症、白癜風。皮膚呈現白色一片一片的皮膚病。
〈張〉白瘹 pe$_{11}$ tio?^{31}
〈藍〉x

【生樣仔】sẽ$_{33}$ suãi$_{33}$ ã^{51} 一種性病的俗稱。
〈張〉生樣仔 sẽ$_{33}$ suãi$_{33}$ ã^{51}
〈藍〉x

【梅毒】bue$_{33}$ tɔk^{33} 梅毒。
〈張〉梅毒 muẽ$_{33}$ tɔk^{33}
〈藍〉梅毒 muẽ$_{33}$ tɔk^{33}

【癌】gam^{13} 癌症。
〈張〉癌 gam^{13}
〈藍〉x

【起清那】k^{h}i$_{55}$ ts^{h}in$_{51}$ nã?^{31} 過敏的皮膚症狀。
〈張〉起清冒 k^{h}i$_{55}$ ts^{h}in$_{51}$ mɔ̃?^{11}
〈藍〉起清那 k^{h}i$_{55}$ ts^{h}in$_{51}$ nã?^{31}

【摜水】kuã$_{11}$ tsui^{51} 浮腫；下肢發生水腫。或講「水腫」tsui$_{55}$ tsiŋ^{51}。
〈張〉摜水 kuã$_{11}$ tsui^{51}
〈藍〉脬水 haŋ$_{51}$ tsui^{51}

【下消】ha$_{11}$ siau^{55} 不自主洩精水。也講「泄精」siap$_{11}$ tsiŋ^{55}。

〈張〉下消 ha$_{11}$ siau^{55} （指膀胱無力）

〈藍〉x

【老歲仔目】lau$_{33}$ hue$_{55}$ a$_{55}$ bak^{33} 老花眼。

　〈張〉老儂目 lau$_{33}$ lan$_{33}$ bak^{33}

　〈藍〉目花 bak$_{11}$ hue^{55}

【濁濁】lo$_{33}$ lo^{13} 形容眼睛看不清楚。

　〈張〉濁濁 lo$_{33}$ lo^{13}

　〈藍〉x

【覷目】ts^{h}u$_{51}$ bak^{33} 因看不清，眼睛瞇
　起來看的樣子。

　〈張〉覷目 ts^{h}u$_{51}$ bak^{33}

　〈藍〉x

【近視】kin$_{11}$ si^{33} 近視。

　〈張〉近視 kin$_{11}$ si^{33}

　〈藍〉x

【青盲】ts^{h}ẽ$_{33}$ mẽ^{13} 瞎子，眼睛看不見。

　〈張〉青盲 ts^{h}ẽ$_{33}$ mẽ^{13}

　〈藍〉青盲 ts^{h}ẽ$_{33}$ mẽ^{13}、
　　　青盲仔 ts^{h}ẽ$_{33}$ mẽ$_{33}$ ã^{51}

【挩窗】t^{h}ua$_{51}$ t^{h}aŋ^{55} 眼睛斜視。

　〈張〉挩窗 t^{h}ua$_{51}$ t^{h}aŋ^{55}

　〈藍〉x

【雞仔目】ke$_{33}$ a$_{55}$ bak^{33} 夜盲症。

　〈張〉雞仔目 ke$_{33}$ a$_{55}$ bak^{33}

　〈藍〉雞仔目 ke$_{33}$ a$_{55}$ bak^{33}

【生目針】sẽ$_{33}$ bak$_{11}$ tsiam^{55} 長針眼。

　〈張〉生目針 sẽ$_{33}$ bak$_{11}$ tsiam^{55}

　〈藍〉x

【臭耳聾】ts^{h}au$_{51}$ hĩ$_{11}$ laŋ^{13} 耳朵聽不見。

　〈張〉臭耳聾 ts^{h}au$_{51}$ hĩ$_{11}$ laŋ^{13}

　〈藍〉臭耳聾 ts^{h}au$_{51}$ hĩ$_{11}$ laŋ^{13}

【喙齒痛】ts^{h}ui$_{51}$ k^{h}i^{51} t^{h}iã^{11} 牙齒痛。

　〈張〉喙齒痛 ts^{h}ui$_{51}$ k^{h}i^{51} t^{h}iã^{11}

　〈藍〉x

【豬頭肥】ti$_{33}$ t^{h}au$_{33}$ p^{h}ui^{13} 腮腺炎。

　〈張〉豬頭肥 ti$_{33}$ t^{h}au$_{33}$ pui^{13}

　〈藍〉豬頭肥 ti$_{33}$ t^{h}au$_{33}$ p^{h}ue^{11}

【大頷胿】tua$_{11}$ am$_{11}$ kui^{55} 甲狀腺腫大。

　〈張〉大頷胿 tua$_{11}$ am$_{11}$ kui^{55}

　〈藍〉大頷胿 tua$_{11}$ am$_{11}$ kui^{55}

【著災】tio$_{11}$ tse^{55} 遭瘟疫。

　〈張〉著災 tio$_{11}$ tse^{55}

　〈藍〉x

【著黸】tio$_{11}$ lɔ^{55} 皮膚褐色斑塊。

　〈張〉著黸 tio$_{11}$ lɔ^{55}

　〈藍〉x

【著猴搭】tio$_{11}$ kau$_{33}$ taʔ^{31} 小孩養不大。
　長得像猴子一樣，舊時期醫學較不發
　達和營養欠缺才會有此現象。

　〈張〉著猴耍 tio$_{11}$ kau$_{33}$ sŋ́^{51}
　　　　著猴搭 tio$_{11}$ kau$_{33}$ taʔ^{31}

　〈藍〉x

【生疥】sẽ$_{33}$ ke^{11} 長疥瘡。

　〈張〉生疥 sẽ$_{33}$ ke^{11}

　〈藍〉x

【痔瘡】ti$_{11}$ ts^{h}ŋ́^{55} 痔瘡。
　分「內痔」lai$_{11}$ ti^{33}，「外痔」gua$_{11}$ ti^{33}。

　〈張〉痔瘡 ti$_{11}$ ts^{h}ŋ́^{55}

　〈藍〉痔瘡 ti$_{11}$ ts^{h}ŋ́^{55}

【胡蠅屎痣】hɔ$_{33}$ sin$_{33}$ sai$_{55}$ ki^{11} 雀斑。
　也講「雀斑」ts^{h}ik$_{55}$ pan^{55}

　〈張〉胡蠅屎痣 hɔ$_{33}$ sin$_{33}$ sai$_{55}$ ki^{11}
　　　　雀斑 ts^{h}iɔk$_{55}$ pan^{55}

〈藍〉x

【痱仔】pui$_{55}$ a^{51} 痱子。
　〈張〉痱仔 pui$_{55}$ a^{51}
　〈藍〉痱仔 pui$_{55}$ a^{51}

【烏斑】ɔ$_{33}$ pan^{55} 人體皮膚上的黑細點。
　〈張〉烏斑 ɔ$_{33}$ pan^{55}
　〈藍〉烏斑 ɔ$_{33}$ pan^{55}

【白斑】pe$_{11}$ pan^{55} 人體皮膚上的白細點。
　〈張〉白斑 pe$_{11}$ pan^{55}
　〈藍〉x

【背掉】pue$_{11}$ tiau^{11} 背脊直不起來。
　〈張〉背掉 pue$_{11}$ tiau^{11}
　〈藍〉x

【曲痀】k^{h}iau$_{33}$ ku^{55} 駝背。
　〈張〉曲痀 k^{h}iau$_{33}$ ku^{55}
　〈藍〉曲痀仔 k^{h}iau$_{33}$ ku$_{33}$ a^{51}

【瘟痀】un$_{55}$ ku^{55} 背脊不直。
　〈張〉瘟痀 un$_{55}$ ku^{55}
　〈藍〉瘟痀 un$_{55}$ ku^{55} ·e$_{11}$

【破相】p^{h}ua$_{51}$ sĩu^{11} 臉部受傷而失去了原來的相貌。
　〈張〉破相 p^{h}ua$_{51}$ sĩu^{11}
　〈藍〉x

【半身不遂】puã$_{51}$ sin$_{55}$ put$_{55}$ sui^{33} 中風，半身不能行動的狀態。
　〈張〉半遂 puã$_{51}$ sui^{33}
　〈藍〉x

【臭頭】ts^{h}au$_{51}$ t^{h}au^{13} 癩痢頭。
　〈張〉臭頭 ts^{h}au$_{51}$ t^{h}au^{13}
　〈藍〉臭頭 ts^{h}au$_{51}$ t^{h}au^{13}

【堅疕】kian$_{33}$ p^{h}i^{51} 傷口結疤。
　〈張〉堅疕 kian$_{33}$ p^{h}i^{51}
　〈藍〉x

【蜞】k^{h}i^{13} 結疤後，皮膚變色處的稱謂。
　〈張〉蜞 k^{h}i^{13}
　〈藍〉x

【癢】tsĩu^{33} 癢。
　〈張〉癢 tsĩu^{33}
　〈藍〉癢 tsĩu^{33}

【擽】ŋiãu^{55} 使人笑的搔癢動作。
　〈張〉擽 ŋiãu^{55}
　〈藍〉擽 ŋiãu^{55}

【腫】tsiŋ^{51} 皮膚腫起來。
　〈張〉腫 tsiŋ^{51}
　〈藍〉x

【跛骹】pai$_{55}$ k^{h}a^{55} 跛腳。
　〈張〉瘸骹 k^{h}ue$_{33}$ k^{h}a^{55}
　〈藍〉瘸骹 k^{h}ue$_{33}$ k^{h}a^{55}
　　瘸骹仔 k^{h}ue$_{33}$ k^{h}a$_{33}$ a^{51}

【瘸手】k^{h}ue$_{33}$ ts^{h}iu^{51} 瘸手。
　〈張〉瘸手 k^{h}ue$_{33}$ ts^{h}iu^{51}
　〈藍〉x

【啄鼻仔】tɔk$_{55}$ p^{h}ĩ^{33} 指鼻子高隆的西洋人。
　鼻仔啄啄 p^{h}ĩ^{33} ã^{51} tɔk$_{55}$ tɔk^{31}（鼻子高高的）
　〈張〉啄鼻仔 tɔk$_{55}$ p^{h}ĩ$_{33}$ ã^{51}
　〈藍〉x

【平鼻】pẽ$_{33}$ p^{h}ĩ^{33} 扁鼻子。
　〈張〉凹鼻 nẽ$_{51}$ p^{h}ĩ^{33}
　〈藍〉x

【啞口】e_{55} kau^{51} 啞巴。
〈張〉啞口 e_{55} kau^{51}
〈藍〉啞口 e_{55} kau^{51}、啞口 e_{55} kau_{55} a^{51}

【大舌】tua_{11} tsi^{33} 口吃。
〈張〉大舌 tua_{11} tsi^{33}
〈藍〉大舌 tua_{11} tsi^{33}

【臭奶呆】ts^hau_{51} lin_{33} tai^{55} 孩童乳臭未乾，講話的特殊腔調。
〈張〉臭奶呆 ts^hau_{51} lin_{33} tai^{55}
〈藍〉x

【臭喙角】ts^hau_{51} ts^hui_{51} kak^{31} 口角發炎。
〈張〉臭喙角 ts^hau_{51} ts^hui_{51} kak^{31}
〈藍〉x

【缺喙】k^hi_{51} ts^hui_{11} 唇顎裂、兔唇。
〈張〉缺喙 k^hi_{51} ts^hui_{11}
〈藍〉缺喙 k^hi_{51} ts^hui_{11}

【梢聲】sau_{33} sia^{55} 聲音沙啞。
〈張〉梢聲 sau_{33} sia^{55}
〈藍〉梢聲 sau_{33} sia^{55}

【出水珠】ts^hut_{55} $tsui_{55}$ tsu^{55} 長水痘。
〈張〉出水珠 ts^hut_{55} $tsui_{55}$ tsu^{55} （指天花）
〈藍〉出珠 ts^hut_{55} $tsui_{55}$ tsu^{55}

【天花】$tian_{33}$ hue^{55} 天花。
〈張〉出珠 ts^hut_{55} $tsui_{55}$ tsu^{55}
〈藍〉x

【穢人】ue_{11} ·lan_{11} 傳染給別人。
〈張〉穢人 ue_{11} ·lan_{11}
〈藍〉穢人 ue_{11} ·lan_{11}

【貓仔面】$niau_{33}$ $ã^{55}$ bin_{33} 麻臉。
〈張〉貓仔面 $niau_{33}$ $ã^{55}$ bin_{33}

〈藍〉貓面 $niau_{33}$ bin_{33}

【倥个】k^hon_{55} ·$\eta\tilde{e}_{55}$ 傻瓜。
〈張〉倥个 k^hon_{55} ·$\eta\tilde{e}_{55}$
〈藍〉x

【戇个】gon_{33} ·$\eta\tilde{e}_{33}$ 傻瓜。
〈張〉戇个 gon_{33} ·$\eta\tilde{e}_{33}$
〈藍〉戇个 gon_{33} ·$\eta\tilde{e}_{33}$、戇儂 gon_{33} lan^{13}

【豬母癲】ti_{33} bo_{55} $tian^{55}$。羊顛瘋。
〈張〉羊眩 $ĩu_{33}$ hin^{13}、
豬母癲 ti_{33} bo_{55} $tian^{55}$
〈藍〉著猴 tio_{11} kau^{13}

【起痟】k^hi_{55} $siau^{51}$ 發瘋、發神經。
〈張〉起痟 k^hi_{55} $siau^{51}$
〈藍〉起痟 k^hi_{55} $siau^{51}$

【突腸】t^hut_{11} ts^hin^{13} 疝氣。
〈張〉大細賢 tua_{11} se_{51} $sian^{33}$
墜腸 tui_{11} $tion^{13}$
〈藍〉突腸 t^hut_{11} ts^hin^{13}

【戽斗】ho_{51} tau^{51} 下巴前翹。
〈張〉戽斗 ho_{51} tau^{51}
〈藍〉x

【著驚】tio_{11} $kiã^{55}$ 小孩受驚。
〈張〉著驚 tio_{11} $kiã^{55}$
〈藍〉著驚 tio_{11} $kiã^{55}$

【出痲仔】ts^hut_{55} $muã_{33}$ $ã^{51}$ 出痲疹。
〈張〉出癖仔 ts^hut_{55} p^hia_{33} $ã^{51}$
〈藍〉出痲仔 ts^hut_{55} $muã_{33}$ $ã^{51}$

【粒仔】$liap_{33}$ ba^{51} 瘡。
〈張〉粒仔 $liap_{33}$ ba^{51}
〈藍〉粒仔 $liap_{33}$ ba^{51}

【遛皮】liu$_{51}$ p^{h}ue^{13} 擦破皮。

〈張〉遛皮 liu$_{51}$ p^{h}ue^{13}

〈藍〉x

【燙著】t^{h}ŋ^{11} ·tio$_{11}$ 被火燙到。

〈張〉燙著 t^{h}ŋ^{11} ·tio$_{11}$

〈藍〉x

【膨疱】p^{h}ɔŋ$_{51}$ p^{h}a^{33} 起水泡。

〈張〉膨疱 p^{h}ɔŋ$_{51}$ p^{h}a^{33}

〈藍〉x

【魚鱗癬】hi$_{33}$ lan$_{33}$ tsuĩ^{11}

〈張〉魚鱗癬 hi$_{33}$ lan$_{33}$ ts^{h}ui^{11}

〈藍〉x

【疔仔】tiŋ$_{33}$ ŋã^{51} 比「粒仔」小的瘡。

〈張〉疔仔 tiŋ$_{33}$ ŋã^{51}

〈藍〉疔仔 tiŋ$_{33}$ ŋã^{51}

【癰仔】iŋ$_{33}$ ŋã^{51} 一種多膿頭的膿瘡。

〈張〉癰仔 iŋ$_{33}$ ŋã^{51}

〈藍〉x

【雞母皮】ke$_{33}$ bo$_{55}$ p^{h}ue^{13} 雞皮疙瘩。

〈張〉雞母皮 ke$_{33}$ bo$_{55}$ p^{h}ue^{13}

〈藍〉雞母皮 ke$_{33}$ bo$_{55}$ p^{h}ue^{13}

【孵膿】pu$_{11}$ laŋ^{13} 長膿。

〈張〉孵膿 pu$_{11}$ laŋ^{13}

〈藍〉x

【烏青結血】ɔ$_{33}$ ts^{h}ẽ^{55} kik$_{55}$ hueʔ^{31} 血液凝結不通，在皮膚上有深青色痕跡。

〈張〉烏青凝血 ɔ$_{33}$ ts^{h}ẽ^{55} giŋ$_{33}$ hueʔ^{31}

〈藍〉x

【牽核】k^{h}an$_{33}$ hat^{33} 淋巴腺腫大。

〈張〉牽核 k^{h}an$_{33}$ hat^{33}

〈藍〉x

【瘰癧】li$_{55}$ lat^{33} 淋巴結核。

〈張〉瘰癧 li$_{55}$ lat^{33}

〈藍〉x

【香港骹】hiŋ$_{33}$ kaŋ$_{55}$ k^{h}a^{55} 足癬。

〈張〉香港骹 hiaŋ$_{33}$ kaŋ$_{55}$ k^{h}a^{55}

〈藍〉香港骹 hiŋ$_{33}$ kaŋ$_{55}$ k^{h}a^{55}

【著水蛆】tio$_{11}$ tsui$_{55}$ ts^{h}i^{55} 腳因為泡在水裏過久所引起的潰爛。

〈張〉著水蛆 tio$_{11}$ tsui$_{55}$ ts^{h}i^{55}

〈藍〉x

【轉著】tsuãi^{33} ·tio$_{11}$ 腳以外部位的扭到。

〈張〉轉著 tsuãi^{33} ·tio$_{11}$、或音 kuãi^{33} ·tio$_{11}$

〈藍〉x

【踅著】uãi^{51} ·tio$_{11}$ 專指腳扭到。

〈張〉踅著 uãi^{51} ·tio$_{11}$

〈藍〉x

【拗著】lau^{51} ·tio$_{11}$ 專指手扭到。

〈張〉x

〈藍〉x

【閃著】siam^{51} ·tio$_{11}$ 專指腰背的閃到。

〈張〉閃著 siam^{51} ·tio$_{11}$

〈藍〉x

【擠著】tsik^{33} ·tio$_{11}$ 手腳關節的擠壓到。

〈張〉x

〈藍〉x

【甪臼】lut$_{55}$ k^{h}u^{33} 脫臼。

〈張〉甪臼 lut$_{55}$ k^{h}u^{33}

〈藍〉x

【瘥】sian^{33} 身心疲憊的樣子，多指精神或孕婦的疲累。

〈張〉瘖sian³³
〈藍〉x

【忝】tʰiam⁵¹ 身心疲憊的樣子，多指體力的勞累。
〈張〉忝 tʰiam⁵¹
〈藍〉忝 tʰiam⁵¹

【糾筋】kiu₅₁ kin⁵⁵ 抽筋。
〈張〉糾筋 kiu₅₁ kin⁵⁵
〈藍〉糾筋 kiu₅₁ kin⁵⁵

【眩車】hin₃₃ tsʰia⁵⁵ 暈車。
〈張〉眩車 hin₃₃ tsʰia⁵⁵
〈藍〉x

【眩船】hin₃₃ tsun¹³ 暈船。
〈張〉眩船 hin₃₃ tsun¹³
〈藍〉眩船 hin₃₃ tsun¹³

【小兒麻痺】siau₅₅ dzi¹³ ba₃₃ pi¹¹
也音 sio₅₅ dzi¹³ ba₃₃ pi¹¹
〈張〉小兒麻痺 sio₅₅ dzi¹³ ba₃₃ pi¹¹
〈藍〉x

【節脈】tsat₅₅ mẽ³³ 把脈。
〈張〉節脈 tsat₅₅ mẽ³³
〈藍〉節脈 tsat₅₅ mẽ³³

【注射】tsu₅₁ sia³³ 打針。
〈張〉注射 tsu₅₁ sia³³
〈藍〉x

【種珠】tsiŋ₅₁ tsu⁵⁵ 種牛痘。
〈張〉種珠 tsiŋ₅₁ tsu⁵⁵
〈藍〉x

【開刀】kʰui₃₃ to⁵⁵ 動刀手術。
〈張〉開刀 kʰui₃₃ to⁵⁵
〈藍〉x

【手術】tsʰiu₅₅ sut³³
〈張〉手術 tsʰiu₅₅ sut³³
〈藍〉手術 tsʰiu₅₅ sut³¹

【掠痧筋】lia₁₁ sua₃₃ kin⁵⁵ 捉痧筋。
用手抓肩胛骨下的筋，促使中暑者舒服。
〈張〉掠痧筋 lia₁₁ sua₃₃ kin⁵⁵
〈藍〉x

【刮】kueʔ³¹ 刮痧。
〈張〉刮 kueʔ³¹
〈藍〉x

【針灸】tsiam₃₃ ku³³ 針灸。
〈張〉針灸 tsiam₃₃ ku³³
〈藍〉灸 pian¹³ （書）

【撨】tsʰiau¹³ 接骨。
〈張〉撨 tsʰiau¹³
〈藍〉x

【醫生館】i₃₃ siŋ₃₃ kuan⁵¹ 診所。
現多講「診所」tsin₅₅ sɔ⁵¹
〈張〉醫生館 i₃₃ siŋ₃₃ kuan⁵¹
〈藍〉x

【看醫生】kʰuã₅₁ i₃₃ siŋ⁵⁵ 給醫生診斷。
也講「予醫生看」hɔ₁₁ i₃₃ siŋ⁵⁵ kʰuã¹¹。
〈張〉看醫生 kʰuã₅₁ i₃₃ siŋ⁵⁵
予醫生看 hɔ₁₁ i₃₃ siŋ⁵⁵ kʰuã¹¹
〈藍〉看醫生 kʰuã₅₁ i₃₃ siŋ⁵⁵

【病院】pẽ₁₁ ĩ³³ 醫院，日語詞彙。
〈張〉病院 pẽ₁₁ ĩ³³
〈藍〉病院 pẽ₁₁ ĩ³³

【照電光】tsio₅₁ tian₁₁ kɔŋ⁵⁵ 照 x 光。
〈張〉照電光 tsio₅₁ tian₁₁ kɔŋ⁵⁵
〈藍〉x

二十三、藥 品

（一）漢藥與專用用品

【舂臼仔】$tsin_{33}$ k^hu_{33} a^{51} 搗藥的器具，有一個搗盆和搗鎚。

〈張〉舂臼仔囝 $tsin_{33}$ k^hu_{33} a_{55} kia^{51}

〈藍〉x

【擂碗】lui_{33} ua^{51} 陶瓷製的碗，用來研磨藥材。

〈張〉x

〈藍〉x

【舂杵】$tsin_{33}$ ts^hi^{51} 漢藥店用來研磨藥材的小陶棒。

〈張〉舂臼鎚 $tsin_{33}$ k^hu_{11} t^hui^{13}

〈藍〉x

【瓷仔碗】hui_{33} a_{55} ua^{51} 陶瓷製的碗。

〈張〉x

〈藍〉x

【研槽】gin_{55} tso^{13} 漢藥加工的工具。碾盤形狀像船，碾輪是一鐵輪，鐵棍穿其中，雙腳踏於鐵棍上，將藥材碾碎。

〈張〉研槽 gin_{55} tso^{13}

〈藍〉x

【輦仔】$lian_{55}$ na^{51} 研槽中間用來研磨藥材的鐵滾輪。

〈張〉x

〈藍〉x

【剪刀】$tsian_{55}$ to^{55} 切藥的鍘刀。用於切人蔘、黃耆等。

〈張〉x

〈藍〉x

【藥片】io_{11} $p^h\tilde{i}^{11}$

〈張〉藥片 io_{11} $p^h\tilde{i}^{11}$

〈藍〉藥粒仔 io_{11} $liap_{33}$ ba^{51}

【藥丸】io_{11} uan^{13}

〈張〉藥丸 io_{11} uan^{13}

〈藍〉藥丸仔 io_{11} uan_{33} na^{51}

【藥水】io_{11} $tsui^{51}$

〈張〉藥水 io_{11} $tsui^{51}$

〈藍〉x

【藥膏】io_{11} ko^{55} 藥膏。

〈張〉藥膏 io_{11} ko^{55}

〈藍〉藥膏 io_{11} ko^{55}

【膏藥】ko_{33} io^{33} 膏藥。藥膏塗在布或紙上，可貼在受傷部位。

〈張〉膏藥 ko_{33} io^{33}

〈藍〉膏藥 ko_{33} io^{33}

【藥粉】io_{11} hun^{51} 藥粉。

〈張〉藥粉 io_{11} hun^{51}

〈藍〉藥粉仔 io_{11} hun_{55} na^{51}

【藥洗】io_{11} se^{51} 藥洗，推拿的藥水。

〈張〉藥洗 io_{11} se^{51}

〈藍〉x

【吊膏】$tiau_{51}$ ko^{55} 貼在皮膚用以將內傷瘀血調出來的藥膏。

〈張〉x

〈藍〉x

【藥管仔】io_{11} kon_{55} na^{51} 裝藥用的罐子。亦稱「藥罐仔」io_{11} $kuan_{55}$ na^{51}。

〈張〉藥罐仔 io_{11} $kuan_{55}$ na^{51}
藥瓶仔 io_{11} pan_{33} na^{51}

〈藍〉x

【中藥】tiŋ$_{33}$ io^{33} 漢藥。
也講「漢藥」han$_{51}$ io^{33}
〈張〉中藥 tioŋ$_{33}$ io^{33}
〈藍〉漢藥 han$_{51}$ io^{33}

【西藥】se$_{33}$ io^{33} 西藥。
〈張〉西藥 se$_{33}$ io^{33}
〈藍〉x

【藥草】io$_{11}$ ts^{h}au^{51} 取自植物的中藥材。
〈張〉藥草仔 io$_{11}$ ts^{h}au$_{55}$ a^{51}
〈藍〉x

【藥頭】io$_{11}$ t^{h}au^{13} 同包藥，初次煎出的藥。
〈張〉藥頭仔 io$_{11}$ t^{h}au$_{33}$ a^{51}
〈藍〉x

【藥渣】io$_{11}$ tse^{55} 同包藥，最後一次煎出的藥湯。
〈張〉x
〈藍〉x

【敆藥仔】kap$_{55}$ io$_{33}$ a^{51} 藥劑師配藥。
〈張〉敆藥仔 kap$_{55}$ io$_{33}$ a^{51}
　　　搣藥仔 mẽ$_{33}$ io$_{33}$ a^{51}
〈藍〉敆藥仔 kap$_{55}$ io$_{33}$ a^{51}

【拆藥仔】t^{h}ia$_{51}$ io$_{33}$ a^{51} 抓藥。
拿著藥方單到漢藥店買藥、抓藥。
〈張〉拆藥仔 t^{h}ia$_{51}$ io$_{33}$ a^{51}
〈藍〉拆藥仔 t^{h}ia$_{51}$ io$_{33}$ a^{51}

（二）漢藥藥名

【甘草】kam$_{33}$ ts^{h}o^{51} 甘草。
〈張〉甘草 kam$_{33}$ ts^{h}o^{51}
〈藍〉x

【當歸】toŋ$_{33}$ kui^{55} 當歸。
〈張〉當歸 toŋ$_{33}$ kui^{55}
〈藍〉當歸 toŋ$_{33}$ kui^{55}

【川芎】ts^{h}uan$_{33}$ kiŋ^{55} 川芎。
〈張〉川芎 ts^{h}uan$_{33}$ kioŋ^{55}
〈藍〉x

【紅花】aŋ$_{33}$ hue^{55} 紅花。
〈張〉紅花 aŋ$_{33}$ hue^{55}
〈藍〉x

【黃連】uĩ$_{33}$ nĩ^{13} 黃連。
〈張〉黃連 uĩ$_{33}$ nĩ^{13}
〈藍〉x

【人蔘】dzin$_{33}$ som^{55} 人蔘。
〈張〉人蔘 lin$_{33}$ sim^{55}
〈藍〉人蔘 dzin$_{33}$ som^{55}

【高麗蔘】ko$_{33}$ le$_{33}$ som^{55} 高麗蔘。
〈張〉高麗蔘 ko$_{33}$ le$_{33}$ som^{55}
〈藍〉x

【麻黃】muã$_{33}$ hoŋ^{13} 麻黃。
〈張〉麻黃 muã$_{33}$ hoŋ^{13}
〈藍〉x

【沉香】tim$_{33}$ hĩu^{55} 沉香。
〈張〉沉香 tim$_{33}$ hĩu^{55}
〈藍〉x

【麝香】sia$_{11}$ hĩu^{55} 麝香。
〈張〉麝香 sia$_{11}$ hĩu^{55}
〈藍〉x

【鹿茸】lok$_{11}$ dziŋ^{13} 鹿茸。
〈張〉鹿茸 lok$_{11}$ dzioŋ^{13}
〈藍〉鹿茸 lok$_{11}$ dziŋ^{13}

【蓮子】lian$_{33}$ tsi^{51} 蓮子。
　〈張〉蓮子 lian$_{33}$ tsi^{51}
　〈藍〉蓮子 lian$_{33}$ tsi^{51}

【砒霜】p^{h}i$_{11}$ soŋ^{55} 砒霜。
　〈張〉砒霜 p^{h}i$_{11}$ sŋ^{55}
　〈藍〉x

【薄荷】pɔk$_{11}$ ho^{13} 薄荷。
　〈張〉x
　〈藍〉薄荷 pɔʔ$_{11}$ ho^{13}、pɔ$_{11}$ ho^{13}

【川貝】ts^{h}uan$_{33}$ pue^{11}
　〈張〉川貝 ts^{h}uan$_{33}$ pue^{11}
　〈藍〉x

【靈芝】liŋ$_{33}$ tsi^{55}
　〈張〉靈芝 liŋ$_{33}$ tsi^{55}
　〈藍〉x

【川七】ts^{h}uan$_{33}$ ts^{h}it^{31}
　〈張〉川七 ts^{h}uan$_{33}$ ts^{h}it^{31}
　〈藍〉x

【艾】hiã^{33} 艾草。
　〈張〉艾 hiã^{33}
　〈藍〉艾 hiã^{33}

【茅仔草】hm̩$_{33}$ mã$_{55}$ ts^{h}au$_{51}$ 白茅草。
　〈張〉茅草根 hm̩$_{33}$ ts^{h}au $_{55}$ kin^{55}
　〈藍〉茅仔 hm̩$_{33}$ mã^{51}

【金線蓮】kim$_{33}$ suã$_{51}$ lian^{13} 金線蓮，固腎利水。
　〈張〉x
　〈藍〉x

【肉桂】dzik$_{11}$ kui^{11} 肉桂。
　〈張〉肉桂 dziɔk$_{11}$ kui^{11}
　〈藍〉肉桂 dzik$_{11}$ kui^{11}

【犀角】sai$_{33}$ kak^{31} 犀牛角，主要用來降溫解熱。
　〈張〉x
　〈藍〉x

【雄黃】hiŋ$_{33}$ hɔŋ^{13} 雄黃，礦物名。
　〈張〉x
　〈藍〉x

【枸杞】kɔ$_{55}$ ki^{51} 枸杞的果實。有補腎益精，養肝明目的功用。
　〈張〉枸杞 kɔ$_{55}$ ki^{51}
　〈藍〉枸杞 kɔ$_{55}$ ki^{51}、
　　　　枸杞子 kɔ$_{55}$ ki$_{55}$ tsi^{51}

【青耆】ts^{h}ẽ$_{33}$ ki^{13} 黃耆。
　〈張〉x
　〈藍〉x

【魚針草】hi$_{33}$ tsiam$_{33}$ ts^{h}au^{51} 葉子與茉草不同，用於消炎，食用。亦音[hi$_{33}$ tsiam$_{33}$ ts^{h}o^{51}]
　〈張〉x
　〈藍〉x

【茉草】bua$_{11}$ ts^{h}au^{51} 辟邪用。
　〈張〉茉草 bua$_{11}$ ts^{h}au^{51} （魚針草）
　〈藍〉x

【麥門】biat$_{11}$ bun^{13}
　〈張〉x
　〈藍〉x

【元蔘】guan$_{33}$ sɔm^{55} 元蔘。
　〈張〉x
　〈藍〉x

【碎骨補】ts^{h}ui$_{51}$ kut$_{55}$ bɔ^{51} 骨碎補。
　〈張〉x
　〈藍〉x

【知母奶】ti_{33} bo_{55} lin^{55} 知母草。

〈張〉知母奶 ti_{33} bo_{55} lin^{55}

〈藍〉x

二十四、風俗、宗教活動

（一）頭城當地祭拜的神明

【五穀王廟】$n\mathfrak{o}_{55}$ kok_{55} $\mathfrak{o}n_{33}$ bio^{33} 祭拜主
神「神農大帝」sin_{33} $l\mathfrak{o}n^{13}$ tai_{11} te^{11}

〈張〉x

〈藍〉x

【城隍爺廟】sin_{11} hon_{33} ia_{33} bio^{33} 城隍
廟。

〈張〉x

〈藍〉城隍爺廟 sin_{11} $\mathfrak{o}n_{33}$ ia_{33} bio^{33}

【城爺公】sin_{11} ia_{33} kon^{55} 城隍爺。也講
「城隍」sin_{33} hon^{13}

〈張〉上爺公 $sian_{11}$ ia_{33} kon^{55}
城隍 sin_{33} hon^{13}

〈藍〉x

【神明】sin_{33} bin^{13} 神的總稱。

〈張〉神明 sin_{33} bin^{13}

〈藍〉神明 sin_{33} bin^{13}、神 sin^{13}

【天公】$t^{h}\tilde{i}_{33}$ kon^{55} 天公就是玉皇大帝。

〈張〉天公 $t^{h}\tilde{i}_{33}$ kon^{55}

〈藍〉天公 $t^{h}\tilde{i}_{33}$ kon^{55}
天公伯仔 $t^{h}\tilde{i}_{33}$ kon_{33} $pe?^{31}\cdot a$

【玉皇大帝】gik_{11} hon^{13} tai_{11} te^{11} 天公。

〈張〉玉皇大帝 $gi\mathfrak{o}k_{11}$ hon^{13} tai_{11} te^{11}

〈藍〉x

【帝君】te_{51} kun^{55} 關聖帝君。

〈張〉x

〈藍〉x

【祖師公】$ts\mathfrak{o}_{55}$ su_{33} kon^{55} 祖師公。
從淡水祖師廟請來的分身。

〈張〉x

〈藍〉x

【太上老君】$t^{h}ai_{51}$ sin_{33} lo_{55} kun^{55}

〈張〉太上老君 $t^{h}ai_{51}$ $sian_{33}$ lo_{55} kun^{55}

〈藍〉x

【佛祖】hut_{11} $ts\mathfrak{o}^{51}$ 對佛教創始者「釋迦
牟尼」的敬稱。

〈張〉佛祖 hut_{11} $ts\mathfrak{o}^{51}$

〈藍〉佛祖 hut_{11} $ts\mathfrak{o}^{51}$

【如來佛】dzu_{33} lai_{33} hut^{33} 佛的別稱。

〈張〉如來佛 dzu_{33} lai_{33} hut^{33}

〈藍〉x

【觀世音菩薩】$kuan_{33}$ se_{51} im^{55} $p^{h}\mathfrak{o}_{33}$ sat^{31}
觀世音菩薩。
佛教的菩薩之一，佛教徒認為是慈悲
的化身，救苦救難之神。

〈張〉觀世音菩薩 $kuan_{33}$ se_{51} im^{55} $p^{h}\mathfrak{o}_{33}$
sat^{31}

〈藍〉x

【媽祖】$m\tilde{a}_{55}$ $ts\mathfrak{o}^{51}$ 媽祖。

〈張〉媽祖 $m\tilde{a}_{55}$ $ts\mathfrak{o}^{51}$

〈藍〉媽祖 $m\tilde{a}_{55}$ $ts\mathfrak{o}^{51}$

【上帝公】sin_{11} te_{51} kon^{55} 玄天上帝。
其一支腳踏龜，一支腳踏蛇。

〈張〉x

〈藍〉x

【王爺】$\mathfrak{o}n_{33}$ ia^{13} 代天巡狩神。

〈張〉王爺 $\mathfrak{o}n_{33}$ ia^{13}

〈藍〉x

【呂洞賓】dzi₁₁ tɔŋ₁₁ pin⁵⁵

亦稱「仙公」sian₃₃ kɔŋ⁵⁵。戀愛中女生勿拜，可能會造成無結局。據傳，呂洞賓有法術，會用「使飛屏」sai₅₅ pue₃₃ lan₃₃，破壞姻緣。

一般的語音是[li₁₁ tɔŋ₁₁ pin⁵⁵]

〈張〉x

〈藍〉x

【結局】kiat₅₅ kik³³ 結局。

〈張〉x

〈藍〉x

【閻張王】giam₃₃ lo₃₃ ɔŋ¹³ 閻張王。

〈張〉閻張王 giam₃₃ nɔ̃₃₃ ɔŋ¹³

〈藍〉閻張王 giam₃₃ lo₃₃ ɔŋ¹³

【地藏王】te₁₁ tsɔŋ₃₃ ɔŋ¹³ 地藏王。

〈張〉地藏王菩薩 te₁₁ tsɔŋ₃₃ ɔŋ₃₃ pʰɔ₃₃ sat³¹

〈藍〉x

【菩薩】pʰɔ₃₃ sat³¹

〈張〉菩薩 pʰɔ₃₃ sat³¹

〈藍〉菩薩 pʰɔ₃₃ sat³¹

【哪吒三太子】lo₃₃ tsʰia₅₅ sam₃₃ tʰai₅₁ tsu⁵¹ 哪吒。

〈張〉哪吒三太子 lo₃₃ tsʰia₅₅ sam₃₃ tʰai₅₁ tsu⁵¹

〈藍〉x

【大樹公】tua₁₁ tsʰiu₁₁ kɔŋ⁵⁵ 大樹公。將老樹當有靈性的神膜拜。

〈張〉x

〈藍〉x

【石頭公】tsio₁₁ tʰau₃₃ kɔŋ⁵⁵ 石頭公。在復興科技大學後面，已無人膜拜。

〈張〉x

〈藍〉x

【鳥母仔】tsiau₅₅ bo₅₅ a⁵¹ 鳥母。專門照顧小孩的神，無神像；只在床中央置牲禮數樣膜拜，拜至 16 歲。下港講「床母」tsʰn̩₃₃ bo⁵¹。

〈張〉x

〈藍〉x

【七娘媽】tsʰit₅₅ nĩu₃₃ mã⁵¹ 七娘媽神。頭城無此神，故不拜七娘媽。

〈張〉七娘媽 tsʰit₅₅ nĩu₃₃ mã⁵¹

〈藍〉x

【灶王公】tsau₅₁ ɔŋ₃₃ kɔŋ⁵⁵ 灶神。

〈張〉灶王公 tsau₅₁ ɔŋ₃₃ kɔŋ⁵⁵

〈藍〉灶頭公 tsau₅₁ tʰau₃₃ kɔŋ⁵⁵

【將軍爺廟】tsiŋ₃₃ kun₃₃ ia₃₃ bio³³ 四將軍，在頭城國中旁。

〈張〉x

〈藍〉x

【開漳聖王廟】kʰai₃₃ tsiŋ₃₃ siŋ₅₁ ɔŋ₃₃ bio³³ 開漳聖王廟。

〈張〉x

〈藍〉x

【有王公廟仔】iu₅₅ ɔŋ₃₃ kɔŋ₃₃ bio₃₃ a⁵¹ 第一公墓的「萬善堂」ban₁₁ sian₁₁ tn̩¹³，有求必應。亦即「有應公廟」。

〈張〉有應公仔 iu₅₅ iɔŋ₃₃ kɔŋ₃₃ ŋã⁵¹

〈藍〉x

【三山國王】sam₃₃ suã₃₃ kɔk₅₅ ɔŋ¹³ 頭城人都在拜，位於武營里、中崙里。

〈張〉三山公仔 sam₃₃ san₃₃ kɔŋ₃₃ ŋã⁵¹

〈藍〉x

【財神爺】tsai$_{33}$ sin$_{33}$ ia^{13}

　〈張〉財神爺 tsai$_{33}$ sin$_{33}$ ia^{13}

　〈藍〉財神 tsai$_{33}$ sin^{13}

【襟仔】ts^{h}at$_{55}$ la^{51} 畫有神像的掛軸。

　〈張〉襟仔 ts^{h}at$_{55}$ la^{51}

　〈藍〉x

【佛祖襟仔】hut$_{11}$ tso$_{55}$ ts^{h}at$_{55}$ la^{51} 畫有釋
　迦摩尼佛的掛軸。

　也講「神明屏」sin$_{33}$ biŋ$_{33}$ pin^{13}

　〈張〉x

　〈藍〉x

【土地公】t^{h}o$_{55}$ li$_{11}$ kɔŋ^{55} 土地公，又叫
　「福德正神」。

　〈張〉土地公 t^{h}o$_{55}$ li$_{11}$ kɔŋ^{55}

　〈藍〉土地公 t^{h}o$_{55}$ ti$_{11}$ kɔŋ^{55}

【尪架桌】aŋ$_{33}$ ke$_{51}$ toʔ^{31} 神桌。

　〈張〉尪架桌 aŋ$_{33}$ ke$_{51}$ toʔ^{31}

　〈藍〉x

【拜拜】pai$_{51}$ pai^{11} 拜神明。

　〈張〉拜拜 pai$_{51}$ pai^{11}

　〈藍〉拜神 pai$_{51}$ sin^{13}

　　　拜神明 pai$_{51}$ sin$_{33}$ biŋ^{13}

【神祇牌仔】sin$_{33}$ tsi$_{55}$ pai$_{33}$ a^{51}
　祖先牌位。人過世三年內，紙糊的牌
　位，未成神格。海口腔[sin$_{33}$ tsu$_{55}$ pai$_{33}$
　a^{51}]。過世 3 年後，名諱才寫入「公媽
　牌」內。

　〈張〉神祇牌仔 sin$_{33}$ tsi$_{55}$ pai$_{33}$ a^{51}

　〈藍〉x

【公媽牌】kɔŋ$_{33}$ mã$_{55}$ pai^{13} 公媽龕。
　已安置在神案上的木製祖先牌位。

　也講「公媽龕」kɔŋ$_{33}$ mã$_{55}$ k^{h}am^{55}

　〈張〉x

　〈藍〉公媽岫 kɔŋ$_{33}$ mã$_{55}$ siu^{33}

【牲禮】siŋ$_{33}$ le^{51} 祭拜時用的牲禮。

　〈張〉牲禮 siŋ$_{33}$ le^{51}

　〈藍〉x

【唸經】liam$_{11}$ kiŋ^{55} 信仰宗教的人朗讀
　或背誦經文。也講「誦經」siŋ$_{11}$ kiŋ^{55}。

　〈張〉誦經 siɔŋ$_{11}$ kiŋ^{55}、

　　　又音 siŋ$_{11}$ kiŋ^{55}

　　　唸經 liam$_{11}$ kiŋ^{55}

　〈藍〉唸經 liam$_{11}$ kiŋ^{55}

【跋桮】pua$_{11}$ pue^{55} 擲筊杯。

　〈張〉跋桮 pua$_{11}$ pue^{55}

　〈藍〉x

【聖桮】siŋ$_{11}$ pue^{55} 筊杯，或擲筊「一
　个陰一个陽」的結果。tsit$_{11}$ le$_{33}$ im^{55}
　tsit$_{11}$ le$_{33}$ iŋ^{13}

　〈張〉聖桮 siŋ$_{11}$ pue^{55}

　〈藍〉聖桮 siŋ$_{11}$ pue^{55}、sim$_{11}$ pue^{55}

【蓋桮】k^{h}ap$_{55}$ pue^{55} 兩個都是凸面在
　上。

　亦稱「陰桮」im$_{33}$ pue^{55}。

　〈張〉陰桮 im$_{33}$ pue^{55}

　〈藍〉x

【笑桮】ts^{h}io$_{51}$ pue^{55} 兩個都是凹面在
　上。

　〈張〉笑桮 ts^{h}io$_{51}$ pue^{55}

　〈藍〉x

【抽籤】t^{h}iu$_{33}$ ts^{h}iam^{55}

　〈張〉抽籤 t^{h}iu$_{33}$ ts^{h}iam^{55}

　〈藍〉抽籤 t^{h}iu$_{33}$ ts^{h}iam^{55}

　　　求籤 kiu$_{33}$ ts^{h}iam^{55}

【籤詩】ts^hiam_{33} si^{55} 廟裏的籤詩。

〈張〉籤詩 ts^hiam_{33} si^{55}

〈藍〉x

【卜籤詩】pok_{55} ts^hiam_{33} si^{55} 解籤詩。

〈張〉卜籤詩 pok_{55} ts^hiam_{33} si^{55}

〈藍〉x

【卜卦】pok_{55} kua^{11} 占卜卦象。

〈張〉卜卦 pok_{55} kua^{11}

〈藍〉卜卦 pok_{55} kua^{11}

【香火】$hĩu_{33}$ hue^{51} 香火，保平安包。

〈張〉香火 $hĩu_{33}$ hue^{51}

〈藍〉x

【先生媽】sin_{33} $sẽ_{33}$ ma^{51} 類似巫醫，女性

〈張〉x

〈藍〉x

【點香】$tiam_{55}$ $hĩu^{55}$ 點香。
拜神佛時，點香膜拜，並將心意，借裊裊香煙，上達於天聽。

〈張〉點香 $tiam_{55}$ $hĩu^{55}$

〈藍〉燒香 sio_{33} $hĩu^{55}$

【燒金】sio_{33} kim^{55} 燒紙錢，以敬鬼神。

〈張〉燒金 sio_{33} kim^{55}

〈藍〉x

【保庇】po_{55} pi^{11} 保佑。
也講「保平安」po_{55} $piŋ_{33}$ an^{55}

〈張〉保庇 po_{55} pi^{11}、保佑 po_{55} iu^{33}

〈藍〉x

【下願】he_{11} $guan^{33}$ 許願。

〈張〉x

〈藍〉下願 he_{11} $guan^{33}$、下神 he_{11} sin^{13}

【謝願】sia_{11} $guan^{33}$ 還願。

〈張〉答謝 tap_{55} sia^{33}

〈藍〉謝願 sia_{11} $guan^{33}$、謝神 sia_{11} sin^{13}

【做醮】tso_{51} $tsio^{11}$ 道士設壇唸經做法事，十數年一次。

〈張〉做醮 tso_{51} $tsio^{11}$

〈藍〉做醮 tso_{51} $tsiu^{11}$

【搶孤】$ts^hĩu_{55}$ $kɔ^{55}$ 搶孤。

〈張〉搶孤 $ts^hĩu_{55}$ $kɔ^{55}$

〈藍〉x

【做三朝】tso_{51} sam_{33} $tiau^{55}$
頭城搶孤祭祀，主要活動在農曆七月28,29,30 三天，稱「做三朝」。

〈張〉x

〈藍〉x

【對年】tui_{51} $nĩ^{13}$ 已故先人剛逝世一年的日子。

〈張〉x

〈藍〉x

【做忌】tso_{51} ki^{33} 已故先人逝世紀念日，要擺設供品茱餚在先人靈前祭拜。

〈張〉做忌 tso_{51} ki^{33}

〈藍〉做忌 tso_{51} ki^{33}

【普渡】$p^hɔ_{55}$ $tɔ^{33}$ 普渡。
民間舉辦的大規模的普渡無主孤神的儀式。

〈張〉普渡 $p^hɔ_{55}$ $tɔ^{33}$

〈藍〉普渡 $p^hɔ_{55}$ $tɔ^{33}$

【弄獅】$laŋ_{11}$ sai^{55} 舞獅。

〈張〉弄獅 $laŋ_{11}$ sai^{55}

〈藍〉x

【譴爽】$k^hian_{51} sŋ^{51}$ 忌諱。
〈張〉譴爽 $k^hian_{51} sŋ^{51}$
〈藍〉忌諱 $ki_{11} hui^{11}$ （書）

【善男信女】$sian_{11} lam^{13} sin_{51} li^{51}$
善男信女，指稱到寺廟膜拜的男女。
亦統稱「大德」$tai_{11} tik^{31}$
〈張〉善男信女 $sian_{11} lam^{13} sin_{51} li^{51}$
〈藍〉x

【迎鬧熱】$ŋiã_{33} lau_{11} dziat^{33}$ 抬著或抱著
神像結隊上街遊行，讓大眾觀看、祭
拜。
〈張〉迎鬧熱 $ŋiã_{33} lau_{11} dziat^{55}$
〈藍〉做鬧熱 $tso_{51} lau_{11} dziat^{55}$

【佈馬陣】$po_{51} be_{55} tin^{33}$ 佈馬陣。
頭城迎春的隊伍，由學生組成。
〈張〉x
〈藍〉x

【服侍】$hok_{11} sai^{33}$ 神像因故被棄，撿
回後送到刻神像店退神後，重新修
飾，再請神，奉回家裡或廟裡祭拜，
稱「服侍」。
〈張〉服侍 $hok_{11} sai^{33}$
〈藍〉x

【童乩】$taŋ_{33} ki^{55}$ 乩童。
俗稱「古博行地理，悾歕做童乩」「ko_{55}
$p^hok^{31} kiã_{33} te_{11} li^{51}$，$k^hoŋ_{33} k^ham^{51} tso_{51}$
$taŋ_{33} ki^{55}$」
〈張〉童乩 $taŋ_{33} ki^{55}$
〈藍〉童乩 $taŋ_{33} ki^{55}$

【桌頭】$to_{51} t^hau^{13}$ 桌頭。
聽得懂「童乩」講的神話，看得懂寫
出來的神字，負責解釋給問神的信眾。

〈張〉桌頭 $to_{51} t^hau^{13}$
〈藍〉x

【致蔭】$ti_{51} im^{11}$ 庇蔭。
〈張〉致蔭 $ti_{51} im^{11}$
〈藍〉x

【添油香】$t^hiam_{33} iu_{33} hĩu^{55}$ 香油錢。
〈張〉x
〈藍〉x

【廟公】$bio_{11} koŋ^{55}$ 廟公。
也稱「廟祝」$bio_{11} tsik^{31}$（書）
〈張〉廟公 $bio_{11} koŋ^{55}$（口）
〈藍〉廟公 $bio_{11} koŋ^{55}$

【紅乩倚仔】$aŋ_{33} ki_{33} k^hia_{33} a^{51}$ 兩叉刻
有龍鳳，另一邊有人幫忙「童乩」把
持，敲打書寫，只有「桌頭」看得懂、
聽得懂。
〈張〉童乩倚仔 $taŋ_{33} ki_{33} k^hia_{33} a^{51}$
〈藍〉x

【著童】$tio_{11} taŋ^{13}$ 乩童讓神附身的狀
態。
也講「跳童」$t^hiau_{51} taŋ^{13}$、「趒童」tio_{33}
$taŋ^{13}$
〈張〉趒童 $tio_{33} taŋ^{13}$
〈藍〉x

【菜姑】$ts^hai_{51} ko^{55}$ 住在的寺廟茹素未
剃度的女人。
〈張〉x
〈藍〉x

【尼姑庵】$nĩ_{33} ko_{33} am^{55}$ 尼姑住的小佛
寺。
〈張〉尼姑庵 $nĩ_{33} ko_{33} am^{55}$
〈藍〉尼姑庵 $nĩ_{33} ko_{33} am^{55}$

【題緣金】te₃₃ ian₃₃ kim⁵⁵ 募捐金。
　〈張〉題緣金 te₃₃ ian₃₃ kim⁵⁵
　〈藍〉x

【阿彌陀佛】ɔ₃₃ mĩ⁵¹ tɔ₁₁ hut³³ 阿彌陀佛
　佛號,表示祈禱神靈保佑或感謝神靈
　之意。
　〈張〉阿彌陀佛ɔ₃₃ mĩ⁵¹ tɔ₁₁ hut³³
　〈藍〉阿彌陀佛ɔ₃₃ mĩ⁵¹ tɔ₁₁ hut⁵⁵

【香爐】hĩu₃₃ lɔ¹³ 香爐。
　〈張〉香爐 hĩu₃₃ lɔ¹³
　〈藍〉香爐 hĩu₃₃ lɔ¹³

【天主教】tʰian₃₃ tsu₅₅ kau¹¹
　〈張〉天主教 tʰian₃₃ tsu₅₅ kau¹¹
　〈藍〉x

【基督教】ki₃₃ tɔk₅₅ kau¹¹ 基督教。
　〈張〉基督教 ki₃₃ tɔk₅₅ kau¹¹
　〈藍〉x

【一貫道】it₅₅ kuan₅₁ to³³ 一貫道。
　戒嚴時期被稱爲「鴨卵教」a₅₁ nũĩ₁₁
　kau¹¹
　〈張〉x
　〈藍〉x

【爐丹】lɔ₃₃ tan⁵⁵ 香灰的別稱。
　〈張〉爐丹 lɔ₃₃ tan⁵⁵
　〈藍〉x

【涼傘】nĩu₃₃ suã¹¹ 神明轎子出巡的時
　候,在轎子前面的一種圓傘,是一種
　聖物。
　〈張〉涼傘 nĩu₃₃ suã¹¹
　〈藍〉x

【輦轎】lian₅₅ kio³³ 會起乩的小轎子。
　〈張〉輦轎 lian₅₅ kio³³

　〈藍〉x

【興】hiŋ⁵⁵ 形容廟宇的香火鼎盛。
　〈張〉興 hiŋ⁵⁵
　〈藍〉x

【興】hiŋ¹¹ 形容人對某事物強烈的興
　趣。
　〈張〉x
　〈藍〉x

【補運】pɔ₅₅ un³³ 補運。
　〈張〉補運 pɔ₅₅ un³³
　〈藍〉x

【添運】tʰiam₃₃ un³³ 添運。
　由「師公」主持,爲業主消災、補運、
　添運,礁溪恩主公廟在農曆正月舉行。
　〈張〉添運 tʰiam₃₃ un³³
　〈藍〉x

【消災】siau₃₃ tsai⁵⁵ 點燈消災。
　〈張〉消災 siau₃₃ tsai⁵⁵
　〈藍〉x

【改厄】kai₅₅ eʔ³¹ 消災改厄運。
　〈張〉x
　〈藍〉x

附‧金紙的種類

【三色金】sã₃₃ sik₅₅ kim⁵⁵ 三色金。
　初一、十五拜拜時用,有「天金」「割
　金」「壽金」三種。
　〈張〉x
　〈藍〉x

【天金】tʰian₃₃ kim⁵⁵ 祭祀天公的金紙。
　〈張〉天金 tʰian₃₃ kim⁵⁵
　〈藍〉x

【壽金】siu₁₁ kim⁵⁵ 壽金。

〈張〉壽金 siu₁₁ kim⁵⁵

〈藍〉x

【割金】kua₅₁ kim⁵⁵ 割金。
祭拜已侍奉在神案上的公媽牌、或已升爲神格的祖先。與「福金」同，只是尺寸較大。

〈張〉割金 kua₅₁ kim⁵⁵

〈藍〉x

【金紙】kim₃₃ tsua⁵¹

〈張〉金紙 kim₃₃ tsua⁵¹

〈藍〉x

【福金】hɔk₅₅ kim⁵⁵ 即「土地公金」tɔ₅₅ li₁₁kɔŋ₃₃ kim⁵⁵，較小塊四方形中間擦有黃色及貼有金箔。

〈張〉福金 hɔk₅₅ kim⁵⁵

〈藍〉x

【婆姊衣】pɔ₃₃ tsia₅₅ i⁵⁵ 拜「鳥母仔」時燒的紙錢。

〈張〉婆姊衣 pɔ₃₃ tsia₅₅ i⁵⁵

〈藍〉x

【蓮花金】lian₃₃ hue₃₃ kim⁵⁵ 佛教禮儀，摺蓮花金紙燒給往生的人。

〈張〉x

〈藍〉x

【經衣】kiŋ₃₃ i⁵⁵ 經衣。
祭拜給好兄弟換穿梳洗用的。長型印有衣物柴梳等；拜時要先燒給好兄弟換穿梳洗。拜好兄弟只用「經衣」「銀紙」兩種。

〈張〉經衣 kiŋ₃₃ i⁵⁵

〈藍〉經衣 kiŋ₃₃ i⁵⁵

【補運錢】pɔ₅₅ un₁₁ tsĩ¹³ 補運錢。
師公開出表單到店裡買各種有關補運的紙錢，統稱「補運錢」。

〈張〉補運錢 pɔ₅₅ un₁₁ tsĩ¹³

〈藍〉x

【甲馬】ka₅₁ be⁵¹ 武官用之紙馬，燒給武神用，亦須給糧草。

〈張〉甲馬 ka₅₁ be⁵¹

〈藍〉x

【銀紙】gin₃₃ tsua⁵¹ 用來祭拜後燒給過世的祖先和鬼神用的。

〈張〉銀紙 gin₃₃ tsua⁵¹

〈藍〉銀紙 gin₃₃ tsua⁵¹

【大銀】tua₁₁ gin¹³ 面額較大的銀紙。拜祖先用。

〈張〉大銀 tua₁₁ gin¹³

〈藍〉x

【小銀】sio₅₅ gin¹³ 面額較小的銀紙。拜祖先用。

〈張〉小銀 sio₅₅ gin¹³

〈藍〉x

註：先燒土地公金；再爲龍神燒壽金，最後爲祖先燒金紙銀紙。

二十五、文化娛樂

【公學校】kɔŋ₃₃ hak₁₁ hau³³ 公學校，日據時代台灣人唸的小學。

〈張〉公學校 kɔŋ₃₃ hak₁₁ hau³³

〈藍〉公學校 kɔŋ₃₃ hak₁₁ hau³³

【小學校仔】sio₅₅ hak₁₁ hau₃₃ a⁵¹ 日據時代日本人唸的小學。（頭城無）

〈張〉小學校仔 sio₅₅ hak₁₁ hau₃₃ a⁵¹

〈藍〉學校 hak₁₁ hau³³、學堂 o₁₁ tŋ¹³

【暗學仔】am$_{51}$ o$_{33}$ a^{51} 私塾以台語教傳
統漢學。（已無）
〈張〉暗學仔 am$_{51}$ o$_{33}$ a^{51}
〈藍〉暗學仔 am$_{51}$ o$_{33}$ a^{51}

【講習所】kaŋ$_{55}$ sip$_{11}$ sɔ^{51} 講習所，台灣
日治初期民眾的教育場所。
〈張〉講習所 kaŋ$_{55}$ sip$_{11}$ sɔ^{51}
〈藍〉x

【大學】tai$_{11}$ hak^{33} 凡具備三個學院以上
者稱為「大學」。
〈張〉大學 tai$_{11}$ hak^{33}
〈藍〉x

【中學】tiŋ$_{33}$ o^{33} 中學。
〈張〉中學 tiŋ$_{33}$ o^{33}
〈藍〉x

【高中】ko$_{33}$ tiŋ^{55} 高中。
〈張〉高中 ko$_{33}$ tiŋ^{55}
〈藍〉x

【國中】kɔk$_{55}$ tiŋ^{55} 國中。
〈張〉國中 kɔk$_{55}$ tiŋ^{55}
〈藍〉x

【初中】tsʰe$_{33}$ tiŋ^{55} 初中。
也音 tsʰɔ$_{33}$ tiŋ^{55}
〈張〉x
〈藍〉x

【小學仔】sio$_{55}$ hak$_{33}$ ga^{51} 小學。
〈張〉小學仔 sio$_{55}$ hak$_{33}$ ga^{51}
〈藍〉x

【幼稚園仔】iu$_{51}$ ti$_{11}$ uan$_{33}$ nã^{51} 幼稚園。
〈張〉幼稚園仔 iu$_{51}$ ti$_{11}$ huĩ$_{33}$ nã^{51}
〈藍〉x

【托兒所】tʰɔk$_{55}$ dzi$_{33}$ sɔ^{51} 托兒所。
〈張〉x
〈藍〉x

【寄學仔】kia$_{51}$ o$_{33}$ a^{51}
早期學齡未到的兒童，先與學齡已足
的兒童在一起讀書；等足歲後，在從
頭讀。如先讀小學一年級，一年後，
重新再由一年級讀起。
〈張〉寄學仔 kia$_{51}$ o$_{33}$ a^{51}
〈藍〉x

【入學】dzip$_{11}$ o^{33} 入學唸書。
〈張〉入學 dzip$_{11}$ o^{33}
〈藍〉入學 dzip$_{11}$ o^{33}

【讀冊】tʰak$_{11}$ tsʰeʔ^{31} 上學。
「伊已經去讀冊矣」I$_{33}$ i$_{55}$ kiŋ$_{33}$ kʰit$_{55}$
tʰak$_{11}$ tsʰe^{31}·a$_{11}$ 他已經上學去了！
〈張〉上學校 tsĩu$_{11}$ hak$_{11}$ hau^{33}
〈藍〉上學 tsĩu$_{11}$ o^{33}（書）

【讀冊】tʰak$_{11}$ tsʰeʔ^{31} 讀書。
〈張〉讀冊 tʰak$_{11}$ tsʰeʔ^{31}
〈藍〉讀冊 tʰak$_{11}$ tsʰeʔ^{31}、看冊 kʰuã$_{51}$
tsʰeʔ^{31}

【讀冊仔】tʰak$_{11}$ tsʰe$_{55}$ a^{51} 幼小的學童。
〈張〉x
〈藍〉x

【運動埕】un$_{11}$ tɔŋ$_{11}$ tiã^{13} 運動場。
也講「運動場」un$_{11}$ tɔŋ$_{11}$ tĩu^{13}
〈張〉運動埕 un$_{11}$ tɔŋ$_{11}$ tiã^{13}
〈藍〉運動埕 un$_{11}$ tɔŋ$_{11}$ tiã^{13}（口）
操場 tsʰau$_{55}$ tĩu^{13}（書）

【放學】paŋ$_{51}$ o^{33} 放學。
〈張〉放學 paŋ$_{51}$ o^{33}

〈藍〉放學 paŋ₅₁ o³³

【歇睏】he₅₁ kʰun¹¹ 休息。
　〈張〉歇睏 he₅₁ kʰun¹¹
　〈藍〉歇睏 he₅₁ kʰun¹¹

【歇寒】he₅₁ kuã¹³ 寒假。
　〈張〉歇寒 he₅₁ kuã¹³
　〈藍〉歇寒 he₅₁ kuã¹³、
　　　歇寒 heʔ₅₅ kuã¹³
　　　寒假 han₃₃ ka⁵¹

【歇熱】he₅₁ dzua³³ 暑假。
　〈張〉歇熱 he₅₁ dzua³³
　〈藍〉歇熱 he₅₁ dzua³³、
　　　歇熱 heʔ₅₅ dzua³³
　　　暑假 su₅₅ ka⁵¹（書）

【背唸】pue₁₁ liam³³ 背書。
　〈張〉背冊 pue₁₁ tsʰeʔ³¹、
　　　斡唸 uat₅₅ liam³³
　〈藍〉暗唸 am₅₁ liam³³、
　　　背冊 pue₁₁ tsʰeʔ³¹

【先生】sen₃₅ se⁵¹ 老師。日語詞彙。
　〈張〉先生 sin₃₃ sẽ⁵⁵
　〈藍〉先生 sin₃₃ sẽ⁵⁵

【老師】lau₁₁ su⁵⁵（國民政府來後）
　〈張〉老師 lau₁₁ su⁵⁵
　〈藍〉老師 lau₁₁ su⁵⁵

【學生】hak₁₁ siŋ⁵⁵ 學生。
　〈張〉學生 hak₁₁ siŋ⁵⁵
　〈藍〉學生 hak₁₁ siŋ⁵⁵

【同窗】toŋ₃₃ tsʰɔŋ⁵⁵ 同學。
　〈張〉同窗 toŋ₃₃ tsʰɔŋ⁵⁵
　〈藍〉同窗 toŋ₃₃ tsʰɔŋ⁵⁵

【同學】toŋ₃₃ hak³³ 同學。
　〈張〉同學 toŋ₃₃ hak³³
　〈藍〉同學 toŋ₃₃ hak⁵⁵、toŋ₃₃ o³³

【同事】toŋ₃₃ su³³ 同事。
　〈張〉同事 toŋ₃₃ su³³
　〈藍〉同事 toŋ₃₃ su³³

【放榜】hoŋ₅₁ pɔŋ⁵¹ 考試後的錄取者名單。
　〈張〉放榜 hoŋ₅₁ pŋ̍⁵¹
　〈藍〉放榜 hoŋ₅₁ pɔŋ⁵¹

【落第】lɔk₁₁ te³³ 留級。
　〈張〉落第 lɔk₁₁ te³³
　〈藍〉落第 lɔk₁₁ te³³

【成績】siŋ₃₃ tsik³¹ 成績。
　〈張〉成績 siŋ₃₃ tsik³¹
　〈藍〉x

【及格】kip₁₁ keʔ³¹ 及格。
　〈張〉及格 kip₁₁ keʔ³¹
　〈藍〉x

【鉛筆】em₃₃ pit³¹ 鉛筆。
　〈張〉鉛筆 ian₃₃ pit³¹
　〈藍〉鉛筆 ian₃₃ pit³¹

【鉛筆絞】em₃₃ pit₅₅ ka⁵¹ 鉛筆絞刀。
　〈張〉鉛筆絞 ian₃₃ pit₅₅ ka⁵¹
　〈藍〉鉛筆刀 ian₃₃ pit₅₅ to⁵⁵

【備業】pi₁₁ giap³³ 畢業。
　〈張〉畢業 pit₅₅ giap⁵⁵
　〈藍〉備業 pi₁₁ giap⁵⁵、
　　　出業 tsʰut₅₅ giap⁵⁵

【拭仔】tsʰit₅₅ la⁵¹ 橡皮擦。
　〈張〉拭仔 tsʰit₅₅ la⁵¹

〈藍〉拭仔 ts^{h}it$_{55}$ la^{51}

【毛筆】mõ$_{33}$ pit^{31} 毛筆。
　〈張〉大筆 tua$_{11}$ pit^{31}
　〈藍〉毛筆 mõ$_{33}$ pit^{31}

【鋼筆】kŋ$_{51}$ pit^{31} 鋼筆。
　「まんねんひつ」萬年筆，日語詞彙。
　已無人講。
　〈張〉萬年筆 ban$_{11}$ lian$_{33}$ pit^{31}
　〈藍〉萬年筆 ban$_{11}$ ian$_{33}$ pit^{31}

【原子筆】guan$_{33}$ tsu$_{55}$ pit^{31} 原子筆。
　〈張〉原子筆 guan$_{33}$ tsu$_{55}$ pit^{31}
　〈藍〉x

【紙】tsua^{51} 紙。
　〈張〉紙 tsua^{51}
　〈藍〉紙 tsua^{51}

【複寫紙】hɔk$_{11}$ sia$_{55}$ tsua^{51} 複寫紙。
　〈張〉黭紙 tɔ$_{51}$ tsua^{51}
　〈藍〉x

【糊仔】kɔ$_{33}$ a^{51} 醬糊。
　〈張〉糊仔 kɔ$_{33}$ a^{51}
　〈藍〉糊仔 kɔ$_{33}$ a^{51}

【墨】bak^{33} 書畫用的黑色顏料。
　〈張〉墨 bak^{33}
　〈藍〉墨 bak^{55}

【墨膏】bak$_{11}$ ko^{55} 墨汁。
　〈張〉墨膏 bak$_{11}$ ko^{55} （口）
　〈藍〉墨膏 bak$_{11}$ ko^{55}、
　　　墨汁 bak$_{11}$ tsiap^{31}（書）

【墨盤】bak$_{11}$ puã^{13} 硯台。
　〈張〉墨盤 bak$_{11}$ puã^{13}
　〈藍〉墨盤 bak$_{11}$ puã^{13}

【批】p^{h}e^{55} 信。
　〈張〉批 p^{h}e^{55}
　〈藍〉批 p^{h}e^{55}

【批殼仔】pe$_{33}$ k^{h}ak$_{55}$ ga^{51} 信封。
　〈張〉批殼仔 pe$_{33}$ k^{h}ak$_{55}$ ga^{51}
　〈藍〉批殼仔 pe$_{33}$ k^{h}ak$_{55}$ ga^{51}

【烏枋】ɔ$_{33}$ paŋ^{55} 黑板。
　〈張〉烏枋 ɔ$_{33}$ paŋ^{55}
　〈藍〉烏枋 ɔ$_{33}$ paŋ^{55}

【烏枋拭仔】ɔ$_{33}$ paŋ$_{33}$ ts^{h}it$_{55}$ la^{51} 板擦。
　〈張〉粉拭仔 hun$_{55}$ ts^{h}it$_{55}$ la^{51}
　〈藍〉x

【日誌】dzit$_{11}$ tsi^{11} 日曆。
　亦稱「曆日」la$_{11}$ dzit^{33}
　〈張〉日誌 dzit$_{11}$ tsi^{11}、曆日 la$_{11}$ dzit^{33}
　〈藍〉日誌 dzit$_{11}$ tsi^{11}

【春牛圖】ts^{h}un$_{33}$ gu$_{33}$ tɔ^{13} 張貼用的農民年曆。
　早期，郭雨新省議員常發給一般大眾用。
　〈張〉春牛圖 ts^{h}un$_{33}$ gu$_{33}$ tɔ^{13}
　〈藍〉春牛圖 ts^{h}un$_{33}$ gu$_{33}$ tɔ^{13}
　　　通書 t^{h}ɔŋ$_{33}$ su^{55}

【郵票】iu$_{33}$ p^{h}io^{11} 郵票。
　〈張〉郵票 iu$_{33}$ p^{h}io^{11}
　〈藍〉郵票 iu$_{33}$ p^{h}io^{11}

【尪仔冊】aŋ$_{33}$ ŋã$_{55}$ ts^{h}eʔ^{31} 漫畫書。
　〈張〉尪仔冊 aŋ$_{33}$ ŋã$_{55}$ ts^{h}eʔ^{31}
　〈藍〉x

【新聞】sin$_{33}$ bun^{13} 新聞。
　也可等同「報紙」pɔ$_{51}$ tsua^{51}

〈張〉新聞 sin$_{33}$ bun^{13}

〈藍〉報紙 po$_{51}$ tsua^{51}、
　　　新聞 sim$_{33}$ bun^{13}

【戲院】hi$_{51}$ ĩ^{33} 戲院或電影院。

〈張〉戲園 hi$_{51}$ huĩ^{13}

〈藍〉戲園 hi$_{51}$ huĩ^{13}

【走唱】tsau$_{55}$ tsʰĩu^{11} 走唱。
從一家唱完，再轉到另一家的獻唱方
式。

〈張〉x

〈藍〉x

【戲棚】hi$_{51}$ pẽ^{13} 臨時搭建的舞台，搬
演野台戲的場所。

〈張〉戲棚 hi$_{51}$ pẽ^{13}

〈藍〉戲棚 hi$_{51}$ pẽ^{13}

【歌舞團】kua$_{33}$ bu$_{55}$ tʰuan^{13}

〈張〉歌舞團 kua$_{33}$ bu$_{55}$ tʰuan^{13}

〈藍〉x

【歌仔戲】kua$_{33}$ a$_{55}$ hi^{11}

〈張〉歌仔戲 kua$_{33}$ a$_{55}$ hi^{11}

〈藍〉x

【小生】sio$_{55}$ siŋ^{55} 男主角。

〈張〉小生 sio$_{55}$ siŋ^{55}

〈藍〉x

【老生】lau$_{11}$ siŋ^{55} 扮演中年以上男子，
要掛鬍鬚。老男配角。

〈張〉老生 lau$_{11}$ siŋ^{55}

〈藍〉x

【花旦】hue$_{33}$ tuã^{11} 傳統戲曲的角色，
專門扮演性格活潑或放蕩潑辣的年輕
女子。

〈張〉花旦 hue$_{33}$ tuã^{11}

〈藍〉x

【苦旦】kʰɔ$_{55}$ tuã^{11} 傳統戲曲的角色，專
門演哭戲，唱「哭調仔」。

〈張〉苦旦 kʰɔ$_{55}$ tuã^{11}

〈藍〉阿旦 a$_{33}$ tuã^{11}

【花面】hue$_{33}$ bin^{33}

〈張〉花面 hue$_{33}$ bin^{33}

〈藍〉x

【大花】tua$_{11}$ hue^{55} 大花，奸臣。

〈張〉大花 tua$_{11}$ hue^{55}

〈藍〉x

【奸臣】kan$_{33}$ sin^{13}

〈張〉奸臣 kan$_{33}$ sin^{13}

〈藍〉x

【小丑仔】siau$_{55}$ tʰĩu$_{55}$ ã^{51} 小丑。

〈張〉丑仔 tʰiu$_{55}$ ã^{51}

〈藍〉丑仔 tʰiu$_{55}$ ã^{51}

【兵卒】piŋ$_{33}$ tsut^{31} 跑龍套的腳色。
所謂「十萬官兵四五个，千里路途六
七步」「tsap$_{11}$ ban$_{11}$ kuã$_{33}$ piŋ^{55} si$_{51}$ gɔ$_{11}$
e^{13}，tsian$_{33}$ li^{51} lɔ$_{11}$ tɔ^{13} lak$_{11}$ tsʰit$_{55}$ pɔ^{33}」

〈張〉兵卒 piŋ$_{33}$ tsut^{31}

〈藍〉x

【皮猴戲】pue$_{33}$ kau$_{33}$ hi^{11} 皮影戲。

〈張〉皮猴戲 pue$_{33}$ kau$_{33}$ hi^{11}

〈藍〉x

【布袋戲】pɔ$_{51}$ te$_{11}$ hi^{11} 布袋戲。

〈張〉布袋戲 pɔ$_{51}$ te$_{11}$ hi^{11}

〈藍〉x

【傀儡戲】ka$_{33}$ le$_{55}$ hi^{11} 傀儡戲。
　〈張〉傀儡戲 ka$_{33}$ le$_{55}$ hi^{11}
　〈藍〉x

【扮仙】pan$_{11}$ sian^{55} 演酬神的布袋戲或
　歌仔戲之前，要先演唱有扮仙的儀式。
　〈張〉扮仙 pan$_{11}$ sian^{55}
　〈藍〉x

【講古】kɔŋ$_{55}$ kɔ^{51} 說書藝術。
　〈張〉講古 kɔŋ$_{55}$ kɔ^{51}
　〈藍〉講古 kɔŋ$_{55}$ kɔ^{51}、
　　　說冊 suat$_{55}$ tsʰe^{31}（書）

【尪仔】aŋ$_{33}$ ŋã^{51} 玩偶。
　〈張〉尪仔 aŋ$_{33}$ ŋã^{51}
　〈藍〉尪仔 aŋ$_{33}$ ŋã^{51}

【捏麵師】liap$_{55}$ mĩ$_{11}$ sai^{55} 捏麵人。
　〈張〉捏麵粉尪仔 liap$_{55}$ mĩ$_{11}$ hun$_{55}$ aŋ$_{33}$
　　　gã^{51}
　〈藍〉x

【拍麻雀】pʰa$_{51}$ muã$_{33}$ tsʰik^{31} 打麻將。
　〈張〉拍麻雀 pʰa$_{51}$ muã$_{33}$ tsʰiak^{31}
　〈藍〉拍麻雀 pʰaʔ$_{55}$ mã$_{33}$ tsʰik^{31}
　　　拍麻雀 pʰa$_{51}$ mã$_{11}$ tsʰik^{31}

【麻雀子仔】muã$_{33}$ tsʰik$_{55}$ dzi$_{55}$ a^{51} 麻將
　牌。
　〈張〉麻雀子仔 muã$_{33}$ tsʰiak$_{55}$ dzi$_{55}$ a^{51}
　〈藍〉麻雀 mã$_{33}$ tsʰik^{31}、mã$_{11}$ tsʰik^{31}

【行棋】kiã$_{33}$ ki^{13} 下棋。
　〈張〉行棋 kiã$_{33}$ ki^{13}
　〈藍〉行棋 kiã$_{33}$ ki^{13}

【打三國】tã$_{33}$ sam$_{33}$ kɔk^{31} 三個人用象棋
　的一種玩法。

　〈張〉x
　〈藍〉x

【棋子】ki$_{33}$ dzi^{51}
　〈張〉棋子 ki$_{33}$ dzi^{51}
　〈藍〉子仔 dzi$_{55}$ a^{51}、棋子 ki$_{33}$ dzi^{51}

【棋盤】ki$_{33}$ puã^{13} 棋盤。
　〈張〉x
　〈藍〉棋盤 ki$_{33}$ puã^{13}

【軍】kun^{55} 紅帥或黑將。（名詞）
　〈張〉軍 kun^{55}
　〈藍〉x

【士】su^{33} 士。
　〈張〉士 su^{33}
　〈藍〉x

【象】tsʰĩu^{33} 象。
　〈張〉象 tsʰĩu^{33}
　〈藍〉x

【車】ki^{55} 車。
　〈張〉車 ki^{55}
　〈藍〉車 ki^{55}

【馬】be^{51} 馬。
　〈張〉馬 be^{51}
　〈藍〉x

【砲】pʰau^{11} 砲。
　〈張〉砲 pʰau^{11}
　〈藍〉x

【兵】piŋ^{55} 紅兵。
　〈張〉兵 piŋ^{55}
　〈藍〉x

【卒】tsut^{31} 黑卒。
　〈張〉卒仔 tsut$_{55}$ la^{51}

〈藍〉x

【軍】kun⁵⁵ 下象棋時攻擊對方的「帥」或「將」時的照會聲。(動詞)

〈張〉軍 kun⁵⁵

〈藍〉x

【□□□】kʰe₃₃ tsi₅₅ baŋ⁵⁵ 撲克牌。

〈張〉□□□ kʰe₃₃ dzi₅₅ baŋ⁵⁵

〈藍〉x

【四色牌】si₅₁ sik₅₅ pai¹³ 一種賭博用的紙牌。

〈張〉四色牌 su₅₁ sik₅₅ pai¹³

〈藍〉x

【十簿仔】tsap₁₁ pʰɔ₃₃ a⁵¹ 四色牌的一種玩法。

〈張〉十簿仔 tsap₁₁ pʰɔ₃₃ a⁵¹

〈藍〉x

【牌仔】pai₃₃ a⁵¹ 小孩玩的圓紙牌。

〈張〉牌仔 pai₃₃ a⁵¹

〈藍〉x

【遠足】uan₅₅ tsik³¹ 遠足。

〈張〉遠足 uan₅₅ tsiɔk³¹

〈藍〉x

【蹈山】pe₅₁ suã⁵⁵ 爬山。

〈張〉蹈山 pe₅₁ suã⁵⁵

〈藍〉x

【挕索仔】kʰiu₅₅ so₅₅ a⁵¹ 拔河。

也講「挕索仔」giu₅₅ so₅₅ a⁵¹

〈張〉挕索仔 giu₅₅ so₅₅ a⁵¹

〈藍〉挕索仔 giu₅₅ so₅₅ a⁵¹

【跳索仔】tʰiau₅₁ so₅₅ a⁵¹ 跳繩。

〈張〉幌索仔 hãĩ₅₁ so₅₅ a⁵¹

〈藍〉跳索仔 tʰiau₅₁ soʔ₅₅ a⁵¹

【車糞斗】tsʰia₃₃ pun₅₁ tau⁵¹ 翻跟斗。

〈張〉車糞斗 tsʰia₃₃ pun₅₁ tau⁵¹

〈藍〉車糞斗 tsʰia₃₃ pun₅₁ tau⁵¹
車龜轔 tsʰia₃₃ ku₃₃ lin⁵⁵

【拋車轔】pʰa₃₃ tsʰia₃₃ lin⁵⁵ 側翻。

〈張〉拋車轔 pʰa₃₃ tsʰia₃₃ lin⁵⁵

〈藍〉x

【倒戽】to₅₁ hɔ¹¹ 後翻。

〈張〉倒橐 to₅₁ hiau⁵⁵

〈藍〉x

【倒摔向】to₅₁ siŋ₅₁ hiã¹¹ 向後倒。

〈張〉倒摔向 to₅₁ siaŋ₅₁ hiã¹¹

〈藍〉x

【跳懸】tʰiau₅₁ kuan¹³ 跳高。

〈張〉跳懸 tʰiau₅₁ kuan¹³

〈藍〉x

【倒頭栽】to₅₁ tʰau₃₃ tsai⁵⁵ 倒立。

〈張〉x

〈藍〉x

【倒頭行】to₅₁ tʰau₃₃ kiã¹³ 倒立而行。

〈張〉x

〈藍〉x

【幌中秋】hãi₅₁ tiŋ₃₃ tsʰiu⁵⁵ 盪鞦韆。

〈張〉幌中秋 hãi₅₁ tiɔŋ₃₃ tsʰiu⁵⁵

〈藍〉幌中秋 hãi₅₁ tiŋ₃₃ tsʰiu⁵⁵

【泅水】siu₃₃ tsui⁵¹ 游泳。

也講「游泳」iu₃₃ iŋ⁵¹

〈張〉泅水 siu₃₃ tsui⁵¹、游泳 iu₃₃ iŋ⁵¹

〈藍〉泅水 siu₃₃ tsui⁵¹

【徛泅】k^{h}ia$_{11}$ siu^{13} 立泳。

〈張〉徛泅 k^{h}ia$_{11}$ siu^{13}

〈藍〉x

【蛤仔泅】kap$_{55}$ ba$_{55}$ siu^{13} 蛙泳。

〈張〉蛤仔泅 kap$_{55}$ ba$_{55}$ siu^{13}

〈藍〉x

【死囡仔髬】si$_{55}$ gin$_{55}$ nã$_{55}$ t^{h}e^{55} 仰浮泳。面向上，身體隨流水漂泳。

〈張〉死囡仔髬si$_{55}$ gin$_{55}$ nã$_{55}$ t^{h}e^{55}

〈藍〉x

【藏水】ts^{h}aŋ^{51} tsui^{51} 潛水。

或講「藏沕」ts^{h}aŋ^{51} bi^{33}

「藏水沕」ts^{h}aŋ^{51} tsui$_{55}$ bi^{33}

〈張〉藏沕 ts^{h}aŋ^{51} bi^{33}

〈藍〉藏沕 ts^{h}aŋ^{51} bi^{33}、藏水 ts^{h}aŋ^{51} tsui^{51}

【拍滂泅】p^{h}a$_{51}$ p^{h}ɔŋ$_{11}$ siu^{13} 小孩打水花式的游泳。

〈張〉拍滂泅 p^{h}a$_{51}$ p^{h}ɔŋ$_{11}$ siu^{13}

〈藍〉x

【踮□□】tiam$_{51}$ p^{h}ɔŋ$_{13}$ iãu^{55} 捉迷藏。

〈張〉掩咯雞 uĩ$_{33}$ kɔk$_{11}$ ke^{55}

〈藍〉x

【走相逐】tsau$_{55}$ sio$_{33}$ dzik^{31} 玩互相追逐的遊戲。

〈張〉走相逐 tsau$_{55}$ sio$_{33}$ dzik^{31}

〈藍〉x

【珠仔】tsu$_{33}$ a^{51} 小孩子玩的圓珠子。

〈張〉珠仔 tsu$_{33}$ a^{51}

〈藍〉x

【酒矸仔窒】tsiu$_{55}$ kan$_{33}$ nã$_{55}$ t^{h}at^{31} 軟木塞、瓶塞。

〈張〉酒矸仔窒 tsiu$_{55}$ kan$_{33}$ nã$_{55}$ t^{h}at^{31}

〈藍〉x

【酒矸仔蓋】tsiu$_{55}$ kan$_{33}$ nã$_{55}$ kua^{11} 酒瓶蓋。

也講「酒矸仔栓」tsiu$_{55}$ kan$_{33}$ nã$_{55}$ suĩ^{55}

〈張〉x

〈藍〉x

【阿不倒仔】a$_{33}$ put$_{55}$ to$_{55}$ a^{51} 不倒翁。

〈張〉阿不倒仔 a$_{33}$ put$_{55}$ to$_{55}$ a^{51}

〈藍〉x

【拍噗仔】p^{h}a$_{51}$ pɔk$_{33}$ ga^{51} 鼓掌。

也講「鼓掌」kɔ$_{55}$ tsiŋ^{51}（書）

〈張〉拍噗仔 p^{h}a$_{51}$ pɔk$_{33}$ ga^{51}

〈藍〉拍噗仔 p^{h}a$_{51}$ pɔk$_{33}$ ga^{51}

【辦公伙仔】pan$_{11}$ kɔŋ$_{33}$ hue$_{55}$ a^{51} 小孩玩辦家家酒。

〈張〉辦公伙仔 pan$_{11}$ kɔŋ$_{33}$ hue$_{55}$ a^{51}

〈藍〉辦公伙仔 pan$_{11}$ kɔŋ$_{33}$ hue$_{55}$ a^{51}

【骰仔】tau$_{33}$ a^{51} 骰子。

〈張〉骰仔 tau$_{33}$ a^{51}

〈藍〉骰仔 tau$_{33}$ a^{51} 四五令 su^{51} ŋɔ̃$_{55}$ liŋ$_{33}$

【披骰仔】ia$_{11}$ tau$_{33}$ a^{51} 擲骰子。

〈張〉攆骰仔 lian$_{55}$ tau$_{33}$ a^{51}

〈藍〉抾骰仔 k^{h}io$_{51}$ tau$_{33}$ a^{51}

【十八】sip$_{11}$ pat^{31} 將四粒骰子擲在大碗公中，兩粒都是 6 的對，另兩粒成任何數字（非 6）的對，稱 sip$_{11}$ pat^{31}。

〈張〉x

〈藍〉x

【扁懺】pĩ$_{55}$ tsĩ^{55} 將四粒骰子擲在大碗公中，兩粒成對，另兩粒總數只有 3，稱 pĩ$_{55}$ tsĩ^{55}。

意謂被擠到最小、最扁的數字。

〈張〉x

〈藍〉x

【跋筊】pua₁₁ kiau⁵¹ 賭博。

〈張〉跋筊 pua₁₁ kiau⁵¹

〈藍〉跋筊 pua₁₁ kiau⁵¹

【㧌落去】teʔ₃₁ lue₁₁ 押下去、下注。

〈張〉x

〈藍〉x

【風吹】hɔŋ₃₃ tsʰue⁵⁵ 風箏。

〈張〉風吹 hɔŋ₃₃ tsʰue⁵⁵

〈藍〉風吹 hɔŋ₃₃ tsʰue⁵⁵

【八角風吹】peʔ₅₅ kak₅₅ hɔŋ₃₃ tsʰue⁵⁵ 八角風箏。

〈張〉x

〈藍〉x

【干樂】kan₃₃ lɔk₃₃ 陀螺。

〈張〉干樂 kan₃₃ lɔk⁵⁵

〈藍〉干樂 kan₃₃ lɔk⁵⁵

【踢錢仔】tʰat₅₅ tsĩ₃₃ ã⁵¹ 踢毽子。

〈張〉x

〈藍〉踢毽仔 tʰat₅₅ tʰat₅₅ la⁵¹

【鳥擗仔】tsiau₅₅ pʰik₃₃ ga⁵¹ 彈弓。

〈張〉鳥擗仔 tsiau₅₅ pʰiak₃₃ ga⁵¹

〈藍〉x

【畫虎𡳞】ue₁₁ hɔ₅₅ lan₃₃ 聊天。
或講「開講」kʰai₃₃ kaŋ⁵¹

〈張〉畫虎𡳞 ue₁₁ hɔ₅₅ lan³³

〈藍〉x

【做義量】tso₅₁ gi₁₁ nĩu³³ 隨便做一些事來打發時間，排遣煩悶。

〈張〉做義量 tso₅₁ gi₁₁ nĩu³³

〈藍〉x

【放炮仔】paŋ₅₁ pʰau₅₅ a⁵¹ 放鞭砲。

〈張〉放炮仔 paŋ₅₁ pʰau₅₅ a⁵¹

〈藍〉x

【水鴛鴦】tsui₅₅ uan₃₃ ĩu⁵⁵ 鞭炮的一種。

〈張〉水鴛鴦 tsui₅₅ uan₃₃ ĩu⁵⁵

〈藍〉x

【放煙火】paŋ₅₁ ian₃₃ hue⁵¹ 放煙火。

〈張〉放煙火 paŋ₅₁ ian₃₃ hue⁵¹

〈藍〉x

〈藍〉x

【小鬼仔殼】siau₅₅ kui₅₅ a₅₅ kʰak³¹ 假面具。

〈張〉小鬼仔殼 siau₅₅ kui₅₅ a₅₅ kʰak³¹

〈藍〉鬼仔殼 kui₅₅ a₅₅ kʰak³¹

【夯枷】gia₃₃ ke¹³ 「枷」是古時候套在犯人脖子上的木板刑具。「夯枷」延伸爲自找麻煩的意思。

〈張〉夯枷 gia₃₃ ke¹³

〈藍〉x

【踏蹻】ta₁₁ kʰiau⁵⁵ 踩高蹻。

〈張〉踏蹻 ta₁₁ kʰiau⁵⁵

〈藍〉x

【披水漂仔】pʰi₃₃ tsui₅₅ pʰi₅₅ a⁵¹ 打水漂。一種遊戲，將扁石片丟向水面，使石片貼著水面跳躍，看能彈出幾個水花。

〈張〉披水漂仔 pʰi₃₃ tsui₅₅ pʰi₅₅ a⁵¹

〈藍〉x

【跳舞】tʰiau₅₁ bu⁵¹ 跳舞。

〈張〉跳舞 tʰiau₅₁ bu⁵¹

〈藍〉跳舞 tʰiau₅₁ bu⁵¹

【顧囡仔】ko_{51} gin_{55} na_{51} 照顧小孩。
〈張〉顧囡仔 ko_{51} gin_{55} na_{51}
〈藍〉x

【古董】ko_{55} ton_{51} 古代留下來的器物。
〈張〉古董 ko_{55} ton_{51}
〈藍〉x

【臆謎猜】io_{51} be_{33} $tsʰai_{55}$ 猜謎語。
〈張〉臆謎猜 io_{51} bi_{33} $tsʰai_{55}$
〈藍〉x

【讓】$dzin_{33}$ 猜拳。
「讓□□」$dzin_{11}$ kim_{11} kue_{55}
一般剪刀、石頭、布的划拳。
〈張〉讓 $dzian_{33}$
〈藍〉術 sut_{55}

【喝拳】hua_{51} kun_{13} 大人喝酒划拳。
〈張〉喝拳 hua_{51} kun_{13}
〈藍〉喝拳 hua_{51} kun_{13}

【台灣拳】tai_{33} uan_{33} kun_{13} 猜出兩人所出手指的總合，但沒有五。
〈張〉x
〈藍〉x

【單單】tan_{33} tan_{55} 猜兩人出的總和為1。
〈張〉x
〈藍〉x

【兩支】$nŋ_{11}$ ki_{55} 猜兩人的總和為2。
〈張〉x
〈藍〉x

【三三】sa_{33} sa_{55} 猜兩人的總和為3。
〈張〉x
〈藍〉x

【四紅】su_{51} hon_{13} 猜兩人的總和為4。
〈張〉x
〈藍〉x

【六連】lak_{55} $lian_{13}$ 猜兩人的總和為6。
〈張〉x
〈藍〉x

【七巧】$tsʰit_{55}$ $tsʰiau_{13}$ 猜兩人的總和為7。
〈張〉x
〈藍〉x

【八仙】pat_{55} $sian_{55}$ 猜兩人的總和為8。
〈張〉x
〈藍〉x

【狡怪】kau_{55} $kuai_{11}$ 猜兩人的總和為9。狡與九同音，並指對方很狡滑、難纏。
〈張〉x
〈藍〉x

【總來】$tson_{55}$ lai_{13} 兩人總合共10支手指頭。
〈張〉x
〈藍〉x

附・關於音樂與樂器

【八音】pat_{55} im_{55} 八音。
〈張〉八音 pat_{55} im_{55}
〈藍〉x

【十音】sip_{11} im_{55} 十音，喪禮時用。
〈張〉x
〈藍〉x

【做烏个】tso_{51} o_{55} $·e_{55}$ 處理喪禮。
〈張〉x
〈藍〉x

【南管】lam$_{33}$ kuan^{51}

〈張〉南管 lam$_{33}$ kuan^{51}

〈藍〉x

【北管】pak$_{55}$ kuan^{51}

〈張〉北管 pak$_{55}$ kuan^{51}

〈藍〉x

【筒簫】t^{h}ɔŋ$_{11}$ siau^{55} 洞簫。

〈張〉筒簫 t^{h}ɔŋ$_{11}$ siau^{55}

〈藍〉洞簫 tɔŋ$_{11}$ siau^{55}

【篦仔】p^{h}in$_{55}$ nã^{51} 笛子，用一根竹管做成，上面有按孔，用橫吹的方式來演奏。

〈張〉篦仔 p^{h}in$_{55}$ nã^{51}

〈藍〉篦仔 p^{h}in$_{55}$ nã^{51}

【琵琶琴】gi$_{33}$ pe$_{33}$ k^{h}im^{13} 琵琶。頭城不使用此樂器。

〈張〉琵琶 pi$_{33}$ pe^{13}

〈藍〉琵琶 gi$_{33}$ pe^{13}

【月琴】gue$_{11}$ k^{h}im^{13} 月琴。又稱「乞食琴」k^{h}it$_{55}$ tsia$_{11}$ k^{h}im^{13}

〈張〉月琴 gue$_{11}$ k^{h}im^{13}

乞食琴 k^{h}it$_{55}$ tsia$_{11}$ k^{h}im^{13}

〈藍〉x

【三弦】sam$_{33}$ hian^{13} 一種三根弦彈撥的弦樂器。

〈張〉三弦 sam$_{33}$ hian^{13}

〈藍〉x

【大廣弦】tua$_{11}$ kɔŋ$_{51}$ hian^{13} 大椰胡。

〈張〉大廣弦 tua$_{11}$ kɔŋ$_{51}$ hian^{13}

〈藍〉x

【弦仔】hian$_{33}$ nã^{51} 南胡、二胡。

〈張〉弦仔 hian$_{33}$ nã^{51}

〈藍〉弦仔 hian$_{33}$ nã^{51}

【挨弦仔】e$_{33}$ hian$_{33}$ nã^{51} 拉南胡。

〈張〉x

〈藍〉挨弦仔 e$_{33}$ hian$_{33}$ nã^{51}

【吊規仔】tiau^{51} kui$_{33}$ a^{51} 京胡，琴身較小，用竹筒做琴筒，聲音高亢。西皮派使用。

〈張〉吊規仔 tiau^{51} kui$_{33}$ a^{51}

〈藍〉x

【提絃】t^{h}e$_{33}$ hian^{13} 椰胡，福祿派使用。

〈張〉殼仔弦 k^{h}ak$_{55}$ ga$_{55}$ hian^{13}

〈藍〉x

【笛仔】tat^{33} la^{51} 西樂單簧管。稱「烏笛仔」ɔ$_{33}$ tat$_{33}$ la^{51}。

〈張〉笛仔 tat$_{33}$ la^{51}

〈藍〉x

【鼓吹】kɔ$_{55}$ ts^{h}ue^{55} 漢樂嗩吶。

〈張〉鼓吹 kɔ$_{55}$ ts^{h}ue^{55}

〈藍〉鼓吹 kɔ$_{55}$ ts^{h}ue^{55}

【大吹】tua$_{11}$ ts^{h}ue^{55} 也稱「掃角」sau$_{51}$kak^{31}。送葬時，在陣頭最前面的特長喇叭。

〈張〉號頭 ho$_{11}$ t^{h}au^{13}

〈藍〉x

【喇叭】lat$_{55}$ paʔ^{31} 喇叭。

〈張〉喇叭 la$_{55}$ paʔ^{31}

〈藍〉鼓吹 kɔ$_{55}$ ts^{h}ue^{55}

【龍角】liŋ$_{33}$ kak^{31} 龍角。「紅頭師公」吹的法器。

〈張〉龍角 liɔŋ$_{33}$ kak^{31}

〈藍〉x

【大抄】tua₁₁ tsʰau⁵⁵ 大鐃鈸，陣頭樂器。
〈張〉x
〈藍〉x

【小抄】sio₅₅ tsʰau⁵⁵ 小鐃鈸，陣頭樂器。
〈張〉x
〈藍〉x

【錚鎈仔】tsʰim₅₁ tsʰẽ₃₃ ã⁵¹ 鐃鈸。喪事，
黑頭師公使用的鐃鈸才稱做「錚鎈
仔」。
也講「抄」tsʰau⁵⁵
〈張〉錚鎈仔 tsʰim₅₁ tsʰẽ₃₃ ã⁵¹
〈藍〉x

【鑼】lo¹³ 鑼。
〈張〉鑼 lo¹³
〈藍〉鑼 lo¹³

【錴呔蠘仔】nãi₅₅ tʰãi₅₅ kʰɔk₅₅ ga⁵¹ 一種
小鑼，送終時用的樂器。
〈張〉錴呔蠘仔 nãi₅₅ tʰãi₅₅ kʰɔk₅₅ ga⁵¹
〈藍〉x

【呔鑼仔】tʰãi₅₅ lo₃₃ a⁵¹ 小鑼。
神明出境時，在神轎前使用的小鑼。
〈張〉呔鑼仔 tãi₅₅ lo₃₃ a⁵¹
〈藍〉x

【現饌仔】hian₅₁ tsuã₅₅ ã⁵¹ 小鑼的一種。
演「扮仙」pan₁₁ sian⁵⁵ 時用。
〈張〉現饌仔 hian₅₁ tsuã₅₅ ã⁵¹
〈藍〉x

【呔呔】tãi⁵⁵ tãi⁵⁵ 現饌仔的響聲。
〈張〉x
〈藍〉x

【柝仔】kʰɔk₃₃ ga⁵¹ 木魚，誦經用法器。
據傳，三藏往西方取經，途中經書被

鱷魚吃掉，三藏取鱷魚頭來敲打，打
一下，鱷魚吐一字。也稱「柝魚」kʰɔk₁₁
hi¹³。
〈張〉柝魚 kʰɔk₁₁ hi¹³
〈藍〉柝仔 kʰɔk₅₅ ga⁵¹

【鐘】tsiŋ⁵⁵ 小磬，與木魚成組，誦經
用。
〈張〉鐘 tsiŋ⁵⁵
〈藍〉磬仔 kʰiŋ₃₃ ŋã⁵¹

【北鼓仔】pak₅₅ kɔ₅₅ a⁵¹ 單皮鼓，小鼓。
〈張〉北鼓 pak₅₅ kɔ⁵¹
〈藍〉x

【大鼓】tua₁₁ kɔ⁵¹ 大型鼓。
〈張〉大鼓 tua₁₁ kɔ⁵¹
〈藍〉x

【通鼓】tʰɔŋ₃₃ kɔ⁵¹ 通鼓。
〈張〉通鼓 tʰɔŋ₃₃ kɔ⁵¹
〈藍〉x

【五子仔】gɔ₁₁ dzi₅₅ a⁵¹ 拍板。
北管、歌仔戲使用。
〈張〉五子仔 gɔ₁₁ dzi₅₅ a⁵¹
〈藍〉x

【相褒歌】sio₃₃ po₃₃ kua⁵⁵ 對唱情歌。
〈張〉相褒歌 sio₃₃ po₃₃ kua⁵⁵
〈藍〉x

【插花】tsʰa₅₁ hue⁵⁵ 喪事做色場，須插
花。
〈張〉插花 tsʰa₅₁ hue⁵⁵
〈藍〉x

【色場】sik₅₅ tĩu¹³ 靈堂。
「做色場」tso₅₁ sik₅₅ tĩu¹³ 佈置靈堂

〈張〉x
〈藍〉x

【梁山伯】liŋ₃₃ sam₃₃ pʰik³³ 梁山伯。
　〈張〉梁山伯 liaŋ₃₃ sam₃₃ pʰik³³
　〈藍〉x

【祝英台】tsik₅₅ iŋ₃₃ tai¹³ 祝英台。
　〈張〉祝英台 tsiɔk₅₅ iŋ₃₃ tai¹³
　〈藍〉x

【三國志】sam₃₃ kɔk₅₅ tsi¹¹ 三國志。
　〈張〉x
　〈藍〉x

二十六、壞人壞事
(一) 壞　人

【賊仔】tsʰat₃₃ la⁵¹ 偷竊財物的人。
　〈張〉賊仔 tsʰat₃₃ la⁵¹、劭仔 kiaŋ₃₃ ŋã⁵¹
　〈藍〉賊仔 tsʰat₃₃ la⁵¹

【歹儂】pʰãi₅₅ laŋ¹³ 壞人。
　〈張〉歹儂 pʰãi₅₅ laŋ¹³
　〈藍〉x

【生番】tsʰẽ₃₃ huan⁵⁵ 不講理的人。
　〈張〉生番 tsʰẽ₃₃ huan⁵⁵
　〈藍〉x

【惡霸】ɔk₅₅ pa¹¹ 惡霸、地方惡勢力。
　〈張〉惡霸 ɔk₅₅ pa¹¹
　〈藍〉x

【劭去】kʰiŋ₅₅ kʰi¹¹ 順手牽羊，東西被熟人拿走。
　例：汝ê雞卵糕，去予老林仔劭去。
　[li₅₅ e₃₃ ke₃₃ nuĩ₁₁ ko⁵⁵，kʰi₅₁ hɔ₁₁ lau₅₅ lim₃₃ · e₃₃ kʰiaŋ⁵⁵ kʰi¹¹]。你的蛋糕被老林吃掉了。

〈張〉x
〈藍〉x

【剪絡仔】tsian₅₅ liu₅₅ a⁵¹ 扒手。
　〈張〉剪絡仔 tsian₅₅ liu₅₅ a⁵¹
　〈藍〉搶夾仔 tsʰĩu₅₅ giap₅₅ ba⁵¹

【土匪】tʰɔ₅₅ hui⁵¹ 強盜、行徑似強盜的政府或個人。
　〈張〉土匪 tʰɔ₅₅ hui⁵¹
　〈藍〉土匪 tʰɔ₅₅ hui⁵¹

【諞仙仔】pian₅₅ sian₃₃ nã⁵¹ 騙子。
　〈張〉諞仙仔 pian₅₅ sian₃₃ nã⁵¹
　〈藍〉x

【鱸鰻】lɔ₃₃ muã¹³ 流氓。
　〈張〉鱸鰻 lɔ₃₃ muã¹³
　〈藍〉鱸鰻 lɔ₃₃ muã¹³

【術仔】sut³³ la⁵¹ 小癟三、豎子。指不成氣候的小混混、說話不算話的人。
　〈張〉術仔 sut³³ la⁵¹
　〈藍〉x

【太保】tʰai₅₁ po⁵¹ 專幹壞事的年輕男子，國民政府來後才有的名詞。
　〈張〉太保 tʰai₅₁ po⁵¹
　〈藍〉x

【太妹】tʰai₅₁ muẽ³³ 專幹壞事的年輕女子，國民政府來後才有的名詞。。
　〈張〉太妹 tʰai₅₁ muẽ³³
　〈藍〉x

【烏龜】ɔ₃₃ ku⁵⁵ 罵人其妻有外遇。南部音[ɔ₃₃ kui⁵⁵]
　〈張〉烏龜 ɔ₃₃ ku⁵⁵
　〈藍〉x

【戴小鬼仔殼】ti^{51} $siau_{55}$ kui_{55} a_{55} k^hak^{31}
罵人其妻有外遇，無用之人。
〈張〉x
〈藍〉x

【契兄】k^he_{51} $hiã^{55}$ 姦夫。
〈張〉契兄 k^he_{51} $hiã^{55}$
〈藍〉契兄 k^he_{51} $hiã^{55}$ 、$k^he?_{55}$ $hiã^{55}$

【掠猴】lia_{11} kau^{13} 捉姦。
因被捉姦在床時，遮遮掩掩，狀似猴
耍。
〈張〉x
〈藍〉x

【討契兄】t^ho_{55} k^he_{51} $hiã^{55}$ 指已婚婦女
和男人通姦。
〈張〉討契兄 t^ho_{55} k^he_{51} $hiã^{55}$
〈藍〉x

【伙記】hue_{55} ki^{11} 姘婦。
〈張〉伙記 hue_{55} ki^{11}
〈藍〉綴契兄仔 tue_{51} k^he_{51} $hiã^{55} \cdot e_{55}$

【酒家】$tsiu_{55}$ ka^{55} 有女人作陪的餐館。
〈張〉酒家 $tsiu_{55}$ ka^{55}
〈藍〉x

【彪婆】piu_{33} po^{13} 風塵女子。
〈張〉彪婆 piu_{33} po^{13}
〈藍〉x

【婊頭】$piau_{55}$ t^hau^{13} 介紹妓女的人。
〈張〉婊頭 $piau_{55}$ t^hau^{13}
〈藍〉x

【豆茱底】tau_{11} ts^hai_{51} te^{51} 罵女人不是
原裝貨。
〈張〉豆茱底 tau_{11} ts^hai_{51} te^{51}
〈藍〉x

【魔神仔】$mɔ̃_{33}$ sin_{33} $nã^{51}$ 民間迷信一種
會製造幻境，迷亂人心智的魔神，能
讓人迷失方向，找不到路徑。無人見
過。
〈張〉魔神仔 $mɔ̃_{33}$ sin_{33} $nã^{51}$
〈藍〉x

【通緝犯】$t^hɔŋ_{33}$ $tsip_{11}$ $huan^{33}$ 通緝犯。
〈張〉通緝犯 $t^hɔŋ_{33}$ $tsip_{11}$ $huan^{33}$
〈藍〉x

（二）壞 事

【食錢】$tsia_{11}$ $tsĩ^{13}$ 貪汙。
也講「歪膏」uai_{33} ko^{55}
〈張〉食錢 $tsia_{11}$ $tsĩ^{13}$ 、歪膏 uai_{33} ko^{55}
〈藍〉歪膏 uai_{33} ko^{55}

【烏西】$ɔ_{33}$ se^{55} 賄賂。
〈張〉烏西 $ɔ_{33}$ se^{55}
〈藍〉送紅包 $saŋ_{51}$ $aŋ_{33}$ pau^{55}

【跋筊】pua_{11} $kiau^{51}$ 賭博。
〈張〉跋筊 pua_{11} $kiau^{51}$
〈藍〉跋筊 pua_{11} $kiau^{51}$

【筊場】$kiau_{55}$ $tĩu^{13}$ 賭博的場所，流動
的，不固定的。也叫「筊窟」$kiau_{55}$
k^hut^{31}。
〈張〉筊場 $kiau_{55}$ $tĩu^{13}$
〈藍〉x

【筊宮】$kiau_{55}$ $kiŋ^{55}$ 固定的賭場。
〈張〉筊宮 $kiau_{55}$ $kiŋ^{55}$
〈藍〉x

【筊頭】$kiau_{55}$ t^hau^{13} 開賭場或以聚賭抽
頭爲業的人。
〈張〉東仔 $tɔŋ_{33}$ $ŋã^{51}$
〈藍〉x

【東筊】tɔŋ$_{33}$ kiau^{51} 開賭場或服務賭客抽成的行爲。
〈張〉東筊 tɔŋ$_{33}$ kiau^{51}
〈藍〉x

【損龜】kɔŋ$_{51}$ ku^{55} 指買彩券未中獎。
〈張〉損龜 kɔŋ$_{51}$ ku^{55}
〈藍〉x

【敲油】k^{h}a$_{51}$ iu^{13} 敲竹槓。
〈張〉敲油 k^{h}a$_{51}$ iu^{13}
〈藍〉x

【鬼鬼祟祟】kui$_{55}$ kui$_{55}$ sui$_{11}$ sui^{33} 鬼鬼祟祟，跟在別人的後面。
〈張〉鬼鬼祟祟 kui$_{55}$ kui$_{55}$ sui$_{11}$ sui^{33}
〈藍〉x

【掩掩揜揜】uĩ$_{33}$ uĩ$_{33}$ iap$_{55}$ iap^{31} 手拿東西怕被人看見。
或講「揜來揜去」iap$_{55}$ lai$_{33}$ iap$_{55}$ k^{h}i^{11}。
〈張〉掩掩揜揜 uĩ$_{33}$ uĩ$_{33}$ iap$_{55}$ iap^{31}
〈藍〉x

【狡怪】kau$_{55}$ kuai^{11} 形容一個人不溫馴。
〈張〉狡怪 kau$_{55}$ kuai^{11}
〈藍〉狡怪 kau$_{55}$ kuai^{11}

【手銃】ts^{h}iu$_{55}$ ts^{h}iŋ^{11} 形容小孩頑皮。
〈張〉手銃 ts^{h}iu$_{55}$ ts^{h}iŋ^{11}
〈藍〉手銃 ts^{h}iu$_{55}$ ts^{h}iŋ^{11}

【變猴弄】pĩ$_{51}$ kau$_{33}$ laŋ^{33} 變把戲。
〈張〉變猴弄 pĩ$_{51}$ kau$_{33}$ laŋ^{33}
〈藍〉x

【齣頭濟】ts^{h}ut$_{55}$ t^{h}au$_{13}$ tse^{33} 點子多。
〈張〉齣頭濟 ts^{h}ut$_{55}$ t^{h}au$_{13}$ tse^{33}
〈藍〉x

【瞞騙】muã$_{33}$ p^{h}ian^{11}
〈張〉瞞騙 muã$_{33}$ p^{h}ian^{11}
〈藍〉x

【作孽】tsɔk$_{55}$ giat^{33} 造孽。
〈張〉x
〈藍〉x

【做臭人】tso$_{51}$ ts^{h}au$_{51}$ laŋ^{13} 當壞人，唱黑臉。
〈張〉做臭人 tso$_{51}$ ts^{h}au$_{51}$ laŋ^{13}（指當冤大頭）
〈藍〉x

【白賊】pe$_{11}$ ts^{h}at^{33} 說謊，話之賊。
〈張〉白賊 pe$_{11}$ ts^{h}at^{33}
〈藍〉講白賊 kɔŋ$_{55}$ pe$_{11}$ ts^{h}at^{55}
講哷潲 kɔŋ$_{55}$ hau$_{33}$ siau^{13}

【搶劫】ts^{h}ĩu$_{55}$ kiap^{31} 搶劫。
〈張〉搶劫 ts^{h}ĩu$_{55}$ kiap^{31}
〈藍〉x

【蹧蹋】tsau$_{33}$ t^{h}at^{31} 侮辱、蹂躪。
〈張〉蹧蹋 tsau$_{33}$ t^{h}at^{31}
〈藍〉x

【不肆鬼】put$_{55}$ su$_{55}$ kui^{51} 罵人年紀大卻又好色。
〈張〉不肆鬼 put$_{55}$ su$_{51}$ kui^{51}
〈藍〉x

【壓霸】a$_{51}$ pa^{11} 形容人蠻橫不講理。
〈張〉壓霸 a$_{51}$ pa^{11}
〈藍〉橫霸 huãi$_{33}$ pa^{11}

【開查某】k^{h}ai$_{33}$ tsa$_{33}$ bɔ^{51} 嫖妓。
〈張〉開查某 k^{h}ai$_{33}$ tsa$_{33}$ bɔ^{51}
〈藍〉開查某 k^{h}ai$_{33}$ tsa$_{33}$ bɔ^{51}

【設緣投】siat$_{55}$ ian$_{33}$ tau^{13} 養小白臉。
　〈張〉設緣投 siat$_{55}$ ian$_{33}$ tau^{13}
　〈藍〉x

【飼契兄】ts^{h}i$_{11}$ k^{h}e$_{51}$ hiã^{55} 養男人。
　〈張〉飼契兄 ts^{h}i$_{11}$ k^{h}e$_{51}$ hiã^{55}
　〈藍〉x

【草踏】ts^{h}ai$_{55}$ ta^{33} 性侵。
　〈張〉x
　〈藍〉x

【米糕滯】bi$_{55}$ ko$_{33}$ sĩu^{13} 死纏活黏。
　對特定的女生糾纏不休，希望能娶到
　她，非指性騷擾。
　〈張〉米糕滯bi$_{55}$ ko$_{33}$ sĩu^{13}（指性騷擾）
　〈藍〉x

【犯儂】huan$_{11}$ laŋ^{13} 罪犯。
　〈張〉犯儂 huan$_{11}$ laŋ^{13}
　〈藍〉x

【監獄】kam$_{51}$ gak^{33} 監獄。
　也講 kã$_{33}$ gak^{33}
　〈張〉監獄 kã$_{33}$ gak^{33}、kam$_{51}$ gak^{33}
　〈藍〉x

【籠仔內】loŋ$_{33}$ ŋã$_{55}$ lai^{33} 日治時代關在
　警局的拘留所裏，非監獄。
　〈張〉籠仔內 loŋ$_{33}$ ŋã$_{55}$ lai^{33}
　　　　 籠仔內 li$_{33}$ a$_{55}$ lai^{33}
　〈藍〉x

【恐嚇】k^{h}iŋ$_{55}$ hat^{31} 以脅迫的言語或行
　動威嚇人。
　〈張〉恐嚇 k^{h}ioŋ$_{55}$ hat^{31}
　〈藍〉x

【龜綏】ku$_{33}$ sui^{55} 講話吞吞吐吐不乾
　脆。

〈張〉龜綏 ku$_{33}$ sui^{55} 孤僻。
　〈藍〉x

【龜毛】ku$_{33}$ mɔ̃^{55} 挑剔、做事要求完美。
　〈張〉龜毛 ku$_{33}$ mɔ̃^{55}
　〈藍〉x

【甕肚】aŋ$_{51}$ tɔ^{33} 嫉妒。
　也講「嫉妒」tsit$_{55}$ tɔ^{11}
　〈張〉甕肚 aŋ$_{51}$ tɔ^{33}
　〈藍〉x

【做竅妙】tso$_{51}$ k^{h}iau$_{51}$ biau^{33} 用法術做
　法讓好事，變不好的事，以陷害人。
　〈張〉做竅妙 tso$_{51}$ k^{h}iau$_{51}$ biau^{33} （趨
　　　　吉避凶）
　〈藍〉x

【放符仔】paŋ$_{51}$ hu$_{33}$ a^{51} 將被作法的符
　燒成灰，然後沖水讓被害人喝下，使
　之失去主宰意識。比喻一個人做不合
　常人理解的事時，形容說其人被「放
　符仔」。
　〈張〉x
　〈藍〉放符仔 paŋ$_{51}$ hu$_{33}$ a^{51}

【拗蠻】au$_{55}$ ban^{13} 蠻橫無理
　蠻橫而不講理、硬要拿不屬於自己的
　東西。
　〈張〉拗蠻 au$_{55}$ ban^{13}
　〈藍〉拗蠻 au$_{55}$ ban^{13}（傲慢）

【刺】ts^{h}iaʔ^{31} 喻女人很兇。
　〈張〉刺 ts^{h}iaʔ^{31}
　〈藍〉x

【陰沉】im$_{33}$ t^{h}im^{55} 陰沉。
　形容人個性陰柔深沉，不開朗。
　〈張〉陰沉 im$_{33}$ t^{h}im^{55}

〈藍〉x

【悾歁】k^hɔŋ$_{33}$ k^ham^{51}　愚笨。
一個人做事怪誕不經，有違常理。
　〈張〉悾歁 k^hɔŋ$_{33}$ k^ham^{51}
　〈藍〉悾歁 k^hɔŋ$_{33}$ k^ham^{51}

【洗門風】se$_{55}$ muĩ$_{33}$ hɔŋ^{55}　洗門風。
因通姦被捉，經協調人私下和解，犯
錯男以雙方同意的方式，在公共場所
公開謝罪。
　〈張〉洗門風 se$_{55}$ muĩ$_{33}$ hɔŋ^{55}
　〈藍〉x

【割稻仔尾】kua$_{51}$ tiu$_{33}$ a$_{55}$ bue^{51}　原意是
指收割稻穗，後來引申爲「不勞而穫，
坐享其成」的意思。
　〈張〉割稻仔尾 kua$_{51}$ tiu$_{33}$ a$_{55}$ bue^{51}
　〈藍〉x

【了尾仔囝】liau$_{55}$ bue$_{55}$ a$_{55}$ kiã^{51}　敗家
子。
　〈張〉了尾仔囝 liau$_{55}$ bue$_{55}$ a$_{55}$ kiã^{51}
　〈藍〉敗家子 pai$_{11}$ ke$_{33}$ tsu^{51}
　　　　開家伙仔囝 k^hai$_{33}$ ke$_{33}$ hue$_{55}$ a$_{55}$
　　　　kiã^{51}

〈罵人語〉

【臭屁仙】ts^{h}au$_{51}$ p^{h}ui$_{51}$ sian^{55}　講話誇
張、不實在。
　〈張〉臭屁仙 ts^{h}au$_{51}$ p^{h}ui$_{51}$ sian^{55}
　〈藍〉x

【豬哥】ti$_{33}$ ko^{55}　罵男人好色。
　〈張〉豬哥 ti$_{33}$ ko^{55}
　〈藍〉x

【痴哥】ts^{h}i$_{33}$ ko^{55}　罵男人好色。

〈張〉痴哥 ts^{h}i$_{33}$ ko^{55}
〈藍〉x

【糞掃】pun$_{51}$ so^{11}　罵人行爲無廉恥。
　〈張〉糞掃 pun$_{51}$ so^{11}
　〈藍〉糞掃 pun$_{51}$ so^{11}

【垃圾鬼】la$_{51}$ sap$_{55}$ kui^{51}　髒鬼、下流。
　〈張〉垃圾鬼 la$_{51}$ sap$_{55}$ kui^{51}
　〈藍〉垃圾鬼 la$_{51}$ sap$_{55}$ kui^{51}

【幹恁娘膣脼】kan$_{51}$ lin$_{55}$ niã^{13} tsi$_{33}$ bai^{55}
奅你媽的屄。
　〈張〉幹恁娘膣脼 kan$_{51}$ lin$_{55}$ niã^{13} tsi$_{33}$
　　　　bai^{55}
　〈藍〉x

【幹恁娘嬭膣脼】kan$_{51}$ lin$_{55}$ nĩu$_{33}$ le$_{55}$ tsi$_{33}$
bai^{55}　奅你媽的屄。
　〈張〉x
　〈藍〉x

【幹恁老母膣脼】kan$_{51}$ lin$_{55}$ lau$_{33}$ bu$_{51}$
tsi$_{33}$ bai^{55}　奅你媽的屄。
　〈張〉x
　〈藍〉x

【幹恁娘嬭】　kan$_{51}$ lin$_{55}$ nĩu$_{33}$ le^{51}　奅你
媽。
　〈張〉x
　〈藍〉x

【幹恁老母】kan$_{51}$ lin$_{55}$ lau$_{33}$ bu$_{51}$　奅你
媽。
　〈張〉x
　〈藍〉x

【婊囝】piau$_{55}$ kiã^{51}　罵人妓女的孩子。
　〈張〉婊囝 piau$_{55}$ kiã^{51}
　〈藍〉x

【雜種仔囝】tsap$_{11}$ tsiŋ$_{55}$ ã$_{55}$ kiã^{51} 妓女的小孩。舊時無法避孕，妓女和嫖客生的孩子，不知父親是誰。
〈張〉x
〈藍〉x

【袂見笑】be$_{11}$ kian$_{51}$ siau^{11} 罵人不知羞恥。
〈張〉袂見笑 be$_{11}$ kian$_{51}$ siau^{11}
〈藍〉袂見笑 be$_{11}$ kian$_{51}$ siau^{11}

【大面神】tua$_{11}$ bin$_{11}$ sin^{13} 罵人厚臉皮。
〈張〉大面神 tua$_{11}$ bin$_{11}$ sin^{13}
〈藍〉x

【三八】sam$_{33}$ pat^{31} 笑罵女人不正經。
〈張〉三八 sam$_{33}$ pat^{31}
〈藍〉x

【嬈】hiau^{13} 罵女人騷包。
〈張〉嬈花 hiau$_{33}$ hue^{55}
〈藍〉x

【破格】pʰua$_{51}$ keʔ^{31} 罵人行儀本好，唯一不好是太愛批評人。
〈張〉破格 pʰua$_{51}$ keʔ^{31}
〈藍〉x

【枵鬼】iau$_{33}$ kui^{51} 貪吃鬼。
〈張〉枵鬼 iau$_{33}$ kui^{51}
〈藍〉枵鬼 iau$_{33}$ kui^{51}

【牽死雞仔腸】kʰan$_{33}$ si$_{55}$ ke$_{33}$ a$_{55}$ tŋ^{13} 罵小孩一直哭鬧不停、或罵一個人針對某事，計較、糾纏不停。
〈張〉牽死雞仔腸 kʰan$_{33}$ si$_{55}$ ke$_{33}$ a$_{55}$ tŋ^{13}
〈藍〉x

【該死】kai$_{33}$ si^{51} 罵人該死。
〈張〉該死 kai$_{33}$ si^{51}
〈藍〉x

【便惰】pan$_{11}$ tuã^{33} 泛指人懶惰。
〈張〉便惰 pan$_{11}$ tuã^{33}
〈藍〉便惰 pan$_{11}$ tuã^{33}

【荏懶】lam$_{55}$ nuã^{33} 指成年女性懶惰，任由房間雜亂不整。
〈張〉荏懶 lam$_{55}$ nuã^{33}
〈藍〉荏懶 lam$_{55}$ nuã^{33}

【懶屍】lan$_{55}$ si^{55} 指成年男性懶惰。
〈張〉懶屍 lan$_{55}$ si^{55}
〈藍〉懶屍 lan$_{55}$ si^{55}

【掃帚星】sau$_{51}$ tsʰiu$_{55}$ tsʰẽ^{55} 掃把星。專門給家裏帶來霉運的人，一般是指媳婦。
〈張〉掃帚星 sau$_{51}$ tsʰiu$_{55}$ tsʰẽ^{55}
〈藍〉掃帚星 sau$_{51}$ tsʰiu$_{55}$ tsʰẽ^{55}

【白骹蹄】pe$_{11}$ kʰa$_{33}$ te^{13} 專門給家裏帶來霉運的人，一般是指媳婦。（較少用）
〈張〉白骹蹄 pe$_{11}$ kʰa$_{33}$ te^{13}
〈藍〉x

【破雞筅】pʰua$_{51}$ ke$_{33}$ tsʰiŋ^{51} 罵人講話嘰哩聒拉不停。
〈張〉破雞筅 pʰua$_{51}$ ke$_{33}$ tsʰiŋ^{51}
〈藍〉x

【火雞母】hue$_{55}$ ke$_{33}$ bo^{51} 罵人講話嘰哩聒拉。
〈張〉火雞母 hue$_{55}$ ke$_{33}$ bo^{51}
〈藍〉x

【豚母】tʰun$_{11}$ bo^{51} 罵不會生育的女人。

〈張〉豚母 tʰun₁₁ bo⁵¹

〈藍〉x

【破猫】pʰua₅₁ ba¹³ 罵女人。
猫 ba¹³ 指妓女。

〈張〉x

〈藍〉x

〈女人的詈語〉

【夭壽】iau₅₅ siu³³ 咒人早死。

〈張〉夭壽 iau₅₅ siu³³

〈藍〉夭壽 iau₅₅ siu³³

【膨肚短命】pʰɔŋ₅₁ tɔ₁₁ te₅₅ miã³³ 溺水短命鬼。

〈張〉膨肚短命 pʰɔŋ₅₁ tɔ₁₁ te₅₅ miã³³

〈藍〉x

【無傳】bo₃₃ tʰuĩ¹³ 罵人沒有子嗣。

〈張〉無傳 bo₃₃ tʰuĩ¹³

〈藍〉x

【孤尾絕種】kɔ₃₃ kʰut³³ tsuat₁₁ tsiŋ⁵¹ 罵人孤僻沒有子嗣。

〈張〉孤尾絕種 kɔ₃₃ kʰut³³ tsuat₁₁ tsiŋ⁵¹

〈藍〉x

【死無儂哭】si₅₅ bo₃₃ laŋ₃₃ kʰau₁₁ 罵人沒有子嗣送終。

〈張〉死無儂哭 si₅₅ bo₃₃ laŋ₃₃ kʰau₁₁

〈藍〉x

【著死囡仔災】tio₁₁ si₅₅ gin₅₅ nã₅₅ tse₅₅ 遭瘟疫。

〈張〉著死囡仔災 tio₁₁ si₅₅ gin₅₅ nã₅₅ tse₅₅

〈藍〉x

【漚蟯】au₅₁ gio¹³ 罵女人的粗話。

隱喻「腐爛的腟胿」。

〈張〉x

〈藍〉x

二十七、動 詞

（一）與煮東西有關的動作

【煮飯】tsi₅₅ puĩ³³ 煮飯。

〈張〉煮飯 tsi₅₅ puĩ³³

〈藍〉煮飯 tsi₅₅ puĩ³³

【燖】tim³³ 用慢火隔湯將食物煮熟。

〈張〉燖 tim³³

〈藍〉x

【煎】tsian⁵⁵ 煎。

〈張〉煎 tsian⁵⁵

〈藍〉煎 tsian⁵⁵

【煎藥仔】tsuã₃₃ io₃₃ a⁵¹ 熬煮漢藥。

〈張〉煎藥仔 tsuã₃₃ io₃₃ a⁵¹

〈藍〉煎藥仔 tsuã₃₃ io₃₃ a⁵¹

【煠】sa³³ 食物在滾水中煮。

〈張〉煠 sa³³

〈藍〉煠 sa³³

【燙】tʰŋ̍¹¹ 汆燙。時間比「煠」要短。

〈張〉燙 tʰŋ̍¹¹

〈藍〉燙 tʰŋ̍¹¹

【摵】tsʰik³³ 煮切仔麵的動作。
如「摵仔麵」tsʰik³³ ga₅₅ mĩ³³

〈張〉摵 tsʰik³³

〈藍〉摵 tsʰik³³

【糍】tsĩ¹¹ 將食物投入多量的沸油中，直到脆熟。
也講「烰」pʰu¹³

〈張〉糊 tsĩ^{11}
〈藍〉糊 tsĩ^{11}

【炒】ts^{h}a^{51} 炒。
如「米粉炒」bi$_{55}$ hun$_{55}$ ts^{h}a^{51}。
〈張〉炒 ts^{h}a^{51}
〈藍〉炒 ts^{h}a^{51}

【黜】t^{h}u^{31} 用鍋鏟將黏住鍋的東西挑
起。
〈張〉黜 t^{h}u^{31}
〈藍〉x

【挑】t^{h}io^{55} 用鍋鏟將鍋中的東西挑起。
〈張〉挑 t^{h}io^{55}
〈藍〉x

【焙】pue^{33} 用微火烘烤藥材、煙葉、
茶葉或其他食品。
〈張〉焙 pue^{33}
〈藍〉x

【燃】hiã^{13} 燒火。
〈張〉燃 hiã^{13}
〈藍〉燃 hiã^{13}

【熥】t^{h}uĩ^{33} 把冷飯菜再加熱。
〈張〉熥 t^{h}uĩ^{33}
〈藍〉熥 t^{h}uĩ^{33}

【烘】haŋ^{55} 烘。
也講「烳」pu^{13}
〈張〉烳 pu^{13}
〈藍〉烘 haŋ^{55}

【浸】tsim^{11} 泡水。
〈張〉浸 tsim^{11}
〈藍〉泡 p^{h}au^{11}

【焢】k^{h}ɔŋ^{11} 焢。

〈張〉焢 k^{h}ɔŋ^{11}
〈藍〉x

【燉】tun^{33} 燉。
〈張〉燉 tun^{33}
〈藍〉燉 tun^{33}

【翕】him^{11} 用小火把食物長時間的燜
煮，以保持食物的原味。
〈張〉翕 hip^{31}
〈藍〉燜 bun^{33}

【豉菜脯】sĩ$_{11}$ ts^{h}ai$_{51}$ pɔ^{51} 用鹽醃蘿蔔
乾。
〈張〉豉菜頭 sĩ$_{33}$ ts^{h}ai$_{51}$ t^{h}au^{13}
〈藍〉x

【做豆油】tso$_{51}$ tau$_{11}$ iu^{13} 釀造醬油。
〈張〉化豆油 ua$_{51}$ tau$_{11}$ iu^{13}
〈藍〉x

【盪】tŋ^{33} 用熱水把食器燙洗一下。
〈張〉盪 tŋ^{33}
〈藍〉x

【芡芳】k^{h}ian$_{51}$ p^{h}aŋ^{55} 爆香。
在炒菜時，將蔥、薑、蒜爆炒，以增
加香氣。
〈張〉芡芳 k^{h}ian$_{51}$ p^{h}aŋ^{55}
〈藍〉x

【出豬油】ts^{h}ut$_{55}$ ti$_{33}$ iu^{13} 爆油。
把生豬肉放在鍋裏，加熱變成豬油。
「炸油」tsuã$_{51}$ iu^{13} 較少講。
〈張〉炸油 tsuã$_{51}$ iu^{13}、煏油 piak$_{55}$ iu^{13}
〈藍〉出豬油 ts^{h}ut$_{55}$ ti$_{33}$ iu^{13}

【搜】ts^{h}iau^{55} 用手或工具翻劃的攪拌。
〈張〉搜 ts^{h}iau^{55}
〈藍〉搜 ts^{h}iau^{55}

【抐】la^{33} 用筷子、匙等攪拌。
〈張〉抐 la^{33}
〈藍〉抐 la^{33}、攪 kiau^{51}

【扢】k^{h}it^{33} 持工具攪拌成黏稠狀。
〈張〉扢 k^{h}it^{33} 、兜 tau^{55}
〈藍〉x

【揀菜】kiŋ$_{55}$ ts^{h}ai^{11} 揀菜。
〈張〉揀菜 kiŋ$_{55}$ ts^{h}ai^{11}
〈藍〉揀菜 kiŋ$_{55}$ ts^{h}ai^{11}

【捻菜】liam$_{51}$ ts^{h}ai^{11} 將菜葉不好的部位摘除。
〈張〉捻菜 liam$_{51}$ ts^{h}ai^{11}
〈藍〉x

【絲】si^{55} 撕蕹菜、撕花連豆仔。
〈張〉絲 si^{55}
〈藍〉x

【捲】kuĩ^{51} 捲。
〈張〉鋏 kau?^{31}
〈藍〉捲 kuĩ^{51}

【下鹽】he$_{11}$ iam^{13} 放入鹽巴。
〈張〉下鹽 he$_{11}$ iam^{13}、囥鹽 k^{h}ŋ$_{51}$ iam^{13} 摻鹽 ts^{h}am$_{33}$ iam^{13}
〈藍〉x

【搓鹽】so$_{33}$ iam^{13} 搓鹽巴、鹽水。
〈張〉搓鹽 so$_{33}$ iam^{13}
〈藍〉x

【豉鹽】sĩ$_{11}$ iam^{13} 以鹽醃食物。
〈張〉豉鹽 sĩ$_{11}$ iam^{13}
〈藍〉豉 sĩ^{33}

【抒鹽】lua$_{51}$ iam^{13} 稍抹鹽於食材上。
〈張〉抒鹽 lua$_{51}$ iam^{13}
〈藍〉x

【罟】kɔ^{55} 撈的動作。
也講「撈」hɔ^{13}
〈張〉撈 hɔ^{13}、罟 kɔ^{55}
〈藍〉撈 hɔ^{13}

【燜飯】bun$_{11}$ puĩ^{33} 以慢火煮飯，舊時以大鍋煮飯的方式。
〈張〉燜飯 bun$_{11}$ pŋ^{33}
〈藍〉x

【焢肉】k^{h}ɔŋ$_{51}$ ba?^{31} 以慢火煮。
〈張〉焢肉 k^{h}ɔŋ$_{51}$ ba?^{31}
〈藍〉x

【研】giŋ^{51} 研磨的動作。
〈張〉研 giŋ^{51}
〈藍〉研 giŋ^{51}

【挼】nuã^{51} 用手搓揉；將粿粉和麵粉揉弄使之成為有黏性的糰狀。
〈張〉挼 nuã^{51}
〈藍〉x

【挨粿】e$_{33}$ kue^{51} 磨秫米做年糕。
〈張〉挨粿 e$_{33}$ kue^{51}
〈藍〉x

【炊粿】ts^{h}ue$_{33}$ kue^{51} 蒸年糕。
〈張〉炊粿 ts^{h}ue$_{33}$ kue^{51}
〈藍〉炊粿 ts^{h}ue$_{33}$ kue^{51}

【捋膜】lut$_{55}$ mɔ̃^{33} 把土豆的膜搓掉。
〈張〉捋膜 lut$_{55}$ mɔ̃^{33}
〈藍〉x

【刨皮】k^{h}au$_{33}$ p^{h}ue^{13} 刨瓜皮的動作。
〈張〉刨皮 k^{h}au$_{33}$ p^{h}ue^{13}
〈藍〉x

【礤籤】ts^{h}ua$_{51}$ ts^{h}iam^{55} 將地瓜或蘿蔔，用刨具刨成籤的動作。

〈張〉磽籤 ts^hua_{51} ts^hiam^{55}

〈藍〉x

【撩】lio^{55} 把湯上面的泡沫舀掉。

　〈張〉攃 $tsã^{33}$

　〈藍〉x

【牽羹】k^han_{33} $kẽ^{55}$ 勾芡。

　〈張〉牽羹 k^han_{33} $kẽ^{55}$、

　　　　牽粉 k^han_{33} hun^{51}

　〈藍〉牽羹 k^han_{33} $kẽ^{55}$

（二）與吃東西有關的動作

【扒】pe^{55} 用筷子扒飯的動作。

　〈張〉扒 pe^{55}

　〈藍〉x

【挾】$ŋẽʔ^{31}$ 用筷子挾菜的動作。

　〈張〉挾$ŋẽʔ^{31}$

　〈藍〉挾$ŋẽʔ^{31}$

【攕】ts^hiam^{51} 用叉子插的動作。

　〈張〉攕 ts^hiam^{51}

　〈藍〉x

【插】$ts^haʔ^{31}$ 用筷子插的動作。

　〈張〉插 $ts^haʔ^{31}$

　〈藍〉插 $ts^haʔ^{31}$

【舀】$ĩu^{51}$ 舀水的動作。

　也講「斛」k^hat^{31}

　〈張〉舀 $ĩu^{51}$、斛k^hat^{31}

　〈藍〉舀 $ĩu^{51}$

【遏泔】at_{55} am^{51}

　擋著渣滓，舀去湯汁留餚。

　也講「遏水」at_{55} $tsui^{51}$。

　〈張〉遏泔 at_{55} am^{51}

　〈藍〉x

【罟】$kɔ^{55}$ 舀渣或菜餚的動作。

　〈張〉罟 $kɔ^{55}$

　〈藍〉x

【貯飯】te_{55} $puĩ^{33}$ 盛飯的動作。

　〈張〉貯飯 te_{55} $puĩ^{33}$

　〈藍〉貯飯 te_{55} $puĩ^{33}$

【泡茶】p^hau_{51} te^{13} 泡茶、泡茶聊天。

　〈張〉泡茶 p^hau_{51} te^{13}

　〈藍〉泡茶 p^hau_{51} te^{13}

【斟茶】t^hin_{33} te^{13} 倒茶。

　〈張〉斟茶 t^hin_{33} te^{13}

　〈藍〉斟茶 t^hin_{33} te^{13}

【捧】$p^haŋ^{13}$ 端捧。

　〈張〉捧 $p^haŋ^{13}$

　〈藍〉捧 $p^haŋ^{13}$

【搵】un^{11} 沾（醬油）。

　〈張〉搵 un^{11}

　〈藍〉搵 un^{11}

（三）與眼有關

【看】$k^huã^{11}$ 看。

　〈張〉看 $k^huã^{11}$

　〈藍〉看 $k^huã^{11}$

【微】bui^{55} 微。

　〈張〉微 bui^{55}

　〈藍〉x

【沙微】sa_{33} bui^{55} 眼睛微微開合。

　一般講「沙微沙微」sa_{33} bui_{33} sa_{33} bui^{55}

　〈張〉沙微 sa_{33} bui^{55}

　〈藍〉沙微 sa_{33} bui^{55}

【目暇】bak_{11} he^{33} 眼睛瞇起來慢慢看。

〈張〉x

〈藍〉x

【瞩目】nĩ$_{51}$ bak^{33} 眨眼睛。

　〈張〉瞩目 nĩ$_{51}$ bak^{33}

　〈藍〉瞩目 nĩ$_{51}$ bak^{55}、nĩʔ$_{55}$ bak^{55}

【瞌】kʰeʔ^{31} 閉眼。

　〈張〉瞌 kʰeʔ^{31}

　〈藍〉瞌 kʰeʔ^{31}

【使目尾】sai$_{55}$ bak$_{11}$ bue^{51} 指眉目傳情。

　也講「目尾捽一咧」bak$_{11}$ bue^{51}

　sut^{31}·tsit$_{11}$·le$_{11}$

　〈張〉捽目尾 sut$_{55}$ bak$_{11}$ bue^{51}

　〈藍〉使目尾 sai$_{55}$ bak$_{11}$ bue^{51}

【使目色】sai$_{55}$ bak$_{11}$ sik^{31} 使眼色。

　〈張〉x

　〈藍〉使目色 sai$_{55}$ bak$_{11}$ sik^{31}

【睨】gin^{13} 斜眼瞪人。

　〈張〉睨 gin^{13}

　〈藍〉睨 gin^{13}

【晲】kaŋ^{11} 直眼睜大瞪人，很生氣的看人。

　〈張〉晲 kaŋ^{11}

　〈藍〉x

【睏】kʰun^{11} 睡覺。

　〈張〉睏 kʰun^{11}

　〈藍〉睏 kʰun^{11}

【啄龜】tɔk$_{55}$ ku^{55} 打瞌睡。

　〈張〉啄龜 tɔk$_{55}$ ku^{55}

　〈藍〉啄龜 tɔk$_{55}$ ku^{55}

【陷眠】ham$_{11}$ bin^{13} 做惡夢、講夢話。

〈張〉陷眠 ham$_{11}$ bin^{13}

〈藍〉陷眠 ham$_{11}$ bin^{13}

【眠夢】bin$_{33}$ baŋ^{33} 做夢。

　〈張〉眠夢 bin$_{33}$ baŋ^{33}

　〈藍〉眠夢 bin$_{33}$ baŋ^{33}

【瞧】gio^{51} 稍爲瞄一下。

　〈張〉x

　〈藍〉x

【瞟】bi^{13} 偷瞄。

　〈張〉瞟 bi^{13}

　〈藍〉x

（四）與口有關

【食】tsia^{33} 吃。

　〈張〉食 tsia^{33}

　〈藍〉食 tsia^{33}

【刜】hut^{31} 吃；大口吃。

　〈張〉刜 hut^{31}

　〈藍〉x

【孝孤】hau$_{51}$ kɔ^{55}

不情願的給人吃；嗟來食。

　〈張〉孝孤 hau$_{51}$ kɔ^{55}

　〈藍〉x

【啉】lim^{55} 飲。

　也講「食茶」tsia$_{11}$ te^{13}

　「食酒」tsia$_{11}$ tsiu^{51}

　〈張〉啉 lim^{55}

　〈藍〉啉 lim^{55}

【灌】kuan^{11} 大口飲，或強行使喝下。

　〈張〉灌 kuan^{11}

　〈藍〉x

【呸血】p^hui_{51} hue?^{31} 自主將血吐出。
　〈張〉呸血 p^hui_{51} hue?^{31}
　〈藍〉呸血 p^hui_{51} hue?^{31}

【吐血】$t^hɔ_{51}$ hue?^{31} 非自主的吐血。
　〈張〉x
　〈藍〉x

【霧】bu^{33} 霧狀的噴出。
　例「霧血」bu_{11} hue?^{31}。
　〈張〉霧 bu^{33}
　〈藍〉x

【哼水】p^hu_{11} tsui^{51} 熨燙衣物時含水噴衣物。
　〈張〉哼水 p^hu_{11} tsui^{51}
　〈藍〉x

【吐】$t^hɔ^{11}$ 非自主的讓食物從胃或嘴裏出來。
　〈張〉吐 $t^hɔ^{11}$
　〈藍〉吐 $t^hɔ^{11}$

【吞】t^hun^{55} 把東西成塊的嚥下。
　〈張〉吞 t^hun^{55}
　〈藍〉吞 t^hun^{55}

【咬】ka^{33} 用牙齒咬。
　〈張〉咬 ka^{33}
　〈藍〉咬 ka^{33}

【哺】pɔ^{33} 咀嚼。
　〈張〉哺 pɔ^{33}
　〈藍〉哺 pɔ^{33}

【觸】tak^{31} 嗑。
　嗑瓜子，講「觸瓜子」tak_{55} kue_{33} tsi^{51}
　嗑瓜子，講「嗑瓜子」k^he_{51} kue_{33} tsi^{51}
　〈張〉x
　〈藍〉嗑 k^he^{11}

【欶】so?^{31} 吸。
　吸奶，講「欶奶」so_{51} liŋ^{55}。
　〈張〉欶 so?^{31}
　〈藍〉欶 so?^{31}

【呸】p^hui^{11} 用力量從嘴裏吐東西出來。
　〈張〉呸 p^hui^{11}
　〈藍〉呸 p^hui^{11}

【吥薰】$pɔk_{55}$ hun^{55} 吸煙。
　也講「食薰」$tsia_{11}$ hun^{55}。
　《康典》吥，「玉篇」吸，吥也。
　〈張〉吥薰 $pɔk_{55}$ hun^{55}
　〈藍〉食薰 $tsia_{11}$ hun^{55}

【呐】nã^{13} 伸出舌頭在嘴邊舔。
　〈張〉呐 nã^{33}
　〈藍〉呐 nã^{33}

【舐】tsĩ^{33} 伸出舌頭在非自己嘴邊舔。
　〈張〉舐 tsĩ^{33}
　〈藍〉舐 tsĩ^{33}

【吮】tsuĩ^{33} 用嘴吸食東西，舌頭沒有伸出來。
　如：吮手掌頭仔 $tsuĩ_{11}$ ts^hiu_{55} $tsiŋ_{55}$ t^hau_{33} a^{51} 小孩吃手指頭
　〈張〉x
　〈藍〉吮 tsuĩ^{33}

【喫】k^he^{11} 啃骨頭、甘蔗。
　〈張〉喫 k^he^{11}
　〈藍〉喫 k^he^{11}

【唚】tsim^{55} 接吻。
　〈張〉唚 tsim^{55}
　〈藍〉唚 tsim^{55}

【哷一个】tsip^{31}·tsit$_{11}$·le$_{11}$ 小啜一口。
　或講「濕一个」sip^{31}·tsit$_{11}$·le$_{11}$

〈張〉呫一个 tsip^{55} ·tsit$_{11}$ ·le$_{11}$

〈藍〉濕 sip^{31}

【沾】tam^{55} 只碰到一點。

不喝酒的人，敬酒通常只是「沾一下」

「tam^{55}·tsit$_{11}$ ·le$_{11}$」

〈張〉沾 tam^{55}

〈藍〉沾 tam^{55}

【試鹹汫】ts^{h}i$_{51}$ kiam$_{33}$ tsiã^{51} 試味道。

〈張〉試鹹汫 ts^{h}i$_{51}$ kiam$_{33}$ tsiã^{51}

〈藍〉試鹹汫 ts^{h}i$_{51}$ kiam$_{33}$ tsiã^{51}

【歕鎞鎞仔】pun$_{33}$ pi$_{33}$ pi$_{33}$ a^{51} 吹哨子。

〈張〉歕鎞鎞仔 pun$_{33}$ pi$_{33}$ pi$_{33}$ a^{51}

〈藍〉歕鎞鎞仔 pun$_{33}$ pi$_{33}$ pu$_{33}$ a^{51}

歕笛仔 pun$_{33}$ tat^{33} la^{51}

【呼哦仔】k^{h}ɔ$_{33}$ sut$_{33}$ la^{51} 吹口哨。

〈張〉呼哦仔 k^{h}ɔ$_{33}$ sut$_{33}$ la^{51}

〈藍〉呼哦仔 k^{h}ɔ$_{33}$ sut$_{33}$ la^{51}

【哽著】kẽ^{51} ·tio$_{11}$ 喉嚨被噎著。

〈張〉哽著 kẽ^{51} ·tio$_{11}$

〈藍〉哽著 kẽ^{51} ·tio$_{11}$

【咂著】tsak^{33} ·tio$_{11}$ 被水嗆到。

〈張〉咂著 tsak^{33} ·tio$_{11}$

〈藍〉x

【笑】ts^{h}io^{11} 笑。

〈張〉笑 ts^{h}io^{11}

〈藍〉笑 ts^{h}io^{11}

【吼】hau^{51} 有聲的哭。

〈張〉吼 hau^{51}（指小孩的哭）

〈藍〉吼 hau^{51}

【哭】k^{h}au^{11} 一般的哭。

〈張〉哭 k^{h}au^{11}（指大人的哭）

〈藍〉哭 k^{h}au^{11}

【哼】hãi^{55} 呻吟。

〈張〉哼呻 hãi$_{33}$ ts^{h}an^{55}

〈藍〉哼 hãi^{55}

【講話】kɔŋ$_{55}$ ue^{33} 講話。

〈張〉講話 kɔŋ$_{55}$ ue^{33}

〈藍〉講話 kɔŋ$_{55}$ ue^{33}

【開講】k^{h}ai$_{33}$ kaŋ^{51} 聊天。

〈張〉x

〈藍〉開講 k^{h}ai$_{33}$ kaŋ^{51}

【問】muĩ^{33} 問。

〈張〉問 muĩ^{33}

〈藍〉問 muĩ^{33}

【苦勸】k^{h}ɔ$_{55}$ k^{h}uĩ^{11} 勸告。

〈張〉苦勸 k^{h}ɔ$_{55}$ k^{h}uĩ^{11}

〈藍〉苦勸 k^{h}ɔ$_{55}$ k^{h}uĩ^{11}

【姑情】kɔ$_{33}$ tsiã^{13} 央求。

〈張〉姑情 kɔ$_{33}$ tsiã^{13}

〈藍〉姑情 kɔ$_{33}$ tsiã^{13}

【罵】mẽ^{33} 罵。

〈張〉罵 mẽ^{33}

〈藍〉罵 mẽ^{33}

【誶】ts^{h}oʔ^{31} 用粗魯的話罵人。

〈張〉誶 ts^{h}oʔ^{31}

〈藍〉誶訐譙 ts^{h}oʔ^{31} kan$_{51}$ kiau$_{33}$

【幹】kan^{11} 用粗魯的話罵人。

或音 kan^{51}

〈張〉幹 kan^{11}

〈藍〉x

【譙】kiau^{33} 用粗魯的話罵人。

〈張〉譙 kiau^{33}

〈藍〉譙 kiau^{33}

【訕】suan^{33} 用粗魯的話罵人。
〈張〉訕 suan^{33}
〈藍〉x

【咒讖】tsiu$_{51}$ ts^{h}am^{11} 指責咒罵別人的
不是。
〈張〉咒讖 tsiu$_{51}$ ts^{h}am^{11}
〈藍〉x

【詈】le^{51} 女人的咒罵。
〈張〉詈 le^{51}
〈藍〉詈屈 le$_{55}$ k^{h}ut^{31}

【相罵】sio$_{33}$ mẽ^{33} 口角。
〈張〉相罵 sio$_{33}$ mẽ^{33}
〈藍〉相罵 sio$_{33}$ mẽ^{33}

【相諍】sio$_{33}$ tsẽ^{11} 以言語相爭辯。
〈張〉相諍 sio$_{33}$ tsẽ^{11}
〈藍〉相諍 sio$_{33}$ tsẽ^{11}

【歕雞胿】pun$_{33}$ ke$_{33}$ kui^{55} 吹牛皮。
也講「臭屁」ts^{h}au$_{51}$ p^{h}ui^{11}
〈張〉歕雞胿 pun$_{33}$ ke$_{33}$ kui^{55}
臭彈 ts^{h}au$_{51}$ p^{h}ui^{11}
〈藍〉歕雞胿 pun$_{33}$ ke$_{33}$ kui^{55}

【歕雞胿仔】pun$_{33}$ ke$_{33}$ kui$_{33}$ a^{51} 吹汽球。
〈張〉歕雞胿仔 pun$_{33}$ ke$_{33}$ kui$_{33}$ a^{51}
〈藍〉x

【黜臭】t^{h}u$_{51}$ ts^{h}au^{11} 把吹牛的話當場戳
破。
〈張〉黜臭 t^{h}u$_{51}$ ts^{h}au^{11}
〈藍〉x

【囉嗦】lo$_{33}$ so^{55} 同件事一直講不停。
〈張〉囉嗦 lo$_{33}$ so^{55}
〈藍〉囉嗦 lo$_{33}$ so^{55}、不嗹 put$_{55}$ liam^{13}
厚屎 kau$_{11}$ sai^{51}

【褒】po^{55} 誇獎。
也講「呵咾」o$_{33}$ lo^{51}、「褒獎」po$_{33}$ tsiŋ^{51}
〈張〉褒 po^{55}、呵咾 o$_{33}$ lo^{51}
〈藍〉呵咾 o$_{33}$ lo^{51}

【食褒】tsia$_{11}$ po^{55} 被誇獎，就答應要求。
〈張〉食褒 tsia$_{11}$ po^{55}
〈藍〉x

【講嘐潲話】koŋ$_{55}$ hau$_{33}$ siau$_{33}$ ue^{33} 講謊
話。
也講「講白賊」koŋ$_{55}$ pe$_{11}$ts^{h}at^{33}
「講嘐潲」koŋ$_{55}$ hau$_{33}$ siau^{13}
〈張〉講嘐潲話 koŋ$_{33}$ hau$_{33}$ siau$_{33}$ ue^{33}
〈藍〉講白賊 koŋ$_{55}$ pe$_{11}$ts^{h}at^{33}
講嘐潲 koŋ$_{55}$ hau$_{33}$ siau^{13}

【滾笑】kun$_{55}$ ts^{h}io^{11} 開玩笑。
〈張〉滾笑 kun$_{55}$ ts^{h}io^{11}、講笑 koŋ$_{55}$
ts^{h}io^{11}
〈藍〉講耍笑 koŋ$_{55}$ sŋ$_{55}$ ts^{h}io^{11}

【講笑】koŋ$_{55}$ ts^{h}io^{11} 講好笑的言語。
〈張〉講笑 koŋ$_{55}$ ts^{h}io^{11}（開玩笑）
〈藍〉講笑詼 koŋ$_{55}$ ts^{h}io$_{51}$ k^{h}ue^{55}

【笑詼】ts^{h}io$_{51}$ k^{h}ue^{55} 好笑。
〈張〉笑詼 ts^{h}io$_{51}$ k^{h}ue^{55}
〈藍〉笑詼 ts^{h}io$_{51}$ k^{h}ue^{55}

【咒誓】tsiu$_{51}$ tsua^{33} 詛咒。
〈張〉咒誓 tsiu$_{51}$ tsua^{33}
〈藍〉咒誓 tsiu$_{51}$ tsua^{33}

【騙】p^{h}ian^{11} 欺騙。
〈張〉騙 p^{h}ian^{11}
〈藍〉騙 p^{h}ian^{11}

【諞】pian^{51} 欺騙。
　〈張〉x
　〈藍〉x

【諞先仔】pian$_{55}$ sian$_{33}$ nã^{51} 騙子。
　〈張〉x
　〈藍〉x

【唬】hɔ^{51} 欺騙，占交易上的便宜。
　如店家占小孩便宜，講「唬囡仔」hɔ$_{55}$
　gin$_{55}$ nã^{51}。
　〈張〉唬 hɔ^{51}
　〈藍〉x

【訌】hoŋ^{33} 嚇唬人，陷人之言。
　〈張〉x
　〈藍〉x

【嚇】hã^{51} 以言語威脅。
　〈張〉x
　〈藍〉嚇 hã^{51}

【喋】tʰi^{33} 喋喋不休。
　「大舌興喋」tua$_{11}$ tsi^{33} hiŋ$_{51}$ tʰiʔ^{55}
　〈張〉喋 tʰi^{33}
　〈藍〉x

【嚷】dziŋ^{51} 大聲叫。
　〈張〉嚷 dziaŋ^{51}
　〈藍〉嚷 dziŋ^{51}

【喝】huaʔ^{31} 大聲叫。
　〈張〉喝 huaʔ^{31}
　〈藍〉喝 huaʔ^{31}

【咻】hiu^{55} 大聲叫。
　〈張〉咻 hiu^{55}
　〈藍〉x

【喊】hiam^{11} 大聲叫喚。

　〈張〉喊 hiam^{11}
　〈藍〉x

【投】tau^{13} 告狀。
　〈張〉x
　〈藍〉x

【吐憐涎】tʰɔ$_{51}$ lian$_{11}$ sian^{13} 男人在一
　起，隨意的聊天。
　同「話虎羼」ue$_{11}$ hɔ$_{55}$ lan$_{33}$。
　〈張〉吐憐涎 tʰɔ$_{51}$ lian$_{11}$ sian^{13}
　〈藍〉x

【司奶】sai$_{33}$ nãi^{55} 撒嬌。
　〈張〉司奶 sai$_{33}$ nãi^{55}
　〈藍〉司奶 sai$_{33}$ nãi^{55}

【吩咐】huan$_{33}$ hu^{11} 上對下的叮嚀囑咐。
　也講「交代」kau$_{33}$ tai^{11}
　〈張〉吩咐 huan$_{33}$ hu^{11}
　〈藍〉吩咐 huan$_{33}$ hu^{11}、交代 kau$_{33}$ tai^{11}

【注文】tsu$_{51}$ bun^{13} 預訂商品。
　〈張〉注文 tsu$_{51}$ bun^{13}
　〈藍〉x

【使弄】sai$_{55}$ lɔŋ^{33} 用言語來挑撥離間。
　〈張〉使弄 sai$_{55}$ lɔŋ^{33}
　〈藍〉x

【呼吁仔】kʰɔ$_{33}$ u$_{55}$ a^{51} 打嗝。
　也講「拍吁仔」pʰa$_{51}$ u$_{55}$ a^{51}
　〈張〉x
　〈藍〉拍呃仔 pʰa$_{51}$ e$_{33}$ a^{51}

【擘哈】pe$_{51}$ ha^{55} 打哈欠。
　〈張〉擘哈 pe$_{51}$ ha^{55}
　〈藍〉擘哈 pe$_{51}$ ha^{55}、peʔ$_{55}$ ha^{55}

【觸舌】tak$_{55}$ tsi^{33} 彈舌。

「謳嘮甲觸舌」o_{33} lo_{55} $ka?_{55}$ tak_{55} tsi_{33}。
（嘖嘖稱讚）。
〈張〉x
〈藍〉x

【噤】$k^h\tilde{i}u_{33}$ 忌嘴。
因生理因素，某些東西不能吃，講「愛噤」ai_{51} $k^h\tilde{i}u_{33}$
〈張〉噤喙 $k^h\tilde{i}u_{11}$ ts^hui_{11}
〈藍〉x

【腹肚枵】$puat_{55}$ $tɔ^{51}$ iau^{55} 肚子餓。
〈張〉腹肚枵 $puat_{55}$ $tɔ^{51}$ iau^{55}
〈藍〉枵 iau^{55}

【餓】go_{33} 數餐沒得吃，講「餓」。
〈張〉餓 go^{33}
〈藍〉x

【喙焦】ts^hui_{51} ta^{55} 口渴。
〈張〉喙焦 ts^hui_{51} ta^{55}
〈藍〉喙焦 ts^hui_{51} ta^{55}

【汰喙】t^hua_{11} ts^hui_{11} 漱口。
〈張〉漉喙 $lɔk_{11}$ ts^hui_{11}
〈藍〉汰喙 t^hua_{11} ts^hui_{11}

【漉喙】$lɔk_{11}$ ts^hui_{11} 漱口到喉嚨。
〈張〉漉喙 $lɔk_{11}$ ts^hui_{11}
〈藍〉x

【應喙應舌】in_{51} ts^hui_{51} in_{51} tsi_{33} 頂嘴。
〈張〉應喙 in_{51} ts^hui_{11}
〈藍〉應喙 in_{51} ts^hui_{11}

【收瀾】siu_{33} $nu\tilde{a}^{33}$ 收涎。
嬰兒滿四個月，祈使其收涎的一種儀式。

〈張〉收瀾 siu_{33} $nu\tilde{a}^{33}$
〈藍〉x

【噓尿】si_{33} $dzio^{33}$ 噓小孩小便。
〈張〉噓尿 si_{33} $dzio^{33}$
〈藍〉x

【噓屎】si_{33} sai^{51} 噓小孩大便。
〈張〉嚶屎 $\dot{\eta}^{51}$ sai^{51}
〈藍〉x

【含喙】kam_{33} ts^hui_{11} 嘴脣向內縮。
〈張〉含喙 kam_{33} ts^hui_{11}
〈藍〉含 kam^{13}

【覕喙】bi_{51} ts^hui_{11} 小孩要哭前嘴脣的抽動。
〈張〉覕喙 bi_{51} ts^hui_{11}
〈藍〉覕喙 bi_{51} ts^hui_{11}

【卯喙】$m\tilde{a}u_{51}$ ts^hui_{11} 老人嘴沒有牙齒的樣子。
講「喙卯卯」ts^hui_{11} $m\tilde{a}u_{51}$ $m\tilde{a}u?^{31}$
〈張〉卯喙 $m\tilde{a}u_{51}$ ts^hui_{11}
〈藍〉x

【無講無呾】bo_{33} $kɔŋ_{55}$ bo_{33} $t\tilde{a}^{11}$ 沒講一聲。晚輩在家，沒講一聲就出去。
長輩會講「按呢無講無呾著走出去」an_{55} $n\tilde{e}_{55}$ bo_{33} $kɔŋ_{55}$ bo_{33} $t\tilde{a}^{11}$ to_{11} $tsau^{51}$ ·ts^hut_{11}·k^hi_{11}。
〈張〉無講無呾 bo_{33} $kɔŋ_{55}$ bo_{33} $t\tilde{a}^{11}$
〈藍〉x

【刻喉】k^hik_{55} au^{13} 哽咽。
〈張〉刻喉 k^hik_{55} au^{13}、切氣 ts^he_{51} k^hui_{11}
〈藍〉x

【哽胿】$k\tilde{e}_{55}$ kui^{55} 東西塞住食道。

〈張〉哽脰 ke̜^{55} kui^{55}

〈藍〉x

（五）和耳鼻有關

【霆】tan^{13} 指雷或警報器的響起。

〈張〉霆 tan^{13}

〈藍〉霆 tan^{13}

【聽】t^{h}iã^{55} 聽。

〈張〉聽 t^{h}iã^{55}

〈藍〉聽 t^{h}iã^{55}

【鼻】p^{h}ĩ^{33} 聞。

〈張〉鼻 p^{h}ĩ^{33}

〈藍〉鼻 p^{h}ĩ^{33}

【擤鼻】ts^{h}iŋ$_{51}$ p^{h}ĩ^{33} 擤鼻涕。

〈張〉擤鼻 ts^{h}iŋ$_{51}$ p^{h}ĩ^{33}

〈藍〉x

【拍咳啾】p^{h}a$_{51}$ k^{h}a$_{33}$ ts^{h}ĩu^{11} 打噴涕。

〈張〉拍咳啾 p^{h}a$_{51}$ k^{h}a$_{33}$ ts^{h}ĩu^{11}

〈藍〉拍咳啾 p^{h}a$_{51}$ k^{h}a$_{33}$ ts^{h}ĩu^{11}

（六）和腳有關

【趄倒】ts^{h}u$_{33}$ to^{51} 滑倒。

路滑毋莫趄倒 lo^{33} kut^{33} m̩$_{11}$ mõ^{55} ts^{h}u$_{33}$ to^{51}

〈張〉趄倒 ts^{h}u^{55} ·to$_{11}$

〈藍〉x

【跋倒】pua$_{11}$ to^{51} 跌倒。

〈張〉跋倒 pua$_{11}$ to^{51}

〈藍〉跋倒 pua$_{11}$ to^{51}、摔倒 sik$_{55}$ to^{51}

【跨】hã^{33} 跨過（門檻）。

〈張〉跨 hã^{33}

〈藍〉跨 hã^{33}

【跖山】pe$_{51}$ suã^{55} 往上爬高的動作。

〈張〉跖山 pe$_{51}$ suã^{55}

〈藍〉x

【爬】pe^{13} 在地上爬行。

〈張〉爬 pe^{13}

〈藍〉爬 pe^{13}

【盤】puã^{13} 翻越（山嶺）。

〈張〉盤 p^{h}uã^{13}

〈藍〉x

【行】kiã^{13} 走。

〈張〉行 kiã^{13}

〈藍〉行 kiã^{13}

【走】tsau^{51} 跑。

〈張〉走 tsau^{51}

〈藍〉走 tsau^{51}

【踏】ta^{33} 踩。

〈張〉踏 ta^{33}

〈藍〉踏 ta^{33}

【突】t^{h}ut^{31} 踩後再滑一點。

〈張〉x

〈藍〉x

【躐】lap^{31} 踩到後再陷下去。

〈張〉躐 lap^{31}

〈藍〉x

【蹬】liŋ^{11} 掙開的動作。

〈張〉蹬 liɔŋ^{11}

〈藍〉x

【踢】t^{h}at^{31} 踢。

〈張〉踢 t^{h}at^{31}

〈藍〉踢 t^{h}at^{31}

【踲】$t^h un^{51}$ 踩踏、破壞（好的東西或場所）。

〈張〉踲$t^h un^{51}$

〈藍〉x

【翩】$p^h un^{51}$ 糟蹋、破壞（好的東西或場所）。

〈張〉翩 $p^h un^{51}$

〈藍〉翩 $p^h un^{51}$

【跳】$t^h iau^{11}$ 跳。

〈張〉跳 $t^h iau^{11}$

〈藍〉跳 $t^h iau^{11}$

【跪】kui^{33}

〈張〉跪 kui^{33}

〈藍〉跪 kui^{33}

【踞】$k^h u^{13}$ 蹲。

〈張〉踞 $k^h u^{13}$

〈藍〉踞 $k^h u^{13}$

【徛】$k^h ia^{33}$ 站。

〈張〉徛 $k^h ia^{33}$

〈藍〉徛 $k^h ia^{33}$

【蹌骹雞】$ts^h iŋ_{11} k^h a_{33} ke^{55}$ 單腳跳。

〈張〉蹌骹雞 $ts^h iŋ_{11} k^h a_{33} ke^{55}$

〈藍〉蹌骹雞 $ts^h iŋ_{11} k^h a_{33} ke^{55}$

【跔】ke^{33} 用腳絆人。

〈張〉椵 ke^{13}

〈藍〉x

【曲骹】$k^h iau_{33} k^h a^{55}$ 翹腿。

〈張〉曲骹 $k^h iau_{33} k^h a^{55}$

〈藍〉x

【相絆骹】$sio_{33} p^h ua_{11} k^h a^{55}$ 兩腳相疊。

〈張〉x

〈藍〉x

【蹔】$tsam^{11}$ 腳用力踩踏的動作。

〈張〉蹔 $tsam^{11}$

〈藍〉x

【躡骹尾】$nẽ_{51} k^h a_{33} bue^{51}$ 抬起腳後跟用腳尖站著。

〈張〉躡骹尾 $nẽ_{51} k^h a_{33} bue^{51}$

〈藍〉x

（七）和衣被有關的動作

【穿衫仔褲】$ts^h iŋ_{11} sã_{33} ã_{55} k^h ɔ^{11}$ 穿衣褲。

〈張〉穿衫仔褲 $ts^h iŋ_{11} sã_{33} ã_{55} k^h ɔ^{11}$

〈藍〉穿衫仔褲 $ts^h iŋ_{11} sã_{33} ã_{55} k^h ɔ^{11}$

【褪衫仔褲】$t^h uĩ_{51} sã_{33} ã_{55} k^h ɔ^{11}$ 脫衣服的動作。

〈張〉褪衫仔褲 $t^h uĩ_{51} sã_{33} ã_{55} k^h ɔ^{11}$

〈藍〉褪衫仔褲 $t^h uĩ_{51} sã_{33} ã_{55} k^h ɔ^{11}$

【赤褲膦】$ts^h ia_{51} k^h ɔ_{51} lan^{33}$ 通常講小男孩沒穿褲子。

〈張〉褪褲膦 $t^h uĩ_{51} k^h ɔ_{51} lan^{33}$

〈藍〉赤尻川 $ts^h ia_{51} k^h a_{33} ts^h uĩ^{55}$

【戴帽仔】$ti_{51} bo_{33} a^{51}$ 戴帽子。

〈張〉戴帽仔 $ti_{51} bo_{33} a^{51}$

〈藍〉戴帽仔 $ti_{51} bo_{33} a^{51}$

【攏褲】$laŋ_{55} k^h ɔ^{11}$ 拉著褲頭。

〈張〉攏褲 $laŋ_{55} k^h ɔ^{11}$

〈藍〉x

【軁入去】$luĩ^{55} \cdot dzip_{11} \cdot bi_{11}$ 穿衣服的時候把手穿進去袖子裡。

〈張〉x

〈藍〉x

【幔著】muã⁵⁵ ·tio₁₁ 披著。
　〈張〉幔咧 muã⁵⁵ ·le₁₁、披咧 pʰi⁵⁵ ·le₁₁
　〈藍〉x

【挩】tʰuaʔ³¹ 拉拉鍊或拉窗戶的動作。
　〈張〉挩 tʰuaʔ³¹
　〈藍〉x

【鈕起來】liu⁵¹ ·kʰi₁₁ ·lai₁₁ 扣鈕釦的動作。
　〈張〉鈕起來 liu⁵¹ ·kʰi₁₁ ·lai₁₁
　〈藍〉鈕鈕仔 liu₅₅ liu⁵⁵ a⁵¹

【擎】piʔ³¹ 把袖子或褲管捲起來。
　〈張〉擎 piʔ³¹
　〈藍〉擎 piʔ³¹

【繋】ha³³ 紮皮帶的動作。
　〈張〉繋 ha¹³
　〈藍〉繋 ha¹³

【摺】tsiʔ³¹ 摺衣物的動作。
　〈張〉摺 tsiʔ³¹
　〈藍〉摺 tsiʔ³¹

【紩】tʰĩ³³ 縫衣服的動作。
　〈張〉紩 tʰĩ³³
　〈藍〉紩 tʰĩ³³

【補】pɔ⁵¹ 補。
　〈張〉補 pɔ⁵¹
　〈藍〉補 pɔ⁵¹

【刺膨紗】tsʰia⁵¹ pʰɔŋ⁵¹ se⁵⁵ 織毛線。
　〈張〉刺膨紗 tsʰia⁵¹ pʰɔŋ⁵¹ se⁵⁵
　〈藍〉刺膨紗 tsʰia⁵¹ pʰɔŋ⁵¹ se⁵⁵

【掣】tsã⁵¹ 掣。
　褲管太長，摺起來再用針簡單固定。
　〈張〉掣tsã⁵¹

　〈藍〉x

【幫布】paŋ³³ pɔ¹¹ 用針簡單固定的動作。
　〈張〉x
　〈藍〉x

【放裒】paŋ⁵¹ pɔ¹³ 放下衣袖褲多餘的布。
　〈張〉放裒 paŋ⁵¹ pɔ¹³
　〈藍〉x

【拗裒】au₅₅ pɔ¹³ 摺起衣袖褲多餘的布。
　〈張〉拗裒 au₅₅ pɔ¹³
　〈藍〉x

【洗】se⁵¹ 洗。
　〈張〉洗 se⁵¹
　〈藍〉洗 se⁵¹

【汰】tʰua³³ 用清水把搓過肥皂的衣服漂洗乾淨。
　〈張〉汰 tʰua³³
　〈藍〉x

【披衫】pʰi₃₃ sã⁵⁵ 曬衣服。
　〈張〉披衫 pʰi₃₃ sã⁵⁵
　〈藍〉晾衫 nẽ¹³ sã⁵⁵

【晾】nẽ¹³ 洗淨的濕衣褲晾起來。
　〈張〉晾 nẽ¹³
　〈藍〉晾 nẽ¹³

【曝日頭】pʰak₁₁ dzit₁₁ tʰau¹³ 曬太陽。
　〈張〉曝日頭 pʰak₁₁ dzit₁₁ tʰau¹³
　〈藍〉曝日頭 pʰak₁₁ dzit₁₁ tʰau¹³

【拌】puã³³ 用手將衣物上的沾物拍落。
　〈張〉拌 puã³³
　〈藍〉x

【撥】pue⁵¹ 用手指頭將衣物上的沾物撥落。
　〈張〉撥 pue⁵¹
　〈藍〉撥 pue⁵¹

【熨】ut³¹ 熨燙衣服的動作。
　〈張〉熨 ut³¹
　〈藍〉熨 ut³¹

【蓋】kaʔ³¹ 蓋~於身上。
　〈張〉蓋 kaʔ³¹
　〈藍〉蓋 kaʔ³¹

【疊】tʰa³³ 將衣物疊在一起的動作。
　〈張〉疊 tʰa³³
　〈藍〉疊 tʰa³³

【舒褥仔】tsʰu₃₃ dzik³³ ga⁵¹ 鋪墊被。
　〈張〉舒被 tsʰu₃₃ pʰue³³
　〈藍〉舒褥仔 tsʰu₃₃ dzik³³ ga⁵¹

【經布】kẽ₃₃ pɔ¹¹ 織布。
　也講「織布」tsit₅₅ pɔ¹¹
　〈張〉經布 kẽ₃₃ pɔ¹¹
　〈藍〉織布 tsit₅₅ pɔ¹¹

【挔】hiãʔ³¹ 將衣物放在手腕行動。
　〈張〉挔 hiãʔ³¹
　〈藍〉x

【抏】uĩ⁵¹ 將衣物放在手腕行動。
　〈張〉抏 uĩ⁵¹
　〈藍〉x

【弓】kiŋ⁵⁵ 把衣服用衣架架起來。
　〈張〉弓 kiŋ⁵⁵
　〈藍〉弓 kiŋ⁵⁵

【車布邊】tsʰia₃₃ pɔ₅₁ pĩ⁵⁵ 車布邊。
　〈張〉車布邊 tsʰia₃₃ pɔ₅₁ pĩ⁵⁵

　〈藍〉x

【擢】tioʔ³¹ 在衣物上必要部位用針臨時固定。如裁縫師要客戶試穿時，做的動作。
　〈張〉擢 tioʔ³¹
　〈藍〉x

（八）家務事

【鑢】lu¹¹ 用鬃刷刷洗。
　〈張〉鑢 lu¹¹
　〈藍〉x

【筅】tsʰiŋ⁵¹ 用如雞毛撢子或長毛刷將窗戶、沙發、桌椅等撢清潔。
　〈張〉筅 tsʰiŋ⁵¹
　〈藍〉筅 tsʰiŋ⁵¹

【抿】bin⁵¹ 小動作的刷洗。
　〈張〉抿 bin⁵¹
　〈藍〉x

【掃塗骹】sau₅₁ tʰɔ₃₃ kʰa⁵⁵ 掃地。
　〈張〉掃塗骹 sau₅₁ tʰɔ₃₃ kʰa⁵⁵
　〈藍〉掃塗骹 sau₅₁ tʰɔ₃₃ kʰa⁵⁵
　　　掃地 sau₅₁ ge¹¹

【抔】put³¹ 把泥沙掃起來。
　〈張〉抔 put³¹
　〈藍〉抔 put³¹

【倒】to¹¹ 倒的動作。
　或講「摒」piã¹¹
　〈張〉倒 to¹¹、摒 piã¹¹
　〈藍〉倒 to¹¹

【揉】dziu¹³ 以濕抹布擦拭的動作。
　〈張〉揉 dziu¹³

〈藍〉揉 dzue¹³

【拭】tsʰit³¹ 擦拭。

　〈張〉拭 tsʰit³¹

　〈藍〉拭 tsʰit³¹

【抭】hue¹³ 略略的擦拭。

　〈張〉抭hue¹³

　〈藍〉x

【承水】sin₃₃ tsui⁵¹ 接水。

　〈張〉承水 sin₃₃ tsui⁵¹

　〈藍〉x

【擔水】tã₃₃ tsui⁵¹ 挑水。

　〈張〉擔水 tã₃₃ tsui⁵¹

　〈藍〉擔水 tã₃₃ tsui⁵¹

【挼】tsun³³ 扭轉水龍頭或毛巾的動作。

　〈張〉挼 tsun³³

　〈藍〉挼 tsun³³

【上水】tsʰĩu₁₁ tsui⁵¹ 用水桶到井裏打水的動作。

　〈張〉上水 tsʰĩu₁₁ tsui⁵¹

　〈藍〉上水 tsʰĩu₁₁ tsui⁵¹

【戛火】kʰiat₅₅ hue⁵¹ 用火柴點火。

　〈張〉戛火 kʰiat₅₅ hue⁵¹

　〈藍〉戛火 kʰiat₅₅ hue⁵¹

【禁】kim¹¹ 關的動作。
　也講「切」tsʰiat³¹、「關」kuãi⁵⁵

　〈張〉禁 kim¹¹、關 kuãi⁵⁵

　〈藍〉關 kuãi⁵⁵

【關門閂戶】kuãi₃₃ muĩ¹³ tsʰuã⁵¹ hɔ³³ 關門後再拴門的動作。

　〈張〉關門閂戶 kuãi₃₃ mṅ¹³ tsʰuã⁵¹ hɔ³³

　〈藍〉x

【窮】kʰiŋ¹³ 收拾、整理。

　〈張〉窮 kʰiŋ¹³

　〈藍〉窮 kʰiŋ⁵¹、kʰiŋ¹³，摒 piã¹¹

【攢】tsʰuan¹³ 準備。

　〈張〉攢 tsʰuan¹³

　〈藍〉攢 tsʰuan¹³、準備 tsun₅₅ pi³³

（九）用手打

【拍】pʰaʔ³¹ 打。

　〈張〉拍 pʰaʔ³¹

　〈藍〉拍 pʰaʔ³¹

【春】tsiŋ⁵⁵ 用拳頭打下去。

　〈張〉春 tsiŋ⁵⁵

　〈藍〉春 tsiŋ⁵⁵

【摼】bɔk³¹ 用拳頭擊打。

　〈張〉摼 bɔk³¹《教典》揍

　〈藍〉x

【揕】tsim⁵¹ 用拳頭擊打。

　〈張〉x

　〈藍〉x

【搥】tui¹³ 用拳頭擊打。

　〈張〉搥 tui¹³

　〈藍〉搥 tui¹³

【搧】sai⁵⁵ 用手掌打臉頰。

　〈張〉搧 sai⁵⁵

　〈藍〉x

【搧】sian¹¹ 用手掌打臉頰。

　〈張〉搧 sian¹¹

　〈藍〉x

【摑】kuat³³ 用手背打臉頰。

　〈張〉摑 kuat³³

〈藍〉摑 kuat^{55}

【敆】pa^{55} 用手掌打臉頰。
　〈張〉敆pa^{55}
　〈藍〉x

【捀】hɔŋ^{55} 用兩手掌一起打臉。
　〈張〉捀hɔŋ^{55}
　〈藍〉x

【搭】taʔ^{31} 用手在嬰兒、小孩背部輕拍。
　〈張〉搭 taʔ^{31}
　〈藍〉搭 taʔ^{31}

【搕】kʰik^{33} 握拳,中指關節突出敲頭的動作。
　〈張〉x
　〈藍〉搕 kʰik^{55}

【五金膁】gɔ$_{11}$ kim$_{33}$ ke^{13} 握拳,中指關節突出敲頭的處罰方式,名詞。
　〈張〉五斤膁 gɔ$_{11}$ kin$_{33}$ ke^{13}
　〈藍〉x

【楗】kiŋ^{33} 用手肘頂、撞。
　〈張〉楗 kiŋ^{33}
　〈藍〉挨 e^{55}

(十)用　刀

【斬】tsam^{33} 用刀往下砍的動作。
　〈張〉斬 tsam^{33}
　〈藍〉斬 tsam^{33}

【剢】tɔk^{31} 用刀剁的動作。
　〈張〉剢 tɔk^{31}
　〈藍〉剢 tɔk^{31}

【刜】pʰut^{31} 用刀劈的動作。
　〈張〉刜 pʰut^{31}

〈藍〉刜 pʰut^{31}

【剷甘蔗】lan$_{33}$ kam$_{33}$ tsia^{11} 削甘蔗的皮和鬚。講「剷」lan^{13}
　〈張〉剷甘蔗 lan$_{33}$ kam$_{33}$ tsia^{11}
　〈藍〉x

【剉柴】tsʰo$_{51}$ tsʰa^{13} 斜著刀砍劈。
　〈張〉剉柴 tsʰo$_{51}$ tsʰa^{13}
　〈藍〉剉柴 tsʰo$_{51}$ tsʰa^{13}

【刣雞】tʰai$_{33}$ ke^{55} 殺雞。
　〈張〉刣雞 tʰai$_{33}$ ke^{55}
　〈藍〉x

【割】kuaʔ^{31} 割。
　〈張〉割 kuaʔ^{31}
　〈藍〉割 kuaʔ^{31}

【剒】tsui^{13} 用刀在豬脖子轉一圈,將頭和身體分開。
　講「共豬頭剒落來」ka$_{11}$ ti$_{33}$ tʰau^{13} tsui^{13} · lo$_{11}$ · lai$_{11}$
　〈張〉剒tsui^{13}
　〈藍〉x

【切】tsʰiat^{31} 切東西。
　〈張〉切 tsʰiat^{31}
　〈藍〉x

【剾】lio^{55} 用刀去皮的動作。
　〈張〉剾 lio^{13}
　〈藍〉剾 lio^{55}

【削】siaʔ^{31} 用刀將物體的表層去掉;如「削甘蔗」。
　〈張〉削 siaʔ^{31}
　〈藍〉削 siaʔ^{31}

【揬】tu^{33} 用長槍或尖刀戳的動作。

也講「攕」ts^{h}iam^{51}

〈張〉捸 tu^{33}、攕 ts^{h}iam^{51}

〈藍〉x

【剖】p^{h}ua^{11} 剖木材或剖腹的動作。

剖腹的動作,也講「剺」le^{33}

〈張〉剖 p^{h}ua^{11}

〈藍〉剖 p^{h}ua^{11}

【刮】k^{h}e^{55} 刮肉動作。

刮排骨上的肉,講「k^{h}e$_{33}$ ba?^{31}」

〈張〉刮 k^{h}e^{55}

〈藍〉x

【剃頭】t^{h}i$_{51}$ t^{h}au^{13} 剃頭。

〈張〉剃頭 t^{h}i$_{51}$ t^{h}au^{13}

〈藍〉剃頭 t^{h}i$_{51}$ t^{h}au^{13}

【刻】k^{h}ik^{31} 刻。

如「刻印仔」k^{h}ik$_{55}$ in$_{55}$ nã^{51}。

〈張〉刻 k^{h}ik^{31}

〈藍〉刻 k^{h}ik^{31}

【磨】bua^{13} 磨刀子的動作。

〈張〉磨 bua^{13}

〈藍〉磨 bua^{13}

【耆】hua?^{31} 把剃刀在刀皮上磨利的動作。

〈張〉耆 hua?^{31}

〈藍〉x

【修面】siu$_{33}$ bin^{33}

用剃刀把臉上的鬍鬚和汗毛剃掉。

〈張〉修面 siu$_{33}$ bin^{33}

〈藍〉x

(十一) 用棍子或其他工具

【搌】kɔŋ^{11} 雙手用棍、單手用錘的動作。

如「搌球」kɔŋ$_{51}$ kiu^{13} 打棒球

「搌鎚仔」kɔŋ$_{51}$ t^{h}ui$_{33}$ a^{51} 鐵鎚

〈張〉搌 kɔŋ^{11}

〈藍〉搌 kɔŋ^{11}、□huãi?^{31}

【撼】ham^{51} 單手握棍,打的動作。

〈張〉撼 ham^{51}

〈藍〉撼 ham^{51}

【摁予死】hm̩$_{51}$ hɔ$_{33}$ si^{51} 把~打死。

〈張〉摁予死 hm̩$_{51}$ hɔ$_{33}$ si^{51}

〈藍〉x

【撬】kiau^{33} 撬開的動作。

〈張〉撬 kiau^{33}

〈藍〉撬 kiau^{33}

【撲風】iat$_{11}$ hɔŋ^{55} 搧扇子的動作。

〈張〉撲風 iat$_{11}$ hɔŋ^{55}

〈藍〉x

【夯】gia^{13} 拿竹竿、鋤頭或旗子的動作。

〈張〉夯 gia^{13}

〈藍〉夯 gia^{13}

【釘】tiŋ^{11} 用鐵鎚打釘子的動作。

〈張〉釘 tiŋ^{11}

〈藍〉釘 tiŋ^{11}

【敲】k^{h}a^{11} 敲的動作。

〈張〉敲 k^{h}a^{11} (白)

〈藍〉x

【敲】k^{h}au^{55} 敲撞的大動作。

敲鐘擂鼓 k^{h}au$_{33}$ tsiŋ^{55} lui$_{11}$ kɔ^{51}

〈張〉敲 k^{h}au^{55} (文)

〈藍〉x

【束】sɔk³¹ 用繩索、橡皮筋縛緊講「束」。
　〈張〉束 sɔk³¹
　〈藍〉x

【纏】tĩ¹³ 用線纏綁。
　〈張〉纏 tĩ¹³
　〈藍〉x

【摃鐘】kɔŋ⁵¹ tsiŋ⁵⁵ 敲鐘。
　〈張〉摃鐘 kɔŋ⁵¹ tsiŋ⁵⁵
　〈藍〉x

【掀】hian⁵⁵ 掀開的動作。
　〈張〉掀 hian⁵⁵
　〈藍〉掀 hian⁵⁵

【縛】pak³³ 綁。
　〈張〉縛 pak³³
　〈藍〉縛 pak³³、綑 kʰun⁵¹

【鑿】tsʰak³³ 用鑿子鑿的動作。
　〈張〉鑿 tsʰak³³
　〈藍〉鑿 tsʰak³³

【挩】tʰuaʔ³¹ 汰米篩目的動作。
　〈張〉挩 tʰuaʔ³¹
　〈藍〉x

【刨】kʰau⁵⁵ 用鉋刀刨的動作。
　刮鬍鬚，也講「刨喉鬚」kʰau₃₃ tsʰui₅₁ tsʰiu⁵⁵
　〈張〉刨 kʰau⁵⁵
　〈藍〉刨 kʰau⁵⁵

【鋸】ki¹¹ 用鋸子鋸的動作。
　〈張〉鋸 ki¹¹
　〈藍〉鋸 ki¹¹

【撩柴】liau₃₃ tsʰa¹³ 裁鋸木頭。
　〈張〉撩柴 liau₃₃ tsʰa¹³

　〈藍〉x

【剪】tsian⁵¹ 柄長刀身短的，稱「刀剪」。
　用此刀剪的動作講「剪」tsian⁵¹。
　〈張〉剪 tsian⁵¹
　〈藍〉剪 tsian⁵¹

【鉸】ka⁵⁵ 柄短刀身長的，稱「鉸刀」。
　用鉸刀的動作講「鉸」ka⁵⁵。
　〈張〉鉸 ka⁵⁵
　〈藍〉鉸 ka⁵⁵

【裁】tsʰai¹³ 裁剪。
　〈張〉x
　〈藍〉裁 tsʰai¹³

【揲】tiap³³ 拿細棍子抽打。
　〈張〉揲 tiap³³
　〈藍〉x

【挾】ŋẽʔ³¹ 用筷子或火鉗子挾的動作。
　〈張〉挾 ŋẽʔ³¹
　〈藍〉挾 ŋẽʔ³¹

【挖】ɔ⁵¹ 挖的動作。
　也講「搵」ue⁵¹
　〈張〉挖 ɔ⁵¹、搵 ue⁵¹
　〈藍〉搵 ue⁵¹

【掘】kut³³ 用十字鎬挖掘的動作。
　〈張〉掘 kut⁵⁵
　〈藍〉掘 kut⁵⁵

【捽】sut³¹ 用藤條抽打的動作。
　〈張〉捽 sut³¹
　〈藍〉捽 sut³¹、抽 tʰiu⁵⁵

【沐】bak³¹ 用手碰、沾到~。
　〈張〉沐 bak³¹
　〈藍〉x

【搕】k^hap^{33} 用手觸碰到~。

　〈張〉搕 k^hap^{33}

　〈藍〉x

【撚開】$t^hian^{51} \cdot k^hui_{11}$ 撐開雨傘或摺扇
　的動作。

　〈張〉撚開 $t^hian^{51} \cdot k^hui_{11}$

　〈藍〉x

【挽面】$ban_{55}\ bin^{33}$ 用線絞去臉上的汗
　毛。

　〈張〉挽面 $ban_{55}\ bin^{33}$

　〈藍〉x

（十二）和書寫有關的動作

【畫圖】$ue_{11}\ to^{13}$ 畫圖。

　〈張〉畫圖 $ue_{11}\ to^{13}$

　〈藍〉畫圖 $ue_{11}\ to^{13}$

【寫字】$sia_{55}\ dzi^{33}$

　〈張〉寫字 $sia_{55}\ dzi^{33}$

　〈藍〉寫字 $sia_{55}\ dzi^{33}$

【描】bio^{13} 描字。

　〈張〉尋字劃 $sun_{33}\ dzi_{11}\ ue^{33}$

　〈藍〉x

【皂】tso^{33} 亂寫。

　〈張〉皂 tso^{33}

　〈藍〉x

【滒】ko^{33} 用會黏的東西亂塗。

　〈張〉滒 ko^{33}

　〈藍〉x

【貼】$ta?^{31}$ 貼。

　〈張〉貼 $ta?^{31}$

　〈藍〉貼 $ta?^{31}$

【糊】ko^{13} 糊。

　〈張〉糊 ko^{13}

　〈藍〉糊 ko^{13}

【黏】$liam^{13}$

　〈張〉黏 $liam^{13}$

　〈藍〉黏 $liam^{13}$

【拆】$t^hia?^{31}$ 撕或拆下來。

　〈張〉拆 $t^hia?^{31}$

　〈藍〉x

【剺】li^{11} 撕的動作。

　〈張〉擺 li^{11}、撇 $lia?^{31}$

　〈藍〉擺 li^{11}、撇 $lia?^{31}$

【磨墨】$bua_{33}\ bak^{33}$ 磨墨。

　〈張〉磨墨 $bua_{33}\ bak^{33}$

　〈藍〉磨墨 $bua_{33}\ bak^{55}$

（十三）和手有關的動作

【掖】ia^{33} 撒東西的動作。

　〈張〉掖 ia^{33}

　〈藍〉掖 ia^{33}

【掔】k^hian^{55} 丟東西的動作。
　也講「掞」tan^{11}、「擲」tim^{11}、「抁」
　$hiat^{31}$。

　〈張〉掔 k^hian^{55}、掞 tan^{11}、擲 tim^{11}、
　　　抁 $hiat^{31}$

　〈藍〉掔 k^hian^{11}、抁 $hiat^{31}$

【搝】giu^{51} 拉的動作。
　又音 k^hiu^{51}

　〈張〉搝 giu^{51}、k^hiu^{51}

　〈藍〉搝 giu^{51}

【拗】au^{51} 折彎的動作。

　〈張〉拗 au^{51}

〈藍〉拗 au^{51}

【搦牢著】lak$_{11}$ tiau^{13} ·tio?$_{11}$ 抓扣住。
　〈張〉搦牢咧 lak$_{11}$ tiau^{13} ·le$_{11}$
　〈藍〉x

【遏】at^{31} 折斷。
　〈張〉遏 at^{31}
　〈藍〉遏 at^{31}

【掣】ts^{h}ua?^{31} 扯的動作。
　〈張〉掣 ts^{h}ua?^{31}
　〈藍〉掣 tĩu^{11}

【提】t^{h}e^{33} 拿。
　〈張〉提 t^{h}e?^{55}、k^{h}e?^{55}
　〈藍〉提 t^{h}e^{33}

【捎】sa^{55} 快速拿的動作。
　〈張〉捎 sa^{55}
　〈藍〉x

【撏】dzim^{13} 從口袋把東西掏出來。
　〈張〉撏 dzim^{13}
　〈藍〉撏 dzim^{13}

【摜】kuã^{33} 提東西的動作。
　〈張〉摜 kuã^{33}
　〈藍〉摜 kuã^{33}

【扞】huã^{33} 手輕放握著或持家的動作。
　〈張〉扞 huã^{33}
　〈藍〉x

【橐】lɔk^{31} 把東西放進有孔洞的容器。
　也講「袋」te^{33}。
　〈張〉橐 lɔk^{31}
　〈藍〉x

【掰】pue^{51} 撥開。

〈張〉掰 pue^{51}
〈藍〉掰 pue^{51}

【撥】pua?^{31} 將時鐘的針，撥正確用「撥」。
　〈張〉撥 pua?^{31}
　〈藍〉撥 pue^{51}

【扶】hu^{13} 用手支持人或物使安穩。
　也音 p^{h}ɔ^{13}
　〈張〉扶 hu^{13}、p^{h}ɔ^{13}
　〈藍〉扶 hu^{13}、p^{h}ɔ^{13}

【攬】lam^{51} 用手臂圍住對方，使靠近自己。
　〈張〉攬 lam^{51}
　〈藍〉攬 lam^{51}

【掩】uĩ^{55} 用手把眼睛摀住。
　〈張〉掩 uĩ^{55}
　〈藍〉掩 uĩ^{55}

【撫】hu^{55} 撫摸並用口語安慰之。
　〈張〉撫 hu^{55}
　〈藍〉x

【挲】so^{55} 輕輕的撫摸。
　〈張〉挲 so^{55}
　〈藍〉挲 so^{55}

【奕】luan^{51} 輕輕的揉，使撞傷處好轉。
　〈張〉奕 luan^{51}
　〈藍〉x

【摸】bɔŋ^{55} 用手觸碰。
　例「摸蜊仔兼洗褲」bɔŋ$_{33}$ la$_{33}$ a^{51} kiam$_{33}$ se$_{55}$ k^{h}ɔ^{11}
　也講「磕」k^{h}ap^{33}
　〈張〉摸 bɔŋ^{55}

〈藍〉摸 $bɔŋ^{55}$

【捽疵仔】dzu_{51} t^hiau_{33} a^{51} 用手擠壓青春痘。

　〈張〉擠疵仔 $tsik_{55}$ t^hiau_{33} a^{51}

　〈藍〉擠疵仔 $tsik_{55}$ t^hiau_{33} a^{51}

【縛】pak^{33} 用繩子綁起來。

　〈張〉縛 pak^{33}

　〈藍〉縛 pak^{33}、絪 k^hun^{51}

【敨開】t^hau^{51} $\cdot k^hui_{11}$ 解開。

　〈張〉敨開 t^hau^{51} $\cdot k^hui_{11}$

　〈藍〉敨開 t^hau^{51} $\cdot k^hui_{11}$

【扛】$kŋ^{55}$ 兩人或數人將重物肩起行動。

　〈張〉扛 $kŋ^{55}$

　〈藍〉扛 $kŋ^{55}$

【擄】lu^{55} 推車等等的動作。

　〈張〉擄 lu^{55}

　〈藍〉x

【揀】sak^{31} 一般推的動作。

　〈張〉揀 sak^{31}

　〈藍〉揀 sak^{31}、挺 $t^hã^{51}$

【扭著】lau^{51} $\cdot tio_{11}$ 手腳筋骨非垂直扭傷。

　〈張〉扭著 lau^{51} $\cdot tio_{11}$

　〈藍〉x

【擠著】$tsik^{31}$ $\cdot tio_{11}$ 手腳筋骨垂直擠傷。如手垂直按在地面而受傷。

　〈張〉擠著 $tsik^{31}$ $\cdot tio_{11}$

　〈藍〉x

【伸手】ts^hun_{33} ts^hiu^{51} 伸手。

〈張〉伸手 ts^hun_{33} ts^hiu^{51}

〈藍〉伸手 ts^hun_{33} ts^hiu^{51}

【搖】io^{13} 擺動、晃動。

　〈張〉搖 io^{13}

　〈藍〉搖 io^{13}、幌 $hãĩ^{11}$

【擼】$lɔ^{51}$ 大力擺動、晃動。

　〈張〉擼 $lɔ^{51}$

　〈藍〉x

【囥】$k^hŋ̍^{11}$ 放。

也講「下」he^{33}

　〈張〉囥 $k^hŋ̍^{11}$、下 he^{33}

　〈藍〉囥 $k^hŋ̍^{11}$

【祀】ts^hai^{33} 把立體的東西擺放好。如「共神明祀予好」ka_{11} sin_{33} $biŋ^{13}$ ts^hai_{11} $hɔ_{33}$ ho^{51}（將神像立好）

　〈張〉祀 ts^hai^{33}

　〈藍〉x

【架】k^hue^{11} 靠放。

　〈張〉架 k^hue^{11}

　〈藍〉x

【沖】$ts^hiŋ^{13}$ 沖。瀑布講「水沖」$tsui^{55}$ $ts^hiŋ^{13}$ 也講「瀑布」$pɔk_{11}$ $pɔ^{11}$

　〈張〉沖 $ts^hiaŋ^{13}$

　〈藍〉沖 $ts^hiŋ^{13}$

【濺水】$tsuã_{11}$ $tsui^{51}$ 用水管沖水。

　〈張〉嗻水 $tsak_{11}$ $tsui^{51}$

　〈藍〉x

【掀】$hian^{55}$ 掀開。

　〈張〉掀 $hian^{55}$

　〈藍〉掀 $hian^{55}$

【窒】t^hat^{31} （水道、通道）塞住。

〈張〉窒 t^hat^{31}

〈藍〉x

【楔】$se\Uparrow^{31}$ 塞進（口袋、封套、孔隙）。

〈張〉楔 $se\Uparrow^{31}$

〈藍〉x

【攕】$tsĩ^{55}$ 硬塞進（空間）、塞給（人）。

〈張〉攕 $tsĩ^{55}$

〈藍〉x

【搬厝】$puã_{33}\ ts^hu^{11}$ 搬家。

〈張〉搬厝 $puã_{33}\ ts^hu^{11}$

〈藍〉x

【徙】sua^{51} 移動。

〈張〉徙 sua^{51}

〈藍〉x

【撨】ts^hiau^{13} 安排、調整。

〈張〉撨 ts^hiau^{13}

〈藍〉撨 ts^hiau^{13}

【抾】$k^hio\Uparrow^{31}$ 撿拾。

〈張〉抾 $k^hio\Uparrow^{31}$

〈藍〉抾 $k^hio\Uparrow^{31}$

【攑手】$gia_{33}\ ts^hiu^{51}$ 用手舉的動作。

〈張〉攑手 $gia_{33}\ ts^hiu^{51}$

〈藍〉攑手 $gia_{33}\ ts^hiu^{51}$

【紮錢】$tsa_{51}\ tsĩ^{13}$ 帶錢。

〈張〉紮錢 $tsa_{51}\ tsĩ^{13}$

〈藍〉x

【抽鬮仔】$t^hiu_{33}\ k^hau_{33}\ a^{51}$ 抓鬮。
也講「抾鬮仔」$k^hio_{51}\ k^hau_{33}\ a^{51}$。

〈張〉抽鬮仔 $liu_{33}\ k^hau_{33}\ a^{51}$

〈藍〉x

【握手】$at_{55}\ ts^hiu^{51}$ 握手。

〈張〉握手 $at_{55}\ ts^hiu^{51}$

〈藍〉握手 $at_{55}\ ts^hiu^{51}$

【遏手把】$at_{55}\ ts^hiu^{51}\ pa^{11}$ 比臂力。

〈張〉遏手把 $at_{55}\ ts^hiu_{55}\ pa^{11}$

〈藍〉遏手把 $at_{55}\ ts^hiu_{55}\ pa^{11}$

【掠】lia^{33} 抓。

〈張〉掠 lia^{33}

〈藍〉掠 lia^{33}

【搉】$tsaŋ^{55}$ 一把抓住小孩或家畜的項頸。

〈張〉搉 $tsaŋ^{55}$

〈藍〉x

【鬮做伙】$tau_{51}\ tso_{51}\ hue^{51}$ 把兩個東西裝配起來，湊在一起。

〈張〉鬮做伙 $tau_{51}\ tso_{51}\ hue^{51}$

〈藍〉x

【囥做伙】$kŋ_{51}\ tso_{51}\ hue^{51}$ 把東西放在一起。

〈張〉囥做伙 $kŋ_{51}\ tso_{51}\ hue^{51}$

〈藍〉囥做伙 $kŋ_{51}\ tso_{51}\ hue^{51}$

【潑水】$p^hua_{51}\ tsui^{51}$

〈張〉潑水 $p^hua_{51}\ tsui^{51}$

〈藍〉潑水 $p^hua_{51}\ tsui^{51}$、捅水 $hiu_{51}\ tsui^{51}$

【撓】$ŋiãu^{51}$ 用小指頭鉤耳屎的動作。

〈張〉撓 $ŋiãu^{33}$

〈藍〉x

【捋頭毛】$lua_{11}\ t^hau_{33}\ mɔ̃^{55}$ 梳頭髮。

〈張〉捋頭毛 $lua_{11}\ t^hau_{33}\ mŋ̇^{13}$

〈藍〉x

【梳頭】se_{33} t^hau^{13} 梳整頭髮呈型。
　〈張〉梳頭 se_{33} t^hau^{13}
　〈藍〉梳頭 se_{33} t^hau^{13}

【扳過來】pan^{55} ·kue_{11} ·lai_{11} 使固定的東西將一端扭轉到另一端。
　〈張〉扳過來 pan^{55} ·lo_{11} ·lai_{11}
　〈藍〉x

【焐】u^{11} 物體因接觸而溫熱。
　〈張〉焐 u^{11}
　〈藍〉x

【燙】$t^hŋ^{11}$ 燙。
　〈張〉燙 $t^hŋ^{11}$
　〈藍〉燙 $t^hŋ^{11}$

【掠龍】lia_{11} $liŋ^{13}$ 按摩、推拿。
　〈張〉掠龍 lia_{11} $liŋ^{13}$
　〈藍〉x

【繏落去】lui^{33} ·lo_{11} ·i_{11} 由上往下慢慢放下去。
　〈張〉繏落去 lui^{33} ·lo_{11} ·i_{11}
　〈藍〉x

【抨】$piã^{55}$ 丟。
　〈張〉抨 $piã^{55}$
　〈藍〉抨 $piã^{55}$

【歍】$hɔp^{31}$ 用手撲捉青蛙的動作。
　〈張〉歍 $hɔp^{31}$
　〈藍〉歍 $hɔp^{31}$

（十四）手指動作

【搙】$dzuʔ^{31}$ 用手擠搓。
　〈張〉搙 $ts^hiɔk^{55}$
　〈藍〉擠 $tsik^{55}$

【搦】lak^{33} 用五指抓拿。
　〈張〉搦 lak^{33}
　〈藍〉搦 lak^{55}

【捏】$tẽ^{33}$ 用力捏緊。
　〈張〉捏 $tẽ^{33}$
　〈藍〉捏 $tẽ^{33}$

【剝皮】pak_{55} p^hue^{13} 剝皮。
　〈張〉擘皮 pe_{51} p^hue_{13}、
　　　剝皮 pak_{55} p^hue_{13}
　〈藍〉x

【摘算盤】tik_{55} $suĩ_{51}$ $puã^{13}$ 用手指打算盤。
　〈張〉摘算盤 $tiak_{55}$ $suĩ_{51}$ $puã^{13}$
　〈藍〉摘算盤 tik_{55} $suĩ_{51}$ $puã^{13}$

【摘】tik^{31} 用手指彈~。
　如「摘耳仔」tik_{55} $hĩ_{33}$ $ã_{51}$
　〈張〉摘 $tiak^{31}$
　〈藍〉摘 tik^{31}

【搣】$mẽ^{55}$ 抓一把米。
　〈張〉搣 $mẽ^{55}$
　〈藍〉搣 $mẽ^{55}$

【拈】$nĩ^{55}$ 用兩手指輕取。
　〈張〉拈 $liam_{55}$
　〈藍〉拈 $nĩ_{55}$

【捻】$liam_{11}$ 用兩手指擠捏。
　〈張〉捻 $liam_{11}$
　〈藍〉捻 $liam_{11}$

【捘】$tsun^{33}$ 用手抓之後再扭轉。
　〈張〉捘 ts^hun^{33}
　〈藍〉x

【擗】pik^{33} 用橡皮筋彈射。

〈張〉擗 piak^{33}

〈藍〉x

【搣】dzi^{33} 用手指按。也音 ts^{h}i^{33}

〈張〉搣dzi^{33} 、ts^{h}i^{33}

〈藍〉搣dzi^{33}

【穿針】ts^{h}uĩ$_{33}$ tsiam^{55} 將線穿過針孔。

〈張〉穿針 ts^{h}uĩ$_{33}$ tsiam^{55}

〈藍〉穿針 ts^{h}uĩ$_{33}$ tsiam^{55}

【揢印仔】te$_{51}$ in$_{55}$ nã^{51} 蓋印。

也講「頓印仔」tŋ̀$_{51}$ in$_{55}$ nã^{51}

〈張〉頓印仔 tuĩ$_{51}$ in$_{55}$ nã^{51}

揢印仔 te$_{51}$ in$_{55}$ nã^{51}

〈藍〉揢印仔 te$_{51}$ in$_{55}$ nã^{51}

揢印仔 teʔ$_{55}$ in$_{55}$ nã^{51}

【擽】ŋiãu^{55} 搔癢使人笑。

〈張〉擽 ŋiãu^{55}

〈藍〉擽 ŋiãu^{55}

【挼】dzue^{13} 用手指揉搓眼睛等。

〈張〉挼 dzue^{13}

〈藍〉挼 dzue^{13}

【黜】t^{h}ut^{31} 用大拇指推揉瘀青處。

〈張〉黜 t^{h}ut^{31}

〈藍〉x

【爪】dziau^{11} 用指甲抓癢的動作。

〈張〉爪 dziau^{11}

〈藍〉爪 dziau^{11}

【耙】pe^{13} 用指甲耙皮膚的動作。

〈張〉耙 pe^{13}

〈藍〉x

【扴】k^{h}aŋ^{11} 用指甲摳的動作。

〈張〉扴 k^{h}aŋ^{11}

〈藍〉x

【彈琴】tuã$_{33}$ k^{h}im^{13} 彈琴。

〈張〉彈琴 tuã$_{33}$ k^{h}im^{13}

〈藍〉彈琴 tuã$_{33}$ k^{h}im^{13}

(十五) 身體動作

【坐】tse^{33}

〈張〉坐 tse^{33}

〈藍〉坐 tse^{33}

【伸腀】ts^{h}un$_{33}$ lun^{13} 伸懶腰。

〈張〉伸腀 ts^{h}un$_{33}$ lun^{13}

〈藍〉伸腀 ts^{h}un$_{33}$ un^{13}

【頤】ts^{h}iʔ^{31} 彎腰。例：彎下腰去拿~

「頤落去提~」ts^{h}i$_{51}$ lue$_{11}$ e$_{55}$ t^{h}e^{33}~

也有人講「ã$_{11}$」，但較少講。

〈張〉向 ã^{11}

〈藍〉向 ã^{11}

【麗】t^{h}ẽ^{55} 半躺。

〈張〉麗 t^{h}e^{55}

〈藍〉x

【倒】to^{51} 躺下。

〈張〉倒 to^{51}

〈藍〉倒落 to^{51} lue^{11}

【仆】p^{h}ak^{31} 身體趴在地上。

〈張〉仆 p^{h}ak^{31}

〈藍〉仆 p^{h}ak^{31}

【霸】pa^{11} 身體向前趴、或佔著位置。

〈張〉罵ba^{11}

〈藍〉霸 pa^{11}

【呸呸掣】pi_{11} pi_{11} $ts^hua?^{31}$ 顫抖。
　〈張〉呸呸掣 pit_{11} pit_{11} $ts^hua?^{31}$
　〈藍〉懼懼震 k^hu_{11} k^hu_{11} $tsun^{55}$

【哺豆仔】$pɔ_{11}$ tau_{33} a^{51} 在泳池游泳時，
　因寒冷而嘴抖動，致牙齒觸碰發聲。
　人笑稱「哺豆仔」。
　〈張〉哺豆仔 $pɔ_{11}$ tau_{33} a^{51}
　〈藍〉x

【泄】$tsua?^{31}$ 抖動（使身上東西掉下）。
　〈張〉震 $tsun^{11}$
　〈藍〉x

【躽】$nuã^{11}$ 人在地上滾動。
　〈張〉躽 $nuã^{11}$
　〈藍〉x

【偝囡仔】$ãi_{11}$ gin_{55} $nã^{51}$ 背小孩。
　〈張〉偝囡仔 $ãi_{11}$ gin_{55} $nã^{51}$
　〈藍〉偝囡仔 $ãi_{11}$ gin_{55} $nã^{51}$

【揹冊揹仔】$p^hãi_{11}$ ts^he_{51} $p^hãi_{33}$ $ã^{51}$ 揹書
　包。
　〈張〉揹冊包 $p^hãi_{11}$ ts^he_{51} pau^{55}
　〈藍〉x

【頷頭】tim_{51} t^hau^{13} 點頭。
　〈張〉頷頭 tim_{51} t^hau^{13}
　〈藍〉頷頭 tim_{51} t^hau^{13}、$tɔm_{51}$ t^hau^{13}

【幌頭】$hãi_{51}$ t^hau^{13} 搖頭。
　〈張〉搖頭 io_{33} t^hau^{13}
　〈藍〉幌頭 $hãi_{51}$ t^hau^{13}、搖頭 io_{33} t^hau^{13}

【舂壁自殺】$tsiŋ_{33}$ $pia?^{31}$ tsu_{11} sat^{31} 用頭
　去撞牆自殺。
　〈張〉硞頭自殺 $kɔk_{11}$ t^hau_{13} tsu_{11} sat^{31}
　〈藍〉x

【磕頭】k^hap_{11} t^hau^{13} 磕頭。
　〈張〉磕頭 k^hap_{11} t^hau^{13}
　〈藍〉磕頭 k^hau_{51} t^hau^{13}

【越頭】uat_{11} t^hau^{13} 轉頭。
　也講「踅頭」se_{11} t^hau^{13}
　〈張〉越頭 uat_{11} t^hau^{13}、踅頭 se_{11} t^hau^{13}
　〈藍〉越頭 uat_{11} t^hau^{13}

【洗身軀】se_{55} hun_{33} su^{55} 洗澡。
　也講 se_{55} $hiŋ_{33}$ k^hu^{55}。
　〈張〉洗身軀 se_{55} hun_{33} su^{55}
　〈藍〉洗身軀 se_{55} hun_{33} su^{55}

【挵】$lɔŋ^{11}$ 撞。
　〈張〉挵 $lɔŋ^{11}$
　〈藍〉x

（十六）其　他

【相拍】sio_{33} $p^ha?^{31}$ 打架。
　〈張〉相拍 sio_{33} $p^ha?^{31}$
　〈藍〉相拍 sio_{33} $p^ha?^{31}$、相舂 sio_{33} $tsiŋ^{55}$

【相罵】sio_{33} $mẽ^{33}$ 以言語吵架。
　〈張〉相罵 sio_{33} $mẽ^{33}$
　〈藍〉相罵 sio_{33} $mẽ^{33}$

【冤家】uan_{33} ke^{55} 以言語加暴力的吵
　架、或互不理會。
　〈張〉冤家 uan_{33} ke^{55}
　〈藍〉冤家 uan_{33} ke^{55}

【相幹】sio_{33} kan^{11} 男女進行性行為。
　〈張〉相幹 sio_{33} kan^{11}
　〈藍〉相幹 sio_{33} kan^{11}

【相輸】sio_{33} su^{55} 打賭。
　〈張〉相輸 sio_{33} su^{55}

〈藍〉相輸 sio_{33} su^{55}

【輸贏】su_{33} $iã^{13}$ 比個高下。
　例「我欲佮汝輸贏」gua_{55} $be?_{55}$ $ka?_{55}$ li_{55}
　su_{33} $iã^{13}$ 我要和你一較長短、分出勝
　負
　〈張〉輸贏 su_{33} $iã^{13}$
　〈藍〉輸贏 su_{33} $iã^{13}$

【育飼】io_{33} ts^hi^{33} 小孩的養育照顧。
　也講「飼養」ts^hi_{11} $ĩu^{51}$
　〈張〉育飼 $pãi_{55}$ io_{33} ts^hi^{33}、
　　　　養飼 $ĩu_{55}$ ts^hi^{33}
　〈藍〉x

【飼】ts^hi^{33} 餵養。
　〈張〉飼 ts^hi^{33}
　〈藍〉飼 ts^hi^{33}

【毒】t^hau^{33} 用藥毒死。
　〈張〉毒 t^hau^{33}
　〈藍〉毒 t^hau^{33}
　例：毒魚仔 t^hau_{11} hi_{33} a^{51}

【顧囝仔】$kɔ_{51}$ gin_{55} $nã^{51}$ 照顧小孩。
　〈張〉顧囝仔 $kɔ_{51}$ gin_{55} $nã^{51}$
　〈藍〉x

【坐車】tse_{11} ts^hia^{55} 坐車。
　〈張〉坐車 tse_{11} ts^hia^{55}
　〈藍〉坐車 tse_{11} ts^hia^{55}

【佔位】$tsiam_{51}$ ui^{33} 佔位子。
　〈張〉佔位 $tsiam_{51}$ ui^{33}
　〈藍〉x

【搭油】ta_{51} iu^{13} 買油、沽油。
　〈張〉搭油 ta_{51} iu^{13}
　〈藍〉搭油 ta_{51} iu^{13}

【崁】k^ham^{11} 蓋起來。
　〈張〉崁 k^ham^{11}
　〈藍〉崁 k^ham^{11}

【暗】am^{11} 藏。
　〈張〉暗 am^{11}
　〈藍〉x

【藏著】$ts^haŋ^{11}$ $·tio_{11}$ 藏著。
　〈張〉藏咧 $ts^haŋ_{11}$ $·le_{11}$
　〈藍〉藏起來 $ts^haŋ_{11}$ $·k^hi_{11}$ $·lai_{11}$
　　　　抾起來 iap_{31} $·k^hi_{11}$ $·lai_{11}$

【歇】$he?^{31}$ 休息。
　〈張〉歇 $he?^{31}$
　〈藍〉歇 $he?^{31}$

【歇睏】he_{51} k^hun^{11} 休息一下。
　〈張〉歇睏 he_{51} k^hun^{11}
　〈藍〉歇睏 he_{51} k^hun^{11}

【放尿】$paŋ_{51}$ $dzio^{33}$ 小便。
　〈張〉放尿 $paŋ_{51}$ $dzio^{33}$
　〈藍〉放尿 $paŋ_{51}$ $dzio^{33}$

【泄尿】ts^hua_{11} $dzio^{33}$ 小便失禁。
　〈張〉泄尿 ts^hua_{11} $dzio^{33}$
　〈藍〉x

【放屎】$paŋ_{51}$ sai^{51} 大便。
　〈張〉放屎 $paŋ_{51}$ sai^{51}
　〈藍〉放屎 $paŋ_{51}$ sai^{51}

【落屎】lau_{51} sai^{51} 拉屎。
　〈張〉落屎 lau_{51} sai^{51}
　〈藍〉x

【掣屎】ts^hua_{51} sai^{51}（因驚嚇而）大便
　失禁。
　〈張〉掣屎 ts^hua_{51} sai^{51}

〈藍〉x

【淡屎連】t^hua_{51} sai_{55} $lian^{13}$ 罵人的言
語。
例：有夠淡屎連，代誌做這形，害我
淒慘債掛。u_{11} kau_{51} t^hua_{51} sai_{55} $lian^{13}$,
tai_{11} tsi_{11} tso_{51} $tsit_{55}$ hin^{13}, hai_{11} gua_{55}
ts^hi_{33} $tsam_{55}$ tse_{11} kua^{11}
〈張〉淡屎連 t^hua_{51} sai_{55} $lian^{13}$
〈藍〉x

【滲屎尿】$siam_{51}$ sai_{55} $dzio^{33}$ 滲屎尿。
〈張〉滲屎尿 $siam_{51}$ sai_{55} $dzio^{33}$
〈藍〉x

【掌力】t^he_{51} lat^{33} 幫忙用力頂住。
〈張〉掌力 t^he_{51} lat^{33}
〈藍〉掌力 t^he_{51} lat^{33}

【瞪力】te_{51} lat^{33} 憋氣用力。
〈張〉瞪力 te_{51} lat^{33}
〈藍〉x

【震動】tin_{55} tan^{33}
〈張〉震動 tin_{55} tan^{33}
〈藍〉震動 tin_{55} tan^{33}

【挾】$k^he?^{31}$ 擠。
〈張〉挾 $k^he?^{31}$
〈藍〉挾 $k^he?^{31}$、實 $tsat^{55}$

【相挨相挾】sio_{33} e_{55} sio_{33} $k^he?^{31}$ 互相推
擠。
〈張〉x
〈藍〉x

【唌】sia^{13} 誘言。
〈張〉唌 sia^{13}
〈藍〉唌 sia^{13}

【淡】t^hua^{11} 蔓生、繁殖。
例「生淡」se_{33} t^hua^{11}。
〈張〉淡 t^hua^{11}
〈藍〉x

【照】$tsio^{11}$ 照射。
〈張〉照 $tsio^{11}$
〈藍〉x

【遨】go^{13} 轉動。或講「轉」tui^{51}
〈張〉遨 go^{13}、轉 tn^{51}
〈藍〉x

【踅街】se_{11} ke^{55} 逛街。
〈張〉踅街 se_{11} ke^{55}
〈藍〉x

【趖】so^{13} 形容動作慢吞吞的。
〈張〉趖 so^{13}
〈藍〉趖 so^{13}

【覕】$bi?^{31}$ 躲。
〈張〉覕 $bi?^{31}$
〈藍〉覕 $bi?^{31}$

【綴路】tue_{51} lo^{33} 跟。
〈張〉綴路 tue_{51} lo^{33}
〈藍〉x

【綴會仔】tue_{51} hue_{33} a^{51} 跟會。
〈張〉綴會仔 tue_{51} hue_{33} a^{51}
〈藍〉x

【拄著】tu^{51} $\cdot tio_{11}$ 遇到。
也講「搪著」tn^{33} $\cdot tio_{11}$
〈張〉拄著 tu_{51} $\cdot tio_{11}$、搪著 tn^{33} $\cdot tio_{11}$
〈藍〉拄著 tu_{51} $\cdot tio?_{11}$、□著 bu_{11} $\cdot tio?_{11}$

【偃】ian^{51} 兩人摔角的動作。
〈張〉偃 ian^{51}

〈藍〉x

【揣】tsʰue³³ 找東西。

　〈張〉揣 tsʰue³³

　〈藍〉揣 tsʰue³³

【爍】sĩʔ³¹ 電燈一閃一閃。

　例「光爍一个爍一个！」kuĩ⁵⁵
　siʔ³¹ ·tsit₁₁ ·le₁₁ ·siʔ³¹ ·tsit₁₁ ·le₁₁

　〈張〉爍 sĩʔ³¹

　〈藍〉x

【教冊】ka₅₁ tsʰeʔ³¹ 教書。

　〈張〉教冊 ka₅₁ tsʰeʔ³¹

　〈藍〉教冊 ka₅₁ tsʰeʔ³¹、
　　　教學仔 ka₅₁ o³³ a⁵¹

【教示】ka₅₁ si³³ 教訓示範。

　也講「教訓」kau₅₁ hun₁₁

　〈張〉教示 ka₅₁ si³³

　〈藍〉x

【扭搦】liu₅₅ lak³³ 掌控。

　〈張〉扭搦 liu₅₅ lak³³

　〈藍〉x

【拍毋見】pʰaŋ₅₁ kian₁₁ 丟了。

　也講「拍無去」pʰa₅₁ bo₁₃ kʰi₁₁

　「加落」ka₃₃ lau³³ （已不常聽到）

　〈張〉加落 ka₃₃ lau³³、拍毋見 pʰaŋ₅₁
　　　kian₁₁

　〈藍〉加落去 ka₃₃ lau³³ kʰi₁₁
　　　拍毋見 pʰaʔ₅₅ m̩₁₁ kian₁₁
　　　毋見去 m̩₁₁ kian₁₁ kʰi₁₁
　　　無去矣 bo₁₃ ·kʰi₁₁ ·a₁₁、
　　　bo₁₃ ·i₁₁ ·a₁₁

【礐垓】hak₅₅ kai³³ 丟掉。

也有講「扽掉」tan₅₁ tiau³³、挕捒 hĩ₅₁
sak³¹

　〈張〉挕抭 hĩ₅₁ kak³¹

　〈藍〉x

【苦毒】kʰɔ₅₅ tɔk³³ 虐待。

　〈張〉苦毒 kʰɔ₅₅ tɔk³³

　〈藍〉苦毒 kʰɔ₅₅ tɔk³³、虐待 gik₁₁ tai³³

【抾抭】kʰio₅₁ kak³¹ 指人沒出息，沒用
了。

　〈張〉抾抭 kʰio₅₁ kak³¹

　〈藍〉x

【參詳】tsʰam₃₃ siŋ¹³ 商量。

　〈張〉參詳 tsʰam₃₃ siaŋ¹³

　〈藍〉參詳 tsʰam₃₃ siŋ¹³

【考慮】kʰo₅₅ li³³ 考慮。

　〈張〉考慮 kʰo₅₅ li³³

　〈藍〉x

【寵倖】tʰiŋ₅₅ siŋ³³ 溺愛晚輩。

　〈張〉寵倖 tʰiŋ₅₅ siŋ³³

　〈藍〉倖 siŋ³³

【創治】tsʰɔŋ₅₁ ti³³ 作弄。

　例「莫加創治」mãi₅₁ ka₃₃ tsʰɔŋ₅₁ ti³³
不要作弄他。

　也講「戲弄」hi₅₅ laŋ³³

　〈張〉創治 tsʰɔŋ₅₁ ti³³

　〈藍〉創治 tsʰɔŋ₅₁ ti³³、欺負 kʰi₃₃ hu³³
　　　凌遲 liŋ₃₃ ti³³

【挃肫】ti₅₁ tuʔ³¹ 喜撥弄人（指頑皮小
孩）

　也講「挃爍」ti₅₁ siʔ³¹

　〈張〉挃肫 ti₅₁ tuʔ³¹

　〈藍〉挃肫 ti₅₁ tuʔ³¹、手銃 tsʰiu₅₅ tsʰiŋ¹¹

【牽成】k^han_{33} sin^{13} 提攜。
也講「栽培」$tsai_{33}$ pue^{13}、「牽教」k^han_{33}
ka_{11}、「牽拈」k^han_{33} $kio?^{31}$
〈張〉牽成 k^han_{33} sin^{13}
〈藍〉x

【撙節】$tsun_{55}$ $tsat^{31}$ 量力、拿捏分寸而行。
〈張〉撙節 $tsun_{55}$ $tsat^{31}$
〈藍〉x

【站節】$tsam_{11}$ $tsat^{31}$ 節制。
〈張〉站節 $tsam_{11}$ $tsat^{31}$
〈藍〉x

【開錢】k^hai_{33} $ts\tilde{i}^{13}$ 花錢。
〈張〉開錢 k^hai_{33} $ts\tilde{i}^{13}$
〈藍〉開錢 k^hai_{33} $ts\tilde{i}^{13}$、用錢 in_{11} $ts\tilde{i}^{13}$

【開查某】k^hai_{33} tsa_{33} bo^{51} 嫖妓。
〈張〉開查某 k^hai_{33} tsa_{33} bo^{51}
〈藍〉開查某 k^hai_{33} tsa_{33} bo^{51}
探花 ts^hai_{55} hue^{55}

【張】tin^{55} 設陷阱捕動物。
〈張〉張 tin^{55}、下 he^{33}
〈藍〉x

【弈】i^{33} 玩。
例「弈珠仔」i_{11} tsu_{33} a^{51} （玩珠子）
〈張〉弈 i^{33}
〈藍〉x

【耍】sn^{51} 玩。
〈張〉耍 sn^{51}
〈藍〉耍 sn^{51}

【迌迌】t^hit_{55} t^ho^{13} 玩，旅遊。
〈張〉迌迌 t^hit_{55} t^ho^{13}
〈藍〉迌迌 t^hit_{55} t^ho^{13}

【遮日】dza_{11} $dzit^{33}$ 遮太陽。
〈張〉遮日 $dzia_{33}$ $dzit^{33}$
〈藍〉x

【駛車】sai_{55} ts^hia^{55} 開車。
也講「開車」k^hui_{33} ts^hia^{55}
〈張〉駛車 sai_{55} ts^hia^{55}、
開車 k^hui_{33} ts^hia^{55}
駕駛 ka_{51} su^{51}
〈藍〉駛車 sai_{55} ts^hia^{55}

【使性地】sai_{55} sin_{51} te^{33} 發脾氣。
〈張〉使性地 sai_{55} sin_{51} te^{33}
〈藍〉發性地 $huat_{55}$ sin_{51} te^{33}

【牽拖】k^han_{33} t^hua^{55} 推諉責任，牽連他人。
〈張〉牽拖 k^han_{33} t^hua^{55}
〈藍〉x

【摸飛】$m\tilde{o}_{33}$ hui^{55} 正事不做，跑去玩樂。
也講「樂陶」lok_{11} to^{13}
〈張〉摸飛 mo_{33} hui^{55}
〈藍〉x

【妝整】tsn_{33} $tsin_{51}$ 妝扮。
〈張〉妝整 tsn_{33} $tsin_{51}$
〈藍〉x

【束嚨喉】sok_{55} $n\tilde{a}_{33}$ au^{13} 扺住喉嚨。
〈張〉縒嚨喉 sn_{51} $n\tilde{a}_{33}$ au^{13}
〈藍〉x

【勢反話】gau_{33} $huan_{55}$ ue^{33} 很會扭曲話的原意。
〈張〉勢翻話 gau_{33} $huan_{33}$ ue^{33}
〈藍〉x

【佝】t^hin^{33} 互相支持。

〈張〉佝 t^hin^{33}

〈藍〉x

【張掣】$t\tilde{\imath}u_{33}\ ts^hua\textipa{P}^{31}$ 使性子（指女性）。
「挑未上匙，挾未上箸」$t^hio^{55}\ be_{11}$
$ts\tilde{\imath}u_{11}\ si^{13}$，$\eta e^{51}\ be_{11}\ ts\tilde{\imath}u_{11}\ ti^{33}$ 很難安撫
之意。

〈張〉張掣 $t\tilde{\imath}u_{33}\ ts^hua\textipa{P}^{31}$

〈藍〉x

【捹跋反】$ts^hia_{33}\ pua\textipa{P}_{11}\ pi\eta^{51}$

〈張〉捹跋反 $ts^hia_{33}\ pu\tilde{a}_{11}\ pi\eta^{51}$

〈藍〉x

【膏膏纏】$ko_{33}\ ko_{33}\ t\tilde{\imath}^{13}$ 糾纏。

〈張〉膏膏纏 $ko_{33}\ ko_{33}\ t\tilde{\imath}^{13}$

〈藍〉x

【轉】$t\tilde{u}\tilde{\imath}^{51}$ 回。
例「轉去外家」$t\tilde{u}\tilde{\imath}_{55}\ i_{51}\ gue_{11}\ ke^{55}$。

〈張〉轉 $t\tilde{\eta}^{51}$

〈藍〉轉 $t\tilde{u}\tilde{\imath}^{51}$

【轉來】$tun^{51}\cdot n\tilde{a}i_{11}$ 回來。

〈張〉x

〈藍〉x

【眠夢】$bin_{33}\ ba\eta^{33}$ 做夢。

〈張〉眠夢 $bin_{33}\ ba\eta^{33}$

〈藍〉眠夢 $bin_{33}\ ba\eta^{33}$

【拍門】$p^ha\textipa{P}_{55}\ mu\tilde{\imath}^{13}$ 敲門。

〈張〉拍門 $p^ha\textipa{P}_{55}\ mu\tilde{\imath}^{13}$

〈藍〉拍門 $p^ha\textipa{P}_{55}\ mu\tilde{\imath}^{13}$、拍門 p^ha_{51}
$mu\tilde{\imath}^{13}$

【散步】$sam_{51}\ p\mathrm{o}^{33}$ 散步。

〈張〉散步 $sam_{51}\ p\mathrm{o}^{33}$

〈藍〉x

【躊躇】$tiu_{33}\ tu^{13}$ 猶豫不決。

〈張〉躊躇 $tiu_{33}\ ti^{13}$

〈藍〉x

【拍獵】$p^ha_{51}\ la^{33}$ 到野外捕捉禽獸。

〈張〉拍獵 $p^ha_{51}\ la^{33}$

〈藍〉x

【自殺】$tsu_{11}\ sat^{33}$ 自殺。

〈張〉行短路 $k\tilde{\imath}\tilde{a}_{33}\ te_{55}\ l\mathrm{o}^{33}$

〈藍〉x

【做瘦氣】$tso_{51}\ san_{55}\ k^hui^{11}$ 男女親密
事。

〈張〉做瘦氣 $tso_{51}\ san_{55}\ k^hui^{11}$

〈藍〉x

【挨枕頭弦】$e_{33}\ tsim_{55}\ t^hau_{33}\ hian^{13}$ 枕邊
細語。

〈張〉挨枕頭弦 $e_{33}\ tsim_{55}\ t^hau_{33}\ hian^{13}$

〈藍〉x

【軁狗空仔】$nu\tilde{\imath}_{51}\ kau_{55}\ k^ha\eta_{33}\ \eta\tilde{a}^{51}$ 小孩
子騎大人的腳踏車的方式。

〈張〉軁狗空仔 $nu\tilde{\imath}_{51}\ kau_{55}\ k^ha\eta_{33}\ \eta\tilde{a}^{51}$

〈藍〉x

（十七） 動物的動作

【旋】$suan^{55}$ 形容蛇爬行的動作。

〈張〉趖 so^{13}

〈藍〉x

【花子】$hue_{33}\ tsi^{51}$ 豬的卵巢。

〈張〉花子 $hue_{33}\ tsi^{51}$

〈藍〉花子 $hue_{33}\ tsi^{51}$

【閹豬】$iam_{33}\ ti^{55}$ 閹豬。

〈張〉閹豬 $iam_{33}\ ti^{55}$

〈藍〉x

【茶豬】tsʰai₅₁ ti⁵⁵ 閹過的豬（含公母）。

〈張〉x

〈藍〉x

【沾】tsam⁵⁵ 形容蒼蠅亂停。

〈張〉沾 tsam⁵⁵

〈藍〉x

【飛】pue⁵⁵ 飛。

〈張〉飛 pue⁵⁵

〈藍〉飛 pue⁵⁵

【翻】pʰun⁵¹ 牲畜在地上翻滾的動作。

〈張〉翻 pʰun⁵¹

〈藍〉翻 pʰun⁵¹

【挾】giap³¹ 座架鷹仔用爪抓小雞的動作。

〈張〉挾 giap³¹

〈藍〉x

【噞】gɔp³¹ 形容魚嘴開合的動作。

〈張〉噞 gɔp³¹

〈藍〉x

【啄蛀】tʰɔk₅₅ tsiu¹¹ 鳥啄破鳥殼的動作。

〈張〉啄蛀 tʰɔk₅₅ tsiu¹¹

〈藍〉啄蛀 tʰɔk₅₅ tsiu¹¹

【叨】tʰo⁵⁵ 鴨子吃食物的動作。

〈張〉叨 tʰo⁵⁵

〈藍〉x

【呼單】kʰɔ₃₃ tuã⁵⁵ 母雞生蛋前發出一種咕咕叫的聲音。

〈張〉呼單 kʰɔ₃₃ tuã⁵⁵

〈藍〉x

【拍咯家】pʰa₅₁ kɔk₁₁ ke⁵⁵ 母雞生蛋後發出一種咕咕叫的聲音。

〈張〉拍咯家 pʰa₅₁ kɔk₁₁ ke⁵⁵

〈藍〉x

【孵卵】pu₁₁ nuĩ³³ 孵蛋。

〈張〉孵卵 pu₁₁ nuĩ³³

〈藍〉孵卵 pu₁₁ nuĩ³³

【拍】pʰaʔ³¹ 交配。

〈張〉拍 pʰaʔ³¹

〈藍〉拍 pʰaʔ³¹

【踏形】ta₁₁ hiŋ¹³ 公雞要交配前的動作。

〈張〉x

〈藍〉x

【吹狗螺】tsʰue₃₃ kau₅₅ le¹³ 狗發出淒厲的叫聲。

〈張〉吹狗螺 tsʰue₃₃ kau₅₅ le¹³

〈藍〉x

【吠】pui³³ 狗叫。

〈張〉吠 pui³³

〈藍〉吠 pui³³

【鵤】tsʰio⁵⁵ 雄性動物發情。

〈張〉鵤 tsʰio⁵⁵

〈藍〉鵤 tsʰio⁵⁵

【瘖】siau⁵¹ 雌性動物發情。

〈張〉瘖 siau⁵¹

〈藍〉x

【啼】tʰi¹³ 雞啼叫。

〈張〉啼 tʰi¹³

〈藍〉啼 tʰi¹³

（十八）心理活動

【捌】bat$_{31}$ 認識，知道。

例「我捌汝」gua$_{55}$ bat$_{31}$ ·li$_{11}$。

〈張〉捌 bat$_{31}$

〈藍〉捌 bat$_{31}$

【知影】tsai$_{33}$ iã$_{51}$ 知道。

〈張〉知影 tsai$_{33}$ iã$_{51}$

〈藍〉知影 tsai$_{33}$ iã$_{51}$

【臆】io?$_{31}$ 猜。

〈張〉臆 io?$_{31}$

〈藍〉臆 io?$_{31}$ 、推測 t^{h}ui$_{33}$ ts^{h}ik$_{31}$

【討】t^{h}o$_{51}$ 討。

〈張〉討 t^{h}o$_{51}$

〈藍〉討 t^{h}o$_{51}$

【分】pun$_{55}$ 乞討（錢財、食物）。

〈張〉分 pun$_{55}$

〈藍〉分 pun$_{55}$

【拍算】p^{h}a$_{51}$ suĩ$_{11}$ 打算、計畫。

〈張〉拍算 p^{h}a$_{51}$ suĩ$_{11}$

〈藍〉拍算 p^{h}a$_{51}$ suĩ$_{11}$、p^{h}a?$_{55}$ suĩ$_{11}$ 打算 tã$_{55}$ suĩ$_{11}$（書）

【按算】an$_{51}$ suĩ$_{11}$ 打算、安排。

〈張〉按算 an$_{51}$ suĩ$_{11}$

〈藍〉x

【佔鑽】tsiam$_{51}$ tsuĩ$_{11}$ 鑽營。

〈張〉髏鑽 nuĩ$_{51}$ tsuĩ$_{11}$

〈藍〉x

【探聽】t^{h}am$_{51}$ t^{h}iã$_{55}$ 打聽。

〈張〉探聽 t^{h}am$_{51}$ t^{h}iã$_{55}$

〈藍〉x

【拍拚】p^{h}a$_{51}$ piã$_{11}$ 努力。

〈張〉拍拚 p^{h}a$_{51}$ piã$_{11}$

〈藍〉拍拚 p^{h}a$_{51}$ piã$_{11}$

【骨力】kut$_{55}$ lat$_{33}$ 勤快。

〈張〉骨力 kut$_{55}$ lat$_{55}$

〈藍〉骨力 kut$_{55}$ lat$_{31}$

【試看覓】ts^{h}i$_{51}$ k^{h}uã$_{51}$ mãi$_{33}$ 試試看。

〈張〉試看覓 ts^{h}i$_{51}$ k^{h}uã$_{51}$ mãi$_{33}$

〈藍〉x

【放殺】paŋ$_{51}$ sat$_{31}$ 遺棄。

〈張〉放捒 paŋ$_{51}$ sak$_{31}$

〈藍〉x

【扶挺】p^{h}ɔ$_{33}$ t^{h}ã$_{51}$ 刻意順應上司之意。

〈張〉扶挺 p^{h}ɔ$_{33}$ t^{h}ã$_{51}$

〈藍〉x

【扶羼脬】p^{h}ɔ$_{33}$ lan$_{11}$ p^{h}a$_{55}$ 刻意順應男性上司之意。

〈張〉扶羼脬 p^{h}ɔ$_{33}$ lan$_{11}$ p^{h}a$_{55}$

〈藍〉扶 p^{h}ɔ$_{13}$

【揬羼】tu$_{11}$ lan$_{33}$ 很討厭、不爽。

〈張〉揬羼 tu$_{11}$ lan$_{33}$

〈藍〉x

【受氣】siu$_{11}$ k^{h}i$_{11}$ 生氣。

〈張〉受氣 siu$_{11}$ k^{h}i$_{11}$

〈藍〉受氣 siu$_{11}$ k^{h}i$_{11}$

【想】sĩu$_{33}$ 想。

〈張〉想 sĩu$_{33}$

〈藍〉想 sĩu$_{33}$

【感心】ts^{h}e$_{51}$ sim$_{55}$ 對人或事的埋怨絕望。

〈張〉感心 ts^{h}e$_{51}$ sim$_{55}$

〈藍〉感 ts^{h}e?$_{31}$

【怨嘆】uan$_{51}$ t^{h}an^{11} 埋怨。
　〈張〉怨嘆 uan$_{51}$ t^{h}an^{11}
　〈藍〉x

【怨妒】uan$_{51}$ tɔ^{11} 惹人討厭。
　〈張〉怨妒 uan$_{51}$ tɔ^{11}
　〈藍〉凝心 giŋ$_{33}$ sim^{55}

【顧儂怨】kɔ$_{51}$ laŋ$_{33}$ uan^{11} 惹人討厭。
　〈張〉顧儂怨 kɔ$_{51}$ laŋ$_{33}$ uan^{11}
　〈藍〉x

【擋袂牢】tɔŋ$_{51}$ be$_{11}$ tiau^{13} 受不了、無
　法承受。
　〈張〉擋袂牢 tɔŋ$_{51}$ be$_{11}$ tiau^{13}
　〈藍〉x

【恬】tiam^{33} 停住。
　〈張〉恬 tiam^{33}
　〈藍〉x

【牽拖】k^{h}an$_{33}$ t^{h}ua^{55} 埋怨他人遷連。
　〈張〉牽拖 k^{h}an$_{33}$ t^{h}ua^{55}
　〈藍〉x

【攪擾】kiau$_{55}$ dziau^{51} 打擾你。
　〈張〉攪擾 kiau$_{55}$ dziau^{51}
　〈藍〉x

【反悔】huan$_{55}$ hue^{51} 對承諾之事更改。
　〈張〉反悔 huan$_{55}$ hue^{51}
　〈藍〉反悔 huan$_{55}$ hue^{51}

【後悔】hio$_{11}$ hui^{51} 對前事認錯、抱歉。
　〈張〉後悔 hio$_{11}$ hui^{51}
　〈藍〉後悔 hio$_{11}$ hui^{51}

【變卦】pian$_{51}$ kua^{11}
　〈張〉變卦 pian$_{51}$ kua^{11}
　〈藍〉x

【看破】k^{h}uã$_{51}$ p^{h}ua^{11}
　〈張〉看破 k^{h}uã$_{51}$ p^{h}ua^{11}
　〈藍〉看透透 k^{h}uã$_{51}$ t^{h}au$_{51}$ t^{h}au^{11}
　　　看出出 k^{h}uã$_{51}$ ts^{h}ut$_{55}$ ts^{h}ut^{31}

【希望】hi$_{33}$ baŋ^{33}
　〈張〉希望 hi$_{33}$ baŋ^{33}
　〈藍〉x

【向望】ŋ̇$_{51}$ baŋ^{33} 盼望。
　〈張〉向望 ŋ̇$_{51}$ baŋ^{33}
　〈藍〉x

【狼群狗黨】lɔŋ$_{33}$ kun^{13} kau$_{55}$ tɔŋ^{51} 狐群
　狗黨。
　也講「王哥柳弟」ɔŋ$_{33}$ ko^{55} liu$_{55}$ te^{33}
　「交群結黨」kau$_{33}$ kun^{13} kiat$_{55}$ tɔŋ^{51}
　「歸䕺歸黨」kui$_{33}$ ɔŋ^{55} kui$_{33}$ tɔŋ^{51}
　「成群結黨」siŋ$_{33}$ kun^{13} kiat$_{55}$ tɔŋ^{51}
　〈張〉歸䕺歸黨 kui$_{33}$ ɔŋ^{55} kui$_{33}$ tɔŋ^{51}
　　　成群結黨 siŋ$_{33}$ kun^{13} kiat$_{55}$ tɔŋ^{51}
　〈藍〉x

【掩崁】am$_{33}$ k^{h}am^{11} 隱瞞。
　〈張〉掩崁 am$_{33}$ k^{h}am^{11}
　〈藍〉x

【嘻嘻嘩嘩】hi$_{33}$ hi^{55} hua$_{11}$ hua^{33} 嬉鬧。
　〈張〉嘻嘻嘩嘩 hi$_{33}$ hi^{55} hua$_{11}$ hua^{33}
　〈藍〉x

（十九）各種職業方面

【曝】p^{h}ak^{33} 曬。
　〈張〉曝 p^{h}ak^{33}
　〈藍〉曝 p^{h}ak^{33}

【犁塍】le$_{33}$ ts^{h}an^{13} 耕田（用牛）。
　也講「耕塍」kiŋ$_{33}$ ts^{h}an^{13}

〈張〉犁塍 le$_{33}$ tsʰan^{13}
〈藍〉犁塍 le$_{33}$ tsʰan^{13}

【紡塍】pʰaŋ$_{55}$ tsʰan^{13} 耕田（用鐵牛車）。
〈張〉x
〈藍〉x

【佈塍】pɔ$_{51}$ tsʰan^{13} 插秧。
〈張〉佈塍 pɔ$_{51}$ tsʰan^{13}
〈藍〉佈塍 pɔ$_{51}$ tsʰan^{13}

【掖秧仔】ia$_{11}$ ŋ̇$_{33}$ ŋã^{51} 撒秧苗。
〈張〉掖秧仔 ia$_{11}$ ŋ̇$_{33}$ ŋã^{51}
〈藍〉掖秧仔 ia$_{11}$ ŋ̇$_{33}$ ŋã^{51}
掖粟種 ia$_{11}$ tsʰik$_{55}$ tsiŋ^{51}

【挲草】so$_{33}$ tsʰau^{51} 除草。
跪行於田裏，用手拔除稗草。
〈張〉挲草 so$_{33}$ tsʰau^{51}
〈藍〉挲草 so$_{33}$ tsʰau^{51}

【薅草】kʰau$_{33}$ tsʰau^{51} 用手與鐮刀除草。
〈張〉薅草 kʰau$_{33}$ tsʰau^{51}
〈藍〉薅草 kʰau$_{33}$ tsʰau^{51}

【挽草】ban$_{55}$ tsʰau^{51} 用手拔草。
〈張〉挽草 ban$_{55}$ tsʰau^{51}
〈藍〉挽草 ban$_{55}$ tsʰau^{51}

【剷草】tʰuã$_{55}$ tsʰau^{51} 用鋤頭除草。
〈張〉剷草 tʰuã$_{55}$ tsʰau^{51}
〈藍〉剷草 tʰuã$_{55}$ tsʰau^{51}

【摔粟】sik$_{55}$ tsʰik^{31} 使稻穗脫粒的動作。
利用「摔桶」sik$_{55}$ tʰaŋ$_{51}$ 摔粟。
〈張〉摔粟 siak$_{55}$ tsʰik^{31}
〈藍〉摔粟 sik$_{55}$ tsʰik^{31}

【抍】siŋ$_{55}$ 拔除多餘菜苗的動作。
〈張〉抍 siŋ$_{55}$

〈藍〉抍 siŋ$_{55}$

【站籽】tiam$_{11}$ tsi^{51} 點放種籽於固定的位置，種菜的方式之一。
〈張〉x
〈藍〉x

【站栽】tiam$_{11}$ tsai^{55} 先期的育苗工作。
〈張〉站穎 tiam$_{11}$ ĩ^{51}
〈藍〉x

【徙栽】sua$_{55}$ tsai^{55} 把苗種移到別處。
〈張〉徙栽 sua$_{55}$ tsai^{55}
〈藍〉x

【放予荒】paŋ$_{51}$ hɔ$_{11}$ huĩ^{55} 使田地荒廢。
〈張〉放予荒 paŋ$_{51}$ hɔ$_{11}$ huĩ^{55}
〈藍〉x

【蔭肥】im$_{51}$ pui^{13} 熬肥，作有機肥。
也講「漚肥」au$_{33}$ pui^{13}
〈張〉漚肥 au$_{33}$ pui^{13}
〈藍〉x

【餩肥】kau$_{51}$ pui^{13} 將數種有機肥混合的動作。
〈張〉餩肥 kau$_{51}$ pui^{13}
〈藍〉x

【掖肥】ia$_{11}$ pui^{13} 施肥。
〈張〉落肥 lo$_{11}$ pui^{13}
〈藍〉掖肥 ia$_{11}$ pui^{13}、沃肥 at$_{55}$ pui^{13}
沃粗 at$_{55}$ tsʰɔ^{55}

【沃水】ak$_{55}$ tsui^{51} 澆水。
〈張〉沃水 ak$_{55}$ tsui^{51}
〈藍〉沃水 ak$_{55}$ tsui^{51}

【淹水】im$_{33}$ tsui^{51} 水塍用淹水。
〈張〉淹水 im$_{33}$ tsui^{51}

〈藍〉淹塍水 im_{33} ts^han_{33} $tsui_{51}$

　灌溉 $kuan_{51}$ kai_{11}（書）

【灌風】$kuan_{51}$ $hɔŋ_{55}$ 灌氣。

　〈張〉灌風 $kuan_{51}$ $hɔŋ_{55}$

　〈藍〉x

【摰魚】$tsã_{11}$ hi_{13} 放網再拉起，然後用網把魚撈起。

　〈張〉摰魚 $tsã_{11}$ hi_{13}

　〈藍〉x

【閘魚】tsa_{11} hi_{13} 攔魚抓之。

　〈張〉閘魚 tsa_{11} hi_{13}

　〈藍〉x

【落網】lo_{11} $baŋ_{33}$ 以船下網於海中，待一段時間後再來收網。此時，收網講「起網」k^hi_{55} $baŋ_{33}$。

　〈張〉x

　〈藍〉x

【牽罟】k^han_{33} $kɔ_{55}$ 一群人在沙灘上拖曳大於網捕魚。

　〈張〉x

　〈藍〉x

【拋網】p^ha_{33} $baŋ_{33}$ 拋網到水中捕魚（小範圍）。

　〈張〉拋網 p^ha_{33} $baŋ_{33}$

　〈藍〉x

【買賣】be_{55} be_{33}

　〈張〉買賣 be_{55} be_{33}

　〈藍〉買賣 be_{55} be_{33}

【賒】sia_{55} 欠債。

　〈張〉賒 sia_{55}

　〈藍〉x

【喝呤嚨】hua_{51} lin_{33} $lɔŋ_{55}$ 兜賣。

　例「喝呤嚨，賣雜細」hua_{51} lin_{33} $lɔŋ_{55}$，be_{11} $tsap_{11}$ se_{11}。

　〈張〉喝呤嚨 hua_{51} lin_{33} $lɔŋ_{55}$

　〈藍〉喝呤嚨 hua_{51} lin_{33} $lɔŋ_{55}$

【總貿】$tsɔŋ_{55}$ bau_{33} 整批買進來。

　或講「總割」$tsɔŋ_{55}$ $kuaʔ_{31}$

　「總食」$tsɔŋ_{55}$ $kuaʔ_{31}$

　〈張〉總卯 $tsɔŋ_{55}$ bau_{51}

　〈藍〉x

【稅厝】sue_{51} ts^hu_{11} 租厝。

　也講「租厝」$tsɔ_{33}$ ts^hu_{11}

　〈張〉稅厝 sue_{51} ts^hu_{11}、租厝 $tsɔ_{33}$ ts^hu_{11}

　〈藍〉x

【厝稅錢】tsu_{51} sui_{51} $tsĩ_{13}$ 租金。

　也講「厝租」tsu_{51} $tsɔ_{55}$

　〈張〉厝稅錢 tsu_{51} sui_{51} $tsĩ_{13}$、租金 $tsɔ_{33}$ kim_{55}

　〈藍〉x

【賺食】$tsuan_{55}$ $tsia_{33}$ 賺錢謀生。

　〈張〉賺食 $tsuan_{55}$ $tsia_{33}$

　〈藍〉x

【贌塍】pak_{11} ts^han_{13} 承租田園，以事農作。

　〈張〉贌塍 pak_{11} ts^han_{13}

　〈藍〉x

【貿】bau_{33} 承包。

　承包即將收成的田地果園，自負收成盈虧。

　〈張〉x

　〈藍〉x

（二十） 社會關係方面

【鬮相共】tau$_{51}$ sã$_{33}$ kaŋ^{33} 相互幫忙。
也講「鬮骹手」tau$_{51}$ kʰa$_{33}$ tsʰiu^{51}
〈張〉鬮相共 tau$_{51}$ sã$_{33}$ kaŋ^{33}
　　　鬮骹手 tau$_{51}$ kʰa$_{33}$ tsʰiu^{51}
〈藍〉x

【挲圓仔湯】so$_{33}$ ĩ$_{33}$ ã$_{55}$ tʰŋ̍^{55} 搓湯圓；
以利、害勸退他人退出選舉或圍標工
程。
〈張〉挲圓仔湯 so$_{33}$ ĩ$_{33}$ ã$_{55}$ tʰŋ̍^{55}
〈藍〉x

【款待】kʰuan$_{55}$ tʰai^{33} 招待、對待。
也講「招待」tsiau$_{33}$ tʰai^{33}
〈張〉款待 kʰuan$_{55}$ tʰai^{33}
〈藍〉款待 kʰuan$_{55}$ tai^{33}

【倚靠】ua$_{55}$ kʰo^{11} 倚靠。
〈張〉倚靠 ua$_{55}$ kʰo^{11}
〈藍〉靠 kʰo^{11}、依倚 i$_{33}$ ua^{51}

【伨】tʰin^{33} 支持（某人）。
〈張〉伨 tʰin^{33}
〈藍〉伨 tʰin^{33}

【楗】kiŋ^{33} 共事者互相合作支持。
〈張〉楗 kiŋ^{33}
〈藍〉x

【偏】pʰĩ^{55} 佔便宜。
〈張〉偏 pʰĩ^{55}
〈藍〉x

【插】tsʰap^{31} 理會、干涉。
〈張〉插 tsʰap^{31}
〈藍〉插 tsʰap^{31}

【選舉】suan$_{55}$ ki^{51} 選舉。

〈張〉選舉 suan$_{55}$ ki^{51}
〈藍〉選舉 suan$_{55}$ ki^{51}

【擔保】tam$_{33}$ po^{51} 背書、保證。
〈張〉擔保 tam$_{33}$ po^{51}
〈藍〉x

二十八、天干地支

【天干】tʰian$_{33}$ kan^{55}
〈張〉x
〈藍〉天干 tʰian$_{33}$ kan^{55}

【甲】kaʔ^{31}
〈張〉甲 kaʔ^{31}
〈藍〉甲 kaʔ^{31}

【乙】it^{31}
〈張〉乙 it^{31}
〈藍〉乙 it^{31}

【丙】piã^{51}
〈張〉丙 piã^{51}
〈藍〉丙 piã^{51}

【丁】tiŋ^{55}
〈張〉丁 tiŋ^{55}
〈藍〉丁 tiŋ^{55}

【戊】bɔ^{33}
〈張〉戊 bɔ^{33}
〈藍〉戊 bɔ^{33}

【己】ki^{51}
〈張〉己 ki^{51}
〈藍〉己 ki^{51}

【庚】kẽ^{55}
〈張〉庚 kẽ^{55}

〈藍〉庚 kẽ⁵⁵

【辛】sin⁵⁵
〈張〉辛 sin⁵⁵
〈藍〉辛 sin⁵⁵

【壬】dzim³³
〈張〉壬 dzim³³
〈藍〉壬 dzim¹³

【癸】kui¹¹
〈張〉癸 kui¹¹
〈藍〉癸 kui⁵¹

【地支】te₁₁ tsi⁵⁵
〈張〉x
〈藍〉te₁₁ tsi⁵⁵

【子】tsu⁵¹
〈張〉子 tsu⁵¹
〈藍〉子 tsu⁵¹

【丑】tʰiu⁵¹
〈張〉丑 tʰiu⁵¹
〈藍〉丑 tʰĩu⁵¹

【寅】in¹³
〈張〉寅 in¹³
〈藍〉寅 in¹³

【卯】bau⁵¹
〈張〉卯 bau⁵¹
〈藍〉卯 bau⁵¹

【辰】sin¹³
〈張〉辰 sin¹³
〈藍〉辰 sin¹³

【巳】tsi³³
〈張〉巳 tsi³³

〈藍〉巳 tsʰi⁵¹

【午】ŋɔ̃³³
〈張〉午 gɔ³³
〈藍〉午 gɔ³³、ŋɔ̃³³

【未】bi³³
〈張〉未 bi³³
〈藍〉未 bi³³

【申】sin⁵⁵
〈張〉申 sin⁵⁵
〈藍〉申 sin⁵⁵

【酉】iu⁵¹
〈張〉酉 iu⁵¹
〈藍〉酉 iu⁵¹

【戌】sut³¹
〈張〉戌 sut³³
〈藍〉戌 sut³¹

【亥】hai¹¹
〈張〉亥 hai³³
〈藍〉亥 hai³³

二十九、數量詞

(一) 數 詞

【一】tsit³³、it³¹ 一。
〈張〉一 tsit⁵⁵
〈藍〉一 tsit⁵⁵、it³¹

【兩】nŋ̍³³、dzi³³ 兩。
〈張〉兩 nŋ̍³³
〈藍〉兩 nŋ̍³³、dzi³³

【三】sã⁵⁵、sam⁵⁵ 三。
〈張〉三 sã⁵⁵

〈藍〉三 sã^{55}、sam^{55}

【四】si^{11}、su^{11} 四。
　〈張〉四 si^{11}
　〈藍〉四 si^{11}、su^{11}

【五】gɔ^{33}、ŋɔ̃^{51} 五。
　〈張〉五 gɔ^{33}
　〈藍〉五 gɔ^{33}、ŋɔ̃^{51}

【六】lak^{33} 六。或講 lik^{33}
　〈張〉六 lak^{33}
　〈藍〉六 lak^{55}、lik^{55}

【七】tsʰit^{31} 七。
　〈張〉七 tsʰit^{31}
　〈藍〉七 tsʰit^{31}

【八】peʔ^{31}、pat^{31} 八。
　〈張〉八 peʔ^{31}
　〈藍〉八 peʔ^{31}、pat^{31}

【九】kau^{51}、kiu^{51} 九。
　〈張〉九 kau^{51}
　〈藍〉九 kau^{51}、kiu^{51}

【十】tsap^{33} 十。
　〈張〉十 tsap^{33}
　〈藍〉十 tsap^{55}

【十一】tsap$_{11}$ it^{31} 十一。
　〈張〉十一 tsap$_{11}$ it^{31}
　〈藍〉十一 tsap$_{11}$ it^{31}

【十二】tsap$_{11}$ dzi^{33} 十二。
　〈張〉十二 tsap$_{11}$ dzi^{33}
　〈藍〉十二 tsap$_{11}$ dzi^{33}

【十三】tsap$_{11}$ sã^{55} 十三。
　〈張〉十三 tsap$_{11}$ sã^{55}

〈藍〉十三 tsap$_{11}$ sã^{55}

【十四】tsap$_{11}$ si^{11} 十四。
　〈張〉十四 tsap$_{11}$ si^{11}
　〈藍〉十四 tsap$_{11}$ si^{11}

【十五】tsap$_{11}$ gɔ^{33} 十五。
　〈張〉十五 tsap$_{11}$ gɔ^{33}
　〈藍〉十五 tsap$_{11}$ gɔ^{33}

【十六】tsap$_{11}$ lak^{33} 十六。
　〈張〉十六 tsap$_{11}$ lak^{33}
　〈藍〉十六 tsap$_{11}$ lak^{55}

【十七】tsap$_{11}$ tsʰit^{31} 十七。
　〈張〉十七 tsap$_{11}$ tsʰit^{31}
　〈藍〉十七 tsap$_{11}$ tsʰit^{31}

【十八】tsap$_{11}$ peʔ^{31} 十八。
　〈張〉十八 tsap$_{11}$ peʔ^{31}
　〈藍〉十八 tsap$_{11}$ peʔ^{31}

【十九】tsap$_{11}$ kau^{51} 十九。
　〈張〉十九 tsap$_{11}$ kau^{51}
　〈藍〉十九 tsap$_{11}$ kau^{51}

【二十】dzi$_{11}$ tsap^{33} 二十。
　〈張〉二十 dzi$_{11}$ tsap^{33}
　〈藍〉二十 dzi$_{11}$ tsap^{55}

【二二】dzi$_{11}$ dzi^{33} 二十二。
　〈張〉二二 dzi$_{11}$ dzi^{33}
　〈藍〉二二 dzi$_{11}$ dzi^{33}

【三十三】 sã^{33} tsap$_{11}$ sã^{55} 三十三。
　〈張〉三十三 sã^{33} tsap$_{11}$ sã^{55}
　〈藍〉三十三 sã^{33} tsap$_{11}$ sã^{55}

【卌】siap^{31} 「四十」的合音。
　〈張〉卌 siap^{31}

〈藍〉x

【四十四】 si_{51} $tsap_{11}$ si^{11} 四十四。
或講「卌四」 $siap_{55}$ si^{11}。
〈張〉四十四 si_{51} $tsap_{11}$ si^{11}
〈藍〉四十四 si_{51} $tsap_{11}$ si^{11}

【五十五】 $gɔ_{11}$ $tsap_{11}$ $gɔ^{33}$ 五十五。
〈張〉五十五 $gɔ_{11}$ $tsap_{11}$ $gɔ^{33}$
〈藍〉五十五 $gɔ_{11}$ $tsap_{11}$ $gɔ^{33}$

【六十六】 lak_{11} $tsap_{11}$ lak^{33} 六十六。
〈張〉六十六 lak_{11} $tsap_{11}$ lak^{55}
〈藍〉六十六 lak_{11} $tsap_{11}$ lak^{55}

【七十七】 ts^hit_{55} $tsap_{11}$ ts^hit^{31} 七十七。
〈張〉七十七 ts^hit_{55} $tsap_{11}$ ts^hit^{31}
〈藍〉七十七 ts^hit_{55} $tsap_{11}$ ts^hit^{31}

【八十八】 pe_{51} $tsap_{11}$ $peʔ^{31}$ 八十八。
〈張〉八十八 pe_{51} $tsap_{11}$ $peʔ^{31}$
〈藍〉八十八 pe_{51} $tsap_{11}$ $peʔ^{31}$

【九十九】 kau_{55} $tsap_{11}$ kau^{51} 九十九。
〈張〉九十九 kau_{55} $tsap_{11}$ kau^{51}
〈藍〉九十九 kau_{55} $tsap_{11}$ kau^{51}

【一百】 $tsit_{11}$ $paʔ^{31}$ 一百。
〈張〉一百 $tsit_{11}$ $paʔ^{31}$
〈藍〉一百 $tsit_{11}$ $paʔ^{31}$

【一千】 $tsit_{11}$ $ts^hiŋ^{55}$ 一千。
〈張〉一千 $tsit_{11}$ $ts^hiŋ^{55}$
〈藍〉一千 $tsit_{11}$ $ts^hiŋ^{55}$

【一萬】 $tsit_{11}$ ban^{33}
〈張〉一萬 $tsit_{11}$ ban^{33}
〈藍〉一萬 $tsit_{11}$ ban^{33}

【一億】 $tsit_{11}$ ik^{31}

【一億】 $tsit_{11}$ ik^{31}
〈藍〉x

【一兆】 $tsit_{11}$ t^hiau^{33}
〈張〉一兆 $tsit_{11}$ t^hiau^{33}
〈藍〉x

【一百空一】 $tsit_{11}$ pa_{51} $k^hɔŋ_{51}$ it^{31} 一百零一。
〈張〉一百空一 $tsit_{11}$ pa_{51} $k^hɔŋ_{51}$ $tsit^{33}$
〈藍〉一百空一 $tsit_{11}$ pa_{51} $k^hɔŋ_{51}$ it^{31}

【百一】 pa_{51} it^{31} 一百一十。
〈張〉百一 pa_{51} it^{31}
〈藍〉x

【百五】 pa_{51} $gɔ^{33}$ 一百五十。
〈張〉百五 pa_{51} $gɔ^{33}$
〈藍〉x

【千一】 $ts^hiŋ_{33}$ it^{31} 一千一百。
〈張〉千一 $ts^hiŋ_{33}$ it^{31}
〈藍〉x

【千五】 $ts^hiŋ_{33}$ $gɔ^{33}$ 一千五百。
〈張〉千五 $ts^hiŋ_{33}$ $gɔ^{33}$
〈藍〉x

【兩百八】 $nn̆_{11}$ pa_{51} $peʔ^{31}$ 兩百八十。
或講「二仔八」 dzi_{33} a_{55} $peʔ^{31}$
〈張〉兩百八 $nn̆_{11}$ pa_{51} $peʔ^{31}$
二仔八 dzi_{33} a_{55} $peʔ^{31}$
〈藍〉x

【一千空一】 $tsit_{11}$ $ts^hiŋ^{55}$ $k^hɔŋ_{51}$ it^{31} 一千零一。
〈張〉一千空一 $tsit_{11}$ $ts^hiŋ^{55}$ $k^hɔŋ_{51}$ it^{31}
〈藍〉x

【一千空十一】tsit$_{11}$ ts^{h}iŋ^{55} k^{h}ɔŋ^{51} tsap$_{11}$ it^{31} 一千零十一。

　〈張〉一千空十一　tsit$_{11}$ ts^{h}iŋ^{55} k^{h}ɔŋ^{51} tsap$_{11}$ it^{31}

　〈藍〉x

【一半】tsit$_{11}$ puã^{11} 一半。

　〈張〉一半 tsit$_{11}$ puã^{11}

　〈藍〉一半 tsit$_{11}$ puã^{11}

【一半較加】tsit$_{11}$ puã^{51} k^{h}aʔ^{55} ke^{55} 一半多一點。

　〈張〉一半較加 tsit$_{11}$ puã^{51} k^{h}aʔ^{55} ke^{55}

　〈藍〉x

【十幾个】tsap$_{11}$ kui$_{55}$ e^{13} 十多個。

　也講「十外个」tsap$_{11}$ gua$_{11}$ e^{13}

　〈張〉十幾个 tsap$_{11}$ kui$_{55}$ e^{13}

　　　十外个 tsap$_{11}$ gua$_{11}$ e^{13}

　〈藍〉十外个 tsap$_{11}$ gua$_{11}$ e^{13}

【成十个】tsiã$_{33}$ tsap$_{11}$ be^{13} 將近十個。

　〈張〉成十个 tsiã$_{33}$ tsap$_{11}$ be^{13}

　〈藍〉x

【成百个】tsiã$_{33}$ pa$_{51}$ e^{13} 將近百個。

　〈張〉x

　〈藍〉x

【較無一半】k^{h}aʔ$_{55}$ bo$_{33}$ tsit$_{11}$ puã^{11} 還不到一半。

　〈張〉較無一半 k^{h}aʔ$_{55}$ bo$_{33}$ tsit$_{11}$ puã^{11}

　〈藍〉x

【奇】k^{h}ia^{55} 奇數。

　〈張〉奇 k^{h}ia^{55}

　〈藍〉奇 k^{h}ia^{55}

【雙】siŋ^{55} 雙數。

　〈張〉雙 siaŋ^{55}

　〈藍〉雙 siŋ^{55}

(二)量　詞

1. 一般量詞

【一个人】tsit$_{11}$ le$_{33}$ laŋ^{13} 一個人。

　〈張〉一个人 tsit$_{11}$ le$_{33}$ laŋ^{13}

　〈藍〉一个人 tsit$_{11}$ le$_{33}$ laŋ^{13}

【一陣人】tsit$_{11}$ tin$_{11}$ laŋ^{13} 一群人。

　〈張〉一陣人 tsit$_{11}$ tin$_{11}$ laŋ^{13}

　〈藍〉x

【一軀衫】tsit$_{11}$ su$_{33}$ sã^{55} 一套衣服。

　〈張〉一軀衫 tsit$_{11}$ su$_{33}$ sã^{55}

　〈藍〉x

【一領衫】tsit$_{11}$ niã$_{55}$ sã^{55} 一件衣服。

　〈張〉一領衫 tsit$_{11}$ niã$_{55}$ sã^{55}

　〈藍〉x

【一帖藥仔】tsit$_{11}$ t^{h}iap$_{55}$ io$_{33}$ a^{51} 一帖藥。

　〈張〉一帖藥仔 tsit$_{11}$ t^{h}iap$_{55}$ io$_{33}$ a^{51}

　〈藍〉一帖藥仔 tsit$_{11}$ t^{h}iap$_{55}$ io$_{33}$ a^{51}

【一管米】tsit$_{11}$ kɔŋ$_{55}$ bi^{51} 用小鋁罐量。

　〈張〉一管米 tsit$_{11}$ kɔŋ$_{55}$ bi^{51}

　〈藍〉x

【一升米】tsit$_{11}$ tsin$_{33}$ bi^{51} 十合爲一升。

　〈張〉一升米 tsit$_{11}$ tsin$_{33}$ bi^{51}

　〈藍〉x

【一斗米】tsit$_{11}$ tau$_{55}$ bi^{51} 十升爲一斗。

　〈張〉一斗米 tsit$_{11}$ tau$_{55}$ bi^{51}

　〈藍〉x

【一石米】tsit$_{11}$ tsio$_{11}$ bi^{51} 一石米。

〈張〉一石米 tsit$_{11}$ tsio$_{11}$ bi^{51}
〈藍〉x

【一坩飯】tsit$_{11}$ k^{h}ã$_{33}$ puĩ^{33} 一桶飯。
　　〈張〉一坩飯 tsit$_{11}$ k^{h}ã$_{33}$ puĩ^{33}
　　〈藍〉x

【一桶飯】tsit$_{11}$ taŋ$_{55}$ puĩ^{33} 一桶飯。
　　〈張〉一桶飯 tsit$_{11}$ taŋ$_{55}$ puĩ^{33}
　　〈藍〉x

【一鼎飯】tsit$_{11}$ tiã$_{55}$ puĩ^{33} 一鍋飯。
　　〈張〉一鼎飯 tsit$_{11}$ tiã$_{55}$ puĩ^{33}
　　〈藍〉x

【一碗飯】tsit$_{11}$ uã$_{55}$ puĩ^{33} 一碗飯。
　　〈張〉一碗飯 tsit$_{11}$ uã$_{55}$ puĩ^{33}
　　〈藍〉x

【一塊肉】tsit$_{11}$ te$_{51}$ baʔ^{31} 一塊肉。
　　〈張〉一塊肉 tsit$_{11}$ te$_{51}$ baʔ^{31}
　　〈藍〉x

【一鈷茶】tsit$_{11}$ kɔ$_{55}$ te^{13} 一壺茶。
　　〈張〉一鈷茶 tsit$_{11}$ kɔ$_{55}$ te^{13}
　　〈藍〉x

【一杯茶】tsit$_{11}$ pue$_{33}$ te^{13} 一杯茶。
　　〈張〉一杯茶 tsit$_{11}$ pue$_{33}$ te^{13}
　　〈藍〉x

【一甌茶】tsit$_{11}$ au$_{33}$ te^{13} 一小杯茶。
　　甌比杯小，敬神用甌。
　　〈張〉一甌茶 tsit$_{11}$ au$_{33}$ te^{13}
　　〈藍〉x

【一雙箸】tsit$_{11}$ siŋ$_{33}$ ti^{33} 一雙筷子。
　　〈張〉一雙箸 tsit$_{11}$ siaŋ$_{33}$ ti^{33}
　　〈藍〉一雙箸 tsit$_{11}$ siŋ$_{33}$ ti^{33}

【一敲箸】tsit$_{11}$ k^{h}a$_{33}$ ti^{33} 一枝筷子。
　　也講「一枝箸」tsit$_{11}$ ki$_{33}$ ti^{33}。
　　〈張〉一敲箸 tsit$_{11}$ k^{h}a$_{33}$ ti^{33}
　　〈藍〉x

【一盤】tsit$_{11}$ puã^{13} 一盤。
　　〈張〉一盤 tsit$_{11}$ puã^{13}
　　〈藍〉x

【一身】tsit$_{11}$ sin^{55} 人偶量詞。
　　也有講「一仙」tsit$_{11}$ sian^{55}
　　〈張〉一仙 tsit$_{11}$ sian^{55}
　　〈藍〉x

【一粒】tsit$_{11}$ liap^{33} 一顆。
　　〈張〉一粒 tsit$_{11}$ liap^{33}
　　〈藍〉x

【一尾魚】tsit$_{11}$ bue$_{55}$ hi^{13} 一尾魚。
　　〈張〉一尾魚 tsit$_{11}$ bue$_{55}$ hi^{13}
　　〈藍〉x

【一仙（娘仔）】tsit$_{11}$ sian^{55} 一隻（蠶）。
　　〈張〉一仙 tsit$_{11}$ sian^{55}
　　〈藍〉x

【一隻雞】tsit$_{11}$ tsia$_{51}$ ke^{55} 一隻雞。
　　〈張〉一隻雞 tsit$_{11}$ tsia$_{51}$ ke^{55}
　　〈藍〉x

【一隻牛仔】tsit$_{11}$ tsia$_{51}$ gu$_{33}$ a^{51} 一隻牛。
　　〈張〉一隻牛仔 tsit$_{11}$ tsia$_{51}$ gu$_{33}$ a^{51}
　　〈藍〉x

【一欉樹仔】tsit$_{11}$ tsaŋ$_{33}$ ts^{h}iu^{33} a^{51} 一棵樹。
　　〈張〉一欉樹仔 tsit$_{11}$ tsaŋ$_{33}$ ts^{h}iu^{33} a^{51}
　　〈藍〉x

【一蕊花】tsit$_{11}$ lui$_{55}$ hue^{55} 一朵花。

〈張〉一蕊花 tsit$_{11}$ lui$_{55}$ hue^{55}

〈藍〉x

【一簇花】tsit$_{11}$ ts^{h}ɔp$_{55}$ hue^{55} 一簇花。

〈張〉x

〈藍〉一簇花 tsit$_{11}$ ts^{h}ɔk$_{55}$ hue^{55}

【一總草】tsit$_{11}$ tsaŋ$_{55}$ ts^{h}au^{51} 比較大把。

〈張〉一總草 tsit$_{11}$ tsaŋ$_{55}$ ts^{h}au^{51}

〈藍〉x

【一把草】tsit$_{11}$ pe$_{55}$ ts^{h}au^{51} 比較小把。

〈張〉一把草 tsit$_{11}$ pe$_{55}$ ts^{h}au^{51}

〈藍〉x

【一捆草】tsit$_{11}$ k^{h}un$_{55}$ ts^{h}au^{51} 一捆草。

〈張〉x

〈藍〉x

【一枇】tsit$_{11}$ pi^{13} 一串（香蕉）。

〈張〉x

〈藍〉x

【一莢】tsit$_{11}$ ŋẽ^{31} 一條（香蕉或花連豆）。

〈張〉一莢 tsit$_{11}$ ŋẽ^{31}

〈藍〉x

【一粒西瓜】tsit$_{11}$ liap$_{11}$ si$_{33}$ kue^{55} 一個西瓜。

〈張〉x

〈藍〉x

【一爿西瓜】tsit$_{11}$ piŋ$_{33}$ si$_{33}$ kue^{55} 半個西瓜。

〈張〉x

〈藍〉x

【一塊西瓜】tsit$_{11}$ te$_{51}$ si$_{33}$ kue^{55} 一片西瓜。

〈張〉一塊西瓜 tsit$_{11}$ te$_{51}$ si$_{33}$ kue^{55}

〈藍〉x

【一瓣】tsit$_{11}$ ban^{33} 一瓣（橘子）。

〈張〉一瓣 tsit$_{11}$ ban^{33}

〈藍〉x

【一捾】tsit$_{11}$ kuã^{33} 一串（葡萄、肉粽）。

〈張〉一捾 tsit$_{11}$ kuã^{33}

〈藍〉x

【一批貨】tsit$_{11}$ p^{h}e$_{33}$ hue^{11} 一批貨。

〈張〉一批貨 tsit$_{11}$ p^{h}e$_{33}$ hue^{11}

〈藍〉x

【一垺屎】tsit$_{11}$ pu$_{33}$ sai^{51} 一坨大便。

〈張〉一垺屎 tsit$_{11}$ pu$_{33}$ sai^{51}

〈藍〉x

【一桶屎】tsit$_{11}$ t^{h}aŋ$_{55}$ sai^{51} 一桶大便。

〈張〉一桶屎 tsit$_{11}$ t^{h}aŋ$_{55}$ sai^{51}

〈藍〉x

【一礐屎】tsit$_{11}$ hak$_{11}$ sai^{51} 一潭大便。

〈張〉一礐屎 tsit$_{11}$ hak$_{11}$ sai^{51}

〈藍〉x

【一窟水】tsit$_{11}$ k^{h}ut$_{55}$ tsui^{51} 一灘水。

〈張〉一窟水 tsit$_{11}$ k^{h}ut$_{55}$ tsui^{51}

〈藍〉x

【一缸水】tsit$_{11}$ kŋ$_{33}$ tsui^{51} 一缸子水。

〈張〉一缸水 tsit$_{11}$ kŋ$_{33}$ tsui^{51}

〈藍〉x

【一葩火】tsit$_{11}$ p^{h}a$_{33}$ hue^{51} 一把火

〈張〉一葩火 tsit$_{11}$ p^{h}a$_{33}$ hue^{51}

〈藍〉x

【一箍銀】tsit₁₁ kʰɔ₃₃ gin¹³　一元。
　〈張〉一箍銀 tsit₁₁ kʰɔ₃₃ gin¹³
　〈藍〉一箍銀 tsit₁₁ kʰɔ₃₃ gin¹³

【箍半】kʰɔ₃₃ puã¹¹　一塊半。
　〈張〉箍半 kʰɔ₃₃ puã¹¹
　〈藍〉x

【一角】tsit₁₁ kak³¹　一角。
　〈張〉一角 tsit₁₁ kak³¹
　〈藍〉一角銀 tsit₁₁ kak₅₅ gin¹³

【一分】tsit₁₁ hun⁵⁵　一分錢。
　〈張〉一分 tsit₁₁ hun⁵⁵
　〈藍〉x

【一仙】tsit₁₁ sian⁵¹　一分錢。
　來自英語 one cent
　〈張〉一仙 tsit₁₁ sian⁵¹
　〈藍〉一仙錢 tsit₁₁ sian₅₅ tsĩ¹³

【一宮店】tsit₁₁ kiŋ₃₃ tiam¹¹　一間店。
　〈張〉一宮店 tsit₁₁ kiŋ₃₃ tiam¹¹
　〈藍〉x

【一本】tsit₁₁ pun⁵¹　一本（書）。
　〈張〉一本 tsit₁₁ pun⁵¹
　〈藍〉x

【一棚戲】tsit₁₁ pẽ₃₃ hi¹¹　一齣戲。
　〈張〉一棚戲 tsit₁₁ pẽ₃₃ hi¹¹
　〈藍〉x

【一頂眠床】tsit₁₁ tiŋ₅₅ bin₃₃ tsʰŋ̍¹³　一座床。
　〈張〉一頂眠床 tsit₁₁ tiŋ₅₅ bin₃₃ tsʰŋ̍¹³
　〈藍〉x

【一塊桌仔】tsit₁₁ te₅₁ toʔ₅₅ a⁵¹　一張桌子。
　〈張〉一隻桌仔 tsit₁₁ tsia₅₁ toʔ₅₅ a⁵¹
　〈藍〉x

【一隻椅仔】tsit₁₁ tsia₅₁ i₅₅ a⁵¹　一張椅子。
　〈張〉一條椅仔 tsit₁₁ liau₃₃ i₅₅ a⁵¹
　〈藍〉x

【一具棺柴】tsit₁₁ kʰu₁₁ kuã₃₃ tsʰa¹³　一具棺木。
　〈張〉一具棺柴 tsit₁₁ kʰu₁₁ kuã₃₃ tsʰa¹³
　〈藍〉x

【一通電話】tsit₁₁ tʰɔŋ₃₃ tian₁₁ ue³³　一通電話。
　〈張〉一通電話 tsit₁₁ tʰɔŋ₃₃ tian₁₁ ue³³
　〈藍〉x

【一支電話】tsit₁₁ ki₃₃ tian₁₁ ue³³　一支電話。
　〈張〉x
　〈藍〉x

【一坵塍】tsit₁₁ kʰu₃₃ tsʰan¹³　一塊田地。
　〈張〉一坵塍 tsit₁₁ kʰu₃₃ tsʰan¹³
　〈藍〉x

【一股】tsit₁₁ kɔ⁵¹　一股（茱股）。
　〈張〉一股 tsit₁₁ kɔ⁵¹
　〈藍〉x

【一壟】tsit₁₁ liŋ¹³　一壟一壟（番薯壟）。
　〈張〉一壟 tsit₁₁ liŋ¹³
　〈藍〉x

【一幅畫】tsit₁₁ pak₅₅ tɔ¹³　一幅畫。
　〈張〉一幅畫 tsit₁₁ pak₅₅ tɔ¹³
　〈藍〉x

【一幅橾仔】tsit₁₁ pak₅₅ tsʰat₅₅ la⁵¹ 一幅
軸子。
　〈張〉一幅橾仔 tsit₁₁ pak₅₅ tsʰat₅₅ la⁵¹
　〈藍〉x

【一口灶】tsit₁₁ kʰau₅₅ tsau₁₁ 一個家庭。
　〈張〉一口灶 tsit₁₁ kʰau₅₅ tsau₁₁
　〈藍〉x

2. 時間量詞

【一睏仔】tsit₁₁ kʰun₅₅ nã⁵¹ 一陣子。
　〈張〉一睏仔 tsit₁₁ kʰun₅₅ nã⁵¹
　〈藍〉一時仔 tsit₁₁ si₃₃ a⁵¹

【一甲子】tsit₁₁ ka₅₁ tsi⁵¹ 一甲子，六十
年。
　〈張〉一甲子 tsit₁₁ ka₅₁ tsi⁵¹
　〈藍〉x

【一年】tsit₁₁ nĩ¹³ 一年
　〈張〉一年 tsit₁₁ nĩ¹³
　〈藍〉一年 tsit₁₁ nĩ¹³

【一月日】tsit₁₁ gue₁₁ dzit₃₃ 一月日。
或講「一个月」tsit₁₁ ke₅₁ gue³³。
　〈張〉一月日 tsit₁₁ gue₁₁ git⁵⁵
　　　　一个月 tsit₁₁ ke₅₁ gueʔ⁵⁵
　〈藍〉一个月 tsit₁₁ ke₅₁ gue³³
　　　　一个月 tsit₁₁ kɔ₅₁ gue³³

【一禮拜】tsit₁₁ le₅₅ pai₁₁ 一星期。
　〈張〉一禮拜 tsit₁₁ le₅₅ pai₁₁
　〈藍〉一禮拜 tsit₁₁ le₅₅ pai₁₁
　　　　一星期 tsit₁₁ siŋ₃₃ ki¹³

【一段時間】tsit₁₁ tuã₁₁ si₃₃ kan₅₅ 一段時
間。
　〈張〉一段時間 tsit₁₁ tuã₁₁ si₃₃ kan₅₅

　〈藍〉x

【一工】tsit₁₁ kaŋ₅₅ 一天。
　〈張〉一工 tsit₁₁ kaŋ₅₅
　〈藍〉一工 tsit₁₁ kaŋ₅₅

【一日】tsit₁₁ dzit³³ 一天。
　〈張〉一日 tsit₁₁ dzit³³
　〈藍〉一日 tsit₁₁ dzit³³

【一對時】tsit₁₁ tui₅₁ si¹³ 12 個時辰，24
小時。
　〈張〉一對時 tsit₁₁ tui₅₁ si¹³
　〈藍〉x

【一點鐘】tsit₁₁ tiam₅₅ tsiŋ⁵⁵ 一小時。
　〈張〉一點鐘 tsit₁₁ tiam₅₅ tsiŋ⁵⁵
　〈藍〉一點鐘 tsit₁₁ tiam₅₅ tsiŋ⁵⁵
　　　　一小時 tsit₁₁ sio₅₅ si¹³

【一分鐘】tsit₁₁ hun₃₃ tsiŋ⁵⁵ 一分鐘。
　〈張〉一分鐘 tsit₁₁ hun₃₃ tsiŋ⁵⁵
　〈藍〉一分鐘 tsit₁₁ hun₃₃ tsiŋ⁵⁵

【一秒鐘】tsit₁₁ bio₅₅ tsiŋ⁵⁵ 一秒鐘。
　〈張〉一秒鐘 tsit₁₁ bio₅₅ tsiŋ⁵⁵
　〈藍〉x

【一刻】tsit₁₁ kʰik³¹ 十五分鐘。
　〈張〉一刻 tsit₁₁ kʰik³¹
　〈藍〉x

3. 長度量詞

【一公里】tsit₁₁ kɔŋ₃₃ li⁵¹ 一公里。
　〈張〉一公里 tsit₁₁ kɔŋ₃₃ li⁵¹
　〈藍〉x

【一里路】tsit₁₁ li₅₅ lɔ³³ 一里路。
　〈張〉一里路 tsit₁₁ li₅₅ lɔ³³

〈藍〉x

【一丈】tsit₁₁ tŋ̇³³ 十尺爲一丈。
　〈張〉一丈 tsit₁₁ tŋ̇³³
　〈藍〉一丈 tsit₁₁ tŋ̇³³

【一尺】tsit₁₁ tsʰioʔ³¹ 十寸爲一尺。
　〈張〉一尺 tsit₁₁ tsʰioʔ³¹
　〈藍〉一尺 tsit₁₁ tsʰioʔ³¹

【一寸】tsit₁₁ tsʰun¹¹ 一寸。
　〈張〉一寸 tsit₁₁ tsʰun¹¹
　〈藍〉一寸 tsit₁₁ tsʰun¹¹

【一摺】tsit₁₁ liaʔ³³ 大姆指和小指伸長
　的長度。
　〈張〉一摺 tsit₁₁ liaʔ³³
　〈藍〉x

【一尋】tsit₁₁ siam¹³ 兩手伸長的長度。
　〈張〉一尋 tsit₁₁ siam¹³
　〈藍〉x

【一攬】tsit₁₁ lam⁵¹ 兩手環抱的長度。
　〈張〉一攬 tsit₁₁ lam⁵¹
　〈藍〉x

【一步】tsit₁₁ pɔ³³ 一步。
　〈張〉一步 tsit₁₁ pɔ³³
　〈藍〉x

【一伐】tsit₁₁ hua³³ 一跨步。
　〈張〉一伐 tsit₁₁ hua³³
　〈藍〉x

4. 土地面積量詞

【一甲】tsit₁₁ kaʔ³¹ 計算面積的單位。
　一甲有 2934 坪，相當於 0.97 公頃。
　〈張〉一甲 tsit₁₁ kaʔ³¹

〈藍〉x

【一分】tsit₁₁ hun⁵⁵ 一甲等於十分。
　〈張〉一分 tsit₁₁ hun⁵⁵
　〈藍〉x

【一畝】tsit₁₁ bɔ¹³ 一分等於十畝。
　〈張〉一畝 tsit₁₁ bɔ¹³
　〈藍〉一畝 tsit₁₁ bɔ¹³

【一絲】tsit₁₁ si⁵⁵ 一畝等於十絲。
　〈張〉一絲 tsit₁₁ si⁵⁵
　〈藍〉x

【一坪】tsit₁₁ pʰiŋ¹³ 一坪。
　一坪是 3.30579 平方公尺，2934 坪爲
　一甲。
　〈張〉一坪 tsit₁₁ pʰĩã¹³
　〈藍〉x

5. 重量量詞

【一公斤】tsit₁₁ kɔŋ₃₃ kin⁵⁵ 一公斤。
　一公斤等於斤十（一斤十兩）
　〈張〉一公斤 tsit₁₁ kɔŋ₃₃ kin⁵⁵
　〈藍〉x

【一斤】tsit₁₁ kin⁵⁵ 一斤（指台斤）。
　〈張〉一斤 tsit₁₁ kin⁵⁵
　〈藍〉一斤 tsit₁₁ kin⁵⁵

【一兩】tsit₁₁ nĩu⁵¹ 一斤等於十六兩。
　〈張〉一兩 tsit₁₁ nĩu⁵¹
　〈藍〉一兩 tsit₁₁ nĩu⁵¹

【一錢】tsit₁₁ tsĩ¹³ 一錢。
　〈張〉一錢 tsit₁₁ tsĩ¹³
　〈藍〉一錢 tsit₁₁ tsĩ¹³

【一分】tsit₁₁ hun⁵⁵ 一分。

〈張〉一分 tsit$_{11}$ hun^{55}

〈藍〉x

【一厘】tsit$_{11}$ li^{13} 一厘。

　　〈張〉一厘 tsit$_{11}$ li^{13}

　　〈藍〉x

6. 抽象量詞

【一項】tsit$_{11}$ haŋ^{33} 一項。

　　〈張〉一項 tsit$_{11}$ haŋ^{33}

　　〈藍〉x

【一款】tsit$_{11}$ kʰuan^{51} 一款、一種。

　　〈張〉一款 tsit$_{11}$ kʰuan^{51}

　　〈藍〉x

【一種】tsit$_{11}$ tsiŋ^{51}

　　〈張〉一種 tsit$_{11}$ tsiɔŋ^{51}

　　〈藍〉一種 tsit$_{11}$ tsiŋ^{51}

【一擺】tsit$_{11}$ pai^{51} 一次。

　　〈張〉一擺 tsit$_{11}$ pai^{51}

　　〈藍〉x

【一遍】tsit$_{11}$ pian^{11} 一次。

　　〈張〉一遍 tsit$_{11}$ pian^{11}

　　〈藍〉x

【一逝】tsit$_{11}$ tsua^{33} 一趟（路）。

　　〈張〉一逝 tsit$_{11}$ tsua^{33}

　　〈藍〉x

三十、形容詞

（一）一般物態性狀形容詞

【緊】kin^{51} 快、趕快。

　　「緊呢」kin^{51} ·nẽ$_{11}$ 快點。

　　〈張〉緊 kin^{51}

〈藍〉緊 kin^{51}

【慢】ban^{33}

　　〈張〉慢 ban^{33}

　　〈藍〉慢 ban^{33}

【慢慢仔來】ban$_{11}$ ban^{33} nã$_{55}$ lai^{13} 慢慢來。

　　也講「穩穩仔來」un$_{33}$ un$_{33}$ nã$_{55}$ lai^{13}

　　〈張〉沓沓來 tau$_{11}$ tau$_{11}$ lai^{13}

　　　　寬寬仔來 kʰuã$_{33}$ kʰuã$_{33}$ ã$_{55}$ lai^{13}

　　　　略略仔來 liau$_{33}$ liau$_{33}$ a$_{55}$ si^{33}

　　〈藍〉x

【僫】oʔ^{31} 不容易（完成某件事）。

　　也講「歹」pʰãĩ

　　難等：「僫等」o$_{51}$ taŋ^{51}、「歹等」pʰãĩ$_{55}$ taŋ^{51}

　　難好：「僫好」o$_{51}$ ho^{51}、「歹好」pʰãĩ$_{55}$ ho^{51}

　　〈張〉僫 oʔ^{31}

　　〈藍〉僫 oʔ^{31}

【脹】tĩu^{11} 撐（吃太飽）。

　　例如：「脹肚」tĩu$_{51}$ tɔ^{33}

　　〈張〉脹 tĩu^{11}、膨 pʰɔŋ^{11}

　　〈藍〉脹 tĩu^{11}

【攝落去】liap^{31} ·lue$_{11}$ 凹下去。

　　〈張〉凹落 nẽʔ^{31} ·lo$_{11}$

　　〈藍〉攝 liap^{31}

【好】ho^{51} 美、善、完整的。

　　〈張〉好 ho^{51}

　　〈藍〉好 ho^{51}

【歹】pʰãi^{51} 壞。

　　〈張〉歹 pʰãi^{51}

〈藍〉歹 $p^hãi^{51}$

【穤】bai^{51} 壞、醜、不好。
　〈張〉穤 bai^{51}
　〈藍〉穤 bai^{51}

【大】tua^{33} 大。
　大的程度：
　大大 $tua_{11} tua^{33}$，相對的大。
　大大大 $tua_{35} tua_{11} tua^{33}$，非常的大。
　〈張〉大 tua^{33}
　〈藍〉大 tua^{33}

【細】se^{11} 小（形體、意象或年齡排序）。
　〈張〉細 se^{11}
　〈藍〉細 se^{11}

【小】sio^{51} 小（尊稱、注意）。
　〈張〉小 sio^{51}
　〈藍〉小 sio^{51}

【絚】an^{13} 緊。
　〈張〉絚 an^{13}
　〈藍〉絚 an^{13}

【冗】$liŋ^{33}$ 鬆。
　〈張〉冗 $liɔŋ^{33}$
　〈藍〉冗 $liŋ^{33}$

【正】$tsiã^{11}$ 正。
　〈張〉正 $tsiã^{11}$
　〈藍〉正 $tsiã^{11}$

【直】tit^{33} 不彎曲，確實直。
　〈張〉直 tit^{33}
　〈藍〉直 tit^{55}

【直直】$tit_{11} tit^{33}$ 近乎直。
　〈張〉x

〈藍〉直直 $tit_{11} tit^{55}$

【直直直】$tit^{55} tit_{11} tit^{33}$ 非常直。
　〈張〉x
　〈藍〉直直直 $tit^{55} tit_{11} tit^{55}$

【歪】uai^{55} 不正。
　〈張〉歪 uai^{55}
　〈藍〉歪 uai^{55}、$uãi^{55}$

【斜】ts^hua^{33} 歪斜（指物品放置）。
　〈張〉斜 ts^hua^{33}
　〈藍〉x

【橫】$huãi^{13}$ 橫的。
　〈張〉x
　〈藍〉橫 $huãi^{13}$

【密】bat^{33} 緊密。
　〈張〉密 bat^{33}
　〈藍〉密 bat^{33}

【密】ba^{33} 契合。
　〈張〉密 ba^{33}
　〈藍〉x

【利】lai^{33} 銳利。
　〈張〉利 lai^{33}
　〈藍〉利 lai^{33}

【鈍】tun^{55} 不銳利。
　〈張〉鈍 tun^{55}
　〈藍〉鈍 tun^{55}

【濟】tse^{33} 多。
　多少，講「濟少」$tse_{11} tsio^{51}$
　〈張〉濟 tse^{33}
　〈藍〉x

【少】$tsio^{51}$ 少。

〈張〉少 tsio^{51}

〈藍〉x

【燒】sio^{55} 燙、熱。

　〈張〉燒 sio^{55}

　〈藍〉燒 sio^{55}、燙 t^{h}ǹ^{11}

【半燒冷仔】puã$_{51}$ sio$_{33}$ liŋ$_{55}$ ŋã^{51} 溫的。

　〈張〉半燒冷 puã$_{51}$ sio$_{33}$ liŋ^{51}

　〈藍〉x

【拉圇燒】la$_{33}$ lun$_{33}$ sio^{55} 有點燙或發
燒。

　〈張〉拉圇燒 la$_{33}$ lun$_{33}$ sio^{55}

　〈藍〉拉圇燒 la$_{33}$ lun$_{33}$ sio^{55}

【硬】ŋẽ^{33} 指堅挺的東西、話語或個性。
例：「硬梆梆」ŋẽ$_{11}$ piaŋ$_{33}$ piaŋ^{55}。

　〈張〉硬 ŋẽ^{33}

　〈藍〉硬 ŋẽ^{33}

【冇】tiŋ^{33} 固態的形體或意象；如頑固
的脾氣或語氣。

　〈張〉冇 tiŋ^{33}

　〈藍〉冇 tiŋ^{33}

【勇】iŋ^{51} 堅固、強健、勇敢。

　〈張〉勇 iɔŋ^{51}

　〈藍〉勇 iŋ^{51}、結實 kiat$_{55}$ sit^{33}
耐用 nãi$_{11}$ iŋ^{33}

【實腹】tsat$_{11}$ pak^{31} 密實、非中空的。

　〈張〉實腹 tsat$_{11}$ pak^{31}

　〈藍〉x

【實擠】tsat$_{11}$ tsĩ^{55} 密實、已無空間可進。

　〈張〉實擠 tsat$_{11}$ tsĩ^{55}

　〈藍〉x

【軟】nuĩ^{51} 軟。

〈張〉軟 nuĩ^{51}

〈藍〉軟 nuĩ^{51}

【爛】nuã^{33} 爛。

　〈張〉爛 nuã^{33}

　〈藍〉爛 nuã^{33}

【冇】p^{h}ã^{11} 不結實。如稻米有殼無實

　〈張〉x

　〈藍〉冇 p^{h}ã^{11}

【空】k^{h}aŋ^{55} 空。

　〈張〉空 k^{h}aŋ^{55}

　〈藍〉空 k^{h}aŋ^{55}

【韌】lun^{33} 難咬斷的食品或人的韌性。

　〈張〉韌 lun^{33}

　〈藍〉x

【新】sin^{55}

　〈張〉新 sin^{55}

　〈藍〉新 sin^{55}

【舊】ku^{33}

　〈張〉舊 ku^{33}

　〈藍〉舊 ku^{33}

【遠】huĩ^{33}

　〈張〉遠 huĩ^{33}

　〈藍〉遠 huĩ^{33}

【近】kin^{33}

　〈張〉近 kin^{33}

　〈藍〉近 kin^{33}

【深】ts^{h}im^{55}

　〈張〉深 ts^{h}im^{55}

　〈藍〉深 ts^{h}im^{55}

【淺】ts^{h}ian^{51}

〈張〉淺 tsʰian⁵¹
〈藍〉淺 tsʰian⁵¹

【淺眠】tsʰian₅₅ bin¹³ 容易被驚醒。
　〈張〉淺眠 tsʰian₅₅ bin¹³
　〈藍〉x

【滇】tĩ³³ 將滿未滿。
　〈張〉滇 tĩ³³
　〈藍〉x

【眞】tsin⁵⁵ 眞。
　〈張〉眞 tsin⁵⁵
　〈藍〉x

【假】ke⁵¹ 假。
　〈張〉假 ke⁵¹
　〈藍〉x

【粗】tsʰɔ⁵⁵ 粗。
　〈張〉粗 tsʰɔ⁵⁵
　〈藍〉粗 tsʰɔ⁵⁵

【幼】iu¹¹ 細緻。
細緻的狀況：
幼幼 iu₅₁ iu¹¹，相對的細緻。
幼幼幼 iu₅₁iu₅₁ iu¹¹，非常的細緻。
　〈張〉幼 iu¹¹
　〈藍〉幼 iu¹¹

【厚】kau³³ 厚。
厚的狀況：
厚厚 kau₁₁ kau³³，相對的厚。
厚厚厚 kau₃₅ kau₁₁ kau³³，非常的厚。
　〈張〉厚 kau³³
　〈藍〉厚 kau³³

【薄】po³³ 薄。
　〈張〉薄 po³³

〈藍〉薄 po³³

【貴】kui¹¹ 貨物的相對價錢高。
　〈張〉貴 kui¹¹
　〈藍〉貴 kui¹¹

【俗】sik³³ 貨物的相對價錢低。
　〈張〉俗 siɔk⁵⁵
　〈藍〉俗 sik⁵⁵、便宜 pan₃₃ gi¹³

【重】taŋ³³ 重。
　〈張〉重 taŋ³³
　〈藍〉重 taŋ³³

【輕】kʰin⁵⁵ 輕。
　〈張〉輕 kʰin⁵⁵
　〈藍〉輕 kʰin⁵⁵

【浮】pʰu¹³ 浮。
　〈張〉浮 pʰu¹³
　〈藍〉浮 pʰu¹³

【沉】tim¹³ 沉。
　〈張〉沉 tim¹³
　〈藍〉沉 tiam¹³

【闊】kʰuaʔ³¹ 寬。
闊闊 kʰua₅₁ kʰuaʔ³¹，相對的寬。
闊闊闊 kʰua₅₁ kʰua₅₁ kʰuaʔ³¹，非常的寬。
　〈張〉闊 kʰuaʔ³¹
　〈藍〉闊 kʰuaʔ³¹

【狹】e³³ 窄、隘。
　〈張〉狹 e³³
　〈藍〉狹 e³³

【長】tŋ¹³ 長。
　〈張〉長 tŋ¹³
　〈藍〉長 tŋ¹³

【短】te^{51} 短。
〈張〉短 te^{51}
〈藍〉短 te^{51}

【焦】ta^{55} 乾。
〈張〉焦 ta^{55}
〈藍〉焦 ta^{55}

【澹】tam^{13} 物品含水量，經擠壓可讓水流出。
〈張〉澹 tam^{13}
〈藍〉澹 tam^{13}

【濕】sip^{31} 物品含水量，經擠壓仍無水流出。
〈張〉濕 sip^{31}
〈藍〉濕 sip^{31}

【平】pẽ^{13} 平坦。
〈張〉平 pẽ^{13}
〈藍〉平 pẽ^{13}

【崎】kia^{33} 坡度大的地形。
〈張〉崎 kia^{33}
〈藍〉崎 kia^{33}

【斜】sia^{13} 斜。或音 ts^{h}ia^{13}
〈張〉斜 sia^{13}
〈藍〉斜 sia^{13}、ts^{h}ia^{13}

【趄】ts^{h}u^{55} 斜下的（坡度）。
〈張〉趄 ts^{h}u^{55}
〈藍〉趄 ts^{h}u^{55}

【芷】tsĩ^{51} 幼嫩。
〈張〉芷 tsĩ^{51}
〈藍〉芷 tsĩ^{51}

【柯】kua^{55} 難咬斷的老蔬菜。
〈張〉柯 kua^{55}

〈藍〉柯 kua^{55}

【坐清】tse$_{11}$ ts^{h}iŋ^{55} 沉澱的過程。
使溶於水中之物，處於靜止狀態後沉澱，將上方的水倒掉，取出此沉澱物的過程。
〈張〉坐清 tse$_{11}$ ts^{h}iŋ^{55}
〈藍〉x

【濁】lo^{13} 混濁。
〈張〉濁 lo^{13}
〈藍〉濁 lo^{13}

【坱】iŋ^{55} 塵土飛揚。
〈張〉坱 iŋ^{55}
〈藍〉坱埃 iŋ$_{33}$ ia^{55}

【讚】tsan^{51} 眞好、眞行。
〈張〉讚 tsan^{51}
〈藍〉x

【四序】su$_{51}$ si^{33} 舒適。
〈張〉四序 su$_{51}$ si^{33}
〈藍〉四序 su$_{51}$ si^{33}

【清氣】ts^{h}iŋ$_{33}$ k^{h}i^{11} 乾淨。
〈張〉清氣 ts^{h}iŋ$_{33}$ k^{h}i^{11}
〈藍〉清氣 ts^{h}iŋ$_{33}$ k^{h}i^{11}

【垃圾】la$_{51}$ sap^{31} 骯髒。
〈張〉垃圾 la$_{51}$ sap^{31}
〈藍〉垃圾 la$_{51}$ sap^{31}、吞溫 t^{h}un$_{33}$ un^{55}

【癩㾺爛耳】t^{h}ai$_{55}$ ko$_{33}$ nuã$_{11}$ hĩ^{33} 常生癩痢的人。
〈張〉癩㾺爛癆 t^{h}ai$_{55}$ ko$_{33}$ nuã$_{11}$ lo^{13}
〈藍〉x

【臭火焦】ts^{h}au$_{51}$ hue$_{55}$ ta^{55} 燒焦。
〈張〉臭火焦 ts^{h}au$_{51}$ hue$_{55}$ ta^{55}

〈藍〉臭火焦 $tsʰau_{51}$ hue_{55} ta^{55}

【過時矣】kue_{51} si^{13} ·a_{33} 已非時尚。
　〈張〉過時矣 kue_{51} si^{13} ·a_{33}
　〈藍〉x

【夠氣矣】kau_{51} $kʰui^{11}$ ·a_{11} 很夠了（飲酒）。
　〈張〉夠氣矣 kau_{51} $kʰui^{11}$ ·a_{11}
　〈藍〉x

【夠額矣】kau_{51} gia^{33} ·a_{33} 很夠了（食東西）。
　〈張〉夠額矣 kau_{51} gia^{33} ·a_{33}
　〈藍〉有夠額 u_{11} kau_{51} gia^{33}

【著】tio^{33} 對。
　〈張〉著 tio^{33}
　〈藍〉著 tio^{33}

【火化去】hue^{51} hua^{55} $kʰi_{11}$ 火熄了。
　〈張〉火化去 hue^{51} hua^{55} $kʰi_{11}$
　〈藍〉x

【腥臊】$tsʰẽ_{33}$ $tsʰau^{55}$ 有魚有肉很豐盛。
　〈張〉腥臊 $tsʰẽ_{33}$ $tsʰau^{55}$
　〈藍〉x

【豐沛】$pʰɔŋ_{33}$ $pʰai^{11}$ 料理很豐盛。
　〈張〉豐沛 $pʰɔŋ_{33}$ $pʰai^{11}$
　〈藍〉x

（二）關於人的形容詞

【勢】gau^{13} 能幹。
　或講「勥」$kʰiŋ^{11}$。（已少人講）
　〈張〉勢 gau^{13}、勥 $kʰiaŋ^{11}$
　〈藍〉勢 gau^{13}、勥 $kʰiŋ^{11}$

【勥骸】$kʰiŋ_{51}$ $kʰa^{55}$ 形容女人精明幹練。

〈張〉勥骸 $kʰiaŋ_{51}$ $kʰa^{55}$
〈藍〉x

【慷慨】$kʰɔŋ_{55}$ $kʰai^{11}$ 大方、不吝嗇。
　〈張〉慷慨 $kʰɔŋ_{55}$ $kʰai^{11}$
　〈藍〉□□$pʰo_{51}$ $tsʰiŋ^{11}$

【海派】hai_{55} $pʰai^{11}$ 出手大方。
　〈張〉海派 hai_{55} $pʰai^{11}$
　〈藍〉x

【伶俐】$liŋ_{55}$ li^{33} 反應敏捷。
　〈張〉伶俐 $liŋ_{55}$ li^{33}
　〈藍〉扭掠 liu_{55} lia^{33}、巧 $kʰiau^{51}$
　　　伶俐 $liŋ_{55}$ li^{33}

【勉強】$bian_{55}$ $kiŋ^{51}$ 勉強。
　〈張〉勉強 $bian_{55}$ $kiɔŋ^{51}$
　〈藍〉強迫 $kiŋ_{33}$ pik^{31}

【聰明】$tsʰɔŋ_{33}$ $biŋ^{13}$ 聰明。
　〈張〉聰明 $tsʰɔŋ_{33}$ $biŋ^{13}$
　〈藍〉聰明 $tsʰɔŋ_{33}$ $biŋ^{13}$

【頇顢】ham_{33} ban^{33} 不能幹、差勁。
　或講「低路」ke_{11} $lɔ^{33}$
　〈張〉頇顢 ham_{33} ban^{33}
　〈藍〉頇顢 ham_{33} ban^{33}

【囂俳】hia_{33} pai^{55} 囂張。
　譏諷人行事高調，不可一世的樣子。
　〈張〉囂俳 hia_{33} pai^{55}
　〈藍〉x

【媠】sui^{51} 漂亮、好看。
　〈張〉媠 sui^{51}
　〈藍〉媠 sui^{51}

【緣投】ian_{33} tau^{13} 形容男子英俊。
　〈張〉緣投 ian_{33} tau^{13}

〈藍〉x

【歹】$p^hãi^{51}$ 兇的樣子。

〈張〉歹 $p^hãi^{51}$

〈藍〉雄 $hiŋ^{13}$

【穲】bai^{51} 醜、不好的。

〈張〉穲bai^{51}、怯勢 $k^hiap_{55} si^{11}$

〈藍〉穲bai^{51}

【破相】$p^hua_{51} sĩu^{11}$ 指五官或四肢不全的醜。

〈張〉破相 $p^hua_{51} sĩu^{11}$、怯勢 $k^hiap_{55} si^{11}$

〈藍〉x

【標標】$pio_{33} pio^{55}$ 牙齒暴出的樣子。

〈張〉標標 $pio_{33} pio^{55}$

〈藍〉x

【暴牙】$pau_{51} ge^{13}$ 暴牙。

〈張〉暴牙 $pɔk_{55} ge^{13}$

〈藍〉暴牙 $pau_{51} ge^{13}$

【倯】$soŋ^{13}$ 很俗氣。

〈張〉倯 $soŋ^{13}$

〈藍〉x

【躼】lo^{11} 身材高。

也講「懸」$kuan^{13}$

〈張〉躼 lo^{11}

〈藍〉懸 $kuan^{13}$

【矮】e^{51} 身材短小。

〈張〉矮 e^{51}

〈藍〉矮 e^{51}、細粒子 $se_{51} liap_{11} tsi^{51}$

【大箍】$tua_{11} k^hɔ^{55}$ 形容肥胖的人。

也直講「肥」pui^{13}

〈張〉大箍 $tua_{11} k^hɔ^{55}$

〈藍〉肥 pui^{13}

【福相】$hɔk_{55} siŋ^{11}$ 好聽的形容肥胖。

〈張〉x

〈藍〉x

【瘦】san^{51} 瘦。

〈張〉瘦 san^{51}

〈藍〉瘦 san^{51}

【眞健】$tsin_{33} kiã^{33}$ 身體強健硬朗。

也講「勇健」$iŋ_{33} kiã^{33}$

〈張〉勇健 $iɔŋ_{33} kiã^{33}$

〈藍〉健 $kiã^{33}$、勇健 $iŋ_{33} kiã^{33}$

【荏身】$lam_{55} sin^{55}$ 身體體質孱弱。

〈張〉荏 lam^{51}

〈藍〉荏 lam^{51}、衰弱 $sui_{33} dzik^{55}$

【大漢】$tua_{11} han^{11}$ 高大或年紀相對的大。

〈張〉大漢 $tua_{11} han^{11}$

〈藍〉x

【細漢】$se_{51} han^{11}$ 矮小或年紀相對的小。

〈張〉細漢 $se_{51} han^{11}$

〈藍〉細漢 $se_{51} han^{11}$

【老】lau^{33} 年紀大。

〈張〉老 lau^{33}

〈藍〉老 lau^{33}

【少年】$siau_{51} lian^{13}$ 年紀相對的輕。

〈張〉少年 $siau_{51} lian^{13}$

〈藍〉少年 $siau_{51} lian^{13}$
年紀輕 $nĩ_{33} ki_{51} k^hin^{55}$

【戇戇】$gɔŋ_{11} gɔŋ^{33}$ 傻傻的。

也講「憨憨」$haŋ_{33} haŋ^{55}$

〈張〉戀戀 gɔŋ₁₁ gɔŋ³³、
　　憨憨 haŋ³³ haŋ⁵⁵
〈藍〉戀 gɔŋ³³

【孝呆】hau₅₁ tai⁵⁵ 傻傻的、不聰明。
〈張〉x
〈藍〉x

【槌槌】tʰui₃₃ tʰui¹³ 傻傻的。
〈張〉槌槌 tʰui₃₃ tʰui¹³
〈藍〉槌 tʰui¹³

【拍損】pʰa₅₁ suĩ⁵¹ 又音 pʰa₅₁ sŋ̍⁵¹
也講「可惜」kʰo₅₅ sioʔ³¹。
〈張〉拍爽 pʰa₅₁ sŋ̍⁵¹
〈藍〉x

【無彩】bo₃₃ tsʰai⁵¹ 可惜。
〈張〉無彩 bo₃₃ tsʰai⁵¹
〈藍〉x

【討債】tʰo₅₅ tse¹¹ 浪費。
〈張〉討債 tʰo₅₅ tse¹¹
〈藍〉討債 tʰo₅₅ tse¹¹、浪費 lɔŋ₁₁ hui¹¹

【厚工】kau₁₁ kaŋ⁵⁵ 費時、費工夫。
〈張〉厚工 kau₁₁ kaŋ⁵⁵
〈藍〉x

【厚話】kau₁₁ ue³³ 多話、愛講閒話。
〈張〉厚話 kau₁₁ ue³³
〈藍〉x

【時行】si₃₃ kiã¹³ 正流行。
〈張〉時行 si₃₃ kiã¹³
〈藍〉x

【孤獨】kɔ₃₃ tak³³ 孤癖，不喜歡和別人
摻合在一起。
〈張〉孤獨 kɔ₃₃ tak³³

〈藍〉x

【見笑】kian₅₁ siau¹¹ 不好意思、害羞。
〈張〉見笑 kian₅₁ siau¹¹
〈藍〉見笑 kian₅₁ siau¹¹

【歡喜】huã₃₃ hi⁵¹ 高興。
〈張〉歡喜 huã₃₃ hi⁵¹
〈藍〉歡喜 huã₃₃ hi⁵¹

【暢】tʰiŋ¹¹ 心理高興，（已少聽到）。
〈張〉暢 tʰiɔŋ¹¹
〈藍〉暢樂 tʰiŋ₅₁ lɔk³¹

【過癮】kue₅₁ gian¹¹ 滿足癖好。
〈張〉過癮 kue₅₁ gian¹¹
〈藍〉x

【心適】sim₃₃ sik³¹ 很有趣。
〈張〉心適 sim₃₃ sik³¹
〈藍〉心適 sim₃₃ sik³¹

【怃潲】ge₃₃ siau¹³ 很令人討厭。
〈張〉怃潲 ge₃₃ siau¹³
〈藍〉x

【假鬼假怪】ke₅₅ kui₅₅ ke₅₅ kuai¹¹ 裝模
作樣。
〈張〉假鬼假怪 ke₅₅ kui₅₅ ke₅₅ kuai¹¹
〈藍〉x

【佯生】tẽ₅₁ tsʰẽ⁵⁵ 要賴，假裝不知。
〈張〉佯生 tẽ₅₁ tsʰẽ⁵⁵
〈藍〉佯生 tẽ₅₁ tsʰẽ⁵⁵

【賤】tsian³³ 喜歡亂摸亂碰、頑皮。
〈張〉賤 tsian³³
〈藍〉賤 tsian³³

【摘爍】ti₅₁ siʔ³¹ 喜歡亂摸亂碰。

〈張〉摘肫 ti$_{51}$ tuʔ^{31}

〈藍〉摘肫 ti$_{51}$ tuʔ^{31}、手銃 ts^{h}iu$_{55}$ ts^{h}iŋ^{11}

【無路用】bo$_{33}$ lɔ$_{11}$ iŋ^{33} 沒有用、用不到。

　〈張〉無路用 bo$_{33}$ lɔ$_{11}$ iɔŋ^{33}

　〈藍〉x

【無較縒】bo$_{33}$ k^{h}aʔ$_{55}$ tsua^{33} 沒有用、無效。

　〈張〉無較縒 bo$_{33}$ k^{h}aʔ$_{55}$ tsua^{33}

　〈藍〉x

【齷齪】ak$_{55}$ tsak^{33} 心煩。

　〈張〉齷齪 ak$_{55}$ tsak^{33}

　〈藍〉x

【鬱悴】ut$_{55}$ tsut^{33} 心鬱悶。

　〈張〉鬱悴 ut$_{55}$ tsut^{33}

　〈藍〉鬱悴 ut$_{55}$ tsut^{31}

【失神】sit$_{55}$ sin^{13} 神情恍惚。

　〈張〉趖神 se$_{11}$ sin^{13}

　〈藍〉x

【計較】ke$_{51}$ kau^{11} 計較。

　〈張〉計較 ke$_{51}$ kau^{11}、窮分 k^{h}iŋ$_{33}$ hun^{55}

　〈藍〉x

【莫濫摻】mãi$_{51}$ lam$_{11}$ sam^{51} 別亂來。

　〈張〉莫濫摻 mãi$_{51}$ lam$_{11}$ sam^{51}

　〈藍〉x

【富】pu^{11} 富。

　台諺：笑儂窮，怨儂富。ts^{h}io$_{51}$ laŋ$_{33}$ kiŋ^{13}，uan$_{51}$ laŋ$_{33}$ pu^{11}

　〈張〉富 pu^{11}

　〈藍〉x

【嘐潲】hau$_{33}$ siau^{13} 說話不實在。

〈張〉嘐潲 hau$_{33}$ siau^{13}

〈藍〉嘐潲 hau$_{33}$ siau^{13}

【敢死】kã$_{55}$ si^{51} 形容做事不顧一切。

　俗諺：敢死第一猛，敢餓第一閒。kã$_{55}$ si^{51} te$_{11}$ it$_{55}$ biŋ^{51}，kã$_{55}$ go$_{33}$ te$_{11}$ it$_{55}$ iŋ^{13} 不怕死是最猛的，寧願餓的人，不用做事。

　〈張〉敢死 kã$_{55}$ si^{51}

　〈藍〉敢 kã^{51}

【想空想縫】sĩu$_{11}$ k^{h}aŋ$_{33}$ sĩu$_{11}$ p^{h}aŋ^{33} 想東想西想賺錢或做某事。

　〈張〉想空想縫 sĩu$_{11}$ k^{h}aŋ$_{33}$ sĩu$_{11}$ p^{h}aŋ^{33}

　〈藍〉x

【呧呧喥喥】ti$_{33}$ ti^{55} tu$_{11}$ tu^{33} 說話吞吞吐吐

　〈張〉呧呧喥喥 ti$_{33}$ ti^{55} tu$_{11}$ tu^{33}

　〈藍〉x

【喋喋□□】t^{h}i$_{33}$ t^{h}i^{55} t^{h}ɔp$_{11}$ t^{h}ɔp^{33} 講話無條理、含糊不清楚。

　〈張〉x

　〈藍〉x

【嗤嗤呲呲】ts^{h}i$_{33}$ ts^{h}i^{55} ts^{h}u$_{11}$ ts^{h}u^{33} 咬耳朵講話，不想被聽到。

　〈張〉嗤嗤呲呲 ts^{h}i$_{33}$ ts^{h}i^{55} ts^{h}u$_{11}$ ts^{h}u^{33}

　〈藍〉嗤嗤呲呲 ts^{h}i$_{33}$ ts^{h}i^{55} ts^{h}u$_{11}$ ts^{h}u^{33}

【漏氣】lau$_{51}$ k^{h}ui^{11} 洩氣。

　〈張〉漏氣 lau$_{51}$ k^{h}ui^{11}

　〈藍〉x

【條直】tiau$_{33}$ tit^{33} 爽直。

　〈張〉條直 tiau$_{33}$ tit^{33}

　〈藍〉條直 tiau$_{33}$ tit^{55}

【假仙】ke$_{55}$ sian^{55} 假裝。

〈張〉假仙假觸 ke$_{55}$ sian$_{33}$ ke$_{55}$ tak^{31}

〈藍〉假影 ke$_{55}$ iã^{51}

【衰尾】sue$_{33}$ bue^{51} 最衰的一個。

　　〈張〉衰尾 sue$_{33}$ bue^{51}

　　〈藍〉衰 sue^{55}

【好勢】ho$_{55}$ si^{11} 準備、安排妥當。

　　〈張〉好勢 ho$_{55}$ se^{11}

　　〈藍〉好勢 ho$_{55}$ se^{11}

【佳在】ka$_{33}$ tsai^{11} 幸虧。

　　〈張〉佳在 ka$_{33}$ tsai^{11}

　　〈藍〉好佳在 ho$_{55}$ ka$_{33}$ tsai^{11}

【細膩】se$_{51}$ dzi^{33} 小心、注意。

　　〈張〉細膩 se$_{51}$ dzi^{33}

　　〈藍〉細膩 se$_{51}$ dzi^{33}

【古錐】kɔ$_{55}$ tsui^{55} 可愛。

　　〈張〉古錐 kɔ$_{55}$ tsui^{55}

　　〈藍〉古錐 kɔ$_{55}$ tsui^{55}

【蠻皮】ban$_{33}$ p^{h}ue^{13} 打不怕，頑固不靈。

　　〈張〉蠻皮 ban$_{33}$ p^{h}ue^{13}

　　〈藍〉蠻皮 ban$_{33}$ p^{h}ue^{13}

【軮燒】k^{h}e$_{51}$ sio^{55} 擠在一起。

　　〈張〉軮燒 k^{h}e$_{51}$ sio^{55} （湊熱鬧）

　　〈藍〉x

【嚴重】giam$_{33}$ tiŋ^{33} 嚴重。

　　〈張〉傷重 siɔŋ$_{33}$ tiɔŋ^{33}

　　〈藍〉x

【無聊】bo$_{33}$ liau^{13} 沒事做。

　　〈張〉無聊 bo$_{33}$ liau^{13}

　　〈藍〉無聊 bo$_{33}$ liau^{13}
　　　　 無動靜 bo$_{33}$ tɔŋ$_{11}$ tsiŋ^{33}

【閒】iŋ^{13} 空閒、不忙。

〈張〉閒 iŋ^{13}

〈藍〉閒 iŋ^{13}

【無閒】bo$_{33}$ iŋ^{13} 很忙。

　　〈張〉無閒 bo$_{33}$ iŋ^{13}

　　〈藍〉無閒 bo$_{33}$ iŋ^{13}

【青狂】ts^{h}ẽ$_{33}$ kɔŋ^{13} 非常慌張。

　　〈張〉青狂 ts^{h}ẽ$_{33}$ kɔŋ^{13}

　　〈藍〉x

【恬】tiam^{33} 靜。

　　〈張〉恬 tiam^{33}

　　〈藍〉恬 tiam^{33}、靜 tsiŋ^{33}

【老實】lau$_{55}$ sit^{33} 老實。

　　〈張〉老實 lau$_{55}$ sit^{33}

　　〈藍〉老實 lau$_{55}$ sit^{55}、古意 kɔ$_{55}$ i^{11}

【土直】t^{h}ɔ$_{55}$ tit^{33} 直性子。

　　〈張〉土直 t^{h}ɔ$_{55}$ tit^{33}

　　〈藍〉爽直 sɔŋ$_{55}$ tit^{55}、條直 tiau$_{33}$ tit^{55}

【坎坎坷坷】k^{h}am$_{33}$ k^{h}am$_{33}$ k^{h}iat$_{11}$ k^{h}iat^{33} 路不平、有障礙。

　　〈張〉坎坎坷坷 k^{h}am$_{33}$ k^{h}am$_{33}$ k^{h}iat$_{11}$ k^{h}iat^{33}

　　〈藍〉坎坎坷坷 k^{h}am$_{33}$ k^{h}am$_{33}$ k^{h}iat$_{11}$ k^{h}iat^{55}

【馬馬虎虎】mã$_{55}$ mã$_{55}$ hu$_{33}$ hu^{55}

　　〈張〉馬馬虎虎 mã$_{55}$ mã$_{55}$ hu$_{33}$ hu^{55}

　　〈藍〉猶會使哩 iau$_{55}$ e$_{11}$ sai$_{51}$ li^{11}

【稱采】ts^{h}in$_{51}$ ts^{h}ai^{51} 隨君之意、隨君方便。一般寫「清採」。

　　〈張〉稱采 ts^{h}in$_{51}$ ts^{h}ai^{51}

　　〈藍〉稱采 ts^{h}in$_{51}$ ts^{h}ai^{51}（口）
　　　　 隨便 sui$_{33}$ pian^{33}（書）

【笑詼】tsh^io_{51} k^hue^{55} 惹人發笑的（行
爲、故事等）。

〈張〉笑詼 tsh^io_{51} k^hue^{55}

〈藍〉笑詼 tsh^io_{51} k^hue^{55}

【做義量】tso_{51} gi_{11} $nĩu_{33}$ 隨便做一些
事，打發無聊的時間。

〈張〉做義量 tso_{51} gi_{11} $nĩu_{33}$

〈藍〉x

【掠狂】lia_{11} $kɔŋ^{13}$ 情緒失控導致行爲異
常。

〈張〉掠狂 lia_{11} $kɔŋ^{13}$

〈藍〉x

【秘肆】pi_{51} su^{11} 腆覥。《教典》閉思

〈張〉秘肆 pi_{51} su^{11}

〈藍〉x

【放肆】$hɔŋ_{51}$ su^{11} 侵犯到他人，照樣我
行我素。

〈張〉放肆 $hɔŋ_{51}$ su^{11}

〈藍〉x

【起毛唴】k^hi_{55} $mɔ̃^{55}$ $giŋ^{55}$ 情緒好。

〈張〉起毛唴 k^hi_{55} $mɔ̃^{55}$ $giaŋ^{55}$

〈藍〉x

【起毛穤】k^hi_{55} $mɔ̃^{55}$ bai_{51} 情緒不好。

〈張〉起毛穤 k^hi_{55} $mɔ̃^{55}$ bai_{51}

〈藍〉x

【消遣】$siau_{33}$ k^hian_{51} 消遣。

〈張〉消遣 $siau_{33}$ k^hian_{51}

〈藍〉x

【家婆】ke_{33} po^{13} 好管閒事，管家婆。

〈張〉家婆 ke_{33} po^{13}

〈藍〉家婆 ke_{33} po^{13}

【凍霜】$taŋ_{51}$ $sŋ̍^{55}$ 吝嗇。
也講「寒酸」han_{33} san^{33}

〈張〉凍霜 $taŋ_{51}$ $sŋ̍^{55}$、
鹹澀 $kiam_{33}$ $siap^{31}$
貓箭 $niãu_{33}$ $t^haŋ^{33}$

〈藍〉x

【勤儉粒積】k^hin_{33} k^hiam_{33} $liap_{11}$ $tsik^{31}$ 儉
節省。

〈張〉虬儉粒積 k^hiu_{33} k^hiam_{33} $liap_{11}$
$tsik^{31}$

〈藍〉x

【虬儉】k^hiu_{33} k^hiam_{33} 吝嗇節儉。

〈張〉虬儉 k^hiu_{33} k^hiam_{33}、抾拾 k^hio_{51}
sip^{33}

〈藍〉虬儉 k^hiu_{33} k^hiam_{33}

【軟骹蝦】$nuĩ_{55}$ k^ha_{33} he^{13} 比喻軟弱無能
的人。

〈張〉軟骹蝦 $nuĩ_{55}$ k^ha_{33} he^{13}

〈藍〉軟洷 $nuĩ_{55}$ $tsiã^{51}$

【癮頭】$gian_{51}$ t^hau^{13} 傻瓜。

〈張〉癮頭 $gian_{51}$ t^hau^{13}

〈藍〉x

【便癉】pan_{11} $tuã^{33}$ 懶惰。
一般寫成「貧憚」。

〈張〉貧惰 pan_{33} $tuã^{33}$、懶屍 lan_{55} si^{55}

〈藍〉便癉 pan_{11} $tuã^{33}$、懶屍 lan_{55} si^{55}

【荏懶】lam_{55} $nuã^{33}$ 講女人的懶惰。

〈張〉荏懶 lam_{55} $nuã^{33}$

〈藍〉荏懶 lam_{55} $nuã^{33}$、吞溫 t^hun_{33} un^{55}

【衰潲】sue_{33} $siau^{13}$ 被牽連到不好的事
件。

〈張〉衰潲 sue$_{33}$ siau^{13}

〈藍〉衰潲 sue$_{33}$ siau^{13}

【性地】sin$_{51}$ te^{33} 脾氣。

也講「脾氣」p^{h}i$_{33}$ k^{h}i^{11}

〈張〉性地 sin$_{51}$ te^{33}、脾氣 p^{h}i$_{33}$ k^{h}i^{11}

〈藍〉性地 sin$_{51}$ te^{33}、脾氣 p^{h}i$_{33}$ k^{h}i^{11}

【起性地】k^{h}i$_{55}$ sin$_{51}$ te^{33} 發脾氣。

〈張〉x

〈藍〉起性地 k^{h}i$_{55}$ sin$_{51}$ te^{33}

【好性地】ho$_{55}$ sin$_{51}$ te^{33} 好脾氣。

〈張〉x

〈藍〉x

【歹性地】p^{h}ãi$_{55}$ sin$_{51}$ te^{33} 壞脾氣。

〈張〉x

〈藍〉歹性地 p^{h}ãi$_{55}$ sin$_{51}$ te^{33}

穩性地 bãi$_{55}$ sin$_{51}$ te^{33}

【漲懸價】tĩu$_{51}$ kuan$_{33}$ ke^{11} 提高價格。

〈張〉漲懸價 tĩu$_{51}$ kuan$_{33}$ ke^{11}

〈藍〉x

【無頭神】bo$_{33}$ t^{h}au$_{33}$ sin^{13} 忘東忘西無厘頭。

〈張〉無頭神 bo$_{33}$ t^{h}au$_{33}$ sin^{13}

〈藍〉x

【靠俗】k^{h}o$_{51}$ sik^{33} 熟識到互不拘禮節。

〈張〉靠俗 k^{h}o$_{51}$ siok^{33}

〈藍〉x

【驢馬】li$_{33}$ be^{51} 形容一個女人像男性，愛到處蹓躂。

講某女人「真驢馬」tsin$_{33}$ li$_{33}$ be^{51}。

〈張〉驢馬 li$_{33}$ be^{51}

〈藍〉x

【悾歁】k^{h}ɔn$_{33}$ k^{h}am^{51} 形容人癡愚瘋癲的樣子。

〈張〉悾闇 k^{h}ɔn$_{33}$ am^{55}

〈藍〉悾歁 k^{h}ɔn$_{33}$ k^{h}am^{51}

無頂眞 bo$_{33}$ tin$_{55}$ tsin^{55}

【柴頭尪仔】ts^{h}a$_{33}$ t^{h}au$_{33}$ an$_{33}$ ŋã^{51} 形容一個人像木頭人一樣。

〈張〉柴頭尪仔 ts^{h}a$_{33}$ t^{h}au$_{33}$ an$_{33}$ ŋã^{51}

〈藍〉x

【硈硈蹎蹎】k^{h}ɔn$_{11}$ k^{h}ɔn$_{11}$ k^{h}iaŋ$_{33}$ k^{h}iaŋ^{55} 走路不穩的樣子。

〈張〉硈硈蹎蹎 k^{h}ɔn$_{11}$ k^{h}ɔn$_{11}$ k^{h}iaŋ$_{33}$ k^{h}iaŋ^{55}

〈藍〉x

【通光】t^{h}aŋ$_{33}$ kuĩ^{55} 消息很靈通。

〈張〉通光 t^{h}aŋ$_{33}$ kuĩ^{55}

〈藍〉x

【甕朗】aŋ$_{51}$ laŋ^{51} 腦筋轉不過來。

〈張〉骯朗 aŋ$_{55}$ laŋ^{51}

〈藍〉x

【勢翻話】gau$_{33}$ huan$_{33}$ ue^{33} 同樣的話一說再說。

〈張〉勢翻話 gau$_{33}$ huan$_{33}$ ue^{33}

〈藍〉x

（三）顏色詞

【白的】pe^{33} ·e^{33} 白色。

〈張〉白色 pe$_{11}$ sik^{31}

〈藍〉白 pe^{33}、白白 pe$_{11}$ pe^{33}

【白白】pe$_{11}$ pe^{33} 白白的。

〈張〉白白 pe$_{11}$ pe^{33}

〈藍〉白白 pe₁₁ pe³³

【白白白】pe³⁵ pe₁₁ pe³³ 非常的白。
　〈張〉x
　〈藍〉白白白 pe³⁵ pe₁₁ pe³³

【烏的】ɔ⁵⁵ ·e⁵⁵ 黑色、黑色的。
　〈張〉烏色 ɔ₃₃ sik³¹
　〈藍〉烏 ɔ⁵⁵

【烏烏】ɔ₃₃ ɔ⁵⁵ 黑黑的。
　〈張〉烏烏 ɔ₃₃ ɔ⁵⁵
　〈藍〉烏烏 ɔ₃₃ ɔ⁵⁵

【烏烏烏】ɔ³⁵ ɔ₃₃ ɔ⁵⁵ 非常的黑。
　〈張〉烏烏烏 ɔ³⁵ ɔ₃₃ ɔ⁵⁵
　〈藍〉烏烏烏 ɔ³⁵ ɔ₃₃ ɔ⁵⁵

【殕的】pʰu⁵¹ ·e¹¹ 灰色。
　〈張〉殕色 pʰu₅₅ sik³¹
　〈藍〉殕色 pʰu₅₅ sik³¹

【鳥鼠仔色】niãu₅₅ tsʰi₅₅ a₅₅ sik³¹ 灰色。
　〈張〉鳥鼠仔色 niãu₅₅ tsʰi₅₅ a₅₅ sik³¹
　〈藍〉鳥鼠仔色 niãu₅₅ tsʰi₅₅ a₅₅ sik³¹

【紅的】aŋ¹³ ·ŋẽ³³ 紅色。
　〈張〉紅色 aŋ₃₃ sik³¹
　〈藍〉紅 aŋ¹³

【胭脂】ian₃₃ tsi⁵⁵ 一種鮮豔的紅色。
　〈張〉胭脂 ian₃₃ tsi⁵⁵
　〈藍〉胭脂 ian₃₃ tsi⁵⁵

【烏黗紅的】ɔ₃₃ tɔ₅₁ aŋ¹³ ·e³³ 暗紅色。
　〈張〉烏黗紅 ɔ₃₃ tɔ₅₁ aŋ¹³
　〈藍〉x

【豬肝色】ti₃₃ kuã₃₃ sik³¹ 像豬肝一樣的顏色。
　〈張〉豬肝色 ti₃₃ kuã₃₃ sik³¹

〈藍〉x

【粉紅仔】hun₅₅ aŋ₃₃ ŋã⁵¹ 粉紅色。
　〈張〉粉紅仔 hun₅₅ aŋ₃₃ ŋã⁵¹
　〈藍〉粉紅仔色 hun₅₅ aŋ₃₃ ã₅₅ sik³¹

【柑仔色】kam₃₃ mã₅₅ sik³¹ 橙色。
　〈張〉柑仔色 kam₃₃ mã₅₅ sik³¹
　〈藍〉柑仔色 kam₃₃ mã₅₅ sik³¹

【肉色】ba₅₁ sik³¹ 像肉的顏色。
　〈張〉肉色 ba₅₁ sik³¹
　〈藍〉x

【米色】bi₅₅ sik³¹ 像米的顏色。
　〈張〉米色 bi₅₅ sik³¹
　〈藍〉x

【藍色】nã₃₃ sik³¹ 藍色。
　〈張〉藍色 nã₃₃ sik³¹
　〈藍〉藍 nã¹³（口）、lam¹³ （文）

【黃色】uĩ₃₃ sik³¹
　〈張〉黃色 uĩ₃₃ sik³¹
　〈藍〉黃 uĩ¹³

【塗色】tʰɔ₃₃ sik³¹ 黃土色。
　〈張〉塗色 tʰɔ₃₃ sik³¹
　〈藍〉x

【淺青色】tsʰian₅₅ tsʰẽ₃₃ sik³¹ 草綠色。
　〈張〉淺青色 tsʰian₅₅ tsʰẽ₃₃ sik³¹
　〈藍〉x

【鴨卵青】a₅₁ nuĩ₁₁ tsʰẽ⁵⁵ 淡青色。
　〈張〉鴨卵青 a₅₁ nuĩ₁₁ tsʰẽ⁵⁵
　〈藍〉x

【青色】tsʰẽ₃₃ sik³¹ 像樹葉、草的綠色。
　〈張〉青色 tsʰẽ₃₃ sik³¹
　〈藍〉草色 tsʰau₅₅ sik³¹

【紫色】tsi₅₅ sik³¹ 紫色。
　〈張〉紫色 tsi₅₅ sik³¹
　〈藍〉茄色 kio₃₃ sik³¹

【茄仔色】kio₃₃ a₅₅ sik³¹ 紫色，像茄子
　的顏色。
　〈張〉茄花色 kio₃₃ hue₃₃ sik³¹
　〈藍〉茄色 kio₃₃ sik³¹

【咖啡色】ka₃₃ pi₃₃ sik³¹ 棕色，像咖啡
　的顏色。
　〈張〉咖啡色 ka₃₃ pi₃₃ sik³¹
　〈藍〉牛屎色 gu₃₃ sai₅₅ sik³¹

【牛奶色】gu₃₃ liŋ₃₃ sik³¹ 牛奶色。
　〈張〉牛奶色 gu₃₃ liŋ₃₃ sik³¹
　〈藍〉x

（四）形容詞後綴重疊 ABB 式

【光爍爍】kuĩ₃₃ si₅₁ siʔ³¹ 光閃閃發亮。
　〈張〉光爍爍 kuĩ₃₃ si₅₁ siʔ³¹
　〈藍〉光爍爍 kuĩ₃₃ si₅₁ siʔ³¹

【暗摸摸】am₅₁ so₃₃ so₅₅ 烏漆麻黑。
　〈張〉暗摸摸 am₅₁ so₃₃ so₅₅
　〈藍〉x

【硬梆梆】ŋẽ₁₁ piaŋ₃₃ piaŋ₅₅ 硬梆梆。
　〈張〉硬梆梆 ŋẽ₁₁ piaŋ₃₃ piaŋ₅₅
　〈藍〉x

【有櫼櫼】tiŋ₁₁ tsĩ₃₃ tsĩ₅₅ 東西很扎實。
　〈張〉x
　〈藍〉有□□ tiŋ₁₁ hãuʔ₅₅ hãuʔ³¹

【有觳觳】tiŋ₁₁ kʰɔk₅₅ kʰɔk³¹ 東西硬梆
　梆。
　　也講「有翹翹」tiŋ₁₁ kʰiau₃₃ kʰiau₅₅

　〈張〉有觳觳 tiŋ₁₁ kʰɔk₅₅ kʰɔk³¹
　〈藍〉有翹翹 tiŋ₁₁ kʰiau₃₃ kʰiau₅₅

【活跳跳】ua₁₁ tʰiau₅₁ tʰiau¹¹ 活蹦亂
　跳、生龍活虎。
　〈張〉活跳跳 ua₁₁ tʰiau₅₁ tʰiau¹¹
　〈藍〉x

【絚當當】an₃₃ tɔŋ₅₁ tɔŋ¹¹ 緊緊的。
　　或講「絚丟丟」an₃₃ tiu₅₁ tiu₅₅
　〈張〉絚當當 an₃₃ tɔŋ₅₁ tɔŋ¹¹
　〈藍〉絚觳觳 an₃₃ kʰɔk₅₅ kʰɔk³¹
　　　　絚併併 an₃₃ piŋ₅₁ piŋ¹¹

【軟膏膏】nuĩ₅₅ ko₃₃ ko¹³ 軟趴趴。
　　也講「軟黐黐」nuĩ₅₅ tsak₅₅ tsak³¹
　　「軟搖搖」nuĩ₅₅ io₃₃ io¹³
　〈張〉軟膏膏 nuĩ₅₅ so₃₃ so¹³
　〈藍〉x

【爛糊糊】nuã₁₁ kɔ₃₃ kɔ¹³ 爛且糊。
　〈張〉爛漉漉 nuã₁₁ lɔk₅₅ lɔk³¹
　〈藍〉x

【韌勼勼】lun₁₁ kiu₅₁ kiuʔ³¹ 韌。
　〈張〉韌勼勼 lun₁₁ kiu₅₁ kiuʔ³¹
　〈藍〉x

【飪䶲䶲】kʰiu₁₁ te₅₁ teʔ³¹ 有彈性。
　〈張〉飪䶲䶲 kʰiu₁₁ te₅₁ teʔ³¹
　〈藍〉x

【圓輦輦】ĩ₃₃ lian₅₁ lian¹¹ 圓滾滾。
　〈張〉圓輦輦 ĩ₃₃ lin₅₁ lin¹¹
　〈藍〉x

【紅記記】aŋ₃₃ ki₅₁ ki¹¹ 紅通通。
　〈張〉紅記記 aŋ₃₃ ki₅₁ ki¹¹
　〈藍〉x

【烏趖趖】ɔ₃₃ so₃₃ so¹³ 烏漆麻黑。
〈張〉烏趖趖 ɔ₃₃ so₃₃ so¹³
〈藍〉烏趖趖 ɔ₃₃ so₃₃ so⁵⁵

【白抛抛】pe₁₁ pʰau₃₃ pʰau⁵⁵ 白嫩嫩。
〈張〉白抛抛 pe₁₁ pʰau₃₃ pʰau⁵⁵
〈藍〉x

【白皙皙】pe₁₁ sik₅₅ sik³¹ 漂亮白。
〈張〉pe₁₁ sia₅₁ siaʔ³¹
〈藍〉x

【白葱葱】pe₁₁ tsʰaŋ₃₃ tsʰaŋ⁵⁵ 病態白。
〈張〉白葱葱 pe₁₁ tsʰaŋ₃₃ tsʰaŋ⁵⁵
〈藍〉x

【鹹篤篤】kiam₃₃ tɔk₅₅ tɔk³¹ 鹹透了。
〈張〉鹹篤篤 kiam₃₃ tɔk₅₅ tɔk³¹
〈藍〉x

【油漉漉】iu₃₃ lɔp₅₅ lɔp³¹ 油滴滴。
〈張〉油漉漉 iu₃₃ lɔk₅₅ lɔk³¹
〈藍〉x

【油被被】iu₃₃ pʰue₁₁ pʰue³³ 油膩膩。
食物表面一層油，使人不敢吃。
〈張〉x
〈藍〉x

【芳損損】pʰaŋ₃₃ kɔŋ₅₁ kɔŋ¹¹ 香噴噴。
〈張〉芳損損 pʰaŋ₃₃ kɔŋ₅₁ kɔŋ¹¹
〈藍〉x

【臭毛毛】tsʰau₅₁ mɔ̃₃₃ mɔ̃⁵⁵ 臭如茅坑。
〈張〉臭毛毛 tsʰau₅₁ mɔ̃₃₃ mɔ̃⁵⁵
〈藍〉x

【苦觸觸】kʰɔ₅₅ tak₅₅ tak³¹ 很苦。
〈張〉苦觸觸 kʰɔ₅₅ tak₅₅ tak³¹
〈藍〉x

【燒滾滾】sio₃₃ kun₅₅ kun⁵¹ 熱滾滾。
〈張〉燒滾滾 sio₃₃ kun₅₅ kun⁵¹
〈藍〉x

【燒燙燙】sio₃₃ tʰŋ̩₅₁ tʰŋ̩¹¹ 熱呼呼。
〈張〉燒燙燙 sio₃₃ tʰŋ̩₅₁ tʰŋ̩¹¹
〈藍〉x

【恬卒卒】tiam₁₁ tsut₅₅ tsut³¹ 靜悄悄。
〈張〉恬摺摺 tiam₁₁ tsi₅₁ tsiʔ³¹
〈藍〉x

【胡瘰瘰】hɔ₃₃ lui₅₁ lui¹¹ 胡說八道、天花亂墜。
〈張〉胡瘰瘰 hɔ₃₃ lui₅₁ lui¹¹
〈藍〉x

【絮氅氅】dzi₃₃ tsʰaŋ₅₅ tsʰaŋ⁵¹ 一蹋糊塗、亂七八糟。
〈張〉絮氅氅 dzi₃₃ tsʰaŋ₅₅ tsʰaŋ⁵¹
〈藍〉x

【瘍篤篤】sian₁₁ tau₅₁ tauʔ³¹ 累的提不起勁。
〈張〉瘍篤篤 sian₁₁ tau₅₁ tauʔ³¹
〈藍〉x

【軟餇餇】nuĩ₅₅ kau₅₁ kauʔ³¹ 軟軟的。
剛炸好的「糕渣」nuĩ₅₅ kau₅₁ kauʔ³¹
〈張〉軟餇餇 nuĩ₅₅ kau₅₁ kauʔ³¹
〈藍〉x

【赤瘍瘍】tsʰia₅₁ iã₁₁ iã³³ 或講「赤炎炎」
tsʰia₅₁ iam₁₁ iam³³
〈張〉x
〈藍〉x

三十一、副 詞

（一）表示然否

【一定】it$_{55}$ tiŋ^{33} 一定。

〈張〉定著 tiã$_{11}$ tio?^{55}

〈藍〉一定 it$_{55}$ tiŋ^{33}

【無定著】bo$_{33}$ tiã$_{11}$ tio^{33} 不一定。

也講「無的確」bo$_{33}$ tik$_{55}$ k^{h}ak^{31}

「無一定」bo$_{33}$ it$_{55}$ tiŋ^{33}

〈張〉無定著 bo$_{33}$ tiã$_{11}$ tio?^{55}

無的確 bo$_{33}$ tik$_{55}$ k^{h}ak^{31}

無一定 bo$_{33}$ it$_{55}$ tiŋ^{33}

〈藍〉無定著 bo$_{33}$ tiã$_{11}$ tio^{33}

【犯勢】huan$_{11}$ se^{11} 可能、說不定。

〈張〉犯勢 huan$_{11}$ se^{11}

〈藍〉x

【可能】k^{h}o$_{55}$ liŋ^{13} 可能。

〈張〉可能 k^{h}o$_{55}$ liŋ^{13}

〈藍〉x

【恐驚】k^{h}iŋ$_{55}$ kiã^{55} 恐怕。

〈張〉恐驚仔 k^{h}iŋ$_{55}$ kiã$_{33}$ ã^{51}

〈藍〉驚 kĩã^{55}、驚做 k^{h}iŋ$_{55}$ tso^{51}

恐怕 k^{h}iŋ$_{55}$ p^{h}ã^{11} （書）

【大概】tai$_{11}$ k^{h}ai^{11} 大概。

〈張〉大概 tai$_{11}$ k^{h}ai^{11}

〈藍〉大概 tai$_{11}$ k^{h}ai^1、

量約仔 liŋ$_{11}$ ik$_{55}$ a^{51}

【明明】biŋ$_{33}$ biŋ^{13} 明明。

例「汝明明講欲來，傗會無來？」

Li$_{55}$biŋ$_{33}$biŋ$_{33}$kong$_{55}$be?$_{55}$lai^{13}，

nai$_{53}$e$_{11}$bo$_{33}$lai^{13}

〈張〉明明 biŋ$_{33}$ biŋ^{13}

〈藍〉x

【拄拄好】tu$_{55}$ tu$_{55}$ ho^{51} 剛好。

也講「拄拄仔好」tu$_{55}$ tu$_{55}$ a$_{55}$ ho^{51}

〈張〉拄拄好 tu$_{55}$ tu$_{55}$ ho^{51}

拄拄仔好 tu$_{55}$ tu$_{55}$ a$_{55}$ ho^{51}

〈藍〉拄好 tu$_{55}$ ho^{51}、拄拄好 tu$_{55}$ tu$_{55}$

ho^{51}

【敢準有喔】kan$_{55}$ tsun$_{55}$ u^{33}·ɔ$_{33}$ 很像有

喔。

也講「敢若有喔」kan$_{55}$ nã$_{55}$ u^{33} ·ɔ$_{33}$

〈張〉敢準有喔 kan$_{55}$ tsun$_{55}$ u^{33} ɔ$_{35}$

哪像有喔 nã$_{55}$ ts^{h}ĩu$_{11}$ u^{33} ɔ$_{35}$

〈藍〉x

【有】u^{33} 有。

〈張〉有 u^{33}

〈藍〉有 u^{33}

【無】bo^{13} 沒有。

〈張〉無 bo^{13}

〈藍〉無 bo^{13}

【欲】bue?^{31} 要。

也講「愛」ai^{11}

〈張〉欲 be?^{31}

〈藍〉欲 bue?^{31}、愛 ai^{11}

【無愛】bo$_{33}$ ai^{11} 不要。

「無」和「愛」的合音為「buai?^{31}」。

〈張〉無愛 bo$_{33}$ ai^{11}

〈藍〉無愛 bo$_{33}$ ai^{11}

【會】e^{33} 會（下雨）。

〈張〉會 e^{33}

〈藍〉會 e^{33}

【會曉】e$_{11}$ hiau^{51} 會（台語）。

〈張〉會曉 e$_{11}$ hiau^{51}

〈藍〉會曉 e_{11} hiau^{51}、捌 bat^{31}

【會吼】e_{11} hau^{51} 會響。
　　〈張〉會響 e_{11} hiaŋ^{51}
　　〈藍〉會響 e_{11} hiŋ^{51}

【會使】e_{11} sai^{51} 可以。
　　〈張〉會使 e_{11} sai^{51}
　　〈藍〉會使 e_{11} sai^{51}

【會使用】e_{11} sai$_{55}$ iŋ^{33} 可以用、被允許
　　用。
　　〈張〉會用个 e_{11} ioŋ^{33}·e_{11}
　　〈藍〉x

【通】tʰaŋ^{55} 可以。
　　「汝通去」li$_{55}$ tʰaŋ$_{33}$ kʰi^{11}（你可以去）
　　〈張〉通 tʰaŋ^{55}
　　〈藍〉通 tʰaŋ^{55}

【袂使】be$_{11}$ sai^{51} 不可以。
　　「袂用哩」be$_{11}$ iŋ^{33}·li$_{11}$。
　　〈張〉袂使 be$_{11}$ sai^{51}
　　〈藍〉袂使 be$_{11}$ sai^{51}

【袂】be^{33} 不~。
　　〈張〉袂 be^{33}
　　〈藍〉袂 be^{33}

【袂曉】be$_{11}$ hiau^{51} 不會。
　　〈張〉袂曉 be$_{11}$ hiau^{51}
　　〈藍〉袂曉 be$_{11}$ hiau^{51}

【無啥會曉】bo$_{33}$ sã$_{55}$ e_{11} hiau^{51} 不太會。
　　〈張〉無啥會 bo$_{33}$ sã$_{55}$ e^{33}
　　〈藍〉x

【嗯啦】hẽ^{33}·la$_{11}$ 表示肯定的回應音。
　　〈張〉嗯啦 hẽ^{11}·la$_{11}$、hiau^{11}

〈藍〉x

【毋是】m̩$_{11}$ si^{33} 不是。
　　〈張〉毋是 m̩$_{11}$ si^{33}
　　〈藍〉毋是 m̩$_{11}$ si^{33}

【毋免】m̩$_{11}$ bian^{51} 不必，不受之詞。
　　也講「免」bian^{51}
　　〈張〉毋免 m̩$_{11}$ bian^{51}
　　〈藍〉毋免 m̩$_{11}$ bian^{51}、免 bian^{51}

【莫】mãi^{11} 別、不要~，止之之詞。
　　「汝莫來」Li$_{55}$ mai$_{51}$ lai^{13}（你不要來）。
　　〈張〉x
　　〈藍〉莫 mãi^{11}、毋通 m̩$_{11}$ tʰaŋ^{55}

【著】tio^{33} 對。
　　〈張〉著 tio^{33}
　　〈藍〉著 tio^{33} （口）、對 tui^{11}（書）

【毋著】m̩$_{11}$ tio^{33} 不對、錯。
　　〈張〉毋著 m̩$_{11}$ tio^{33}
　　〈藍〉毋著 m̩$_{11}$ tio^{33}（口）、
　　　　錯 tsʰo^{11}（書）

（二）表示程度

【上好食个】siŋ$_{11}$ ho$_{55}$ tsia^{33}·e_{33} 最好吃。
　　「汝煮个飯上好食！」li$_{55}$ tsi^{51} e$_{33}$
　　puĩ^{33} siŋ$_{11}$ ho$_{55}$ tsia^{33}
　　〈張〉上好食个 siaŋ$_{11}$ ho$_{55}$ tsia^{33}·e_{33}
　　〈藍〉上好食个 siŋ$_{11}$ ho$_{55}$ tsia^{33}·e_{33}

【食傷飽】tsia$_{11}$ sĩu$_{33}$ pa^{51} 吃太飽。
　　〈張〉食傷飽 tsia$_{11}$ sĩu$_{33}$ pa^{51}
　　〈藍〉食傷飽 tsia$_{11}$ sĩu$_{33}$ pa^{51}

【盡媠】tsin$_{51}$ sui^{51} 非常漂亮。
　　〈張〉盡媠 tsin$_{51}$ sui^{51}

〈藍〉盡嬌 tsin$_{51}$ sui^{51}

【確實嬌】k^{h}ak$_{55}$ sit$_{11}$ sui^{51} 確實漂亮。

　〈張〉x

　〈藍〉x

【足嬌】tsik$_{55}$ sui^{51} 很漂亮。

　〈張〉足嬌 tsiɔk$_{55}$ sui^{51}

　〈藍〉x

【有夠嬌】u$_{11}$ kau$_{51}$ sui^{51} 夠漂亮。

　〈張〉有夠嬌 u$_{11}$ kau$_{51}$ sui^{51}

　〈藍〉x

【加些】ke^{55} ·su$_{11}$ 多一點。

　〈張〉x

　〈藍〉x

【精差】tsiŋ$_{33}$ ts^{h}a^{55}

　〈張〉精差 tsiŋ$_{33}$ ts^{h}a^{55}

　〈藍〉x

【精差無偌濟】tsiŋ$_{33}$ ts^{h}a$_{33}$ bo$_{33}$ gua$_{11}$ tse^{33} 相差沒多少。

　〈張〉精差無偌濟 tsiŋ$_{33}$ ts^{h}a$_{33}$ bo$_{33}$ gua$_{11}$ tse^{33}

　〈藍〉x

【加減】ke$_{33}$ kiam^{51} 多少~。

　〈張〉加減 ke$_{33}$ kiam^{51}

　〈藍〉加減 ke$_{33}$ kiam^{51}

【險險仔】hiam$_{55}$ hiam$_{55}$ mã^{51} 差一點點。

　也講「差一斯仔」ts^{h}a$_{33}$ tsit$_{11}$ su$_{55}$ a^{51}

　〈張〉險險仔 hiam$_{55}$ hiam$_{55}$ mã^{51}

　〈藍〉險險仔 hiam$_{55}$ hiam$_{55}$ mã^{51} 差一點仔 ts^{h}a$_{33}$ tsit$_{11}$ tiam$_{55}$ mã^{51}

【險仔~】hiam$_{55}$ mã$_{55}$~ 差一點。

〈張〉險仔 hiam$_{55}$ mã$_{55}$~ 差一點仔 ts^{h}a$_{33}$ tsit$_{11}$ tiam$_{55}$ mã^{51}

　〈藍〉x

【歸工】kui$_{33}$ kaŋ^{55} 整天。

　〈張〉歸工 kui$_{33}$ kaŋ^{55}、歸日 kui$_{33}$ dzit^{33}

　〈藍〉歸工 kui$_{33}$ kaŋ^{55}、歸日 kui$_{33}$ dzit^{55}

【逐工】tak$_{11}$ kaŋ^{55} 每天。

　〈張〉逐工 tak$_{11}$ kaŋ^{55}、逐日 tak$_{11}$ dzit^{33}

　〈藍〉逐工 tak$_{11}$ kaŋ^{55}

【定定】tiã$_{11}$ tiã^{33} 常常。

　〈張〉定定 tiã$_{11}$ tiã^{33}

　〈藍〉定定 tiã$_{11}$ tiã^{33}、時常 su$_{51}$ siŋ^{13}

【常在】ts^{h}iŋ$_{33}$ tsai^{33} 常在。

　〈張〉常在 ts^{h}iŋ$_{33}$ tsai^{33}

　〈藍〉x

【無要緊】bo$_{33}$ iau$_{55}$ kin^{51} 不要緊。

　通常也講合音詞[bua$_{35}$ kin^{51}]。

　〈張〉無要緊 bo$_{33}$ ia$_{55}$ kin^{51}、bo$_{33}$ a$_{55}$ kin^{51}

　〈藍〉無要緊 bo$_{33}$ iau$_{55}$ kin^{51} 無要緊 bo$_{33}$ iau$_{51}$ kin^{51}、bua$_{35}$ kin^{51}

（三）表示範圍

【攏總】lɔŋ$_{55}$ tsɔŋ^{51} 全部。

　〈張〉攏總 lɔŋ$_{55}$ tsɔŋ^{51}

　〈藍〉攏總 lɔŋ$_{55}$ tsɔŋ^{51}、全部 tsuan$_{33}$ pɔ^{33} 統統 tɔŋ$_{33}$ tɔŋ^{55}

【齊全】tse$_{33}$ tsuan^{13} 齊全。

　〈張〉齊勻 tsiau$_{33}$ un^{13}

〈藍〉x

【孤仔】kɔ₃₃ ·a₅₅ 只有。

「全部攏準備好矣，孤仔偆日子~！」
tsuan₃₃ pɔ³³ lɔŋ₅₅ tsun ₅₅ bi₁₁ ho⁵¹ a₁₁，
kɔ₃₃ ·a₅₅ tsʰun₃₃ dzit₁₁ tsi⁵¹ ~。

也講「干若」kan₃₃ nã³³、kan₃₃ nã⁵⁵~
〈張〉干若 kan₃₃ nã³³
〈藍〉孤仔 kɔ₃₃ ·a₅₅ 單單仔 tan₃₃ tan₃₃
　　　nã⁵¹

【毋若】m̩₁₁ nã³³ 不只。
〈張〉毋若 m̩₁₁ nã³³
〈藍〉x

【食一斯仔】tsia³³ ·tsit₁₁ ·su₁₁ ·a₁₁ 食一
點。
〈張〉食淡薄仔 tsia³³ ·tam₁₁ ·po₁₁ ·a₁₁
〈藍〉x

【小可仔】sio₅₅ kʰua₅₅ a⁵¹ 些許、稍微。
〈張〉小可仔 sio₅₅ kʰua₅₅ a⁵¹
〈藍〉小可仔 sio₅₅ kʰua₅₅ a⁵¹
　　　淡薄仔 tam₁₁ po³³ a⁵¹
　　　一點仔 tsit₁₁ tiam₅₅ mã⁵¹

（四） 動詞前綴重疊 AAB 式

【插插滴】tsʰɔp₁₁ tsʰɔp₁₁ tiʔ³¹
〈張〉插插滴 tsʰap₁₁ tsʰap₁₁ tiʔ³¹
〈藍〉插插滴 tsʰap₁₁ tsʰap₁₁ tiʔ¹¹

【真捷來】tsin₃₃ tsiap₁₁ lai¹³ 常常來。
〈張〉捷捷來 tsiap₁₁ tsiap₁₁ lai¹³
〈藍〉x

【膏膏纏】ko₃₃ ko₃₃ tĩ¹³ 死皮賴臉的纏。
〈張〉膏膏纏 ko₃₃ ko₃₃ tĩ¹³
〈藍〉x

【強強欲】kiŋ₃₃ kiŋ₃₃ beʔ³¹ 強要~。
〈張〉強強欲 kiaŋ₃₃ kiaŋ₃₃ beʔ³¹
〈藍〉x

【沖沖滾】tsʰiŋ₁₁ tsʰiŋ₁₁ kun⁵¹ 很熱鬧，
萬頭攢動。
〈張〉沖沖滾 tsʰiaŋ₁₁ tsʰiaŋ₁₁ kun⁵¹
〈藍〉x

【踅踅唸】se₁₁ se₁₁ liam³³ 嘴巴唸不停。
〈張〉踅踅唸 se₁₁ se₁₁ liam³³
〈藍〉x

【雀雀趒】tsʰik₁₁ tsʰik₁₁ tio¹³
也講「三骸搦趒」sã₃₃ kʰa₃₃ lak₁₁ tio¹³
〈張〉雀雀趒 tsʰiak₁₁ tsʰiak₁₁ tio¹³
〈藍〉雀雀趒 tsʰik₁₁ tsʰik₁₁ tio¹³

（五）其　他

【挑工】tʰiau₃₃ kaŋ⁵⁵ 故意。
「我毋是挑工个」gua₅₅ m̩₁₁ si₁₁ tʰiau₃₃
kaŋ⁵⁵ ·ŋẽ₅₅ 我不是故意的
〈張〉刁工 tiau₃₃ kaŋ⁵⁵
〈藍〉挑工 tʰiau₃₃ kaŋ⁵⁵、故意 kɔ⁵¹ i¹¹

【無張持】bo₃₃ tĩu₃₃ ti¹³ 不小心。
〈張〉無張持 bo₃₃ tĩu₃₃ ti¹³
〈藍〉x

【隨在汝】sui₃₃ tsai₁₁ li⁵¹ 任憑你。
〈張〉隨在汝 sui₃₃ tsai₃₃ ·li₃₃
〈藍〉在汝 tsai₁₁ li⁵¹

【荣脯根仔罔咬鹹】tsʰai₅₁ pɔ₅₅ kin⁵⁵ nã⁵¹
bɔŋ₅₅ ka₁₁ kiam¹³ 將就將就。
〈張〉荣脯根仔罔咬鹹 tsʰai₅₁ pɔ₅₅ kin⁵⁵
　　　nã⁵¹ bɔŋ₅₅ ka₁₁ kiam¹³
〈藍〉x

【反正汝一定愛去】huan₅₅ tsiŋ₁₁ li₅₅ it₅₅ tiŋ₁₁ ai₁₁ kʰi₁₁ 不管怎樣，你都要去。
　〈張〉橫直汝得愛去 huãi₃₃ tit₃₃ li₅₅ to₁₁ ai₅₁ kʰi₁₁
　〈藍〉x

【忖辦死个】tsʰun₁₁ pan₁₁ si₅₁ ·e₁₁ 不顧後果的做~
　〈張〉忖辦死个 tsʰun₁₁ pan₁₁ si₅₁ ·e₁₁
　〈藍〉x

【想未到】sĩu₁₁ be₁₁ kau₁₁ 想不到。
　〈張〉想未到 sĩu₁₁ be₁₁ kau₁₁
　〈藍〉x

【再攔來】tsa₅₁ koʔ₅₅ lai₁₃ 再來。
　〈張〉攔來喔 koʔ₅₅ lai₁₃ ·ɔ₁₁
　〈藍〉x

【遮媠】tsia₅₁ sui₅₁ 這麼漂亮。
　〈張〉遮爾仔媠 tsia₅₁ nĩ₃₃ ã₅₅ sui₅₁
　〈藍〉x

【遐穤】hia₅₁ bai₅₁ 那麼醜。
　〈張〉遐爾仔穤 hia₅₁ nĩ₃₃ ã₅₅ bai₅₁
　〈藍〉x

【奈會安呢】nãi₅₁ e₁₁ an₅₅ nẽ₅₅ 怎麼會這樣。
　〈張〉奈會安呢 nãi₅₁ e₁₁ an₅₅ nẽ₅₅
　〈藍〉x

【汝敢會去】li₅₅ kam₅₅ e₁₁ kʰi₁₁ 你會去嗎？
　〈張〉汝敢會去 li₅₅ kam₅₅ e₁₁ kʰi₁₁
　〈藍〉x

三十二、虛　詞

（一）介　詞

【予】hɔ₃₃ 給予。
　如「予我」hɔ₃₃ ·gua₃₃（給我）
　〈張〉予 hɔ₃₃
　〈藍〉予 hɔ₃₃

【个】e₁₃ 的。
　「我个」gua₅₅ e₁₃。（我的）
　〈張〉个 e₁₃
　〈藍〉个 e₁₃

【有直裏】u₁₁ tit₃₃·li₃₃ 在。
　〈張〉x
　〈藍〉直裏 tit₅₅·li₃₃

【無直裏】bo₁₁ tit₃₃·li₃₃ 不在。
　〈張〉x
　〈藍〉無直裏 bo₁₁ tit₅₅·li₃₃

【直】tit₃₃ 在，後面可以接時間、處所。
　「我蹛直宜蘭」gua₅₅ tua₅₁ tit₁₁ gi₃₃ lan₁₃ 或 gua₅₅ tua₅₁ tit₅₅ gi₃₃ lan₁₃（我住在宜蘭）
　〈張〉佇 ti₃₃
　〈藍〉直 tit₃₃
　　　　冊直佗位？tsʰeʔ₃₁ tit₁₁ ta₅₅ ui₃₃？（書在哪裡？）

【直】tit₃₃ 後面可以接事物。
　如「汝直創啥」li₅₅ tit₅₅ tsʰɔŋ₅₁ sãʔ₃₁？（你在做什麼？）
　〈張〉咧 tiʔ₃₃
　〈藍〉直 tit₃₃

【直】tit₃₃ 後接處所；「我從宜蘭到礁溪」gua₅₅ tit₅₅ gi₃₃ lan₁₃ kau₅₁ tã₃₃ kʰe₅₅ 也講 gua₅₅ ui₅₁ gi₃₃ lan₁₃ kau₅₁ tã₃₃ kʰe₅₅

〈張〉爲 ui_{11} gua_{55} ui_{11} gi_{33} lan^{13} kau^{51} $tã_{33}$ k^he^{55}　我爲宜蘭到礁溪

〈藍〉直 tit^{33}
阿母直厝 a_{33} bo^{51} tit_{11} ts^hu^{11} $\cdot e_{11}$
媽媽在家裡

【直】tit^{33} 接時間；
例「直透早到暗時」tit_{55} t^hau_{51} tsa_{51} ka_{51} am_{51} si^{13} tit_{11} t^hau_{51} tsa_{51} ka_{51} am_{51} si^{13}

〈張〉佇 ti^{33}

〈藍〉直 tit^{33}

【共】ka^{33} 把。
例「共伊創掉」ka_{11} i_{33} $ts^hoŋ_{51}$ $tiau^{33}$。
把他幹掉。

〈張〉共 ka^{33}

〈藍〉共 ka^{33}

（二）連接詞

【我想講汝會來】gua_{55} $sĩu_{33}$ $koŋ_{55}$ li_{55} e_{11} lai^{13} 我以爲汝會來。

〈張〉我掠做汝會來 gua_{55} lia_{11} tso_{51} li_{55} e_{11} lai^{13}

〈藍〉x

【是汝抑是伊】si_{11} li^{51} a_{11} si_{11} i^{33} 是你還是他。

〈張〉是汝抑是伊 si_{11} li^{51} a_{11} si_{11} i^{33}

〈藍〉是汝抑是伊 si_{11} li^{51} ia_{11} si_{11} i^{33}

【汝猶擱直睏】li_{55} iau_{55} $koʔ_{55}$ tit_{55} k^hun^{11} 你還在睡。

〈張〉汝抑擱咧睏 li_{55} $aʔ_{55}$ $koʔ_{55}$ $leʔ_{55}$ k^hun^{11}

〈藍〉x

【毋擱】$m̩_{11}$ ko^{51} 不過、但是。

〈張〉毋擱 $m̩_{11}$ ku^{55}

〈藍〉不過 put_{55} ko^{11}

【但是】tan_{11} si_{11} 但是。

〈張〉但是 tan_{11} si^{33}

〈藍〉但是 tan_{11} si_{11}

【做伙】tso_{51} hue^{51} 一起。
也講「同齊」$taŋ_{33}$ tse^{13}

〈張〉做伙 tso_{51} hue^{51}、鬥陣 tau_{51} tin^{33}

〈藍〉做伙 tso_{51} hue^{51}、同齊 $taŋ_{33}$ tse^{13}
做一个 tso_{51} $tsit_{11}$ le^{13}

【著是汝】to_{11} si_{11} li^{51} 就是你。

〈張〉著是汝 to_{11} si_{11} li^{51}

〈藍〉著是汝 to_{11} si_{11} li^{51}

【才會】$tsaʔ_{55}$ e_{11} 才……。

〈張〉才會 $tsia?_{55}$ e_{11}

〈藍〉x

【毋才會】$m̩_{11}$ $tsaʔ_{55}$ e_{11} 才……。

〈張〉毋才會 $m̩_{11}$ $tsia?_{55}$ e_{11}

〈藍〉毋才 $m̩_{11}$ $tsia_{51}$

【爾】$niã^{13}$ 而已。

〈張〉x

〈藍〉x

【爾爾】$niã_{11}$ $niã^{33}$ 而已。

〈張〉x

〈藍〉x

【像】$ts^hĩu^{33}$ 好像。
「伊像痟个」i_{33} $ts^hĩu_{11}$ $siau^{51}$ $\cdot e_{11}$ 他好像瘋子。

〈張〉袂輸 be_{11} su^{55}

〈藍〉敢像 kan_{55} $ts^hĩu^{33}$

（三）助　詞

【阿】a^{55} 名詞前綴，如「阿文」。
〈張〉阿 a^{55}
〈藍〉阿 a^{55}

【个】e^{13} 的、個。
「眞个」tsin^{55} nẽ^{55}，真的？
「彼个儂」hit$_{55}$ le$_{33}$ laŋ^{13}，那個人。
〈張〉个 e^{13}
〈藍〉个 e^{13}

【仔】a^{51} 語尾詞。
〈張〉仔 a^{51}
〈藍〉仔 a^{51}

【也】a$_{11}$ 語尾助詞。
如「阿輝也」a$_{33}$ hui^{55} ·a$_{55}$
「阿娟也」a$_{33}$ kian^{55} ·nã$_{55}$
「腰治也」io$_{33}$ ti^{33} ·a$_{33}$
沒有固定的調值，隨前變調。
〈張〉也 a$_{11}$ 語尾助詞。
〈藍〉也 a$_{11}$

三十三、代 詞

（一）人稱代詞

【我】gua^{51} 我。
〈張〉我 gua^{51}
〈藍〉我 gua^{51}

【汝】li^{51} 你。
〈張〉汝 li^{51}
〈藍〉汝 li^{51}

【伊】i^{55} 他。
〈張〉伊 i^{55}
〈藍〉伊 i^{55}

【阮】guan^{51} 我們（不含講話對象）。

〈張〉阮 guan^{51}
〈藍〉阮 guan^{51}

【咱】lan^{51} 咱們（含講話對象）。
〈張〉咱 lan^{51}
〈藍〉咱 lan^{51}

【恁】lin^{51} 你們。
〈張〉恁 lin^{51}
〈藍〉恁 lin^{51}

【個】in^{55} 他們。
〈張〉個 in^{55}
〈藍〉個 in^{55}

【家己】kat$_{33}$ li^{33} 自己。
〈張〉家己 ka$_{33}$ ti^{33}
〈藍〉家己 ka$_{33}$ ti^{33} 、kat$_{33}$ li^{33}
自己 tsu$_{11}$ ki^{51}

【別儂】pat$_{11}$ laŋ^{13} 別人。
〈張〉別儂 pat$_{11}$ laŋ^{13}
〈藍〉別儂 pat$_{11}$ laŋ^{13}

【啥儂】sã$_{55}$ laŋ^{13} 誰。
也講 saŋ^{51}
〈張〉啥儂 siã$_{55}$ laŋ^{13}
〈藍〉啥儂 siã$_{55}$ laŋ^{13}、sã$_{55}$ laŋ^{13}、saŋ^{51}

（二）指示代詞

【遮】tsia^{55} 這裏。
〈張〉遮 tsia^{55}
〈藍〉遮 tsia^{55}、即位 tsit$_{55}$ ui^{33}

【遐】hia^{55} 那裏。
〈張〉遐 hia^{55}
〈藍〉遐 hia^{55}、彼位 hit$_{55}$ ui^{33}

【佗位】ta$_{55}$ ui^{33} 哪裏。

也講「佗位仔」ta_{55} ui_{33} a^{51}

〈張〉佗位 to_{55} ui^{33}

〈藍〉佗位 to_{55} ui^{33}、ta_{55} ui^{33}

【這】tse^{55}

〈張〉這 tse^{55}

〈藍〉即個 $tsit_{55}$ e^{13}

【彼】he^{55}

〈張〉彼 he^{55}

〈藍〉彼個 hit_{55} e^{13}

【遮個】$tsia^{55}$ $\cdot e_{55}$ 這些。

〈張〉遮個 $tsia^{55}$ e_{33}

〈藍〉遮個 $tsia^{55}$ $\cdot e_{55}$、

即寡仔 $tsit_{55}$ kua_{55} a^{51}

【遐個】hia^{55} $\cdot e_{55}$ 那些。

〈張〉遐個 hia^{55} e_{33}

〈藍〉遐個 hia^{55} $\cdot e_{55}$、

彼寡仔 hit_{55} kua_{55} a^{51}

【安爾】an_{55} ne^{55} 這樣。

〈張〉安爾 an_{55} ne^{55}

〈藍〉安爾 an_{55} ne^{55}

（三）疑問代詞

【汝欲創啥】li_{55} be_{55} $tsh ɔ ŋ_{51}$ sa^{51} 你要做什麼？

〈張〉汝欲創啥 li_{55} be_{55} $tsh ɔ ŋ_{51}$ sia^{51}

〈藍〉x

【汝欲去佗】li_{55} be_{51} k^hi_{51} $ta ʔ^{31}$ 你要去哪裏？

〈張〉汝欲去佗位 li_{55} be_{51} k^hi_{51} ta_{55} ui^{33}

汝欲去佗位 li_{55} be_{51} k^hi_{51} tue^{33}

〈藍〉汝欲去佗位 li_{55} be_{51} k^hi_{51} ta_{55} ui^{33}

【汝有錢否】li_{55} u_{11} tsi^{13} $\cdot b ɔ_{11}$ 你有沒有錢？

〈張〉汝有錢無 li_{55} u_{11} tsi^{13} $\cdot bo_{11}$

〈藍〉x

【你有欲去否】li_{55} u_{11} $be ʔ_{55}$ k^hi^{11} $\cdot b ɔ_{11}$ 你要不要去？

〈張〉你有欲去未 li_{55} u_{11} $be ʔ_{55}$

k^hi^{11} $\cdot bue_{11}$

〈藍〉x

【這愛偌濟錢】tse_{55} ai_{51} gua_{11} tse_{11} tsi^{13} 這要多少錢？

〈張〉這愛濟錢 tse_{55} ai_{51} gua_{11} tse_{11} tsi^{13}

〈藍〉x

【阿無，汝是欲按怎】$a ʔ^{55}$ bo^{13}，li_{55} si_{11} $be ʔ_{55}$ an_{55} $tsua^{51}$ 不然，你想怎樣？

〈張〉無，汝是欲按怎樣 bo^{13}，li_{55} si_{11}

$be ʔ_{55}$ an_{55} $tsua^{51}$

〈藍〉欲按怎 $be ʔ_{55}$ an_{55} $tsua^{51}$

欲按怎樣 $be ʔ_{55}$ an_{55} $tsua_{55}$ iu^{33}

三十四、象聲詞

【汪】$h ɔ m^{51}$ 狗叫聲（假聲）。

〈張〉汪 $hau ʔ^{55}$

〈藍〉x

【鏘】$k^hia ŋ^{55}$ 刀劍相擊之聲。

〈張〉鏘 k^hai^{55}

〈藍〉x

【丼】$t^h ɔ m^{55}$ 鼓聲。

〈張〉x

〈藍〉x

【喹】uai^{55} 關門聲。

〈張〉喹 uai^{55}

〈藍〉x

【鋟鋟】 ts^{h}im$_{51}$ ts^{h}im$_{51}$ 鐃鈸聲。
　〈張〉鋟鋟噲 ts^{h}im$_{51}$ ts^{h}im$_{51}$ k^{h}ãi^{11}
　〈藍〉x

【呔呔】 tãi^{55} tãi^{55} 現饌仔的響聲。
　〈張〉x
　〈藍〉x

【鑛鑛】 k^{h}uaŋ^{35} k^{h}uaŋ^{35} 敲鑼聲。
　〈張〉x
　〈藍〉x

【敆敆】 tak^{55} tak^{55} 拍板的聲音。
　〈張〉敆敆 kiak^{55} kiak^{55}
　〈藍〉x

【喵】 niãu^{55} 貓叫聲。
　〈張〉喵 ŋiãu^{55}
　〈藍〉喵 iãu^{55}

【咕咕~咕】 ku^{33} ku^{55}~ku^{33}~（假聲）雞叫聲。
　〈張〉x
　〈藍〉x

【咕嚕】 ku^{55} lu^{55} ku^{55} lu^{55}（假聲）火雞叫聲。
　〈張〉x
　〈藍〉x

【嘎嘎】 gaʔ^{31} gaʔ^{31} 雄鴨叫聲。
　〈張〉x
　〈藍〉x

【呙】 uãi^{55} 雄鵝叫聲。
　〈張〉呙 uãi^{55}
　〈藍〉x

【聒聒】 kɔp^{35} kɔp^{35} 青蛙叫聲。
　〈張〉聒聒 ɔp^{35} ɔp^{35}
　〈藍〉x

【咮咮……】 tsu^{35} tsu^{35}（假聲）呼雞聲。
　〈張〉咮咮……tsu^{35} tsu^{35}
　〈藍〉x

【哩……】 ti^{55} ti^{55}（假聲）呼鴨聲。
　〈張〉哩……li^{55} li^{55}
　〈藍〉x

【喵喵】 miãu^{55} miãu^{55}（假聲）呼貓聲。
　〈張〉x
　〈藍〉x

【胡】 ɔ^{13} 令牛停的呼喊聲。
　〈張〉胡 ɔ^{13}
　〈藍〉x

附錄三　發音合作人資料說明

宜蘭頭城台語發音合作人

調查期間 2008 年 7 月至 2009 年 5 月底

一、六十歲以上主要發音人（時齡：發音時年齡）

姓　　名	性別	生年 / 時齡*	本　　業	里　別	祖　籍
林朝輝	男	1922 / 87	務農	金面里	福建平和
林翠巒	女	1924 / 84	家管	城東里	----
黃松林	男	1926 / 82	國小教師	城東里	福建平和
林振添	男	1930 / 78	火車站站長	城東里	福建平和
陳文琛	男	1933 / 76	公務員	城南里	福建赤湖（漳浦縣）
林茂樹	男	1933 / 76	務漁	合興里	福建海澄
林天送	男	1933 / 76	務農、漁業	中崙里	福建平和
薛榮燦	男	1935 / 74	里長、中藥店老闆	城西里	----
江源茂	男	1935 / 73	從商、廟務主委	頂埔里	福建平和
沈春生	男	1936 / 73	務農、養殖業	下埔里	福建南靖
簡朝松	男	1939 / 70	務漁	大溪里	福建南靖
邱寅次	男	1941 / 67	里長、務農	頂埔里	福建南靖
黃正來	男	1942 / 67	里長、務農、陶瓷業	拔雅里	福建詔安
李月鳳	女	1948 / 61	公務員（圖書館）	城東里	----
盧森桂	男	1949 / 60	從商（印刷業）	下埔里	福建海澄

二、三十歲以上至六十歲

姓　　名	性別	生年／時齡	職　　　業	里　別	祖　籍
張金連	男	1962／58	里長	二城里	----
張麗華	女	1955／53	上班族	城北里	福建平和
沈錫欽	男	1957／52	漁業（船長、漁會監事）	外溪里	福建詔安（漳州市）
吳錫煌	男	1958／51	廚師	拔雅里	福建海澄（漳州市）
劉榮華	男	1958／51	里長（藥劑師）	金面里	福建南靖
游錫財	男	1959／50	里長	城東里	福建詔安
吳金標	男	1965／45	里長、從商	武營里	----
吳珠英	女	1964／44	上班族	武營里	福建金浦（漳浦縣）
林世裕	男	1972／37	公務員（農會）	二城里	福建平和

三、三十歲以下

姓　　名	性別	生年／時齡	職　　　業	里　別	祖　籍
吳欣怡	女	1984／25	便利商店店員	拔雅里	福建海澄
何欣陽	男	1986／23	學生、便利商店店員	頂埔里	福建金浦
尤偉民	男	1991／17	學生、工廠工讀生	下埔里	----
戴浩哲	男	1990／18	學生、工廠工讀生	金面里	----

附錄四　頭城田調紀行

◎前　言

　　2008 年 6 月 8 日論文計畫口試通過，開始直接田野調查的工作，因為，要先有語料，才可能進行論文的書寫動作。為了尋找發音合作人，必須思考任何可能的方法，包括請所長發公文到鎮公所、隨時注意什麼人可以介紹頭城耆老接受訪談、自己找里長的聯絡資料，自行連絡……等等。在進行中也要能夠隨時修改作法，把握任何可能的機會，這種機會可能會浪費時間，也可能會增加一個驚喜。

◎解除詐騙電話的困擾

　　2008 年 7 月間，帶著前景茫茫的心情，聯絡頭城鎮公所的人員，總是得到無助的答案，為了表示誠意，並解除社會上詐騙電話的疑慮氣氛，決定專程到鎮公所當面表明身分並向公務員請教。於是，先電話和行政課長聯繫，再到鎮公所拜訪。經其內部了解來意，互相一陣詢問後，終於有位小姐出面，給我一個電話和人名——黃松林老師。於是，1926 年生的黃松林老師成為我第一位訪談的耆老。

　　黃老師年歲已高，卻興致不減，講起話來也很清楚。請他講段故事，也隨即將他讀師專時期被派到總督府做被轟炸後的清理工作，看到被美軍炸得斷垣殘壁的總督府、日本公務員的死傷和日本家屬傷痛欲絕的經過，清清楚楚的陳述給我聽。當天可以說不但錄音滿載而歸，訪談的信心也建立起來，

也深知與發音人的聯繫態度，只要有眞誠兩字，其實並不困難。因爲，耆老對「留下自己的語音」，多多少少都有興趣和使命感的。在訪談時，對於/-i/韻、/-iŋ/韻和/-ik/韻的語音，特別令我印象深刻；後來，也多次進一步再訪談請益，在講到人體部位名稱時，他更對「尾椎」這名稱，表示人類必須講「尾當骨」而特別說明。身爲宜蘭市的人，此時才知道同爲宜蘭縣境內的頭城，竟然會講不同的語音，讓自己嘖嘖稱奇。由於黃老師曾任國小老師數十年，華語沒問題，因此，訪談時很順暢、毫無障礙，只是年歲已大，體力較爲不濟，不得不視當天的情況，調整訪談時間。當看他體力較爲不濟時，不由感到抱歉。

◎友誼的可貴

有一次許澤耀老師告訴我，他有一位親戚住在頭城，我隨即厚著臉皮央請他帶我約談。第一次約談時間，由於林老太太受到風寒，只好作罷；不過，由於澤耀兄繼續努力安排，第二次終於成行，其間差了兩個禮拜。先前屛生老師交代，第一次訪談由於不知道對方是否可深談，也怕以後萬一有年輕的學生要做訪談，送禮品變成一個負擔，建議我們第一次最好不要帶「伴手」，誰知澤耀兄還是帶禮品來了。因爲是他的親戚，人也是他聯絡的，這次眞的是託澤耀兄的福，我沒有被懷疑是詐騙集團的困擾，訪談氣氛也非常愉快。不過，由於林老太太不會講華語，雖讀過幾年日本公學校，只會台語一種，因此，訪談起來備感吃力。但是，她純正的頭城音，卻也讓我像得到寶物般的快樂。

這兩次的發音人都是經人介紹的，雖然順利，卻也讓我感到找尋發音人的壓力，哪有可能找到那麼多的介紹人？於是我回到所辦，請所長出公文到鎮公所，希望以此得到鎮公所正式的協助。可惜，只得到一位里幹事的介紹，其他人並不想碰這問題。於是我上網找里長的資料，很幸運地，得到 24 里里長的通訊資料，逐一個一個聯絡，這種作法竟然是最簡便有效的方式。雖然有些里長由於生意忙碌或精神不濟無法幫忙，大部分的里長竟然自己直接接受訪談，且介紹該里的里民來共襄盛舉。由於里長們有聯誼會，或許未聯絡的人已事先得知有我這個人，當我先用電話聯絡時，不再被視爲詐騙者，也較順利約到新的發音人。

◎熱誠與使命感

中崙里邱寅次里長，對農事非常內行，任何農具、農作物的名稱，都難不倒他，訪談起來得心應手，也講了一段不敬鬼神，被鬼神逞罰的故事，還熱心的介紹了一位寺廟的林主委。可惜只接受三次訪談，沒時間再參與，但是，他所貢獻的資料，也非常豐富了我收集的語料。

有一位下崙里的沈春生先生，也非常熱心，為了等我訪談，竟然當天清早沒到菜園，還被老伴念了幾句。他在家裡排行老么，如果他的父母還在，應該約有 120 歲；他從小到老都住在頭城老家務農、養殖魚蝦，因此，我相信他的語音是古老的。同時，他對當地的食物名稱、親屬稱謂、交際應酬、婚喪禮俗等等，都如數家珍，歷歷在目，省卻我不少時間和精力，讓我既感動又感恩。

在魚類方面，我發現務農的耆老無法如數家珍的講出魚類名稱，於是，找向有漁港的里長詢問，合興里和外溪里的里長也熱心的介紹人選給我。其中，資深漁民簡朝松講魚類就像「桌頂拈柑」一樣簡單。為了和發音人有相同的認知，我事先買了一本菜市場魚圖鑑，依圖講魚的名稱，主要是講東部近海常有的魚類，也有一些較遠海但常吃的魚類，他都能講出捕魚的地點、習性，分辨圖的真偽，可謂是魚類博士也不為過。而且，他的語音也是正宗的頭城音，如假包換，譬如，他講自己的名字簡朝松的「松」音[siŋ¹³]，不講[sioŋ¹³]，就是一個實證。幸運地，魚類的名稱也透過快樂的「討海人」，解決於輕鬆的氣氛當中。

此時，語料的收集還是離結束有一段距離，這時貴人又出現了。拔雅里的黃正來里長來了，一次一次的叨擾，他都是熱誠不減的配合，每次兩小時，有一次更達 4 小時，他傳統知識豐富，閱歷廣闊，天文地理、衣服建物、風俗宗教、文化娛樂、季節方位、糧食蔬菜、各色人稱商業活動等等的名稱，大都能一一講出，訪談的這段時間裏，我可以放心的登錄、記音，真是非常的感恩！

◎刺激的訪談

不過，還有一個困難橫梗在眼前，就是中藥的用具和藥名。我早知道里長薛榮燦開中藥店，但是，薛里長不願接受訪談，不喜歡被錄音。他曾經介紹一位先生讓我在他店內做訪談，只是這位先生曾長年在外鄉工作，語音已

非頭城音，我只好忍痛不用。後來，我數次開車經過門前，還是沒有停下拜訪。有一次經過時，我發現他坐在店內，就趕快停車到店內，我硬著頭皮纏他，不講廢話，隨即翻開預備的語彙集開始訪談，當他講舂杵，發音[tsiŋ₃₃tsʰi⁵¹]時，我像尋到寶貝一樣，感到一陣興奮。訪談間，他數次講要去洗澡，我也賴皮的使出拖延纏鬥的戰術，繼續詢問，終於讓我問完稱謝，才放他去洗澡。這是我多次訪談中，最刺激的一次經驗。

◎人情味

黃松林老先生一個人獨居在老家，往昔的熱鬧和愜意，伴隨著老伴的剛剛往生不久而消散；雖然女兒住在不遠的宜蘭市，也每天不時的來電噓寒問暖，他還是習慣住在老家。有一次，訪談後正是中午時刻，他很客氣的要請客，我們就到附近的麵館吃麵，當然，我怎麼忍心讓他請客？有一次，我還載他到宜蘭署立醫院看病。他曾介紹一位住在附近的老朋友，是頭城火車站的前站長林振添老先生，林老先生伉儷待人和善，性情開朗。訪談後也將近12 點，他們很熱情的到隔壁麵攤，買了一碗麵讓我在他家吃完後才走。孤單的人影，帶著溫暖的愛心，滿懷喜悅地開車往台北的家，繼續我的工作。

每次訪談黃正來里長，都是下午兩點開始，里長總是帶來礦泉水或水果讓我解渴，由於多次的打擾，讓我感到心不安，我知道他喜歡喝點小酒，有一次就帶了瓶洋酒送他，還好他不嫌棄。我怕對方感到不舒服是有原因的，有一次，我送餅乾類的「伴手」給一位先生，想不到，後來他就婉拒我的訪談了。送禮確實是要謹慎小心的，否則是會壞事的。

有一位中世代的里長張金連，接受訪談後，又介紹一位朋友給我訪談，然後三個人一起到一家有名的麵攤吃麻醬麵，里長請客，我連連稱謝後才離去。

又有一位高齡88 歲的林朝輝老先生，一口老頭城腔，曾經做過日本軍伕，到印尼建機場數年後，才因終戰返台。湊巧他對傳統音樂有涉獵，有關傳統漢樂樂器、樂音就是錄他的語音的。由於他向我請教一些事，我也給了一些建議，可能他聽得下我的建議，堅持要請我吃中飯，也邀他的兒子和孫子一起到餐廳用餐。和發音合作人的良性互動，讓我得到比預期更豐碩的收穫。

◎化不可能爲可能

有一次到一家 7-11 便利商店，結賬時順便詢問店員是否可以做訪談，想不到其中一位年輕的女店員剛好要下班，也欣然答應。她曾在台北讀大學，口音已受到優勢腔的影響，讓我了解到年輕世代的語音已經隨時代而起了大變化。隨後，她也介紹她做廚師的父親和一位男工讀生接受訪談。又有一次，中午到圖書館休息，看到兩、三位圖書館管理員，於是，也向他們詢問訪談的可能性，幸運的得到一位首肯。由於隨機、隨時把握機會的嘗試，讓我多出不同年齡、不同世代、不同職業的人選來做訪談。可見人間有溫馨，處處見眞情。

◎訪談不只是訪談

訪談豈僅是訪談而已，不但要知所應對和進退，也要能將心比心。包容不能做到的，不讓別人配合不上的問題，變成自己的挫折；對待發音合作人或無法變成合作的人都必須以眞誠相待，才會有好的「姻緣」。同時，機會就在我們的嘴巴，俗語講：路生佇喙裏。其實，機會也是「生佇喙裏」，只要拿起電話客氣詢問，只要眞誠的對人詢問看看，就會有異想不到的好結果，即使，被對方拒絕，也是很自然的事，畢竟，考試要考一百分是可能的，卻也並非是必然的。所以，以耐性和平常心來做訪談的事，將會讓訪談的經驗成爲一件美好的回憶！

◎結　語

辛苦的經歷終於得到甜美的果實，過程的體驗也永存腦海，對於所有的發音合作人無法一一列出，卻也對他們充滿感激，只好以賀年卡一一寄送，聊表謝意。現在，心理的建設已經有如「紅毛塗」般的結實健康，有了這次「九重炊」的田調經驗，以後就更不成問題了。畢竟，這次只是開始，往後還有很多機會要做。因爲，頭城文讀音已找到人選，宜蘭市的李姓鄉親耆老也正等著接受訪談，就像毛線球一樣，找到了線頭，自然就會越拉越多、越長了，歷史的軌跡不就是這樣畫成的嗎？而我們做語言調查的研究員，就是把語言的歷史的音跡，趁語言、鄉音還未消失前，用錄音和標記記錄下來，供後人唏噓、讚嘆！

論文後記　李柏桐

參考書目

依姓氏筆畫爲序

一、中文書目

2 劃

丁邦新

　　1979　《台灣語源流》。台北：學生書局。

3 劃

大衛・克里斯托

　　2001　《死亡的語言》，周蔚譯。台北：貓頭鷹出版社。

小川尚義

　　1993　《臺日大辭典》（原書成於 1907 年），收入《閩南語經典辭書彙編》第五～六冊。臺北：武陵。

4 劃

王育德

　　2000　《台灣話講座》，黃國彥譯。台北：前衛。

　　2000　《台語入門》，黃國彥譯。台北：前衛。

　　2002　《台灣語研究卷》，李淑鳳等譯。台北：前衛。

　　2001　《台灣語常用語彙》，陳恆嘉譯。台北：前衛。

王士元

　　2000　《語言的探索》，石鋒譯。北京：北京語言文化大學，第一版。

王士元、沈鐘偉

　　2002　〈詞彙擴散的動態描寫〉，《王士元語言論文集》，頁 116～146。北京：商務。

5 劃

史迪芬‧平克（Steven Pinker）

2007　《語言本能》，洪蘭譯。台北：商周，二版。

7 劃

李勤岸

2007　《台灣羅馬字拼音圖解》。台南：開朗。

沈富進

2001　《彙音寶鑑》。斗六，文藝學社，初版第 46 刷。

8 劃

周長楫

1996　《閩南話的形成發展及在台灣的傳播》。台北：台笠。

1986　〈福建境內閩南方言的分類〉，《語言研究》，第 2 期，（總第 11 期）。

2001　《詩詞閩南話讀音與押韻》。台北：敦理。

林郁靜

2001　〈麥寮方言年齡層間的語言差異探討〉。中山大學第四屆台灣語言及其教學國際學術研討會論文。

2002　《麥寮方言的調查與研究──語音及詞彙調查研究》，國立新竹師範學院台灣語言及與文教育研究所碩士論文。

林珠彩

1995　《台灣閩南語三代間語音語彙的初步調查比較：以高雄小港為例》，國立台灣師範大學國文研究所碩士論文。

林慶勳

2004　《台灣閩南語概論》，國立編譯館主編。台北：心理，初版三刷。

林燾、王理嘉

1991　《語音學教程》，北京：北京大學。

吳佳瑞、賴春福

2007　《菜市場魚圖鑑》，台北：天下遠見。

花松村

1996　《台灣鄉土全誌：第三冊》。台北：中一出版社。

9 劃

姚榮松

2005　〈論台灣閩南語方言詞進入國語詞彙的過程〉，《華文世界》。95 期。

洪惟仁

　1987　《台灣河佬語聲調研究》。台北：自立晚報，第四版。

　1993　〈臺灣閩南語調查的一些發現〉，《臺灣史田野研究通訊》，第 27
　　　　期，頁 10～25。

　1994　〈台灣的語言戰爭及戰略分析〉，《第一屆台灣本土文化學術研討
　　　　會》，頁 1～35。台北：國立師範大學文學院。

　1995　《台語文學與台語文字》。台北：前衛。

　1996　《台灣話音韻入門》。台北：國立市復興劇藝實驗學校。

　1997a　〈閩南語音系衍化類型〉，《聲韻論叢》。台北：學生。

　1997b　《高雄縣閩南語方言》。高雄：高雄縣政府。

　1999　《台灣方言之旅》。台北：前衛，二版二刷。

　2001　〈閩南語有標元音的崩潰與介音化〉，《聲韻論叢》，頁 243～273。

10 劃

馬重奇

　2008　《閩台閩南方言韻書》。北京：中國社會出版社。

連雅堂

　1999　《台灣語典》。導讀，姚榮松；總策畫，龔鵬程；主編，翁寧娜台
　　　　北：金楓，革新一版。

11 劃

張屏生

　1996　〈臺灣閩南話調查所發現的一些現象〉，母語教育研討會論文。新
　　　　竹師院主辦，新竹師院。

　1998a　〈台灣閩南話部分次方言的詞彙差異〉。台灣語言與語文競賽研討
　　　　會論文，台灣語文學會主辦，地點：新竹東門國小。

　1998b　〈台灣閩南話部分次方言的語音差異〉。台灣語言與語文競賽研討
　　　　會論文，台灣語文學會主辦，地點：新竹東門國小。

　1998c　〈彰化鹿港方言的語音系統〉。台灣語言及其教學國際學術研討會
　　　　論文，新竹師院主辦，地點：新竹師院。

　2003　〈母語教學面面觀〉，《研習資訊》，第 20 卷，第 1 期，頁 5～16。

　2007a　《台灣地區──漢語方言的語音和詞彙》。台南：開朗，再版。

　2007b　《田野調查專題研究──教學資料彙編》。自印本。

　2008a　《張屏生自選集 1993~2000》。自印本。

　2008b　《宜蘭閩南話語彙稿》，1996 年 8 月、2003 年 4 月調查。自印本。

張振興

　　1997　《台灣閩南方言記略》。台北：文史哲，台一版三刷

張光宇

　　1990　《切韻與方言》。台北：商務，初版。

陳淑君

　　2006　《四湖閩南語音調查與研究》，國立高雄師範大學台灣文化及語言研究所碩士論文。

陳淑娟

　　2002　〈語音的歷時性變化與共時性變異——以年齡做爲社會變項研究大牛欄方言的語音變化〉，《中山大學第四屆台灣語言及其教學國際學術研討會論文集》。

　　2003　《桃園大牛欄方言的語音變化與語言轉移》，國立台灣大學文學院。

12 劃

游杰汝

　　1997　《漢語方言學教程》。上海：世紀、教育出版社。

黃宣範

　　2004　《語言、社會與族群意識——台灣語言社會學研究》。台北：文鶴，第四刷。

勞允棟

　　2005　《英漢語言學辭典》。北京：商務印書館，第二刷。

13 劃

楊秀芳

　　1991　《台灣閩南語語法稿》。台北：大安。

董同龢、趙榮琅、藍亞秀

　　1992　《記台灣的一種閩南話》。中央研究院歷史語言研究所單刊甲種之二十四，中研院歷史語言研究所，景印一版。

董忠司等

　　2001　《福爾摩沙的烙印——台灣閩南語概要》。行政院文建會，上下冊。

　　1991　〈台北市、台南市、鹿港、宜蘭方言音系的整理和比較〉，《新竹師院學報》，第五期，頁 31~64。

14 劃

廖漢臣

1960 〈語言篇〉,《宜蘭縣志卷二人民志人口篇、語言篇合訂全一冊》。羅東:大明印務局。

趙元任

2001 《語言問題》。台北:臺灣商務,初版七刷。

趙鋼立等四人

2006 《新編說文解字字典》。河南:河南大學,第一版。

廖炳惠

2007 《關鍵詞 200》。台北:麥田,初版九刷。

15 劃

鄭良偉

1997 《台語的語音與詞法》。台北:遠流。

鄭縈

1999 〈宜蘭方言的語音變化〉,《聲韻叢書》,第八輯,頁 441～460。

16 劃

盧淑美

1977 《台灣閩南語音韻研究》。台北:文哲史。

盧廣誠

1999 《台灣閩南語詞彙研究》。台北:南天。

諾姆・杭士基(Noam Chomsky)

2004 《論自然與語言:杭士基語言學演講錄》,吳凱琳譯。台北:商周。

17 劃

謝孟宓

2003 《高雄市小港區大林蒲閩南話調查與研究》,國立高雄師範大學台灣文化及語言研究所碩士論文。

謝國平

2005 《語言學概論》。台北:三民,二版六刷。

鍾榮富

2002 《台語的語音基礎》。台北:文鶴,初版。

2005 《語言學概論》。台北:文鶴,初版二刷。

簡佳敏

　2005　《宜蘭縣溪北地區禪、恭、姜字組的語音變化》。國立清華大學，
　　　　語言學研究所，碩士論文。

19 劃

藍清漢

　1980　《中國語宜蘭方言語彙集》，日本東京，東京外國語亞非言語文化
　　　　研究所單刊之四。

22 劃

龔煌城

　1996　《台灣地區漢語方言調查計畫第六年期──台灣東部閩南語方言
　　　　調查研究報告》，中央研究院歷史語言研究所（洪惟仁：田野調查）

龔宜君

　2001　《宜蘭縣人口與社會變遷》。宜蘭：宜蘭縣政府。

二、西文書目

（美）William Labov

　2007　《The principle of linguistic change：Internal factors》語言變化原理：
　　　　内部因素。北京：北京大學出版社

　1980　《Locating language in time and space》。Academic Press.

三、網路資料來源

1. 頭城鎮鎮志
   http://county.nioerar.edu.tw/books.php?pathway=view&borrowno=f0042392
2. 頭城鎮公所
   http://toucheng.e-land.gov.tw/releaseRedirect.do?unitID=154&pageID=4667
3. 宜蘭縣政府民政局 http://hrs.e-land.gov.tw/default.asp?Sysno=H_09
4. 宜蘭縣民政局戶政資訊網 http://hrs.e-land.gov.tw/default.asp?Sysno=H_09
5. 洪惟仁，〈音位學〉，《比較音韻學講義》，頁 9-1。
   http://www.uijin.idv.tw/　比較音韻學講義教材
6. 仁澤社區正名龜山里
   http://www.ilma.org.tw/boblog/577/index.php?go=category_4
7. 茅埔圍
   http://www.chinatimes.org.tw/features/community/com-8-2.htm